Twittering Birds Never Fly 1

KOU YONEDA

Twittering Birds
Never Fly

C o n t e n t s

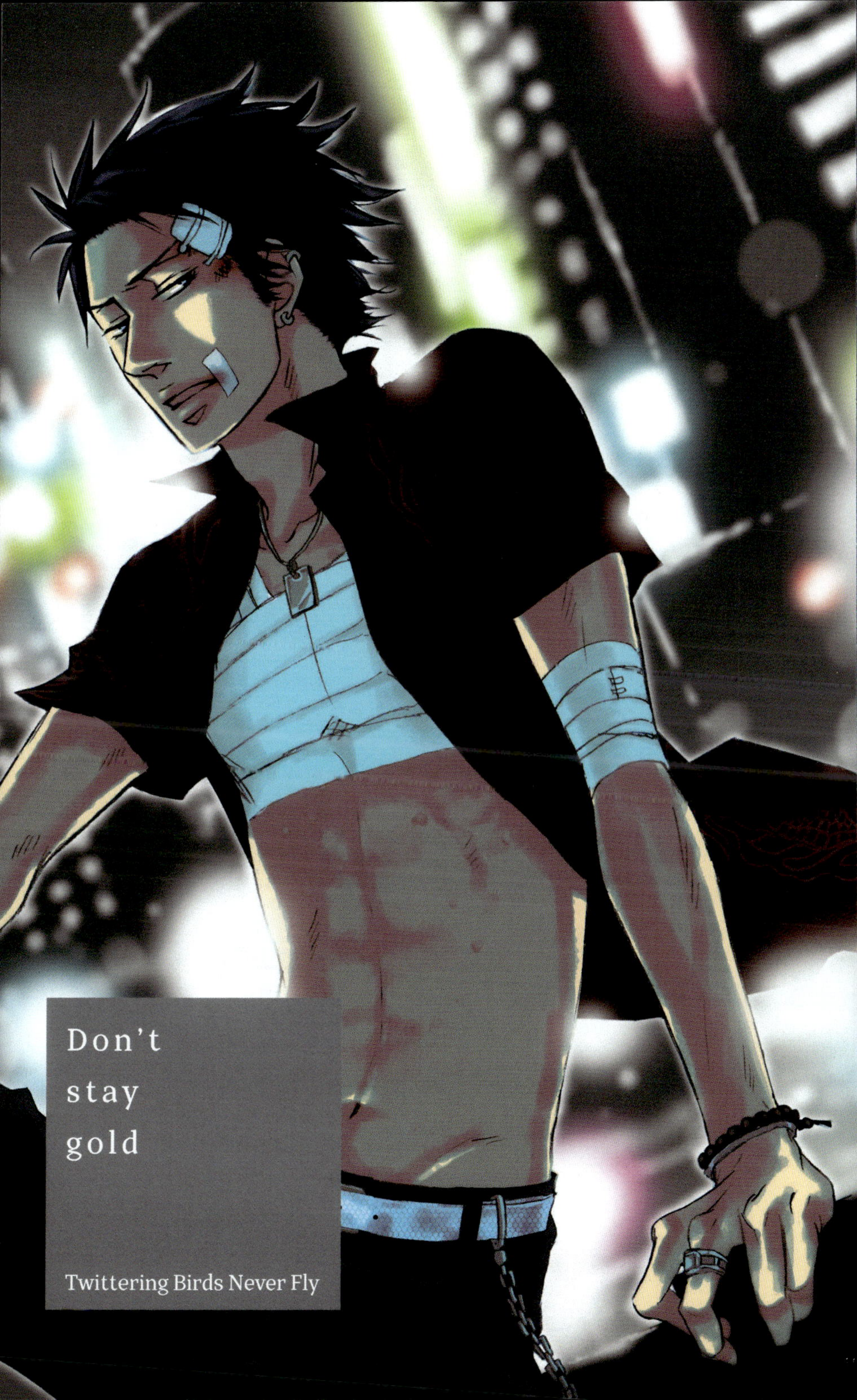
Don’t
stay
gold
Twittering Birds Never Fly

Twittering Birds
Never Fly

KOU YONEDA

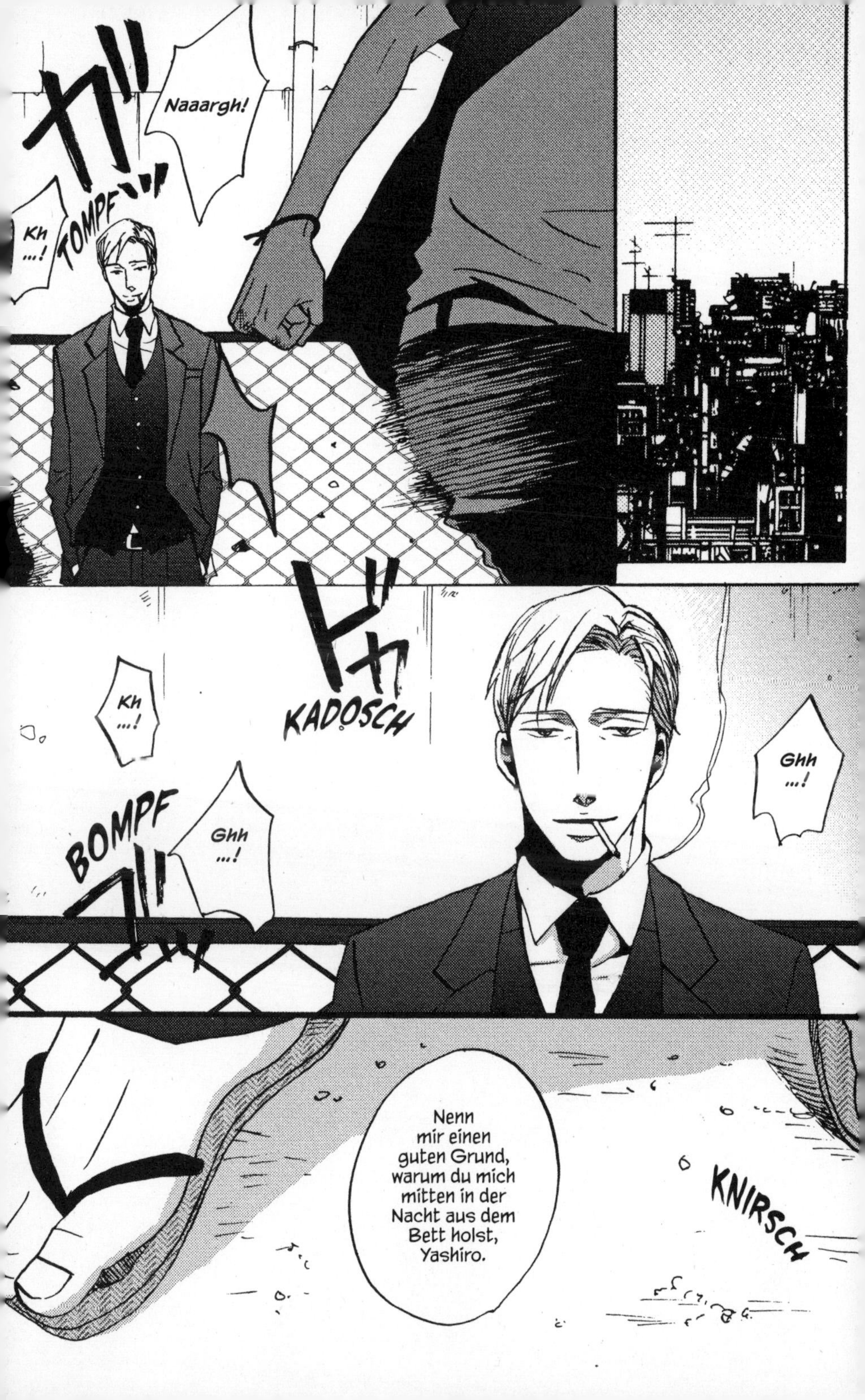

Naaargh!
TOMPF
Kh ...!
KADOSCH
Kh ...!
Ghh ...!
BOMPF
Ghh ...!
Nenn mir einen guten Grund, warum du mich mitten in der Nacht aus dem Bett holst, Yashiro.
KNIRSCH

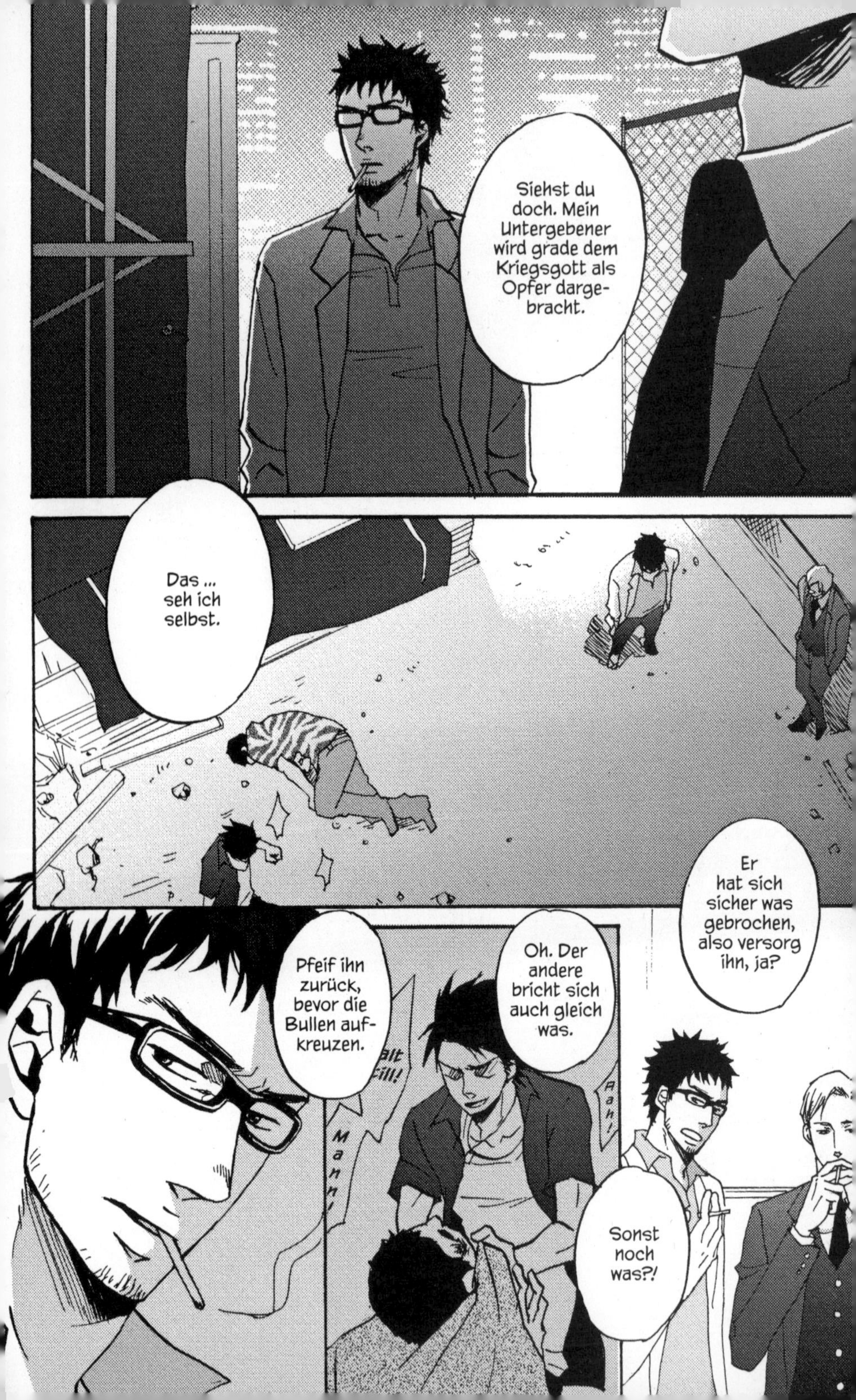

Siehst du doch. Mein Untergebener wird grade dem Kriegsgott als Opfer dargebracht.
Das ... seh ich selbst.
Er hat sich sicher was gebrochen, also versorg ihn, ja?
Sonst noch was?!
Ah!
Oh. Der andere bricht sich auch gleich was.
Mann!
Pfeif ihn zurück, bevor die Bullen aufkreuzen.

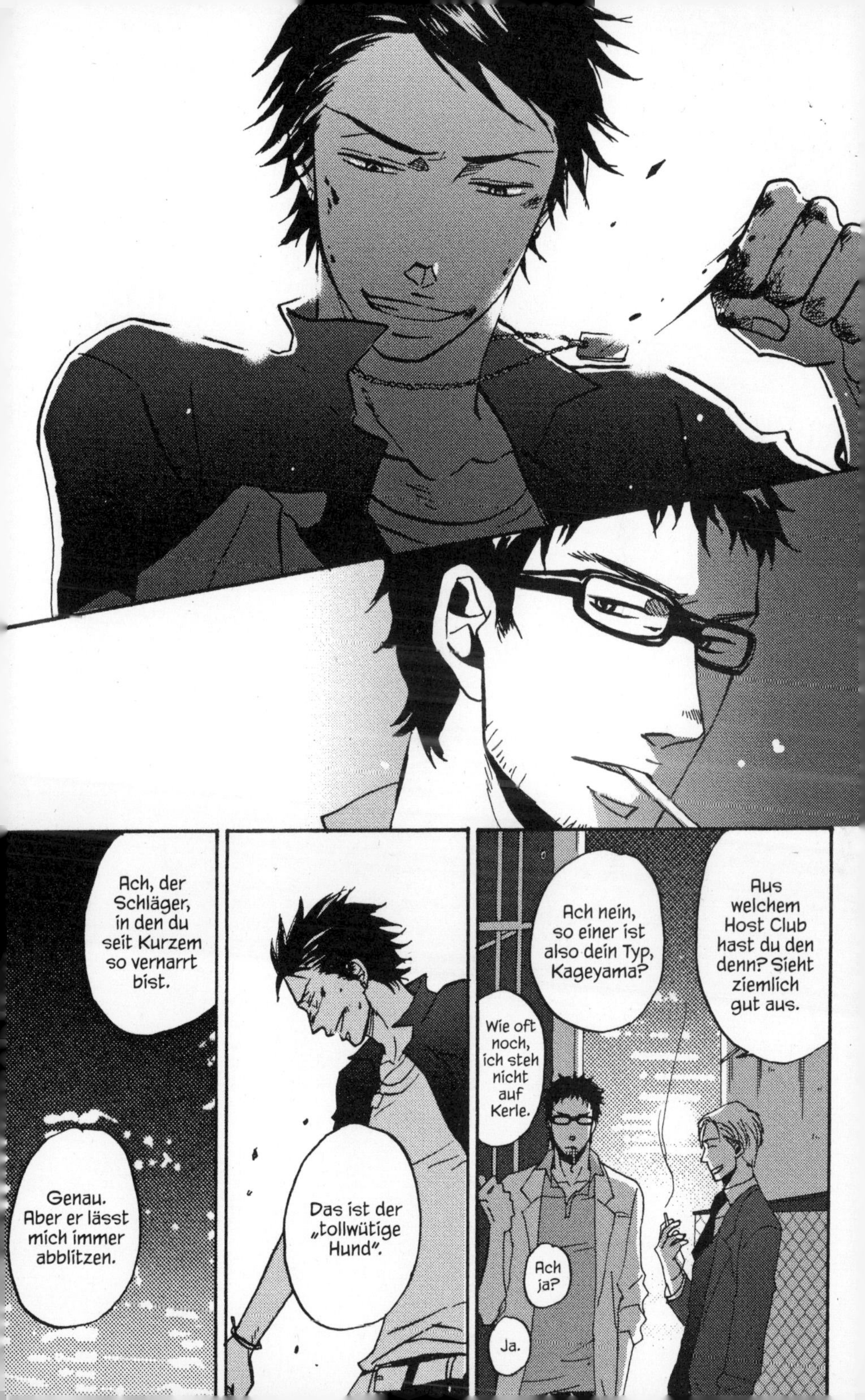
Aus welchem Host Club hast du den denn? Sieht ziemlich gut aus.
Ach nein, so einer ist also dein Typ, Kageyama?
Wie oft noch, ich steh nicht auf Kerle.
Ach ja?
Ja.
Das ist der „tollwütige Hund“.
Ach, der Schläger, in den du seit Kurzem so vernarrt bist.
Genau. Aber er lässt mich immer abblitzen.

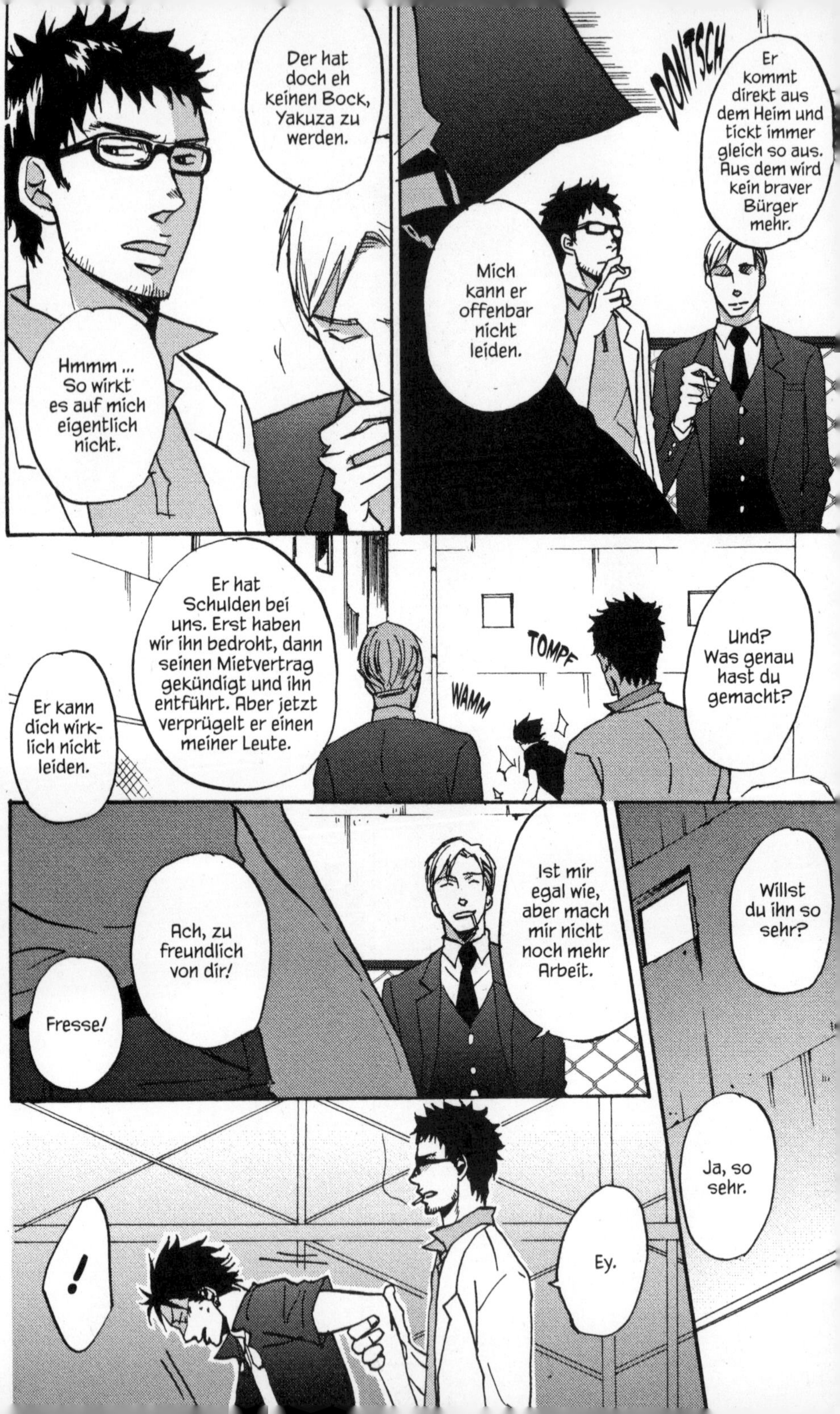
DONTSCH
Er kommt direkt aus dem Heim und tickt immer gleich so aus. Aus dem wird kein braver Bürger mehr.
Mich kann er offenbar nicht leiden.
Der hat doch eh keinen Bock, Yakuza zu werden.
Hmmm ... So wirkt es auf mich eigentlich nicht.
Und? Was genau hast du gemacht?
TOMPF
WAMM
Er hat Schulden bei uns. Erst haben wir ihn bedroht, dann seinen Mietvertrag gekündigt und ihn entführt. Aber jetzt verprügelt er einen meiner Leute.
Er kann dich wirklich nicht leiden.
Willst du ihn so sehr?
Ist mir egal wie, aber mach mir nicht noch mehr Arbeit.
Ach, zu freundlich von dir!
Fresse!
Ja, so sehr.
Ey.
!

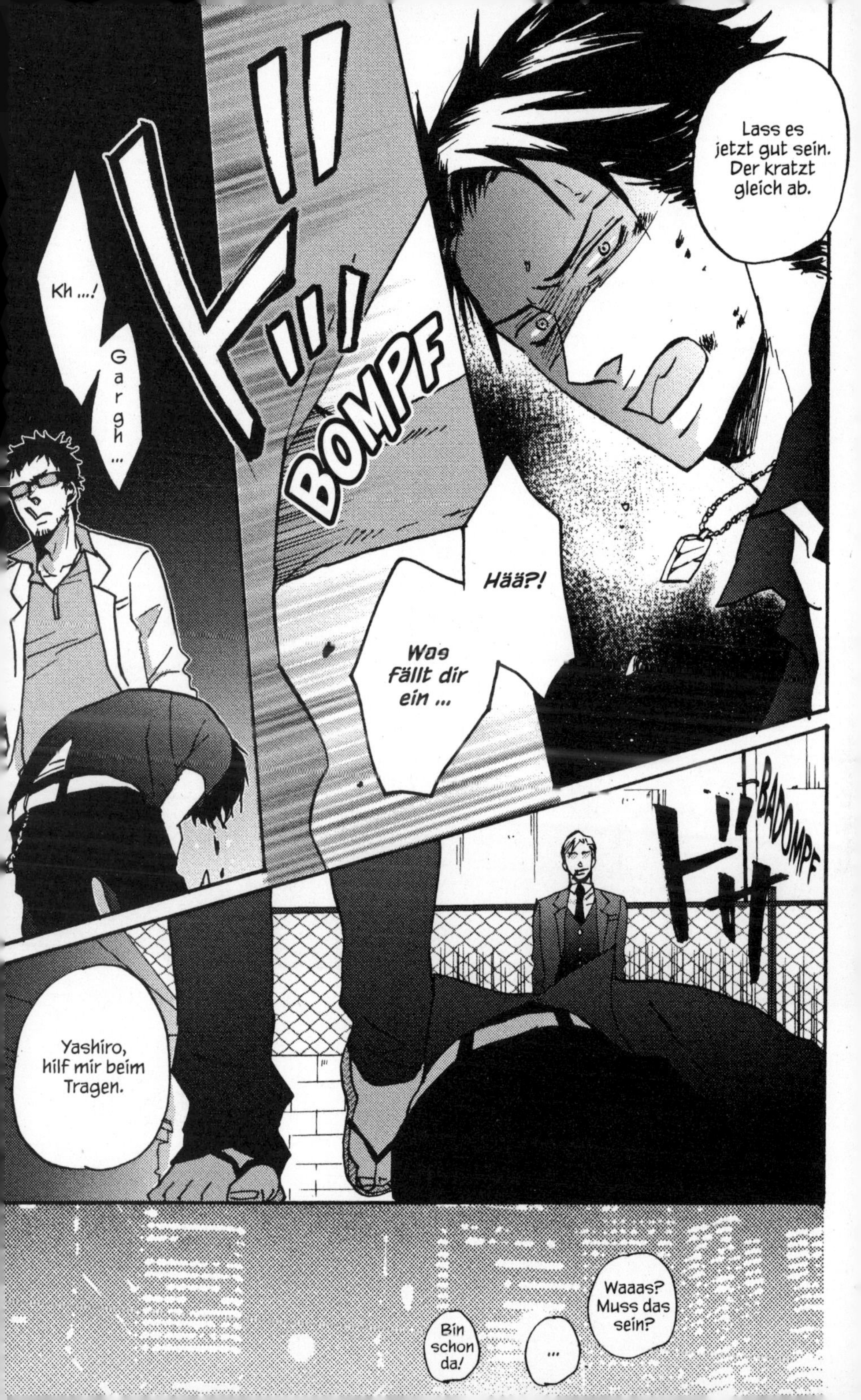

Lass es jetzt gut sein. Der kratzt gleich ab.
Hää?!
Was fällt dir ein ...
BOMPF
Kh ...!
Gargh ...
BADOMPF
Yashiro, hilf mir beim Tragen.
Waaas? Muss das sein?
...
Bin schon da!

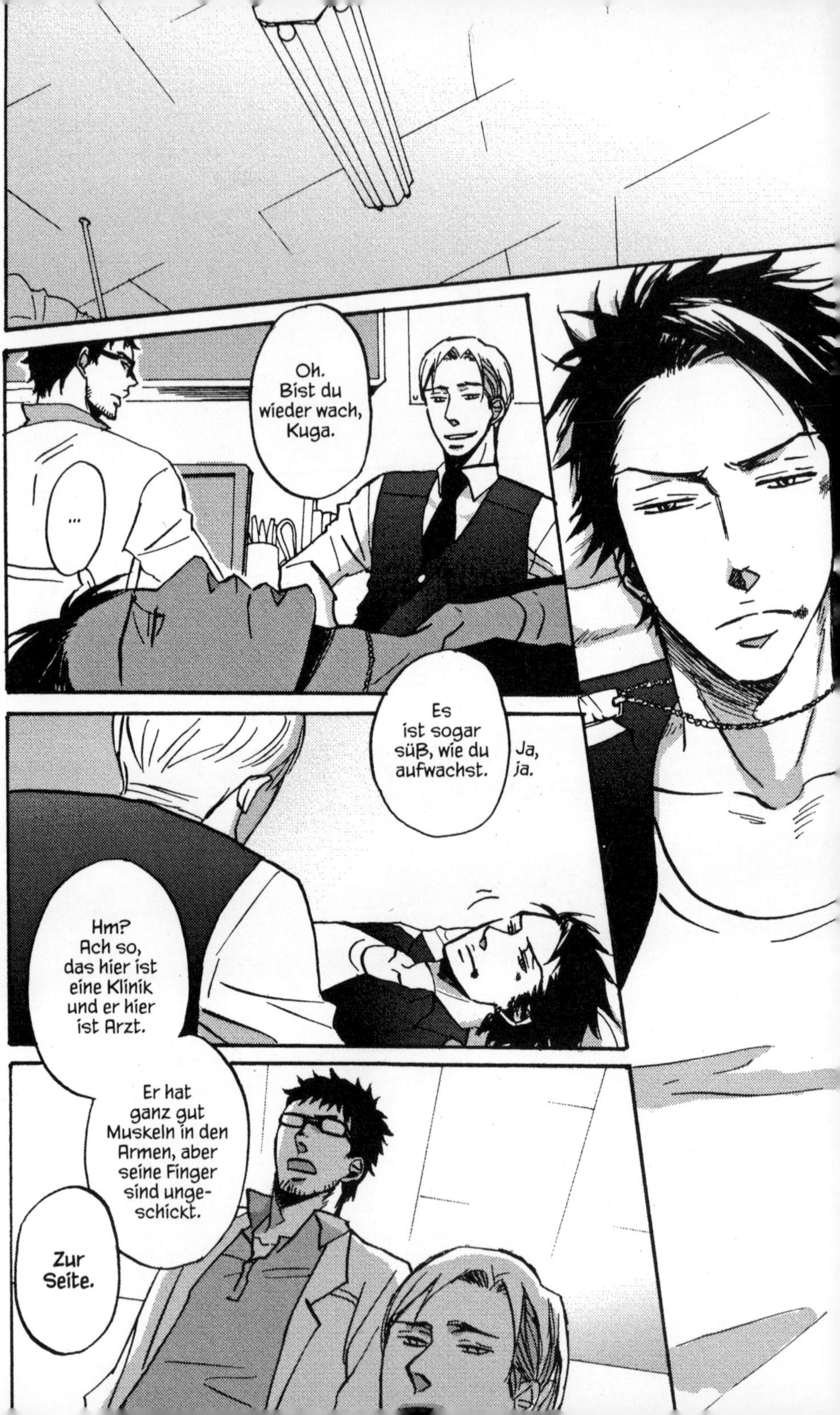
Oh. Bist du wieder wach, Kuga.
...
Ja, ja.
Es ist sogar süß, wie du aufwachst.
Hm? Ach so, das hier ist eine Klinik und er hier ist Arzt.
Er hat ganz gut Muskeln in den Armen, aber seine Finger sind unge-schickt.
Zur Seite.

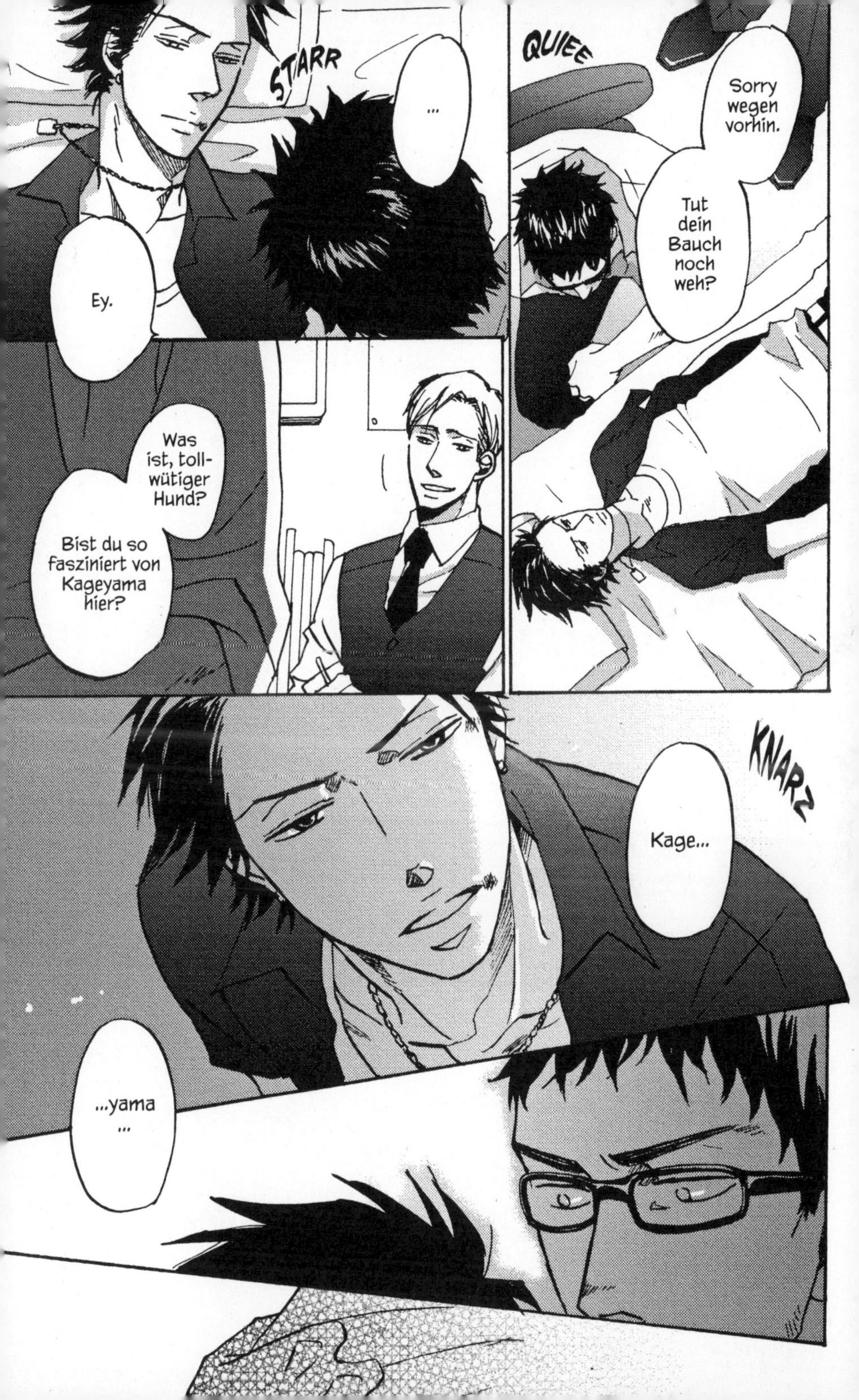
QUIEE
Sorry wegen vorhin.
Tut dein Bauch noch weh?
STARR
...
Ey.
Was ist, toll-wütiger Hund?
Bist du so fasziniert von Kageyama hier?
KNARZ
Kage...
...yama ...

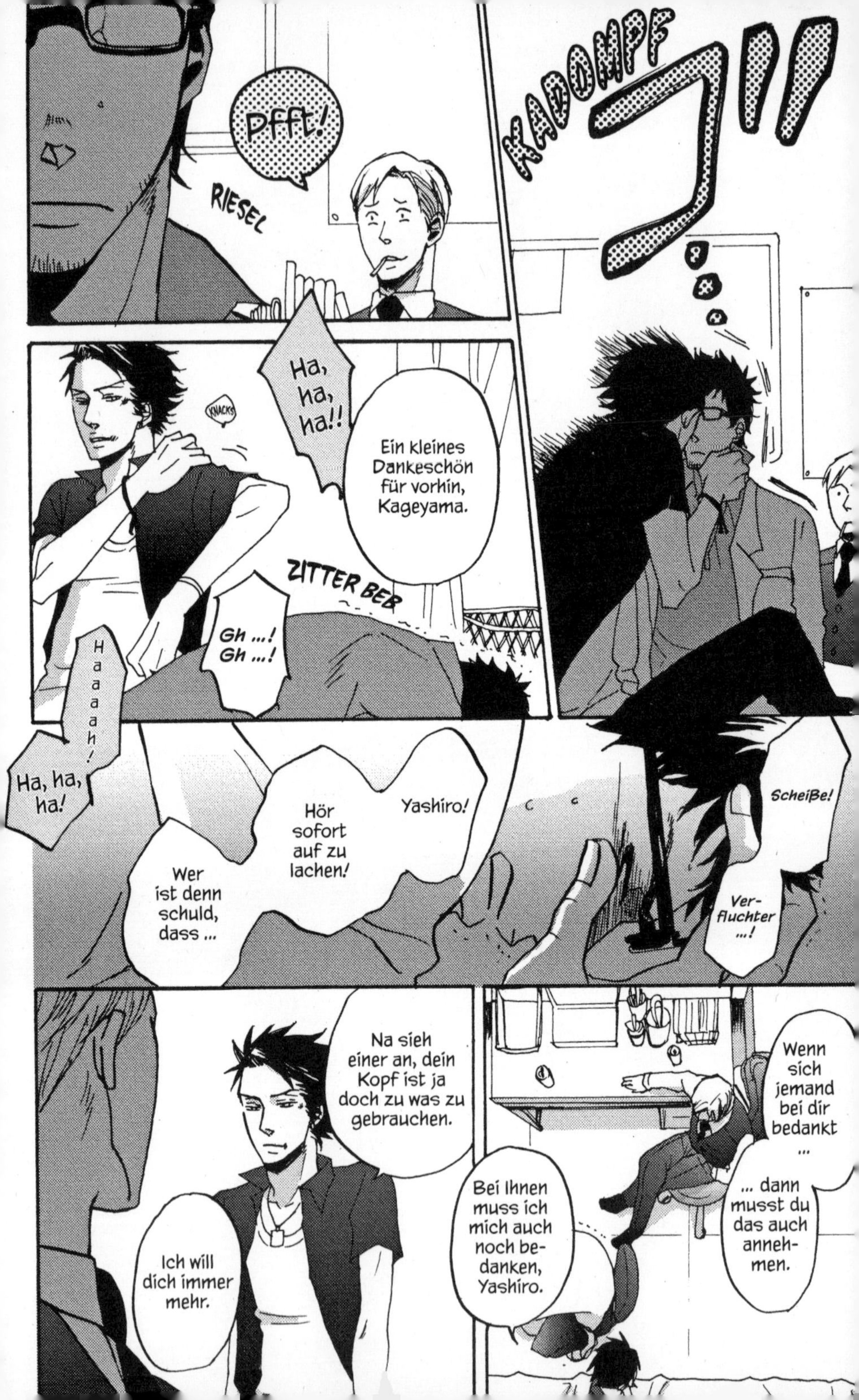
KADOMPF
Pfft!
RIESEL
Ha, ha, ha!!
Ein kleines Dankeschön für vorhin, Kageyama.
KNACKS
ZITTER BEB
Gh ...! Gh ...!
Haaaah!
Ha, ha, ha!
Scheiße!
Verfluchter ...!
Yashiro!
Hör sofort auf zu lachen!
Wer ist denn schuld, dass ...
Wenn sich jemand bei dir bedankt ...
... dann musst du das auch annehmen.
Bei Ihnen muss ich mich auch noch bedanken, Yashiro.
Na sieh einer an, dein Kopf ist ja doch zu was zu gebrauchen.
Ich will dich immer mehr.

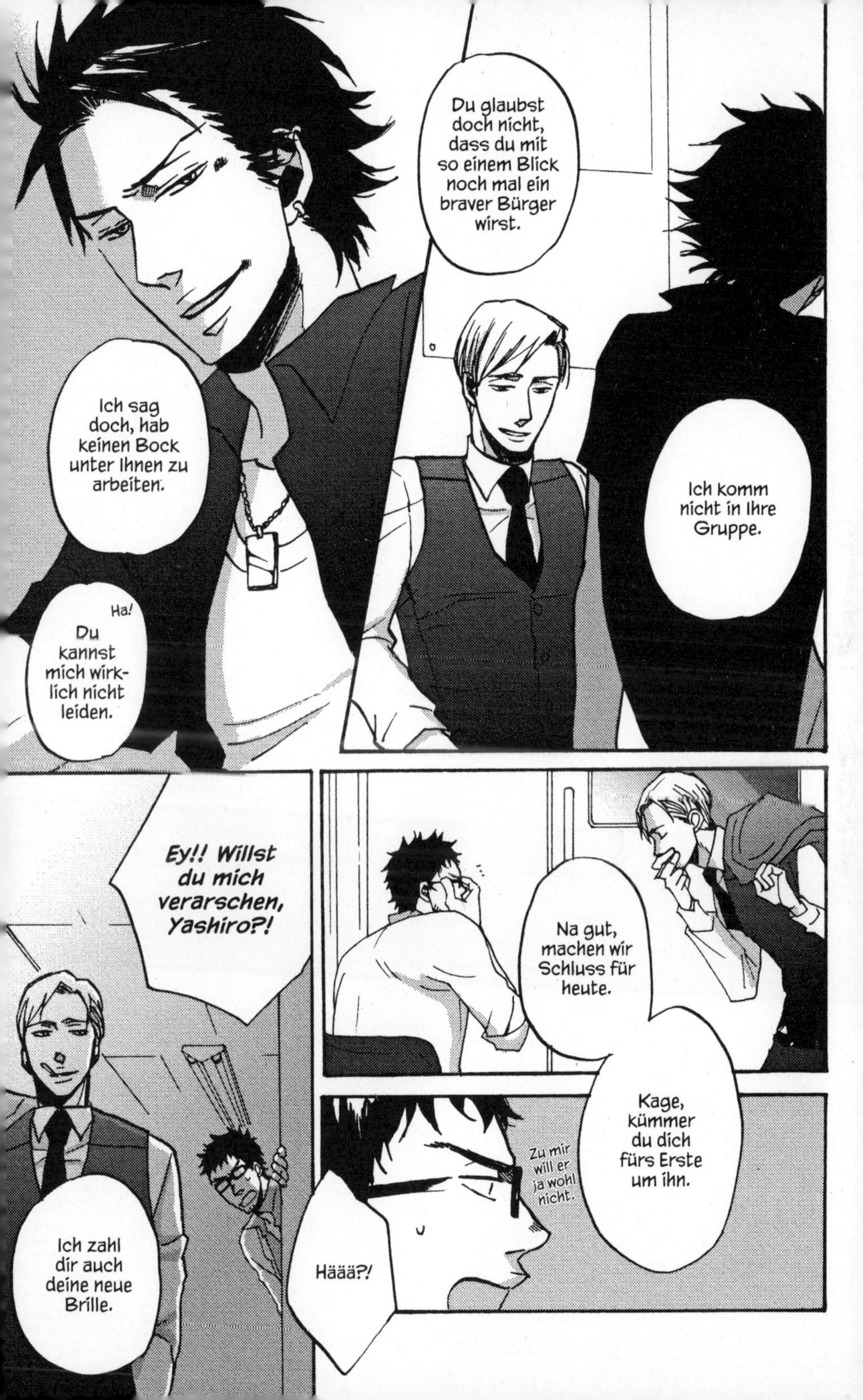
Ich komm nicht in Ihre Gruppe.
Ich sag doch, hab keinen Bock unter Ihnen zu arbeiten.
Ha!
Du kannst mich wirk-lich nicht leiden.
Du glaubst doch nicht, dass du mit so einem Blick noch mal ein braver Bürger wirst.
Na gut, machen wir Schluss für heute.
Kage, kümmer du dich fürs Erste um ihn.
Zu mir will er ja wohl nicht.
Häää?!
Ey!! Willst du mich verarschen, Yashiro?!
Ich zahl dir auch deine neue Brille.

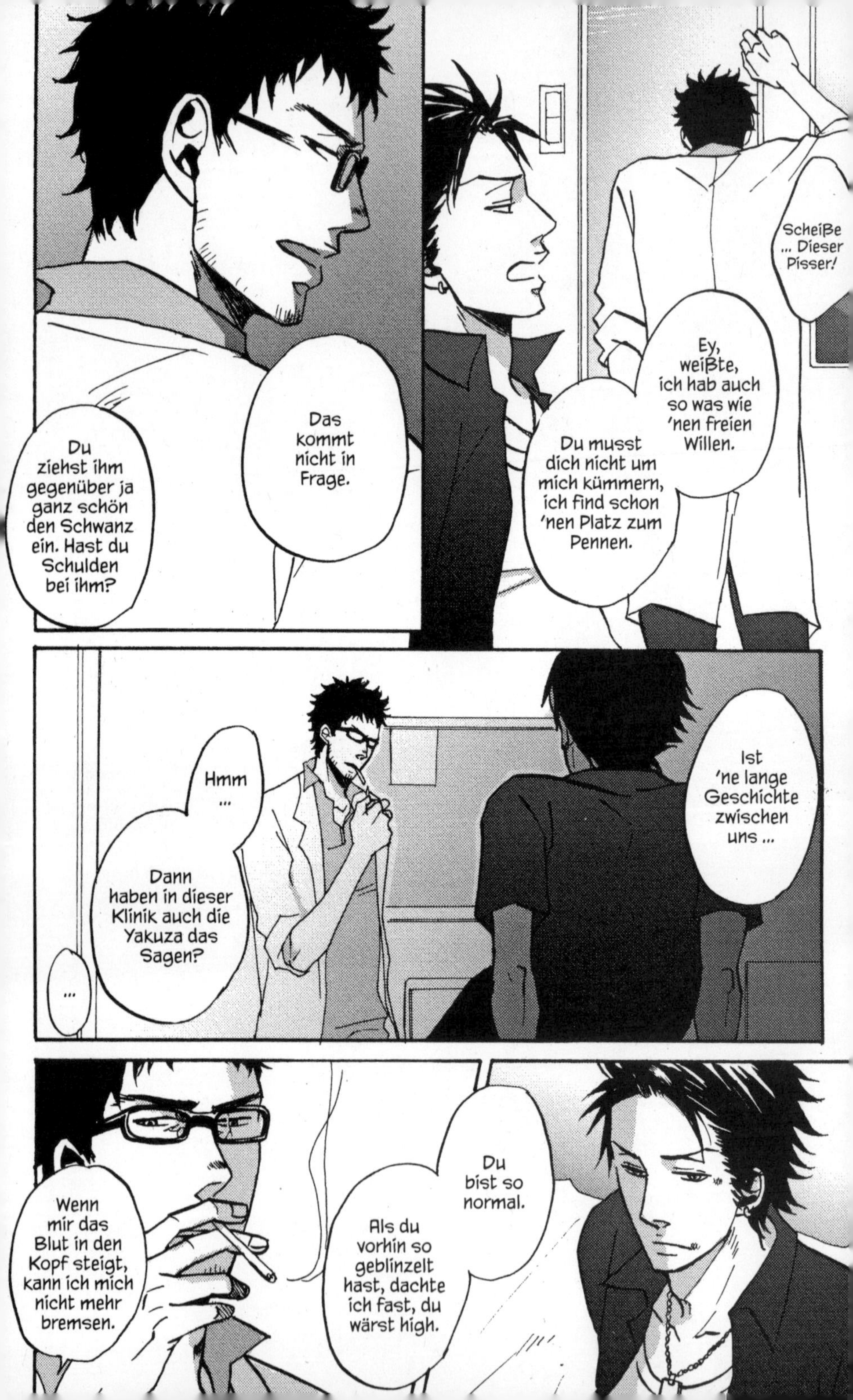
Scheiße ... Dieser Pisser!
Ey, weißte, ich hab auch so was wie 'nen freien Willen.
Du musst dich nicht um mich kümmern, ich find schon 'nen Platz zum Pennen.
Das kommt nicht in Frage.
Du ziehst ihm gegenüber ja ganz schön den Schwanz ein. Hast du Schulden bei ihm?
Ist 'ne lange Geschichte zwischen uns ...
Hmm ...
Dann haben in dieser Klinik auch die Yakuza das Sagen?
...
Du bist so normal.
Als du vorhin so geblinzelt hast, dachte ich fast, du wärst high.
Wenn mir das Blut in den Kopf steigt, kann ich mich nicht mehr bremsen.

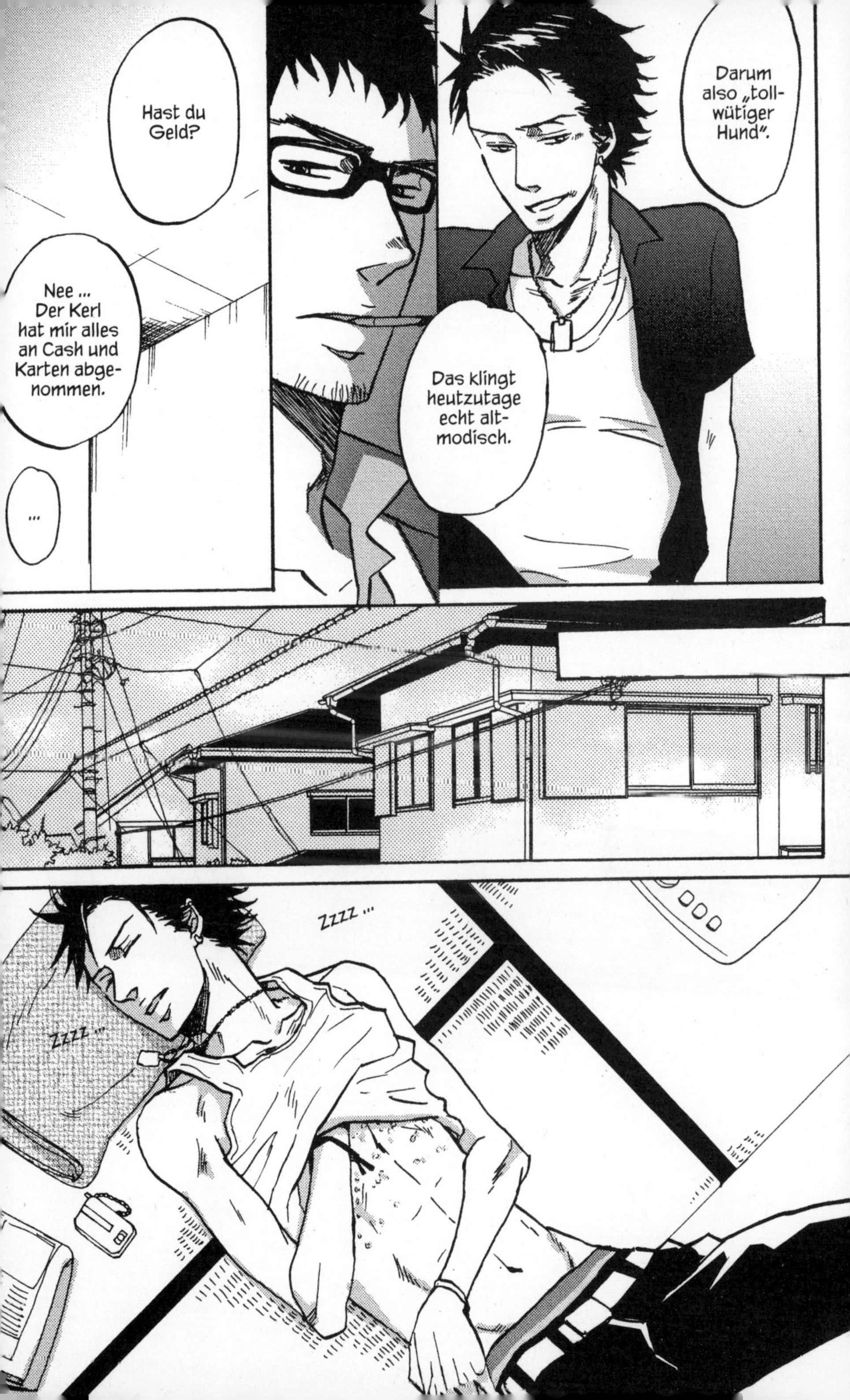

Darum also „toll-wütiger Hund".
Hast du Geld?
Das klingt heutzutage echt alt-modisch.
Nee ... Der Kerl hat mir alles an Cash und Karten abge-nommen.
...
Zzzz ...
Zzzz ...

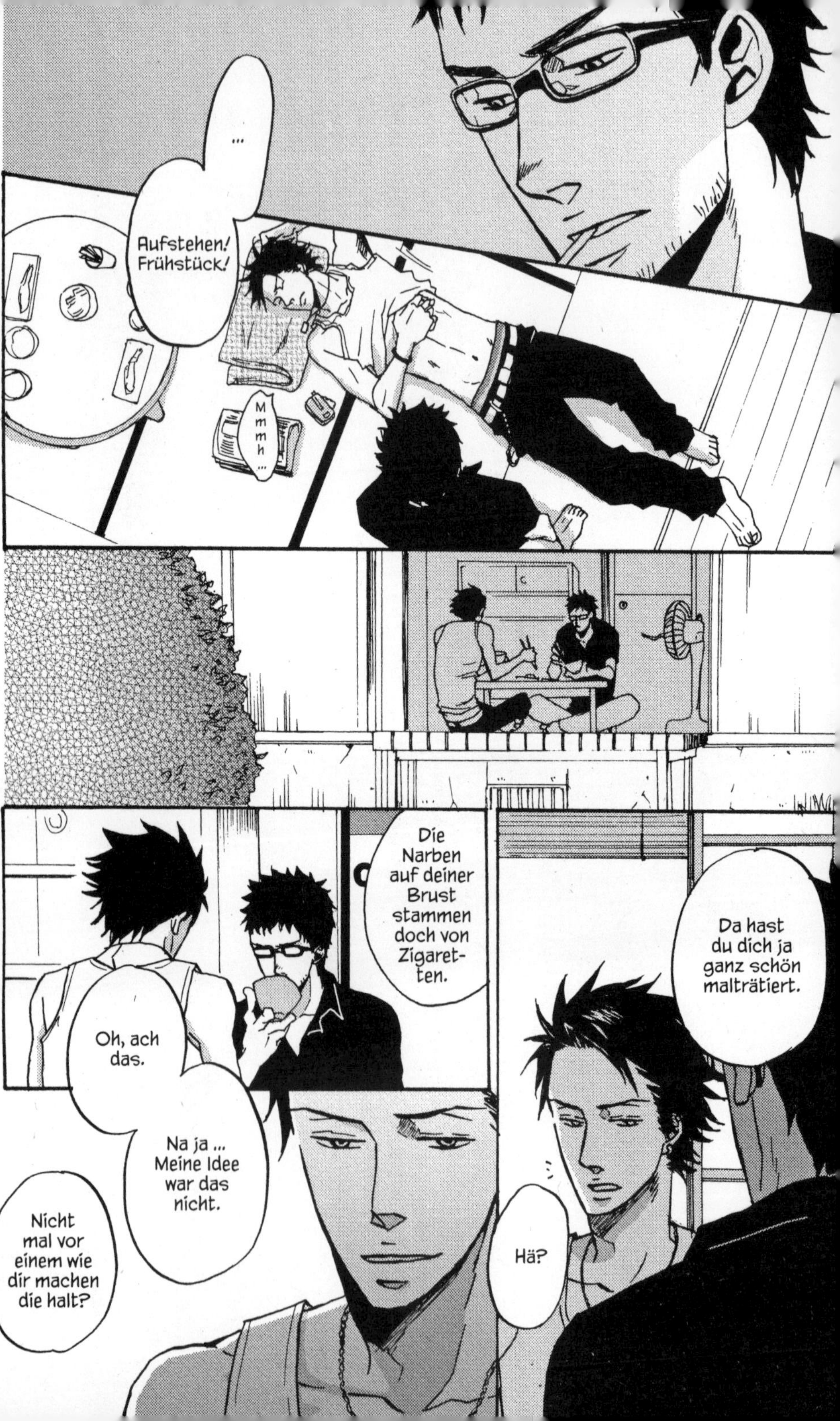
...
Aufstehen! Frühstück!
Mmmh ...
Die Narben auf deiner Brust stammen doch von Zigaretten.
Oh, ach das.
Da hast du dich ja ganz schön malträtiert.
Na ja ... Meine Idee war das nicht.
Hä?
Nicht mal vor einem wie dir machen die halt?

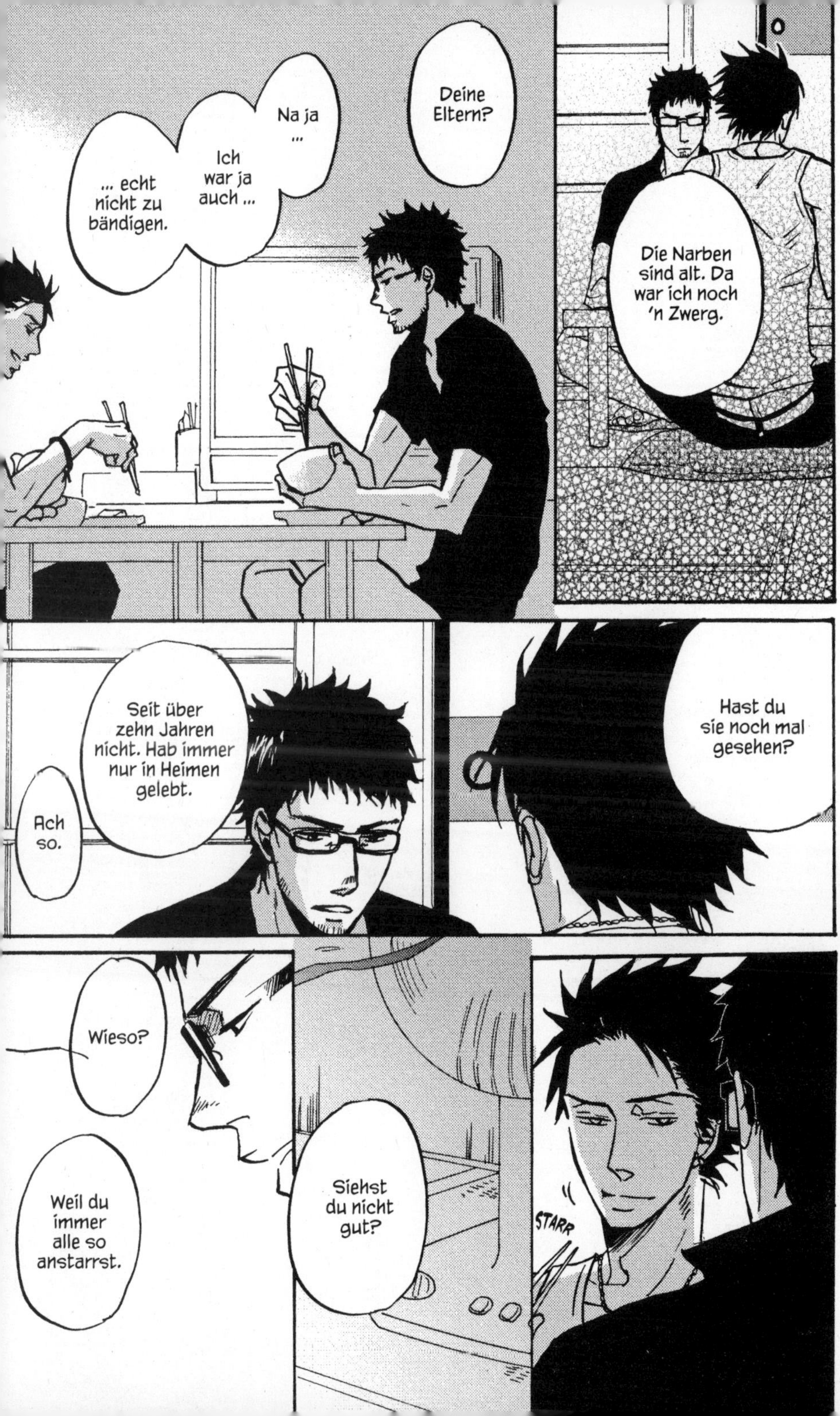
Die Narben sind alt. Da war ich noch 'n Zwerg.
Deine Eltern?
Na ja ...
Ich war ja auch ...
... echt nicht zu bändigen.
Hast du sie noch mal gesehen?
Seit über zehn Jahren nicht. Hab immer nur in Heimen gelebt.
Ach so.
STARR
Siehst du nicht gut?
Wieso?
Weil du immer alle so anstarrst.

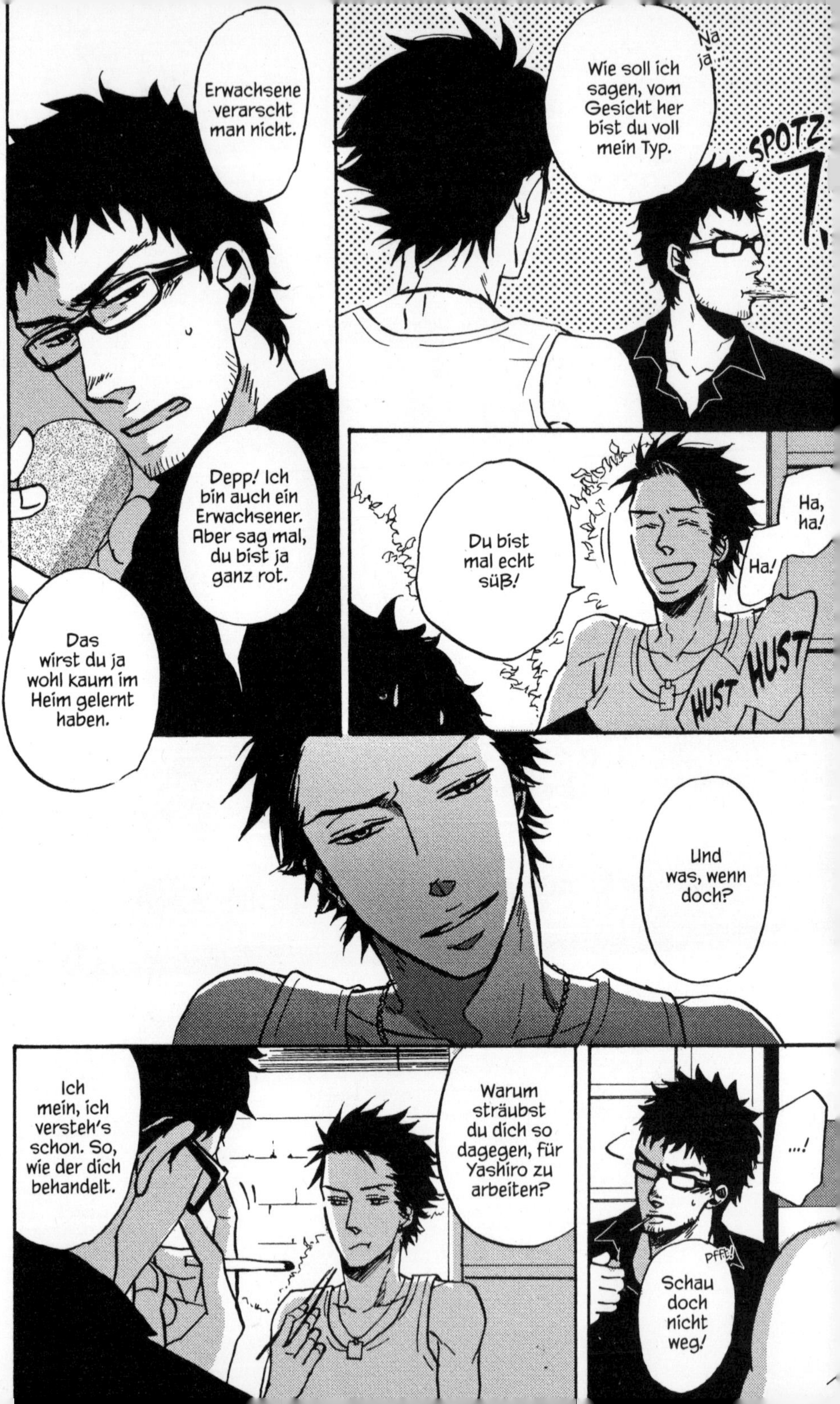
Na ja ...
Wie soll ich sagen, vom Gesicht her bist du voll mein Typ.
SPOTZ
Erwachsene verarscht man nicht.
Ha, ha!
Ha!
Du bist mal echt süß!
HUST
HUST
Depp! Ich bin auch ein Erwachsener. Aber sag mal, du bist ja ganz rot.
Das wirst du ja wohl kaum im Heim gelernt haben.
Und was, wenn doch?
...!
Pfft!
Schau doch nicht weg!
Warum sträubst du dich so dagegen, für Yashiro zu arbeiten?
Ich mein, ich versteh's schon. So, wie der dich behandelt.

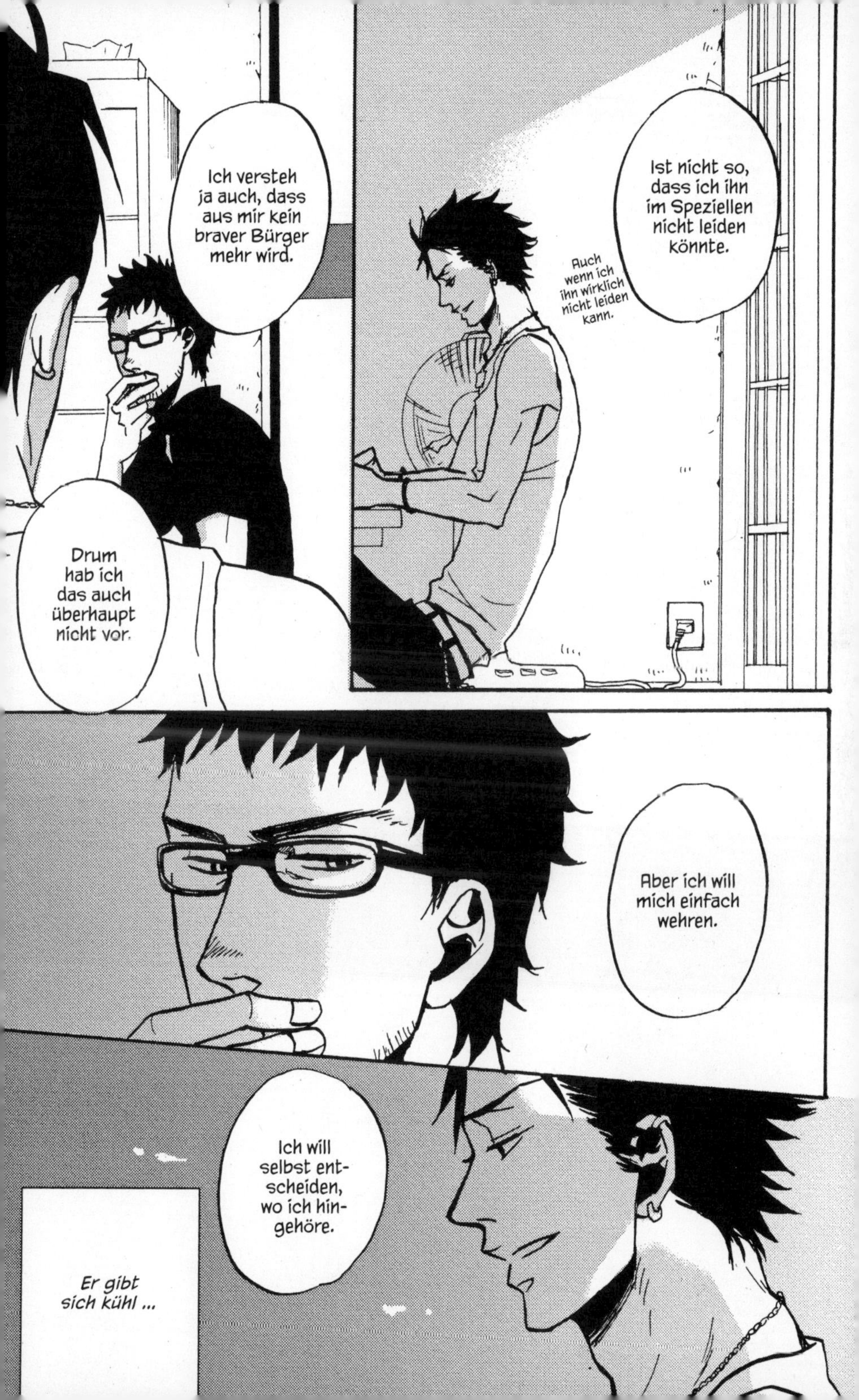
Ist nicht so, dass ich ihn im Speziellen nicht leiden könnte.
Auch wenn ich ihn wirklich nicht leiden kann.
Ich versteh ja auch, dass aus mir kein braver Bürger mehr wird.
Drum hab ich das auch überhaupt nicht vor.
Aber ich will mich einfach wehren.
Ich will selbst ent-scheiden, wo ich hin-gehöre.
Er gibt sich kühl ...

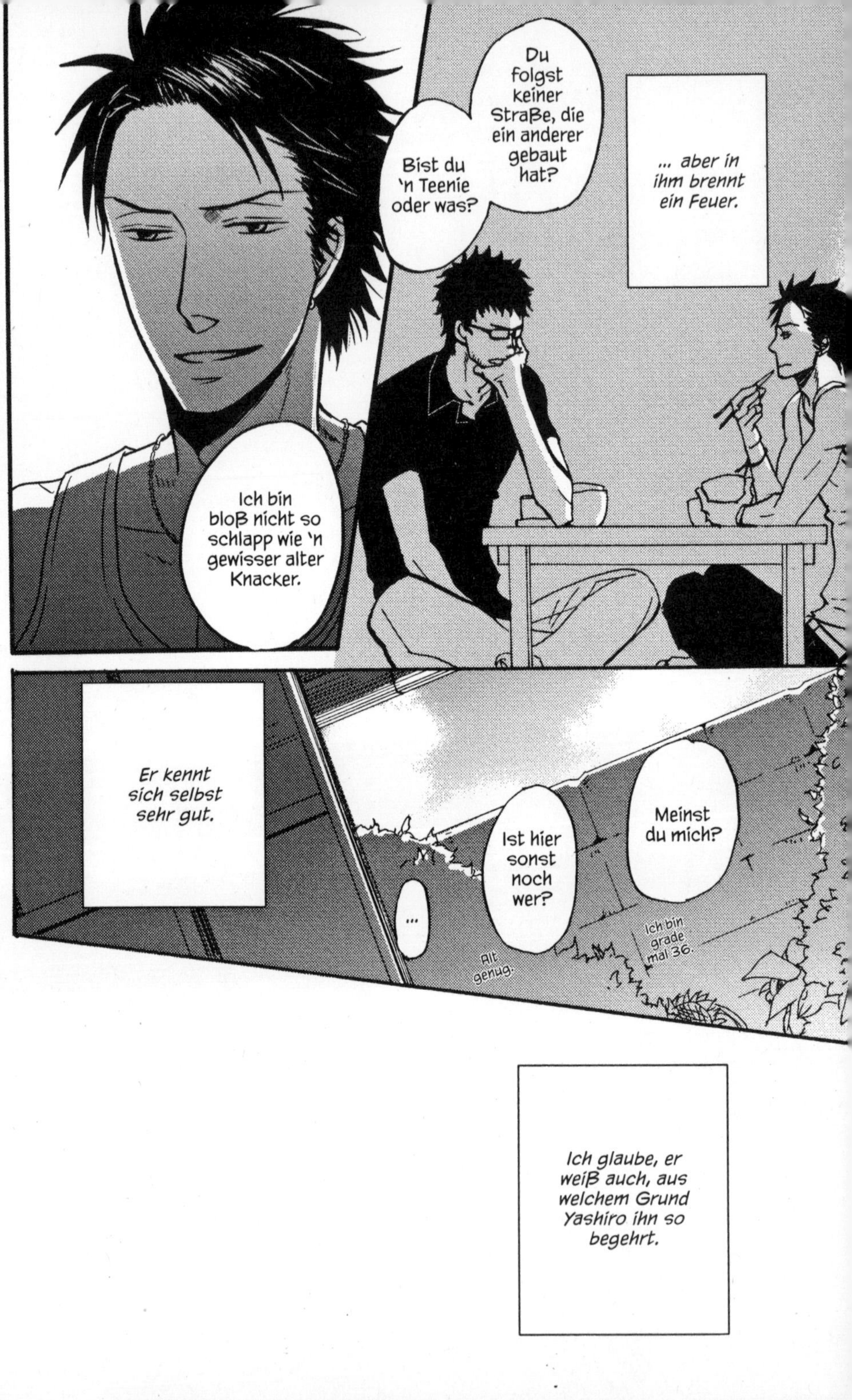

... aber in ihm brennt ein Feuer.
Du folgst keiner Straße, die ein anderer gebaut hat?
Bist du 'n Teenie oder was?
Ich bin bloß nicht so schlapp wie 'n gewisser alter Knacker.
Meinst du mich?
Ich bin grade mal 36.
Ist hier sonst noch wer?
Alt genug.
...
Er kennt sich selbst sehr gut.
Ich glaube, er weiß auch, aus welchem Grund Yashiro ihn so begehrt.

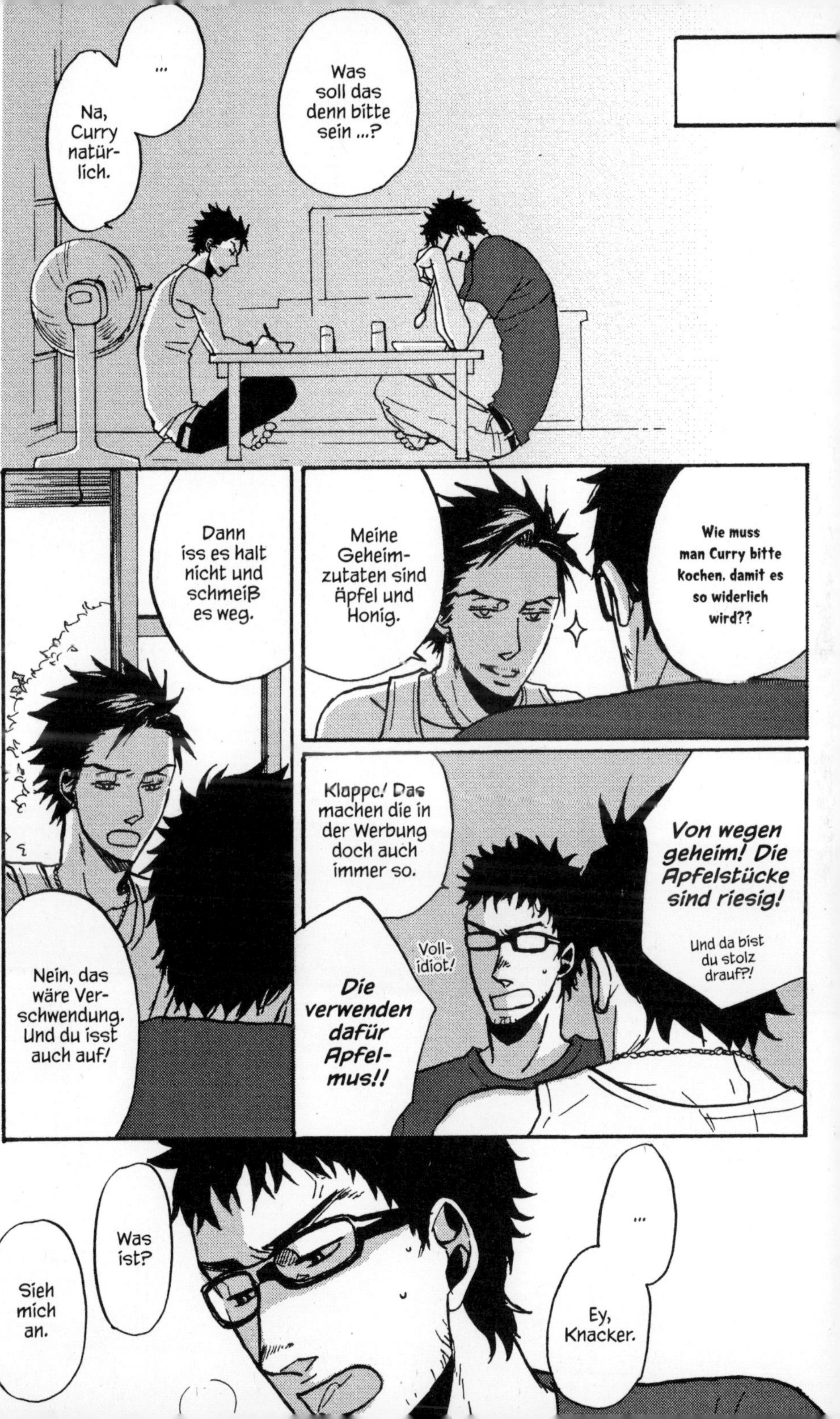
Was soll das denn bitte sein ...?
... Na, Curry natürlich.
Wie muss man Curry bitte kochen, damit es so widerlich wird??
Meine Geheimzutaten sind Äpfel und Honig.
Von wegen geheim! Die Apfelstücke sind riesig!
Und da bist du stolz drauf?!
Klappe! Das machen die in der Werbung doch auch immer so.
Voll-idiot!
Die verwenden dafür Apfelmus!!
Dann iss es halt nicht und schmeiß es weg.
Nein, das wäre Verschwendung. Und du isst auch auf!
...
Ey, Knacker.
Was ist?
Sieh mich an.

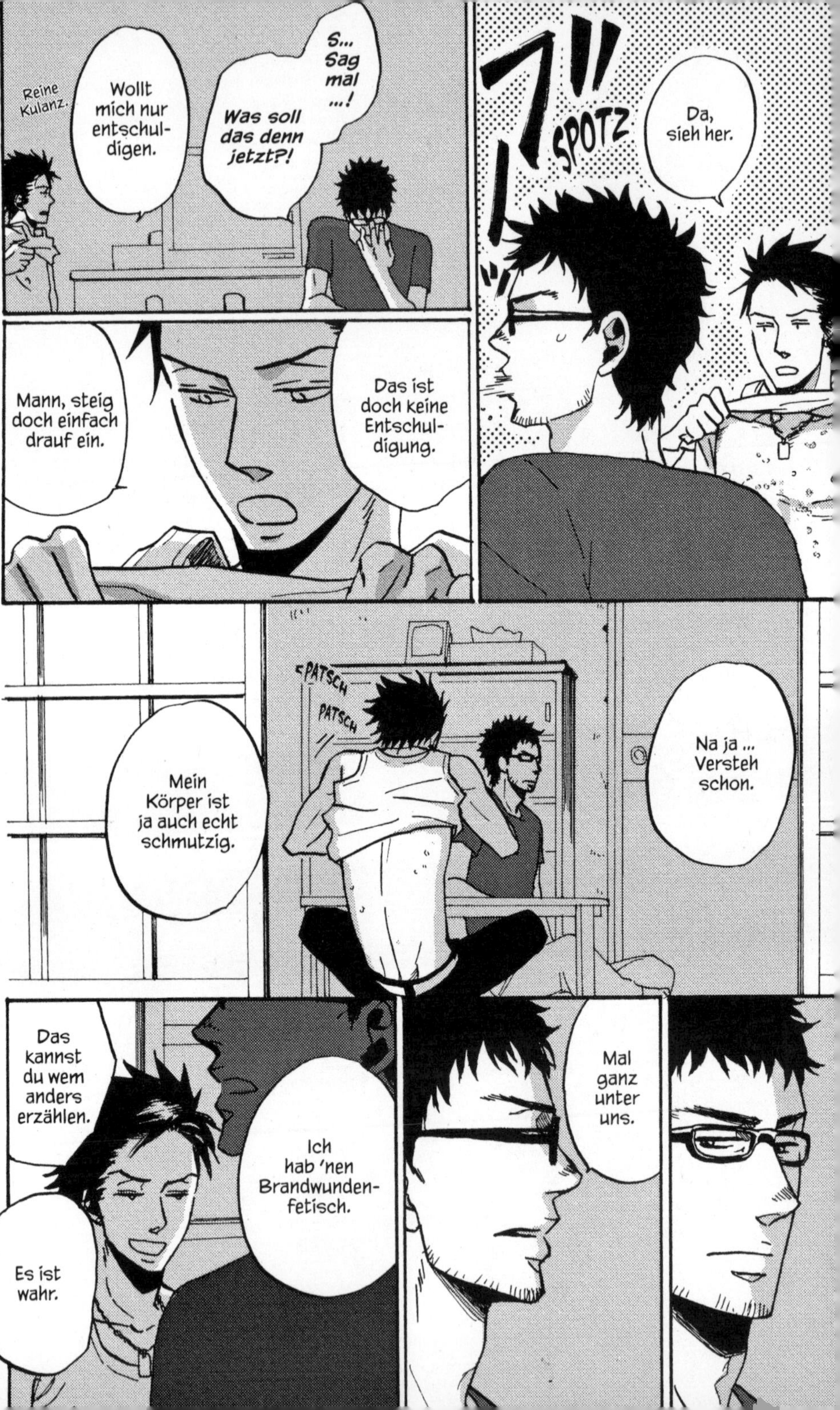

S... Sag mal ...!
Was soll das denn jetzt?!
Wollt mich nur entschuldigen.
Reine Kulanz.
SPOTZ
Da, sieh her.
Das ist doch keine Entschuldigung.
Mann, steig doch einfach drauf ein.
Na ja ... Versteh schon.
PATSCH
PATSCH
Mein Körper ist ja auch echt schmutzig.
Mal ganz unter uns.
Ich hab 'nen Brandwundenfetisch.
Das kannst du wem anders erzählen.
Es ist wahr.

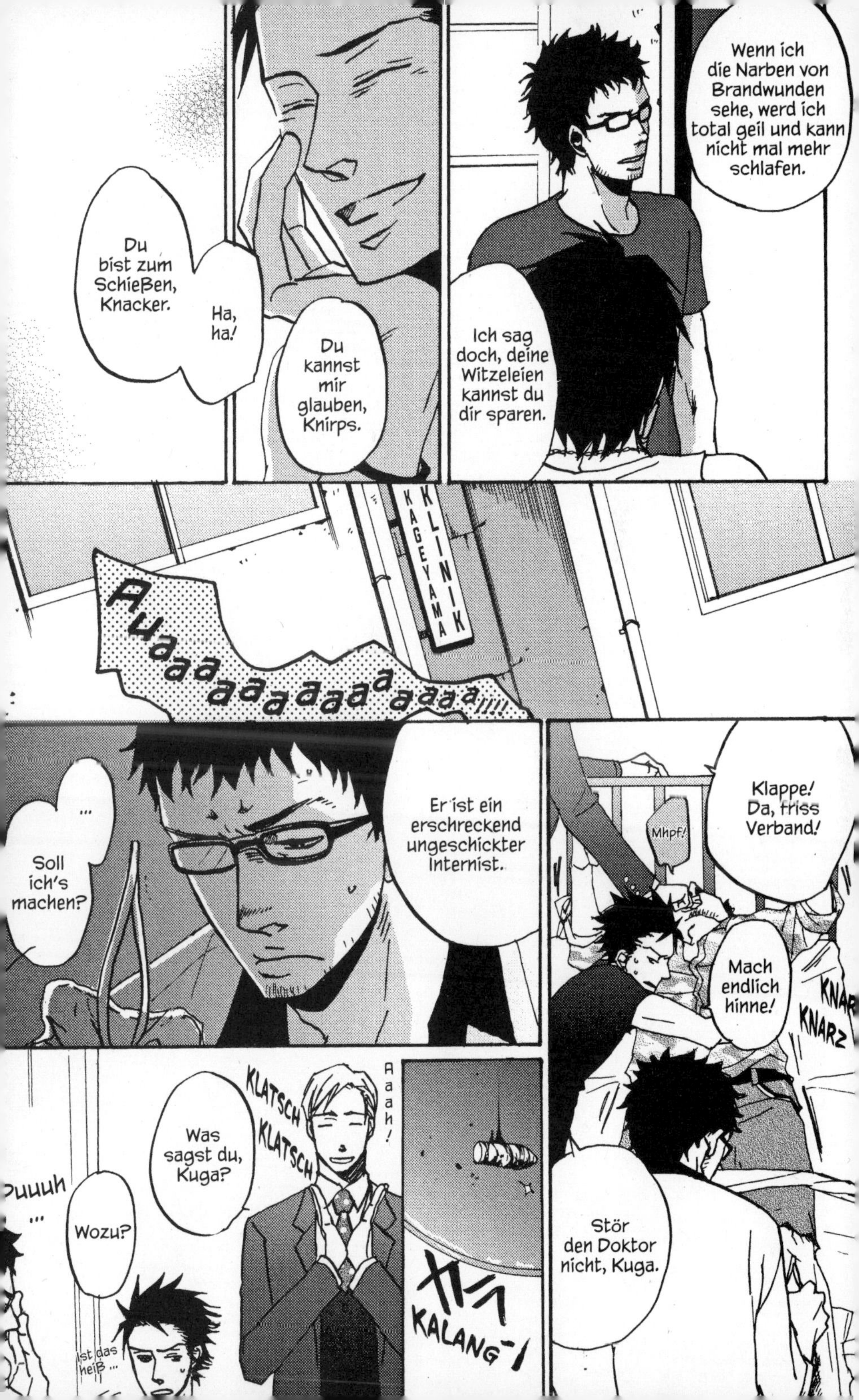
Wenn ich die Narben von Brandwunden sehe, werd ich total geil und kann nicht mal mehr schlafen.
Ich sag doch, deine Witzeleien kannst du dir sparen.
Du kannst mir glauben, Knirps.
Ha, ha!
Du bist zum Schießen, Knacker.
KAGEYAMA KLINIK
Auaaaaaaaaaaaaaaa!!!!!
Klappe! Da, friss Verband!
Mhpf!
Mach endlich hinne!
KNAR
KNARZ
Er ist ein erschreckend ungeschickter Internist.
...
Soll ich's machen?
Stör den Doktor nicht, Kuga.
KALANG~!
Aaah!
KLATSCH
KLATSCH
Was sagst du, Kuga?
Wozu?
Puuuh ...
Ist das heiß ...

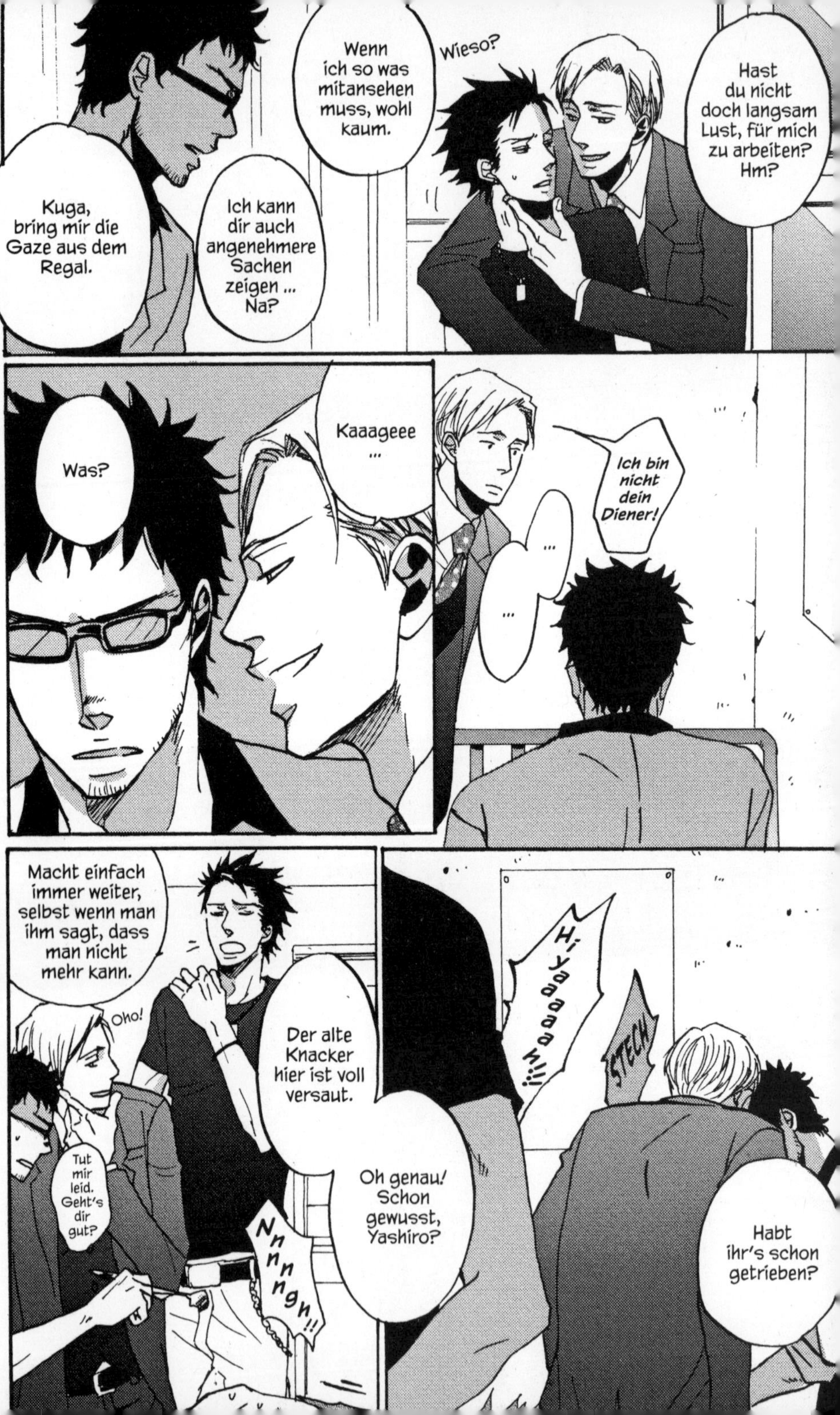

Hast du nicht doch langsam Lust, für mich zu arbeiten? Hm?
Wieso?
Wenn ich so was mitansehen muss, wohl kaum.
Ich kann dir auch angenehmere Sachen zeigen ... Na?
Kuga, bring mir die Gaze aus dem Regal.
Ich bin nicht dein Diener!
...
...
Kaaageee ...
Was?
Habt ihr's schon getrieben?
STECH
Hiyaaaaah!!!
Oh genau! Schon gewusst, Yashiro?
Der alte Knacker hier ist voll versaut.
Macht einfach immer weiter, selbst wenn man ihm sagt, dass man nicht mehr kann.
Oho!
Tut mir leid. Geht's dir gut?
Nnnngn!!

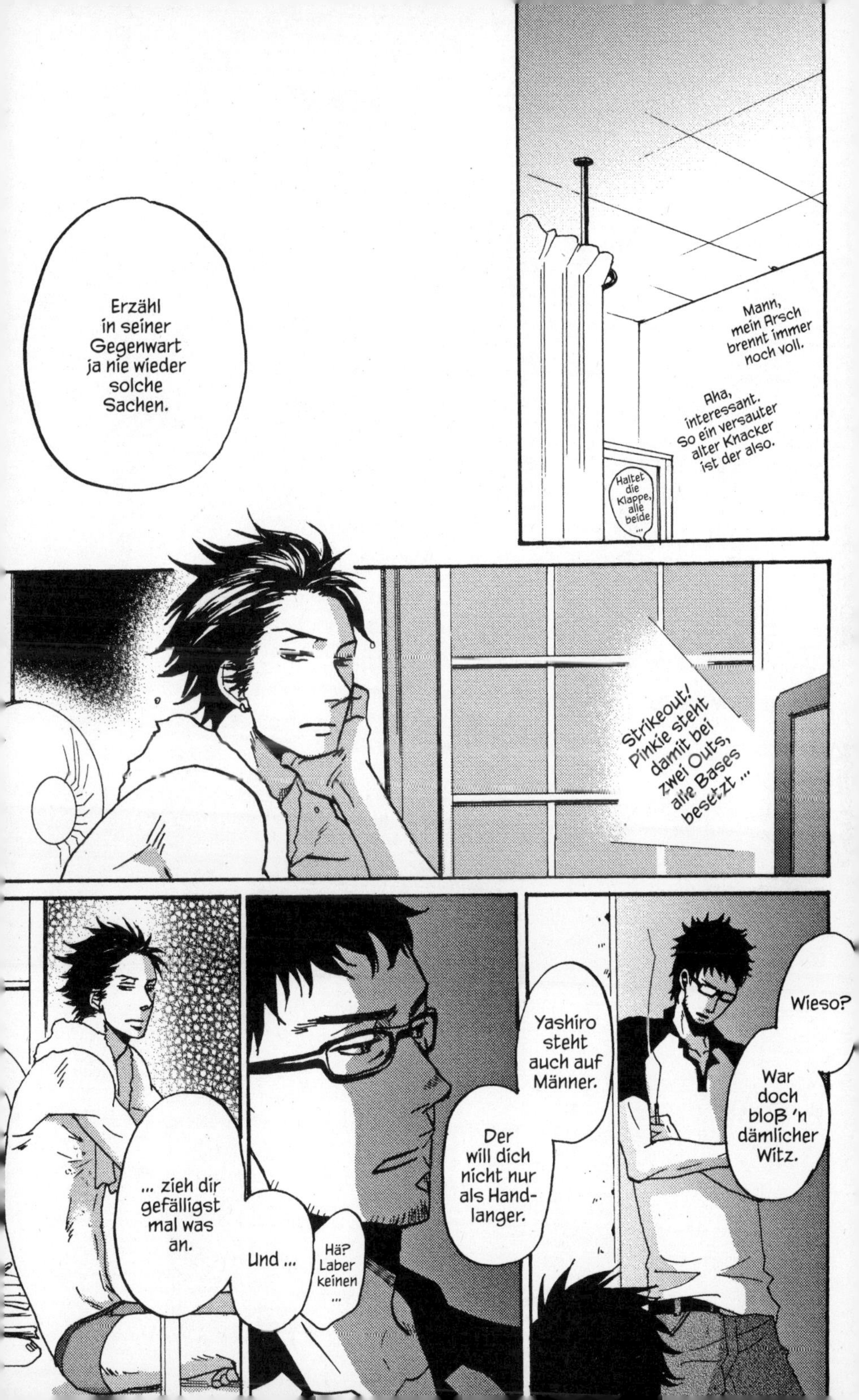
Mann, mein Arsch brennt immer noch voll.
Aha, interessant. So ein versauter alter Knacker ist der also.
Haltet die Klappe, alle beide ...
Erzähl in seiner Gegenwart ja nie wieder solche Sachen.
Strikeout! Pinkie steht damit bei zwei Outs, alle Bases besetzt ...
Wieso?
War doch bloß 'n dämlicher Witz.
Yashiro steht auch auf Männer.
Der will dich nicht nur als Handlanger.
Hä? Laber keinen ...
Und ...
... zieh dir gefälligst mal was an.

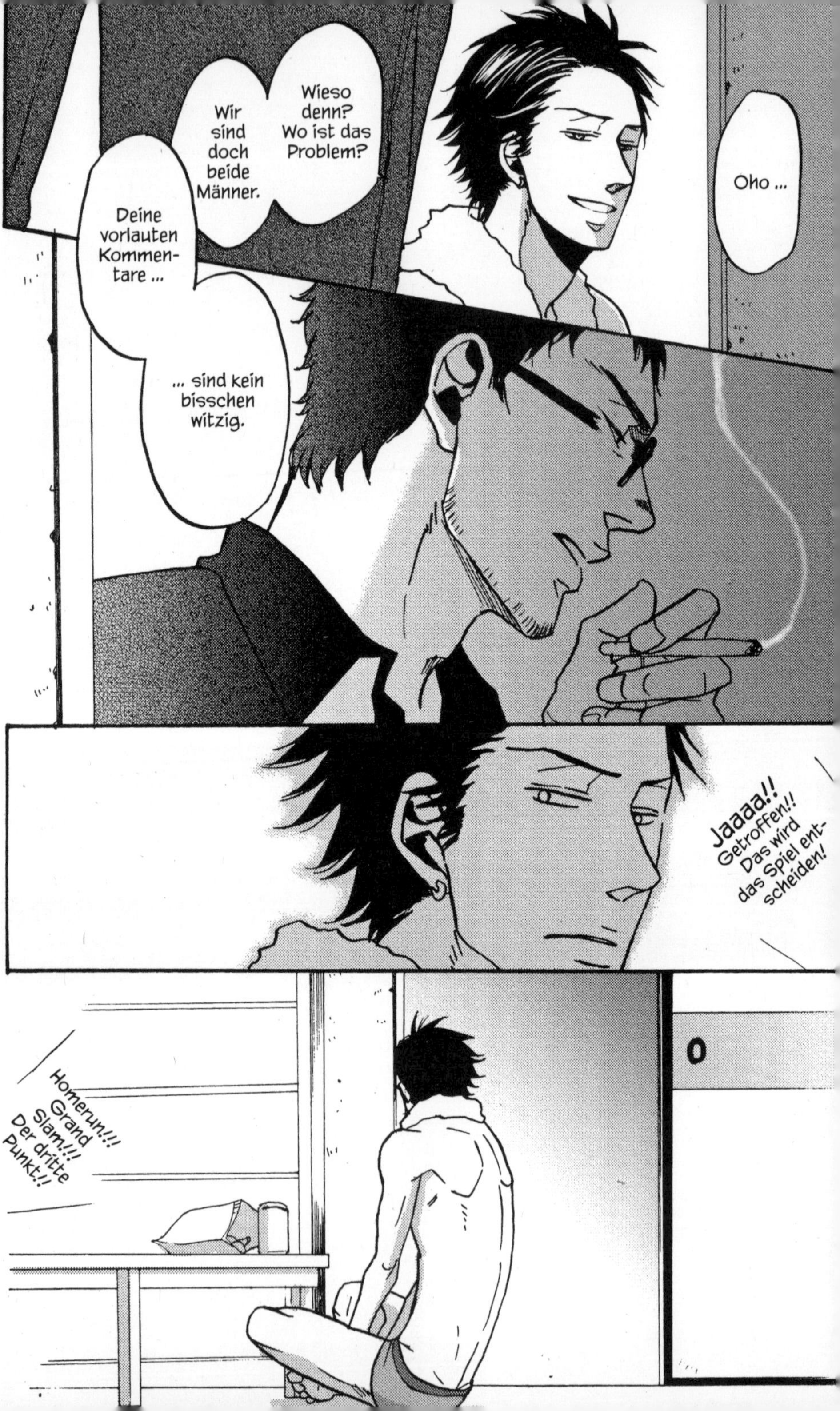

Oho ...
Wieso denn? Wo ist das Problem?
Wir sind doch beide Männer.
Deine vorlauten Kommentare ...
... sind kein bisschen witzig.
Jaaaa!! Getroffen!! Das wird das Spiel entscheiden!
Homerun!!! Grand Slam!!! Der dritte Punkt!!

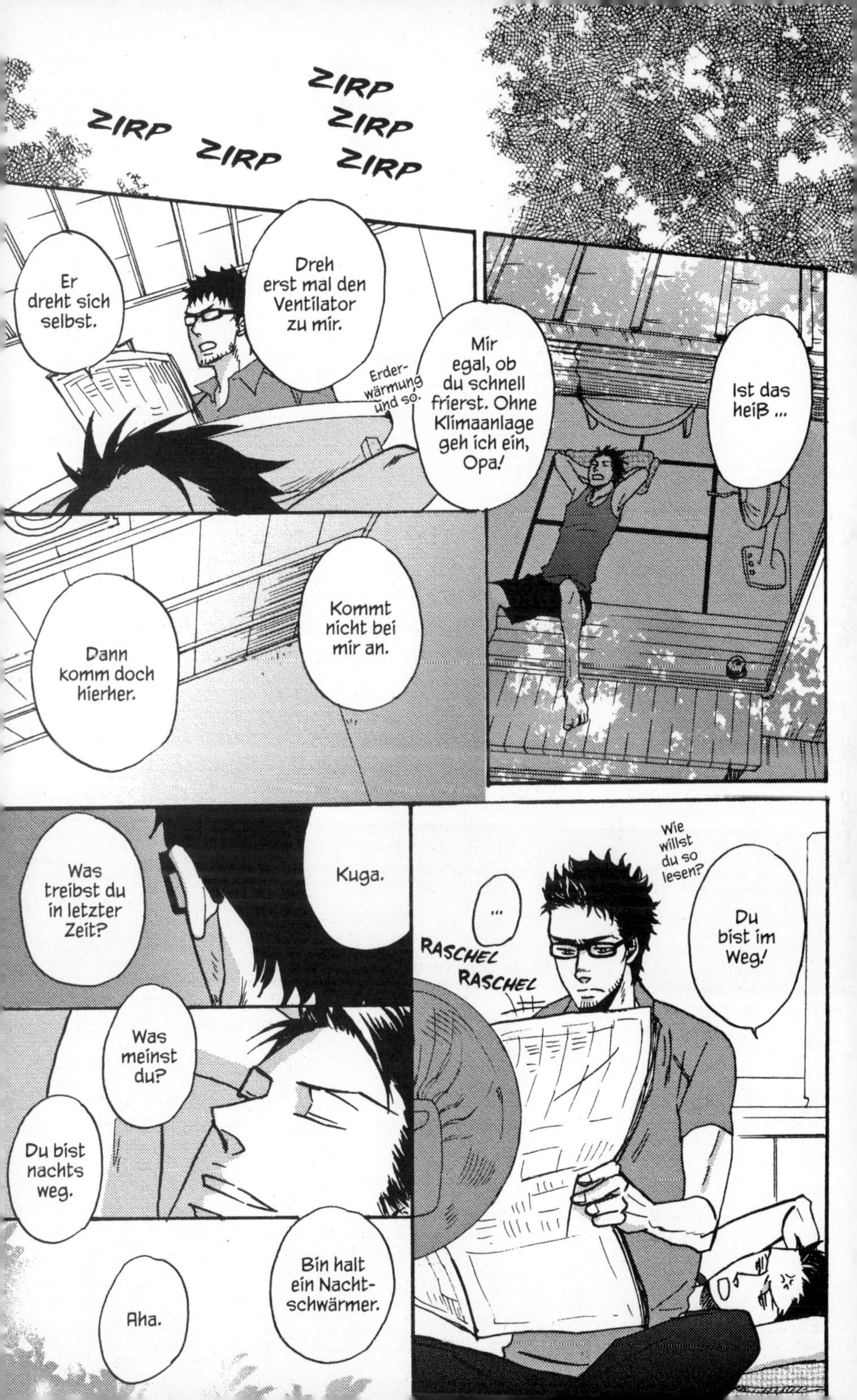
ZIRP
ZIRP
ZIRP
ZIRP
ZIRP
Ist das heiß ...
Mir egal, ob du schnell frierst. Ohne Klimaanlage geh ich ein, Opa!
Dreh erst mal den Ventilator zu mir.
Er dreht sich selbst.
Erderwärmung und so.
Kommt nicht bei mir an.
Dann komm doch hierher.
Du bist im Weg!
Wie willst du so lesen?
...
RASCHEL
RASCHEL
Kuga.
Was treibst du in letzter Zeit?
Was meinst du?
Du bist nachts weg.
Bin halt ein Nachtschwärmer.
Aha.

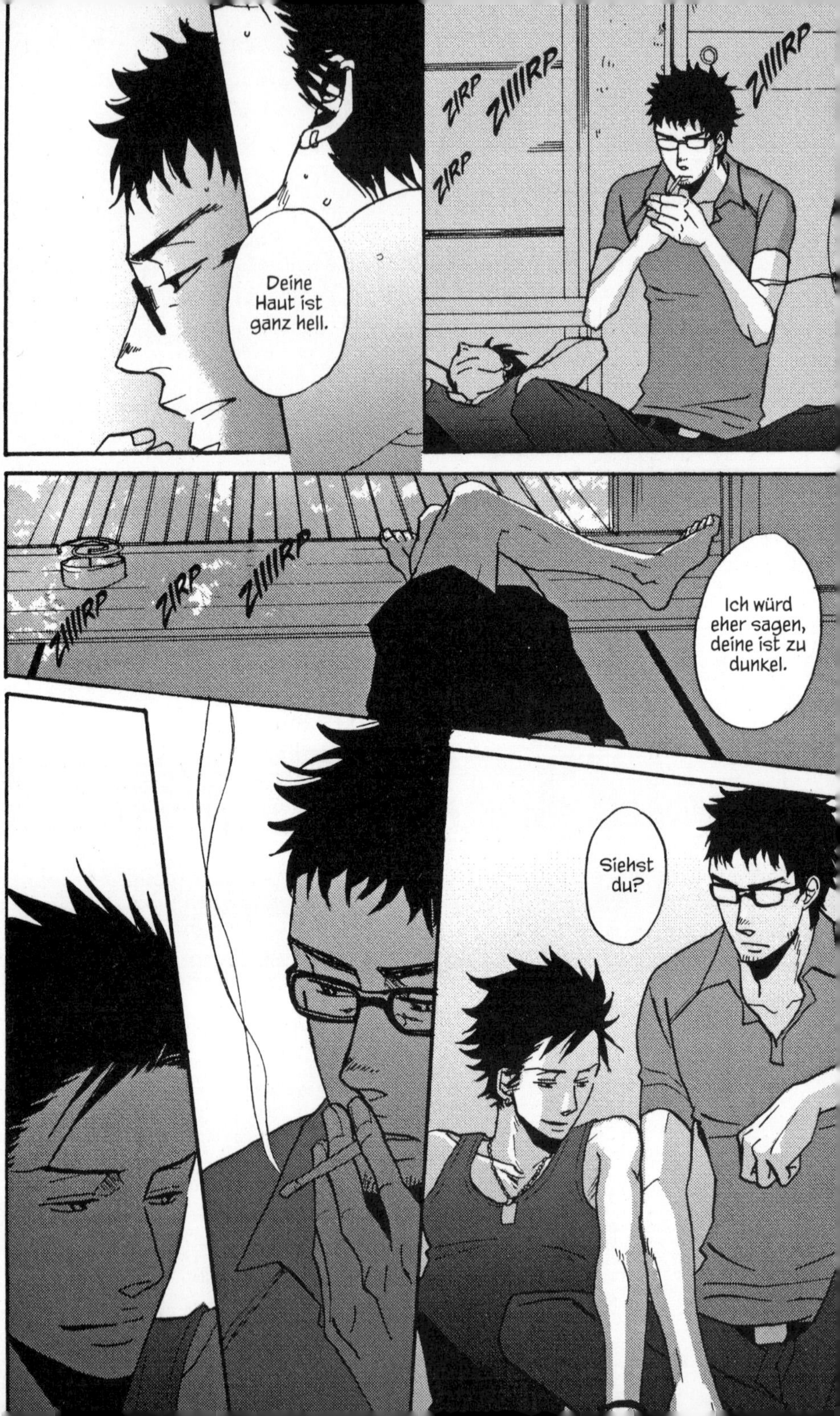
ZIIIIRP
ZIRP
ZIIIIRP
ZIRP
Deine Haut ist ganz hell.
Ich würd eher sagen, deine ist zu dunkel.
ZIIIIRP
ZIRP
ZIIIIRP
Siehst du?

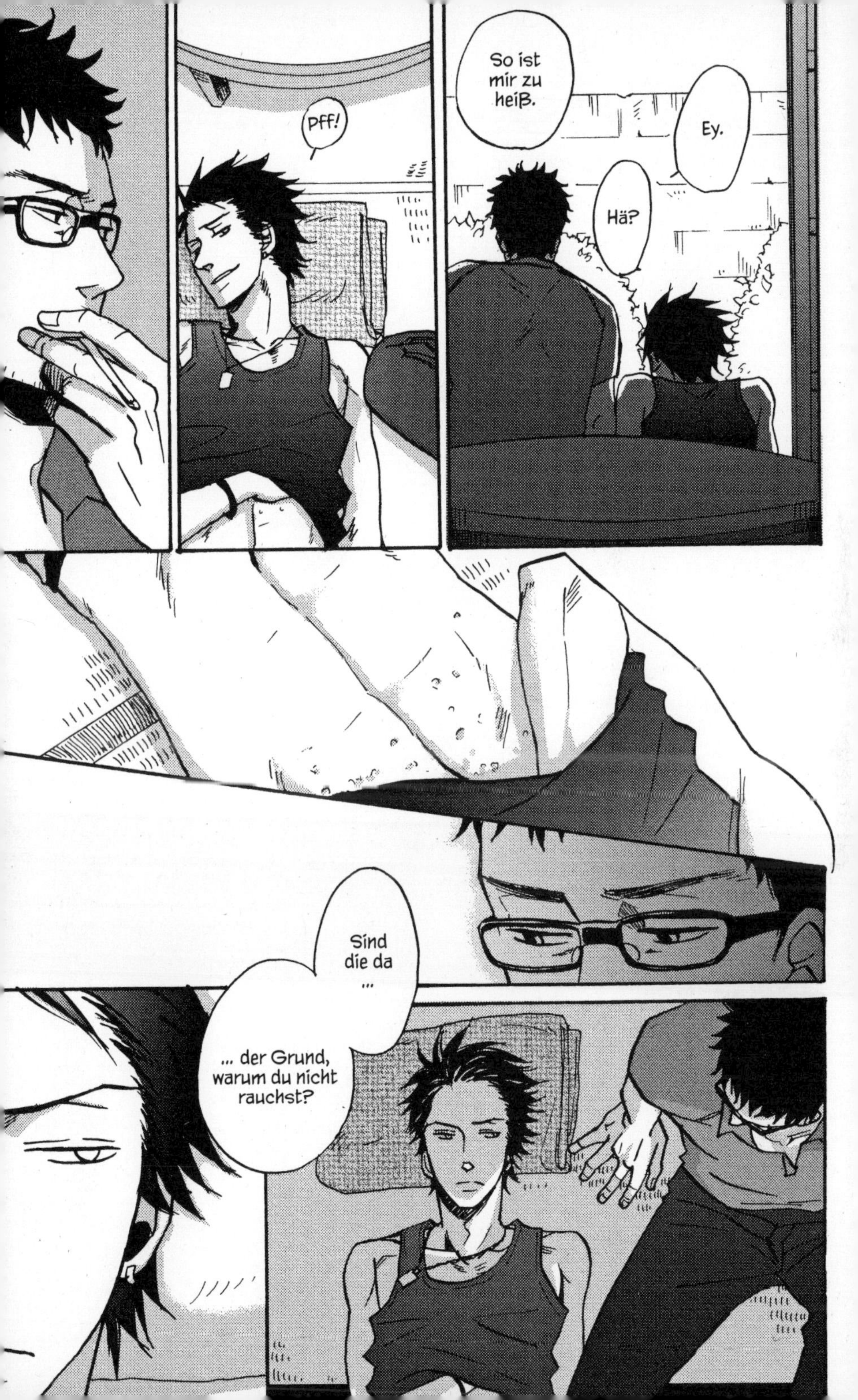
Ey.
Hä?
So ist mir zu heiß.
Pff!
Sind die da …
… der Grund, warum du nicht rauchst?

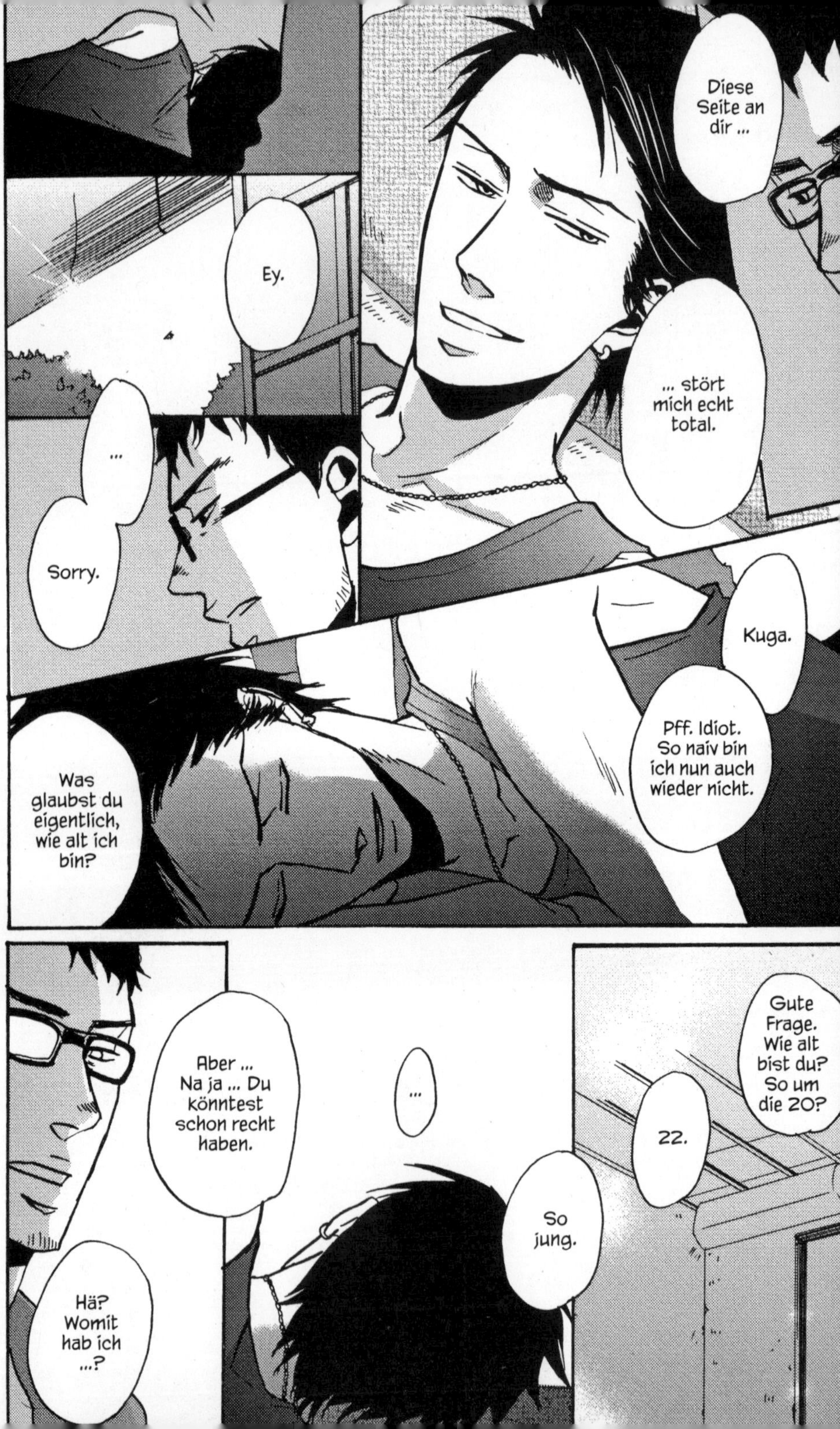
Diese Seite an dir ...
... stört mich echt total.
Ey.
...
Sorry.
Kuga.
Pff. Idiot. So naiv bin ich nun auch wieder nicht.
Was glaubst du eigentlich, wie alt ich bin?
Gute Frage. Wie alt bist du? So um die 20?
22.
So jung.
...
Aber ... Na ja ... Du könntest schon recht haben.
Hä? Womit hab ich ...?

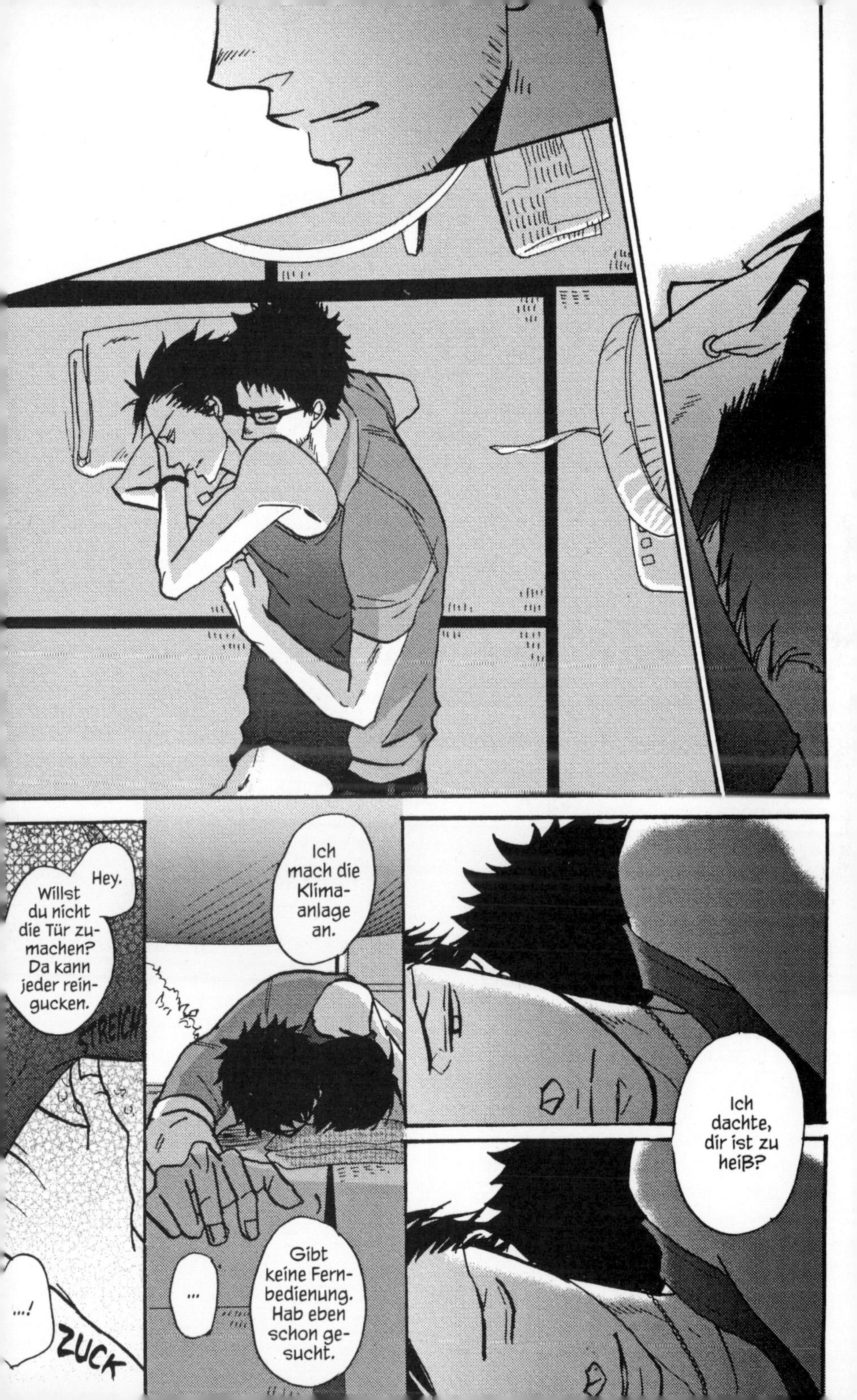
Ich dachte, dir ist zu heiß?
Ich mach die Klimaanlage an.
Hey. Willst du nicht die Tür zumachen? Da kann jeder reingucken.
STREICH
Gibt keine Fernbedienung. Hab eben schon gesucht.
...
...!
ZUCK

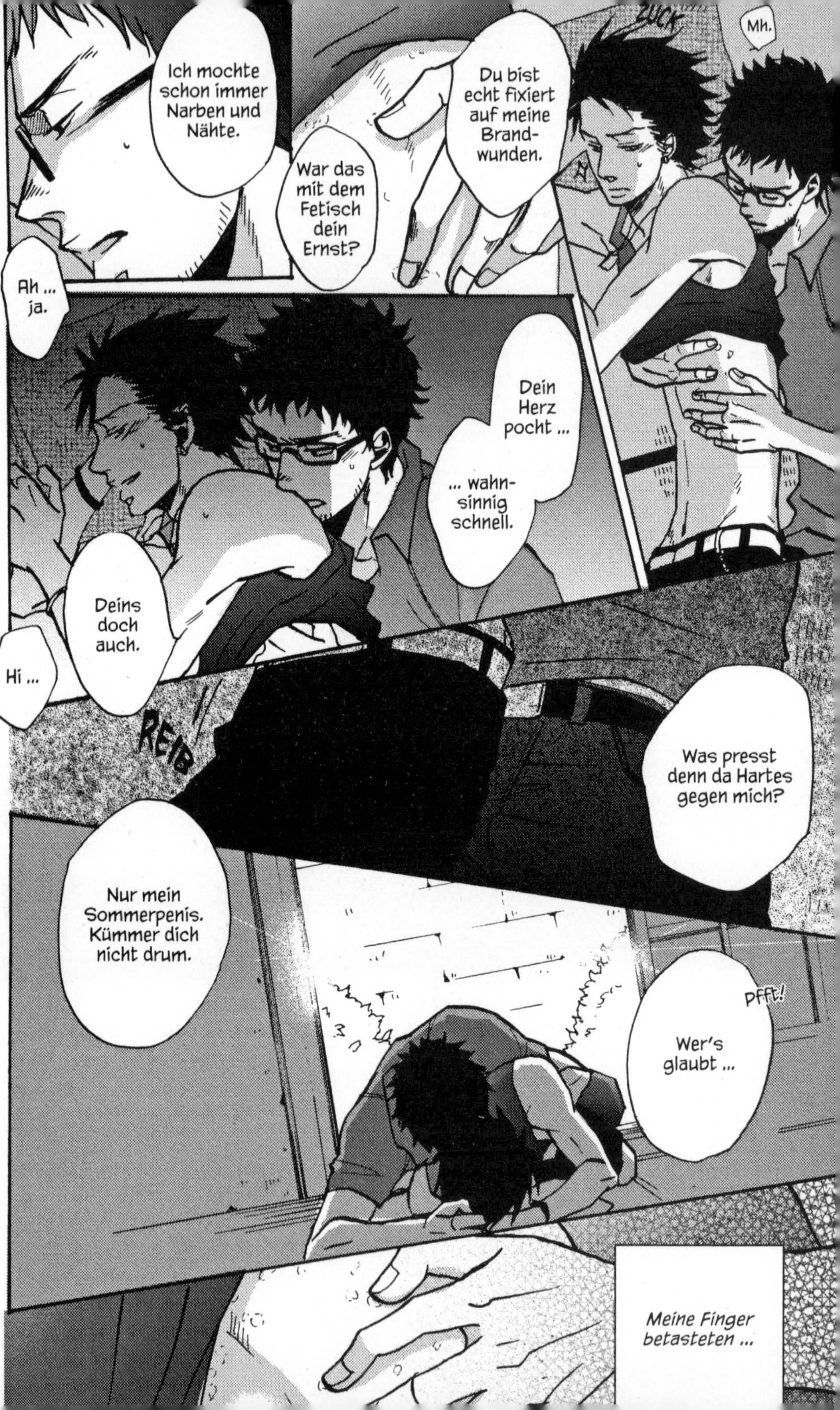
ZUCK
Mh.
Du bist echt fixiert auf meine Brandwunden.
War das mit dem Fetisch dein Ernst?
Ich mochte schon immer Narben und Nähte.
Ah ... ja.
Dein Herz pocht ...
... wahnsinnig schnell.
Deins doch auch.
Hi ...
REIB
Was presst denn da Hartes gegen mich?
Nur mein Sommerpenis. Kümmer dich nicht drum.
Pfft!
Wer's glaubt ...
Meine Finger betasteten ...

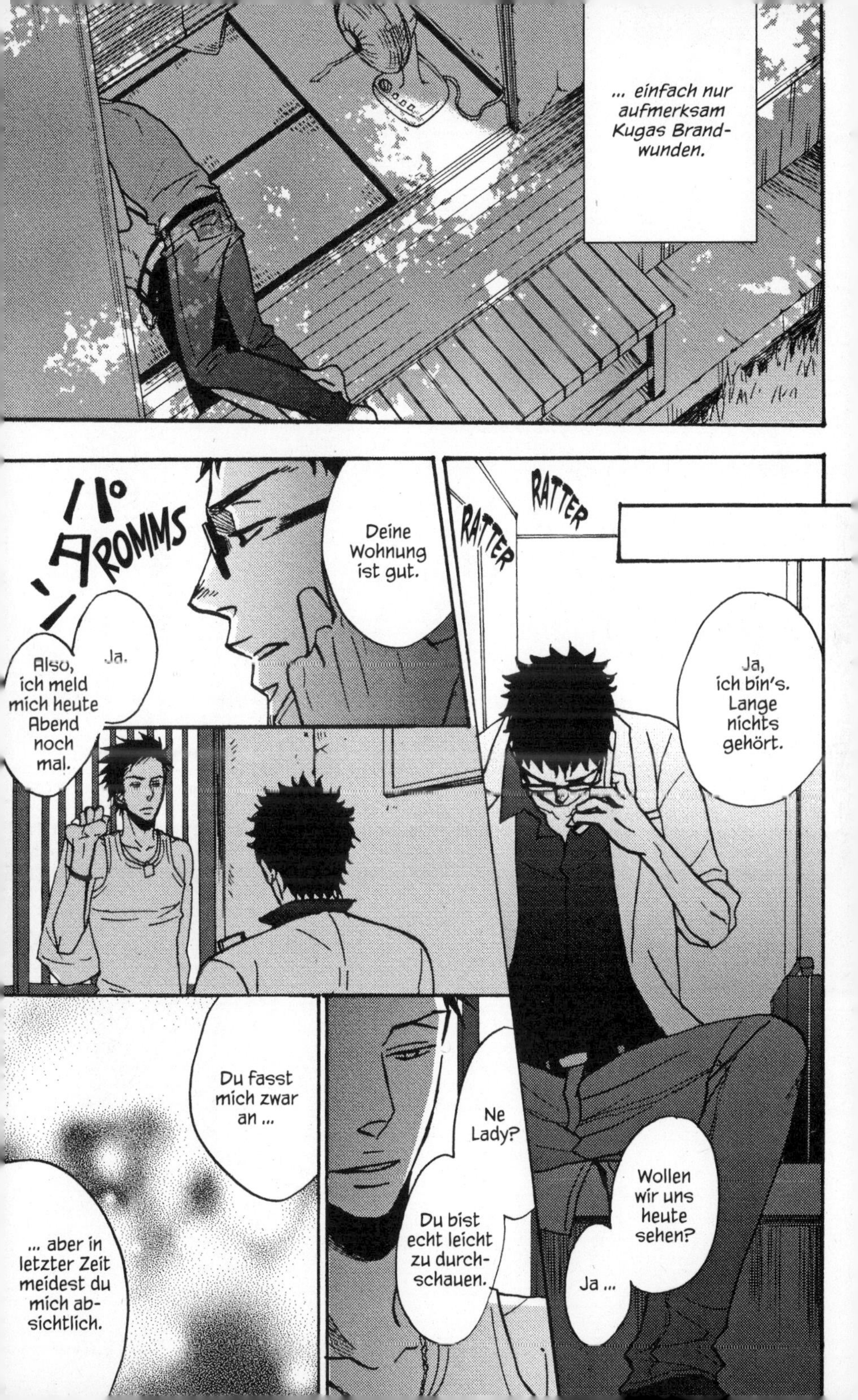
... einfach nur aufmerksam Kugas Brand-wunden.
RATTER
RATTER
Ja, ich bin's. Lange nichts gehört.
Deine Wohnung ist gut.
ROMMS
Ja.
Also, ich meld mich heute Abend noch mal.
Wollen wir uns heute sehen?
Ja ...
Ne Lady?
Du bist echt leicht zu durchschauen.
Du fasst mich zwar an ...
... aber in letzter Zeit meidest du mich ab-sichtlich.

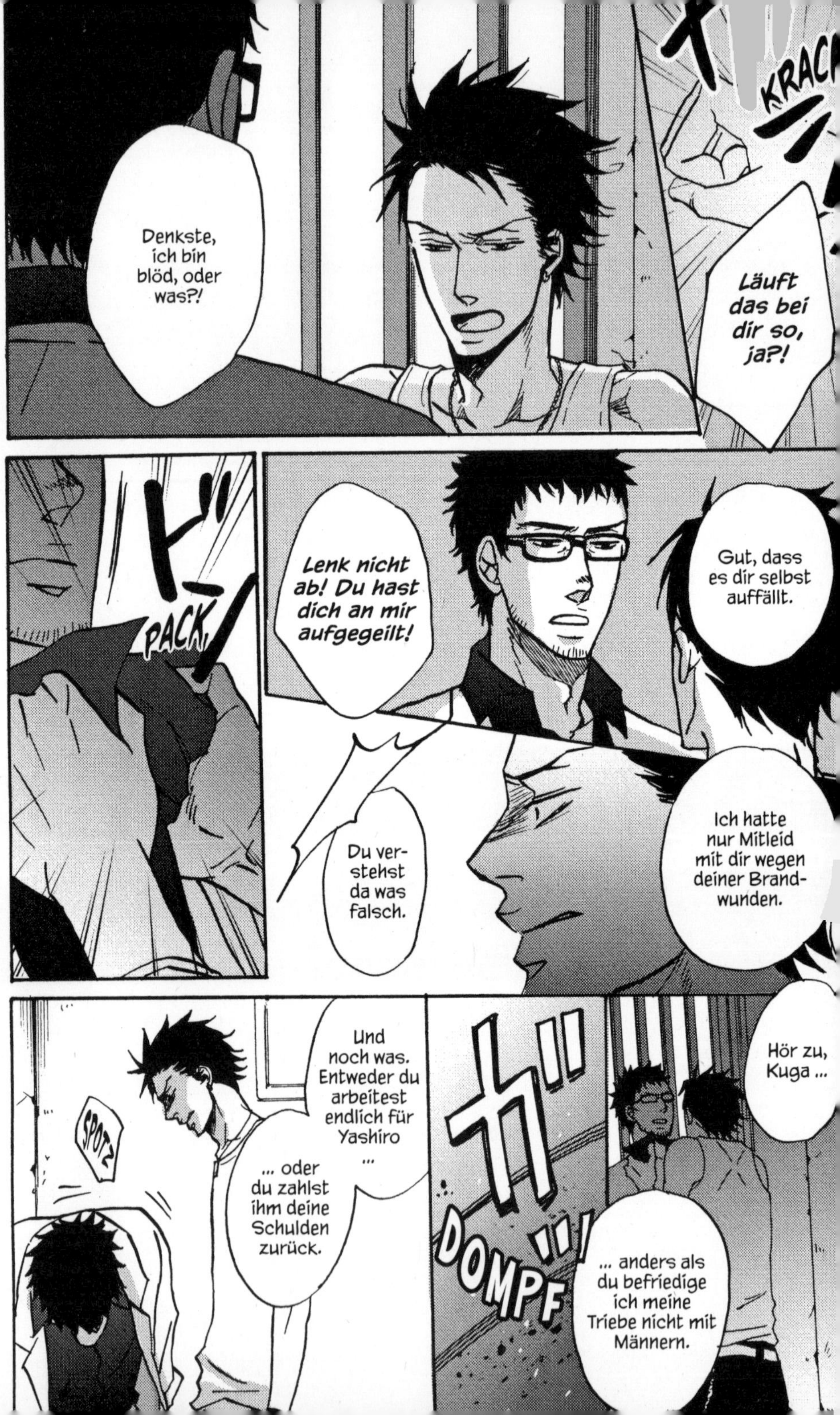
KRAC
Läuft das bei dir so, ja?!
Denkste, ich bin blöd, oder was?!
Gut, dass es dir selbst auffällt.
Lenk nicht ab! Du hast dich an mir aufgegeilt!
PACK
Ich hatte nur Mitleid mit dir wegen deiner Brandwunden.
Du verstehst da was falsch.
Hör zu, Kuga ...
... anders als du befriedige ich meine Triebe nicht mit Männern.
DOMPF
Und noch was. Entweder du arbeitest endlich für Yashiro ...
... oder du zahlst ihm deine Schulden zurück.
SPOTZ

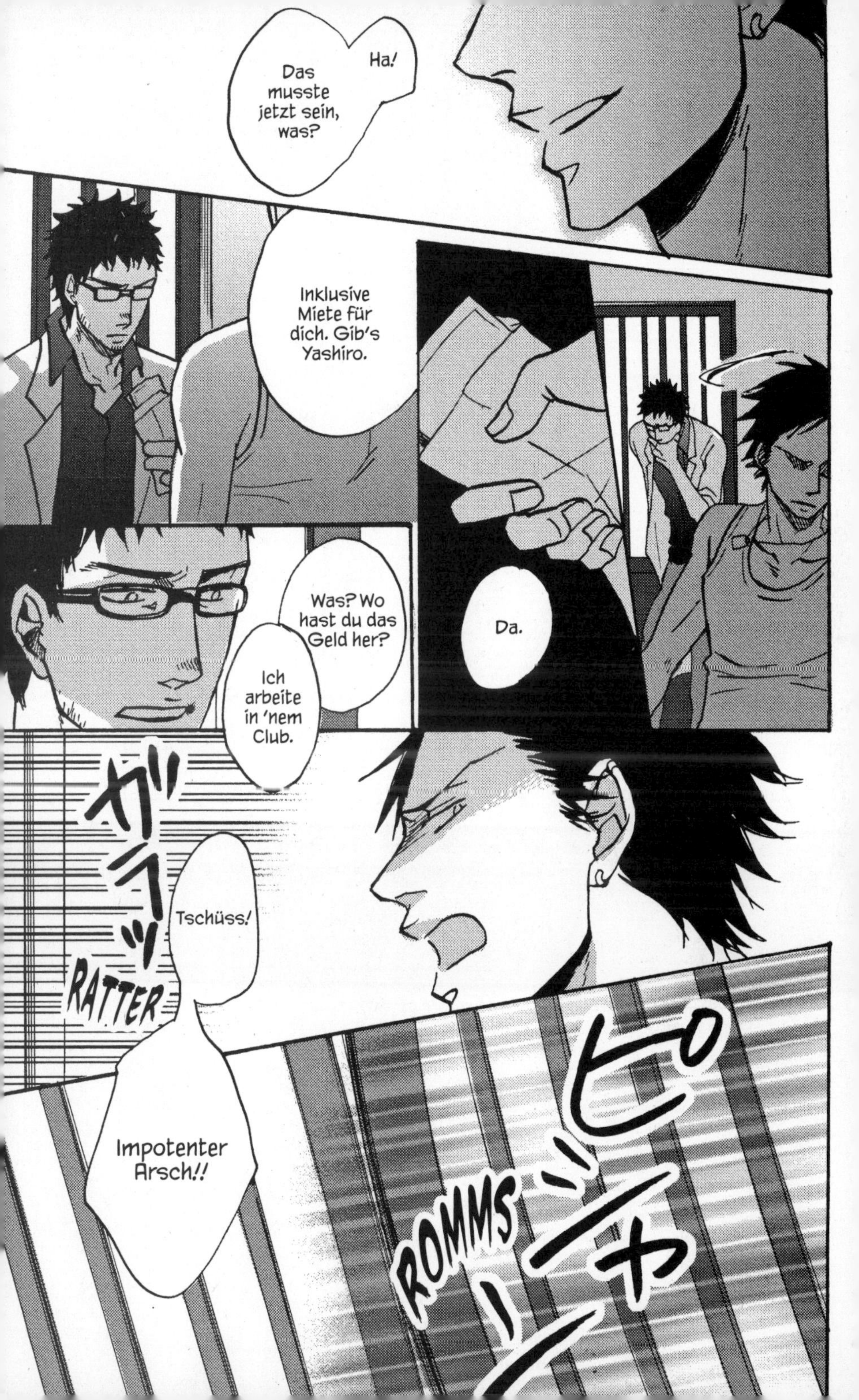
Ha!
Das musste jetzt sein, was?
Inklusive Miete für dich. Gib's Yashiro.
Da.
Was? Wo hast du das Geld her?
Ich arbeite in 'nem Club.
RATTER
Tschüss!
Impotenter Arsch!!
ROMMS

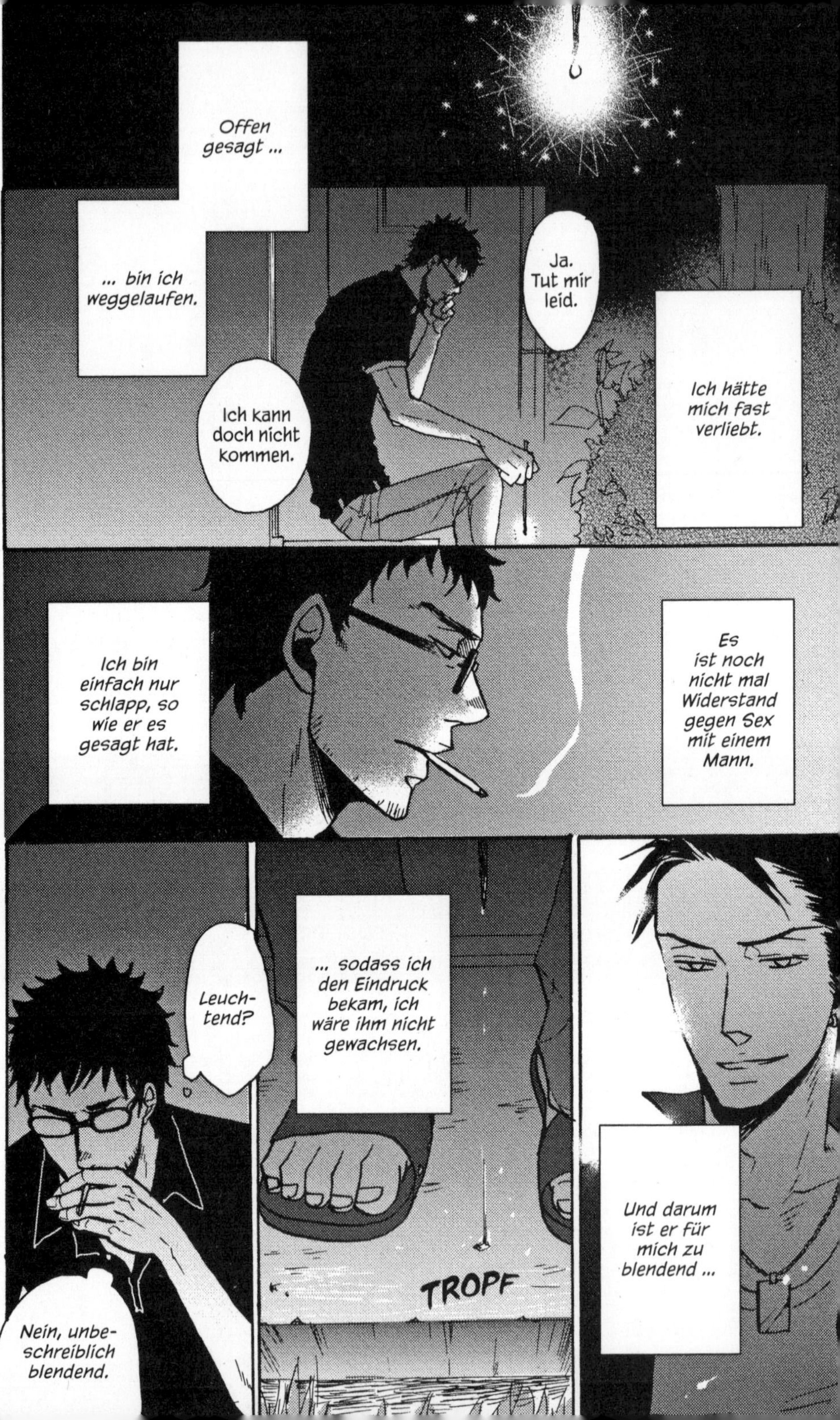
Ja. Tut mir leid.
Ich kann doch nicht kommen.
Offen gesagt ...
... bin ich weggelaufen.
Ich hätte mich fast verliebt.
Es ist noch nicht mal Widerstand gegen Sex mit einem Mann.
Ich bin einfach nur schlapp, so wie er es gesagt hat.
Und darum ist er für mich zu blendend ...
... sodass ich den Eindruck bekam, ich wäre ihm nicht gewachsen.
TROPF
Leuchtend?
Nein, unbeschreiblich blendend.

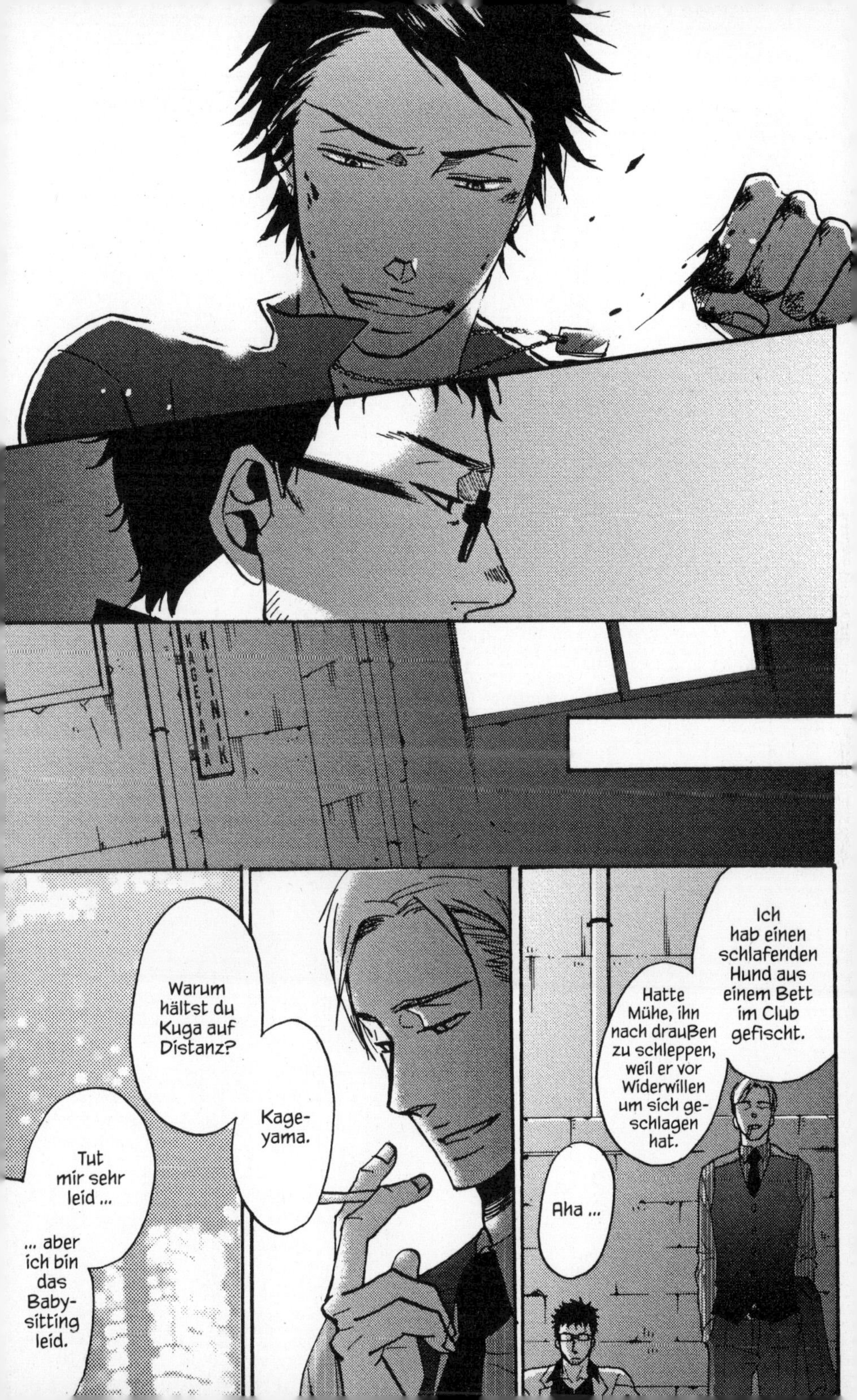

KLINIK KAGEYAMA
Ich hab einen schlafenden Hund aus einem Bett im Club gefischt.
Hatte Mühe, ihn nach draußen zu schleppen, weil er vor Widerwillen um sich geschlagen hat.
Aha ...
Warum hältst du Kuga auf Distanz?
Kage- yama.
Tut mir sehr leid ...
... aber ich bin das Baby- sitting leid.

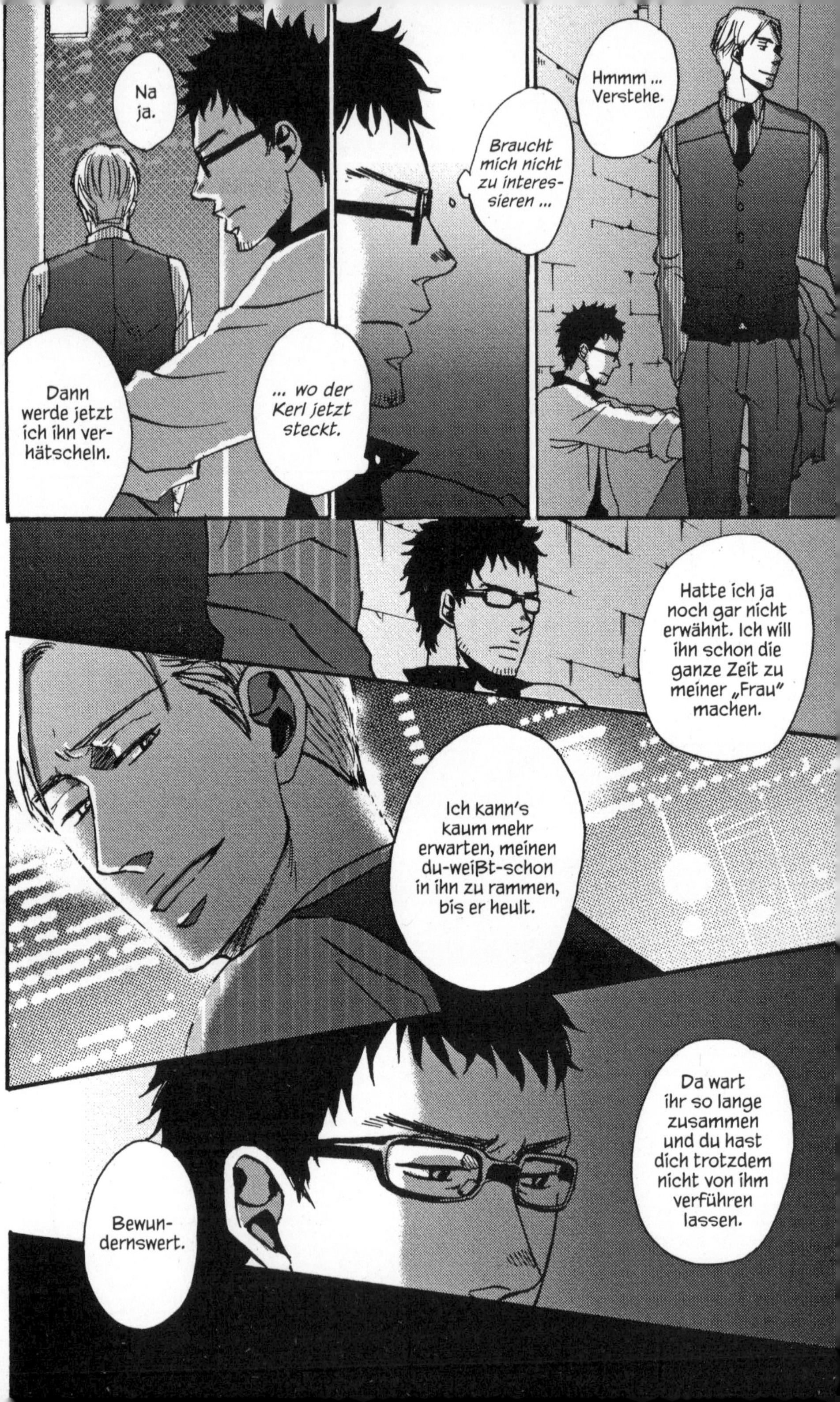

Hmmm ... Verstehe.
Braucht mich nicht zu interessieren ...
... wo der Kerl jetzt steckt.
Na ja.
Dann werde jetzt ich ihn verhätscheln.
Hatte ich ja noch gar nicht erwähnt. Ich will ihn schon die ganze Zeit zu meiner „Frau" machen.
Ich kann's kaum mehr erwarten, meinen du-weißt-schon in ihn zu rammen, bis er heult.
Da wart ihr so lange zusammen und du hast dich trotzdem nicht von ihm verführen lassen.
Bewundernswert.

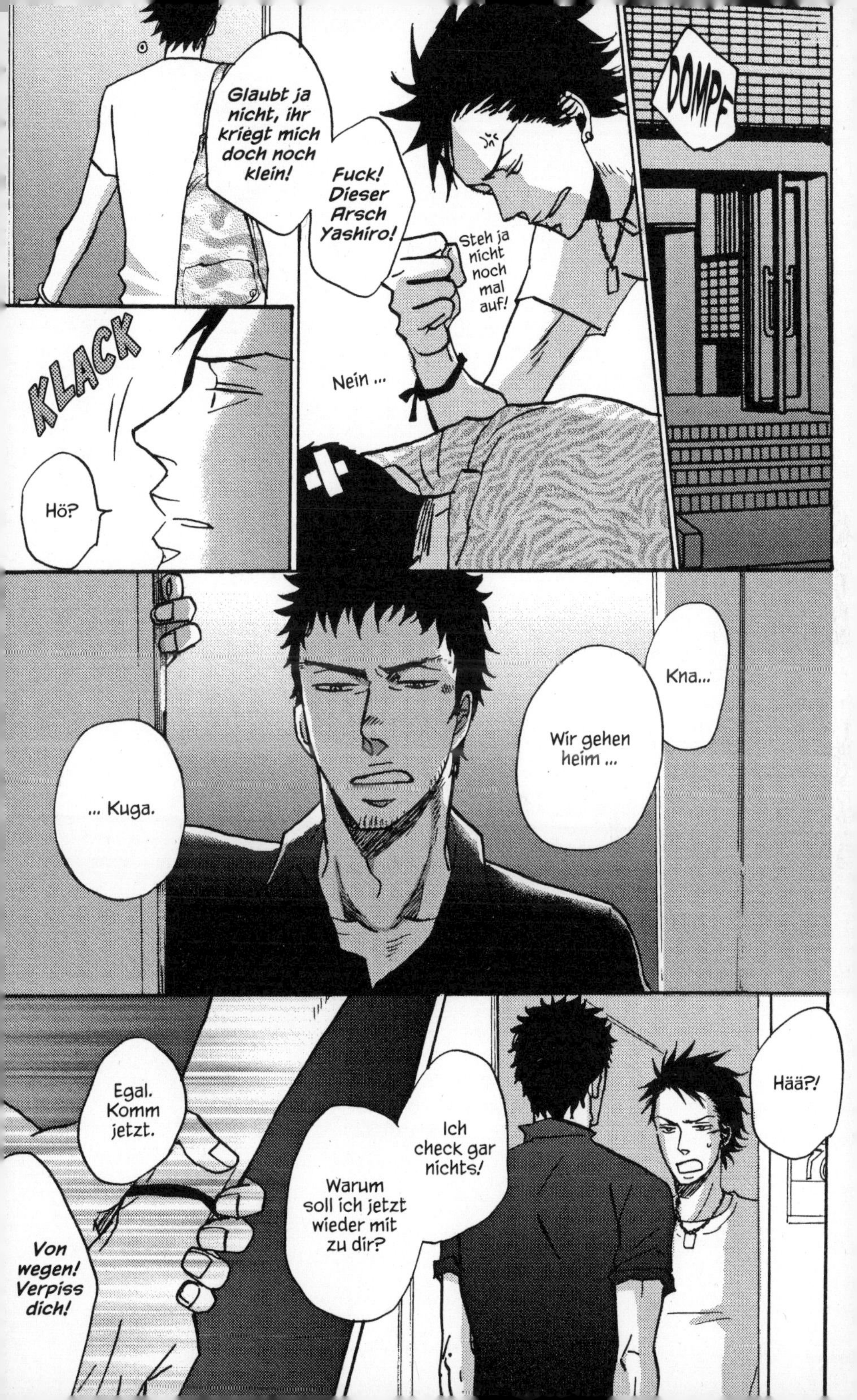
DOMPF
Glaubt ja nicht, ihr kriegt mich doch noch klein!
Fuck! Dieser Arsch Yashiro!
Steh ja nicht noch mal auf!
Nein ...
KLACK
Hö?
Kna...
Wir gehen heim ...
... Kuga.
Hää?!
Ich check gar nichts!
Warum soll ich jetzt wieder mit zu dir?
Egal. Komm jetzt.
Von wegen! Verpiss dich!

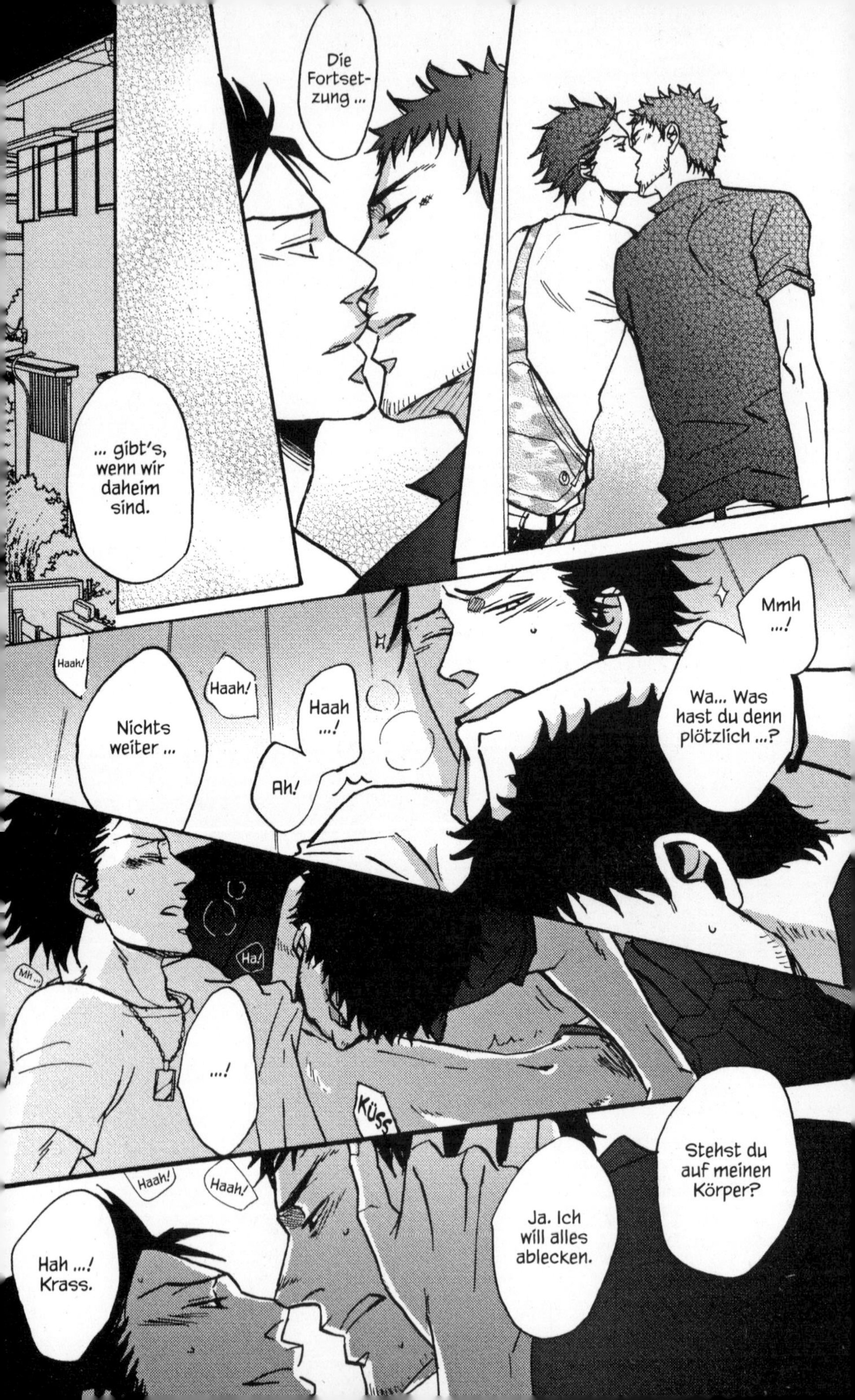
Die Fortset-zung ...
... gibt's, wenn wir daheim sind.
Mmh ...!
Wa... Was hast du denn plötzlich ...?
Haah ...!
Ah!
Haah!
Nichts weiter ...
Haah!
Ha!
Mh ...
...!
Küss
Stehst du auf meinen Körper?
Ja. Ich will alles ablecken.
Haah!
Haah!
Hah ...! Krass.

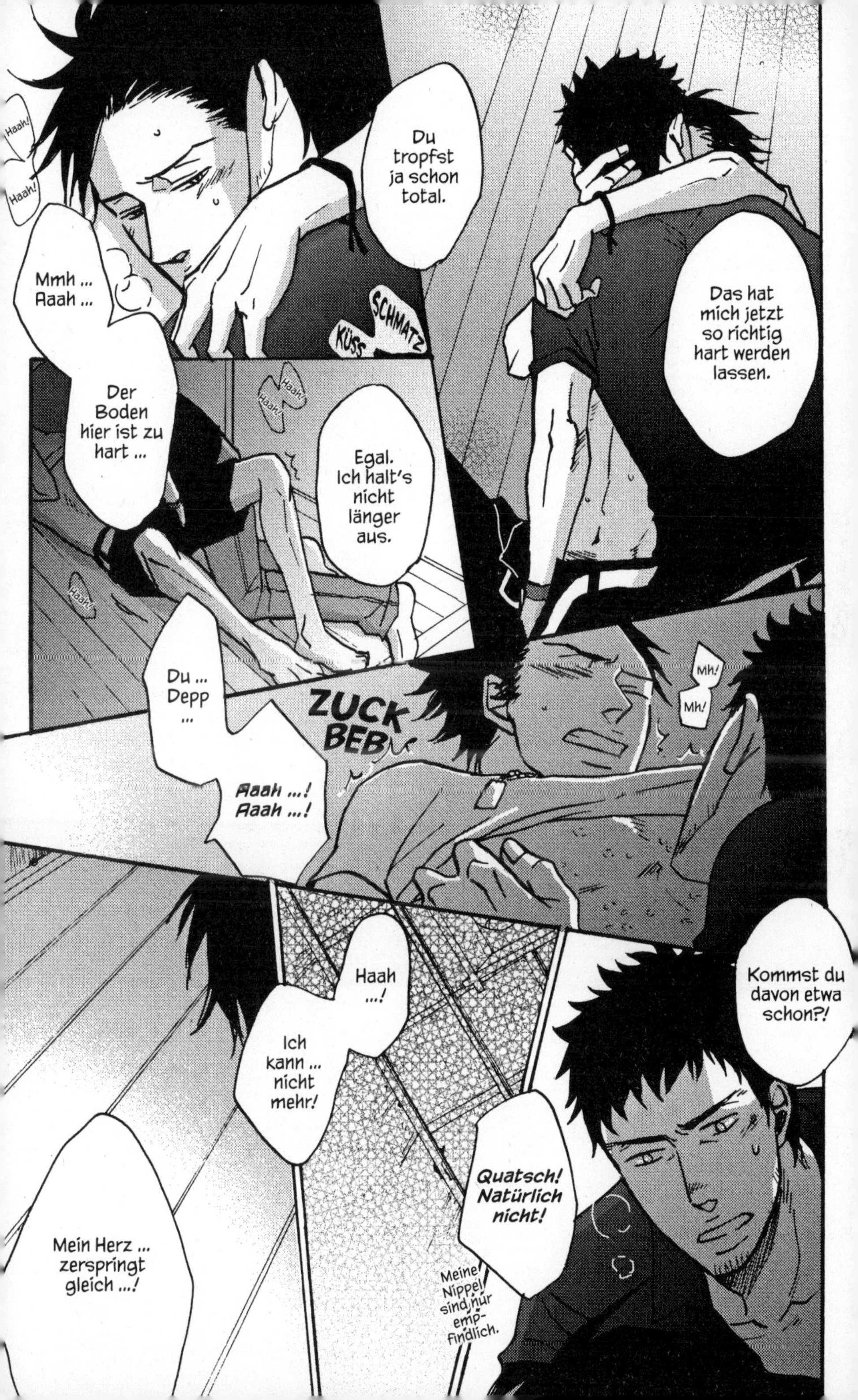
Das hat mich jetzt so richtig hart werden lassen.
Du tropfst ja schon total.
Haah!
Haah!
Mmh ... Aaah ...
SCHMATZ
KÜSS
Egal. Ich halt's nicht länger aus.
Haah!
Haah!
Der Boden hier ist zu hart ...
Haah!
Mh!
Mh!
ZUCK
BEB
Aaah ...! Aaah ...!
Du ... Depp ...
Kommst du davon etwa schon?!
Quatsch! Natürlich nicht!
Meine Nippel sind nur emp-findlich.
Haah ...!
Ich kann ... nicht mehr!
Mein Herz ... zerspringt gleich ...!

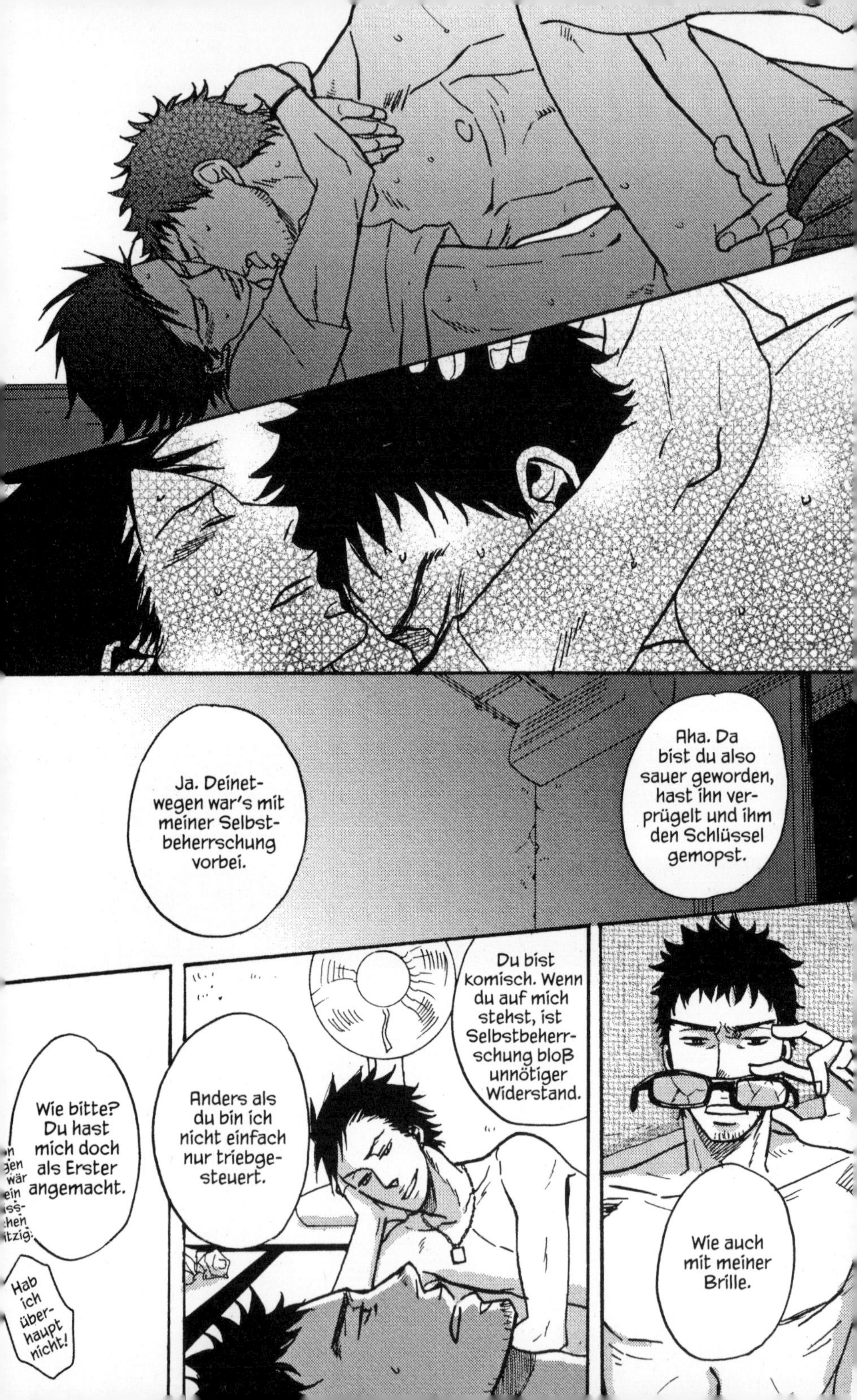
Aha. Da bist du also sauer geworden, hast ihn verprügelt und ihm den Schlüssel gemopst.
Ja. Deinetwegen war's mit meiner Selbstbeherrschung vorbei.
Du bist komisch. Wenn du auf mich stehst, ist Selbstbeherrschung bloß unnötiger Widerstand.
Wie auch mit meiner Brille.
Anders als du bin ich nicht einfach nur triebgesteuert.
Wie bitte? Du hast mich doch als Erster angemacht.
Hab ich überhaupt nicht!

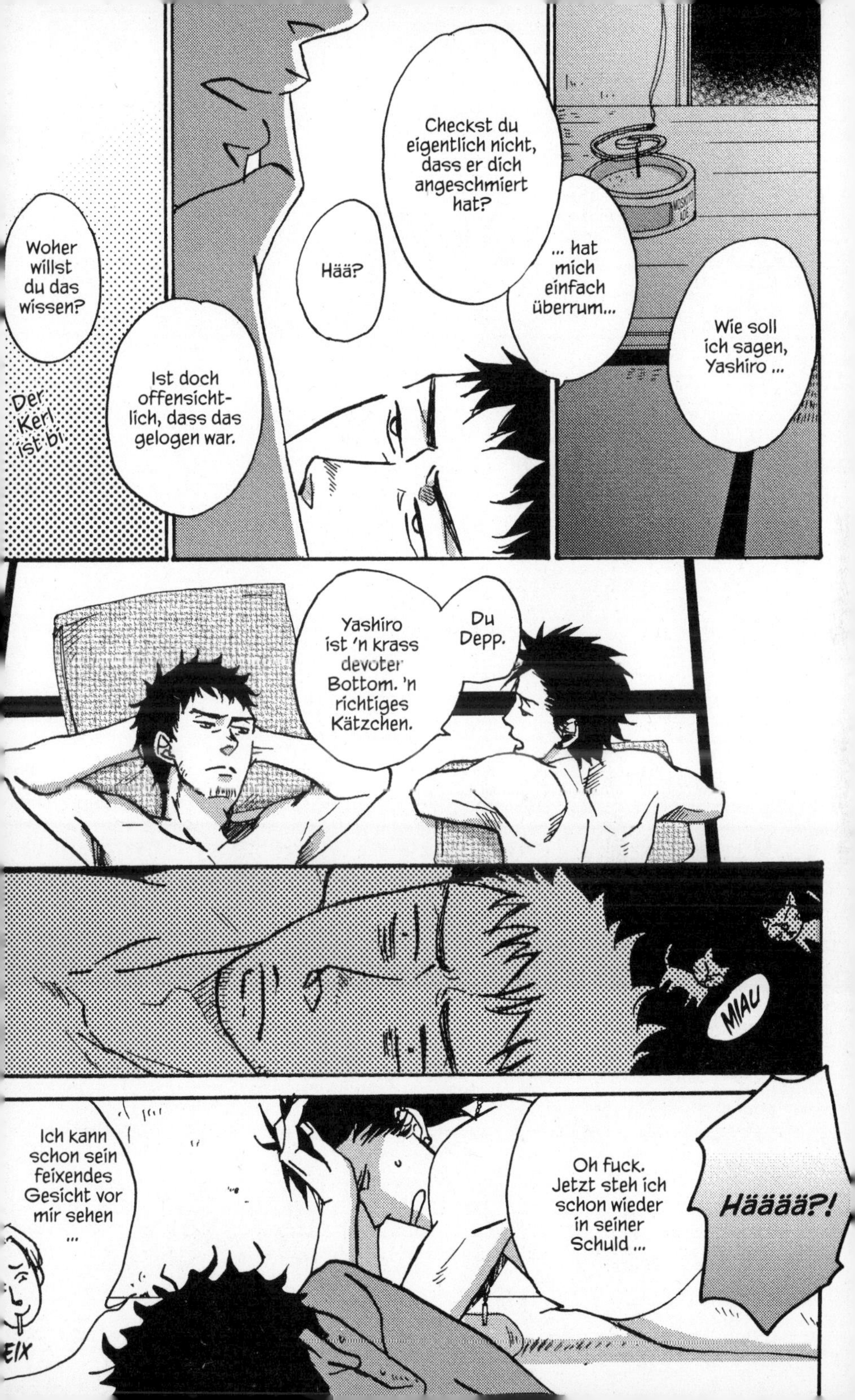

Wie soll ich sagen, Yashiro ...
... hat mich einfach überrum...
Checkst du eigentlich nicht, dass er dich angeschmiert hat?
Hää?
Ist doch offensichtlich, dass das gelogen war.
Woher willst du das wissen?
Der Kerl ist bi
Du Depp.
Yashiro ist 'n krass devoter Bottom. 'n richtiges Kätzchen.
MIAU
Häääää?!
Oh fuck. Jetzt steh ich schon wieder in seiner Schuld ...
Ich kann schon sein feixendes Gesicht vor mir sehen ...

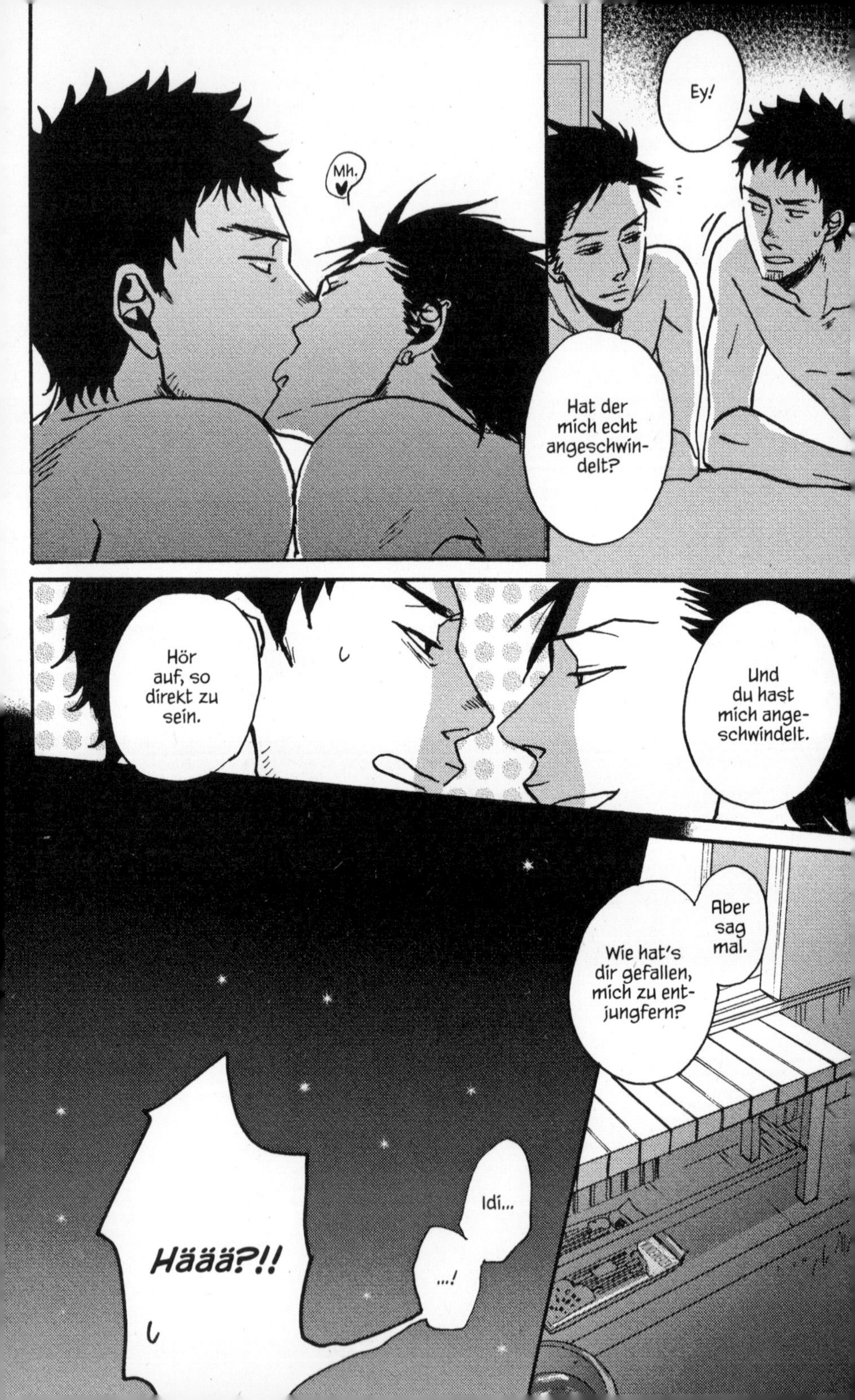

Ey!
Hat der mich echt angeschwindelt?
Mh.
Und du hast mich angeschwindelt.
Hör auf, so direkt zu sein.
Aber sag mal.
Wie hat's dir gefallen, mich zu entjungfern?
Idi...
...!
Häää?!!

Twittering Birds Never Fly

KOU YONEDA

Twittering Birds Never Fly

Kapitel 1

Twittering Birds Never Fly

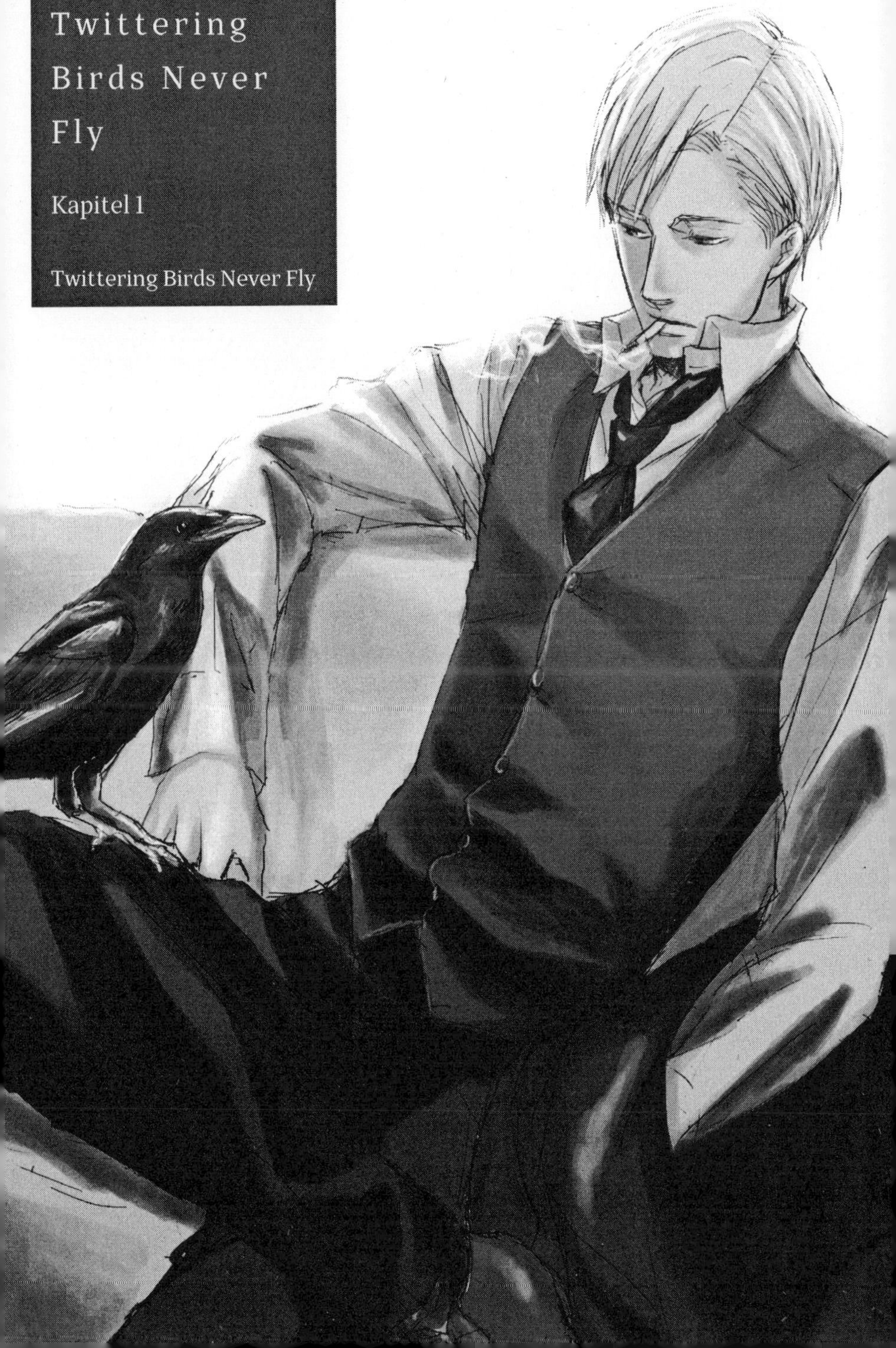

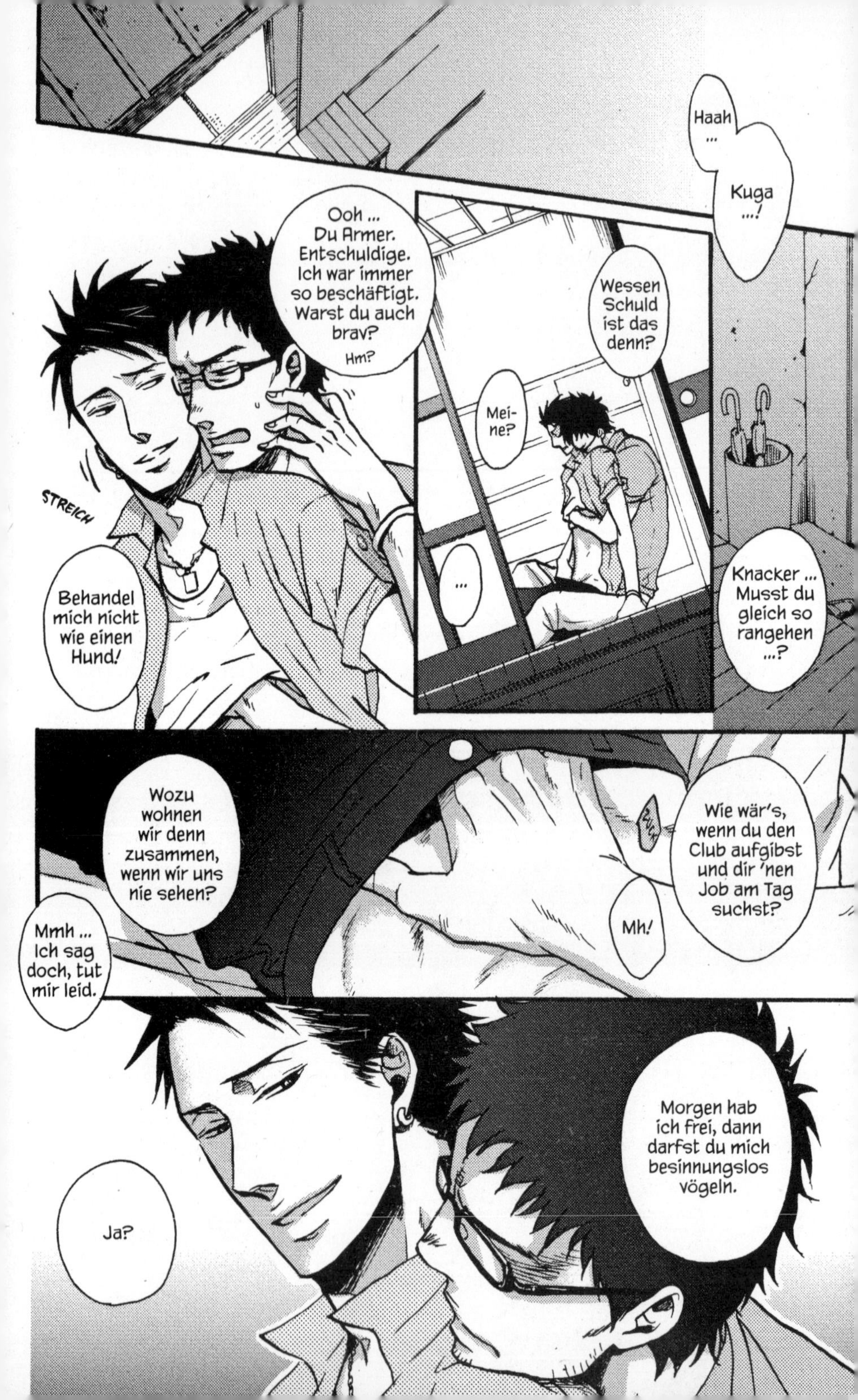

Haah ... Kuga ...!
Wessen Schuld ist das denn?
Mei-ne?
...
Knacker ... Musst du gleich so rangehen ...?
Ooh ... Du Armer. Entschuldige. Ich war immer so beschäftigt. Warst du auch brav?
Hm?
STREICH
Behandel mich nicht wie einen Hund!
Wie wär's, wenn du den Club aufgibst und dir 'nen Job am Tag suchst?
Mh!
Wozu wohnen wir denn zusammen, wenn wir uns nie sehen?
Mmh ... Ich sag doch, tut mir leid.
Morgen hab ich frei, dann darfst du mich besinnungslos vögeln.
Ja?

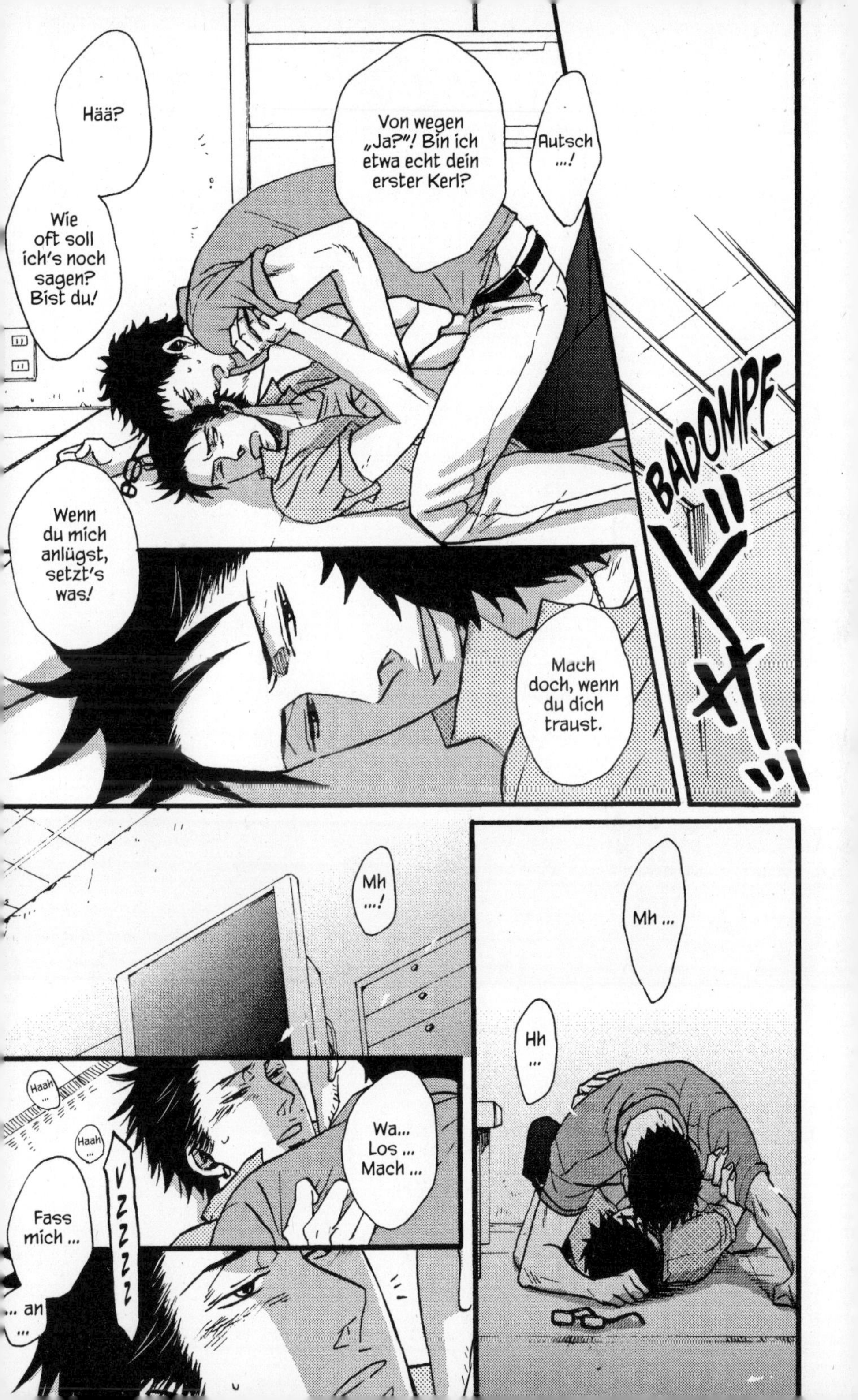
Autsch ...!
Von wegen „Ja?"! Bin ich etwa echt dein erster Kerl?
Hää?
Wie oft soll ich's noch sagen? Bist du!
BADOMPF
Mach doch, wenn du dich traust.
Wenn du mich anlügst, setzt's was!
Mh ...
Hh ...
Mh ...!
Wa... Los ... Mach ...
Haah ...
Haah ...
VZZZZ
Fass mich ...
... an ...

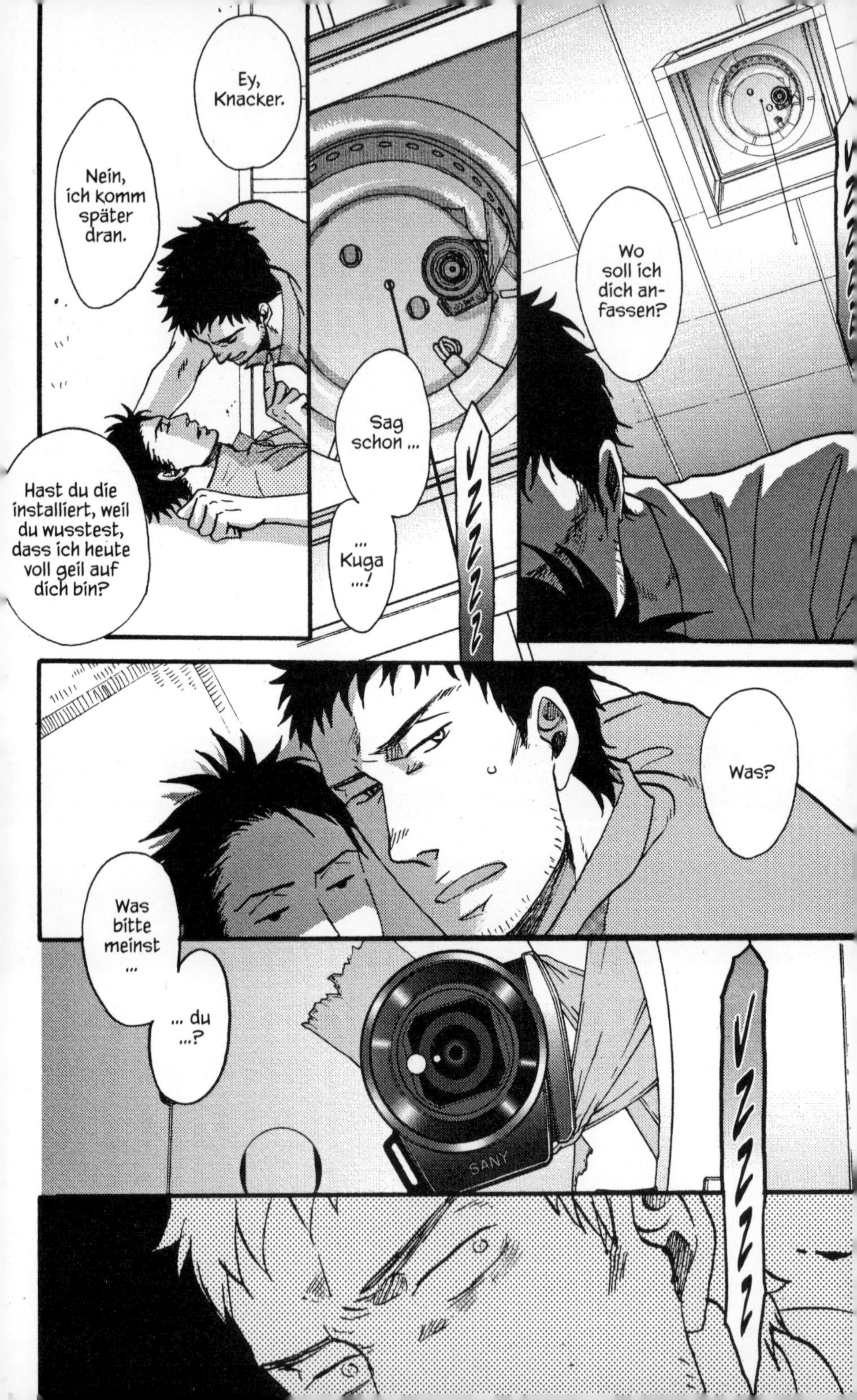
Ey, Knacker.
Nein, ich komm später dran.
Hast du die installiert, weil du wusstest, dass ich heute voll geil auf dich bin?
Sag schon ...
... Kuga ...!
VZZZZZ
Wo soll ich dich anfassen?
Was?
Was bitte meinst ...
... du ...?
SANY
VZZZZZ

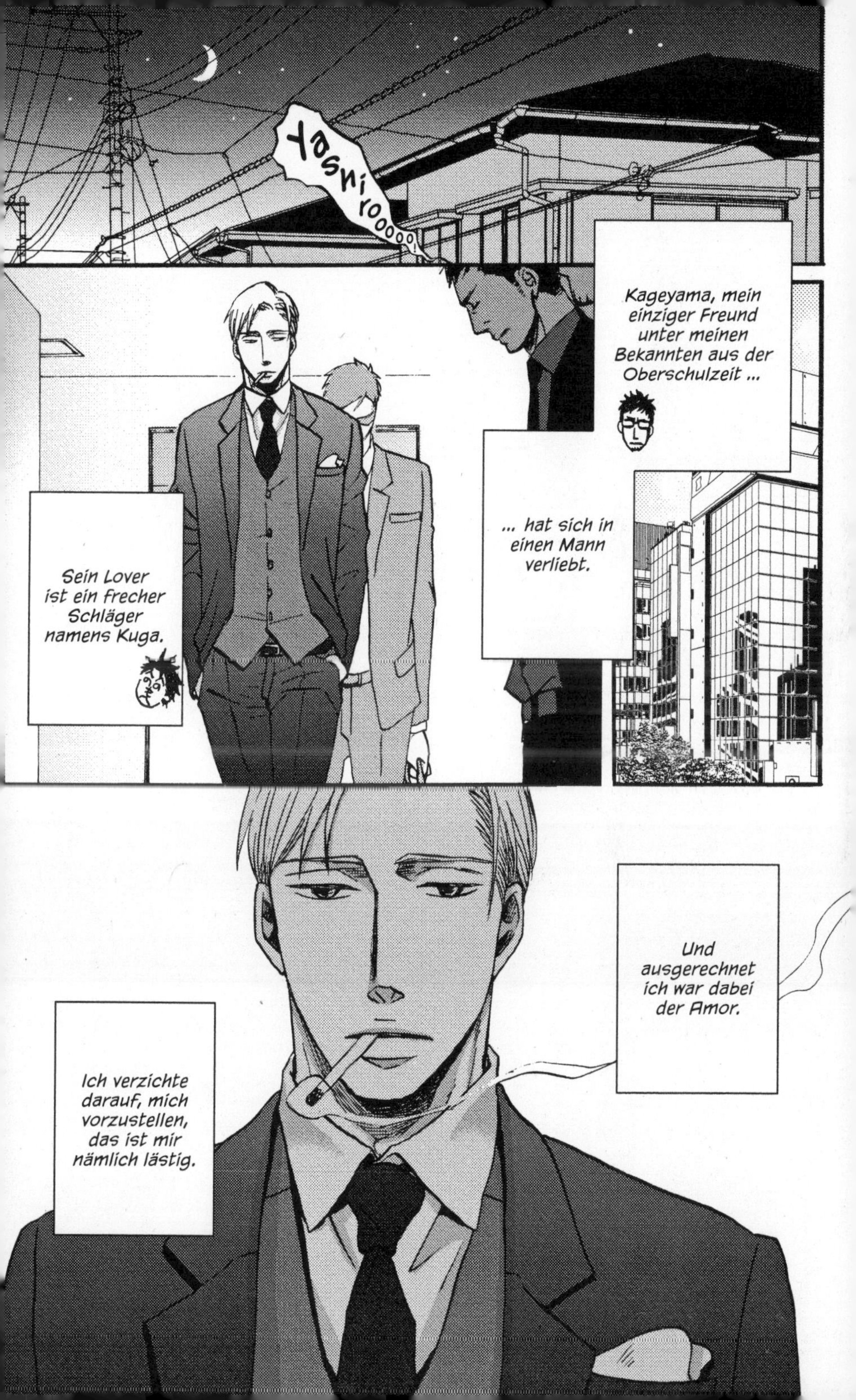
Yashirooooo!
Kageyama, mein einziger Freund unter meinen Bekannten aus der Oberschulzeit ...
... hat sich in einen Mann verliebt.
Sein Lover ist ein frecher Schläger namens Kuga.
Und ausgerechnet ich war dabei der Amor.
Ich verzichte darauf, mich vorzustellen, das ist mir nämlich lästig.

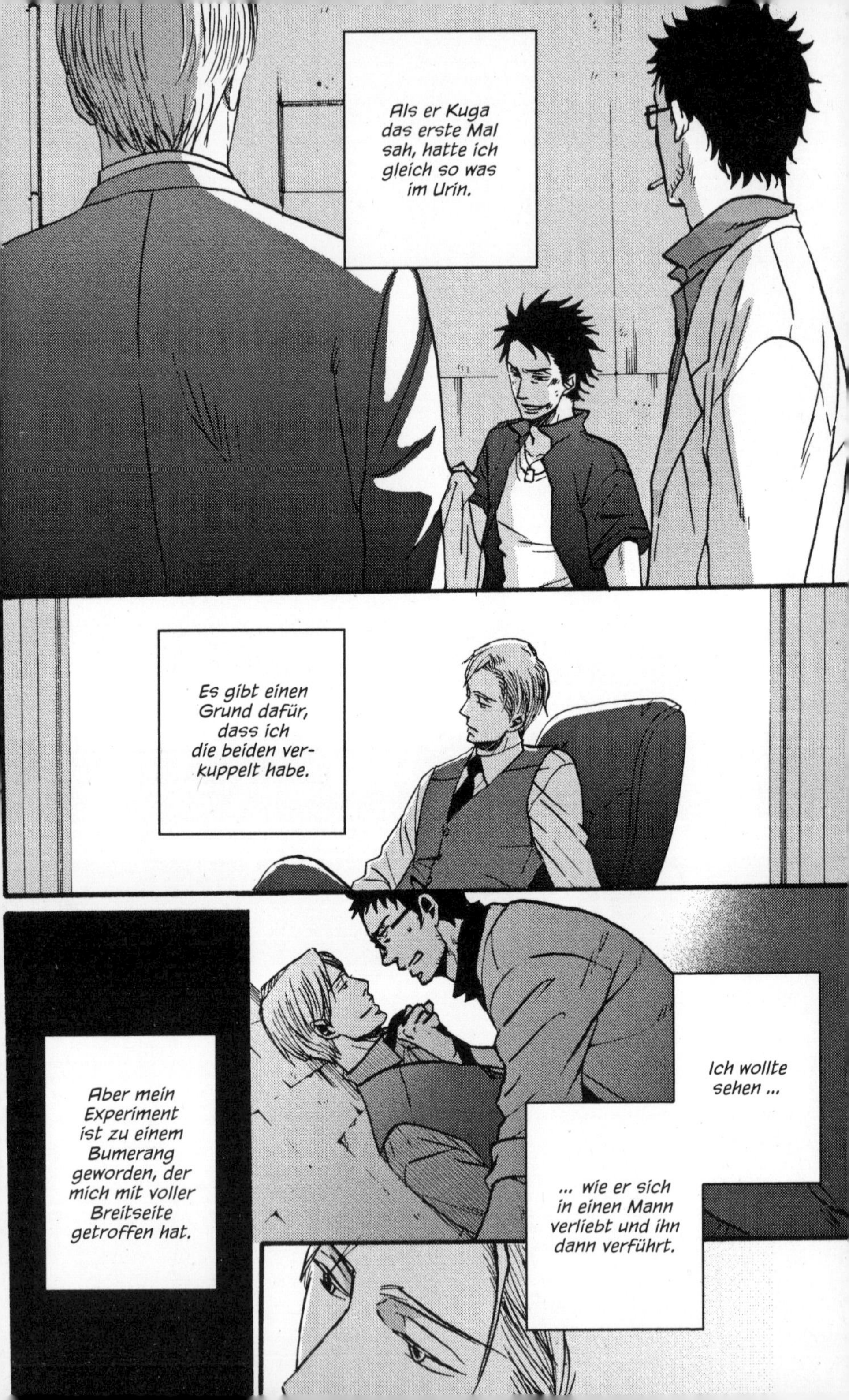
Als er Kuga das erste Mal sah, hatte ich gleich so was im Urin.
Es gibt einen Grund dafür, dass ich die beiden verkuppelt habe.
Ich wollte sehen ...
... wie er sich in einen Mann verliebt und ihn dann verführt.
Aber mein Experiment ist zu einem Bumerang geworden, der mich mit voller Breitseite getroffen hat.

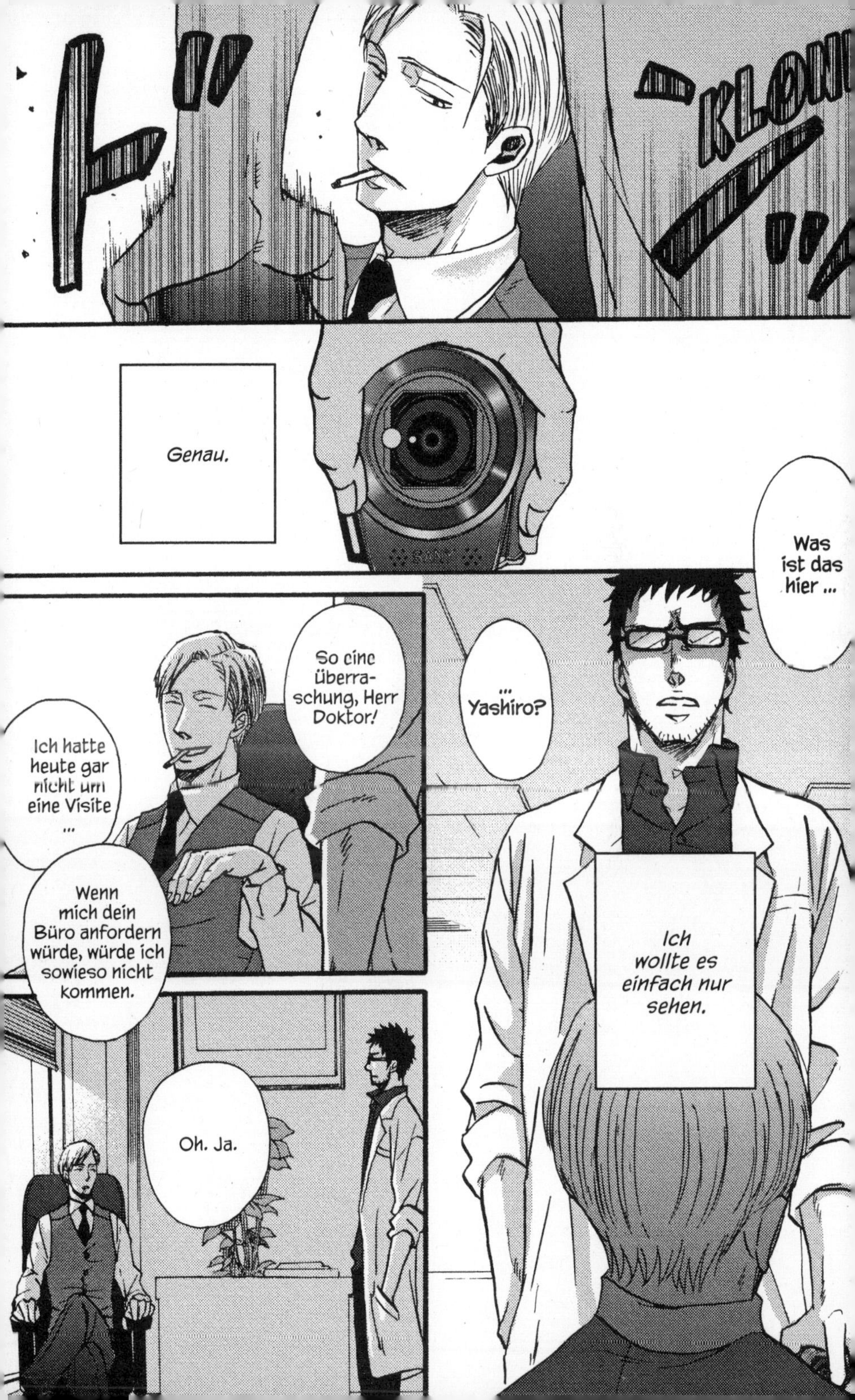
KLON
Genau.
Was ist das hier ...
... Yashiro?
So eine überraschung, Herr Doktor!
Ich hatte heute gar nicht um eine Visite ...
Wenn mich dein Büro anfordern würde, würde ich sowieso nicht kommen.
Oh. Ja.
Ich wollte es einfach nur sehen.

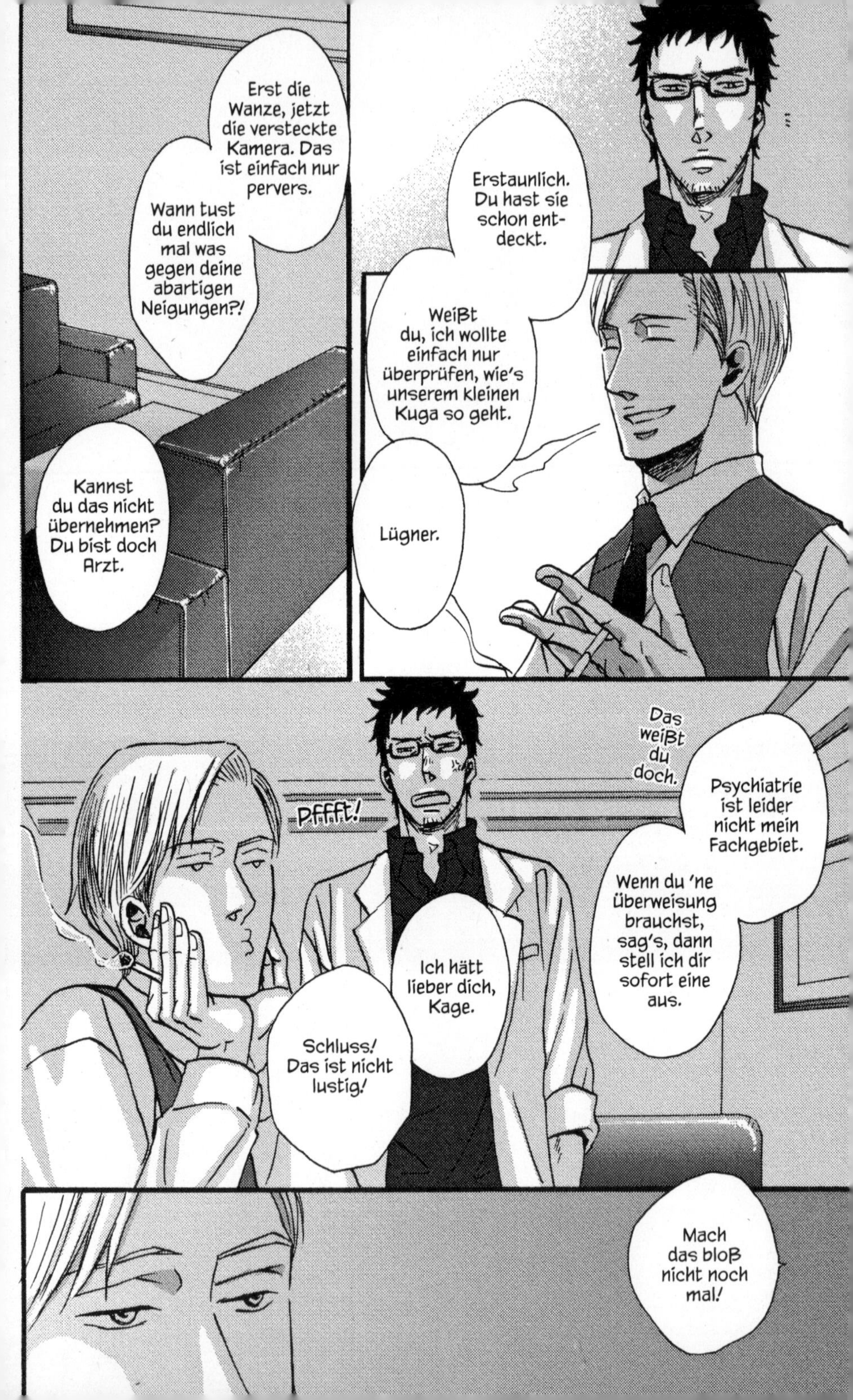
Erstaunlich. Du hast sie schon entdeckt.
Erst die Wanze, jetzt die versteckte Kamera. Das ist einfach nur pervers.
Wann tust du endlich mal was gegen deine abartigen Neigungen?!
Weißt du, ich wollte einfach nur überprüfen, wie's unserem kleinen Kuga so geht.
Lügner.
Kannst du das nicht übernehmen? Du bist doch Arzt.
Das weißt du doch.
Psychiatrie ist leider nicht mein Fachgebiet.
Wenn du 'ne Überweisung brauchst, sag's, dann stell ich dir sofort eine aus.
Ich hätt lieber dich, Kage.
Pfffft!
Schluss! Das ist nicht lustig!
Mach das bloß nicht noch mal!

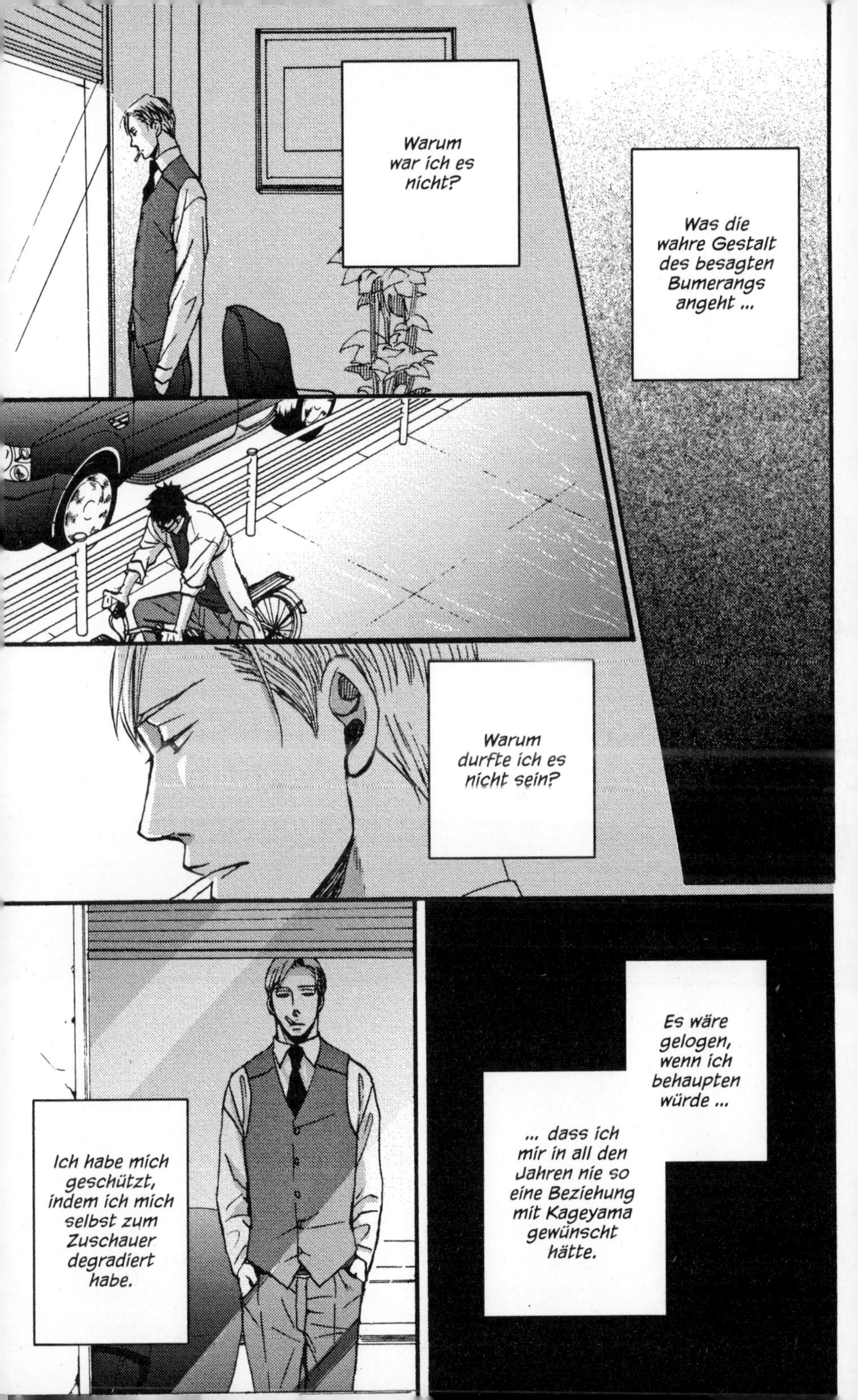

Was die wahre Gestalt des besagten Bumerangs angeht ...
Warum war ich es nicht?
Warum durfte ich es nicht sein?
Es wäre gelogen, wenn ich behaupten würde ...
... dass ich mir in all den Jahren nie so eine Beziehung mit Kageyama gewünscht hätte.
Ich habe mich geschützt, indem ich mich selbst zum Zuschauer degradiert habe.

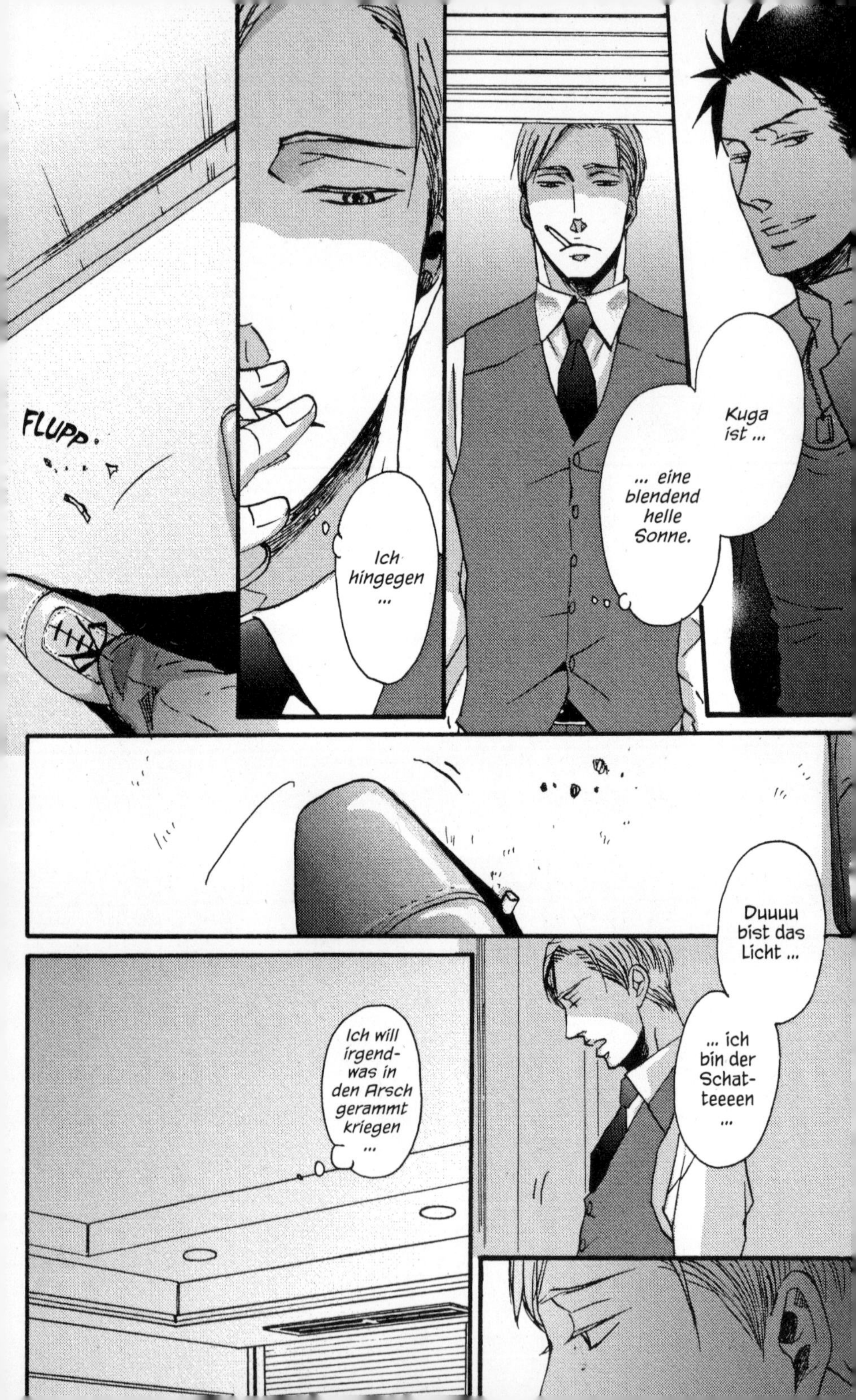
Kuga ist ...
... eine blendend helle Sonne.
Ich hingegen ...
FLUPP
Duuuu bist das Licht ...
... ich bin der Schatteeeen ...
Ich will irgendwas in den Arsch gerammt kriegen ...

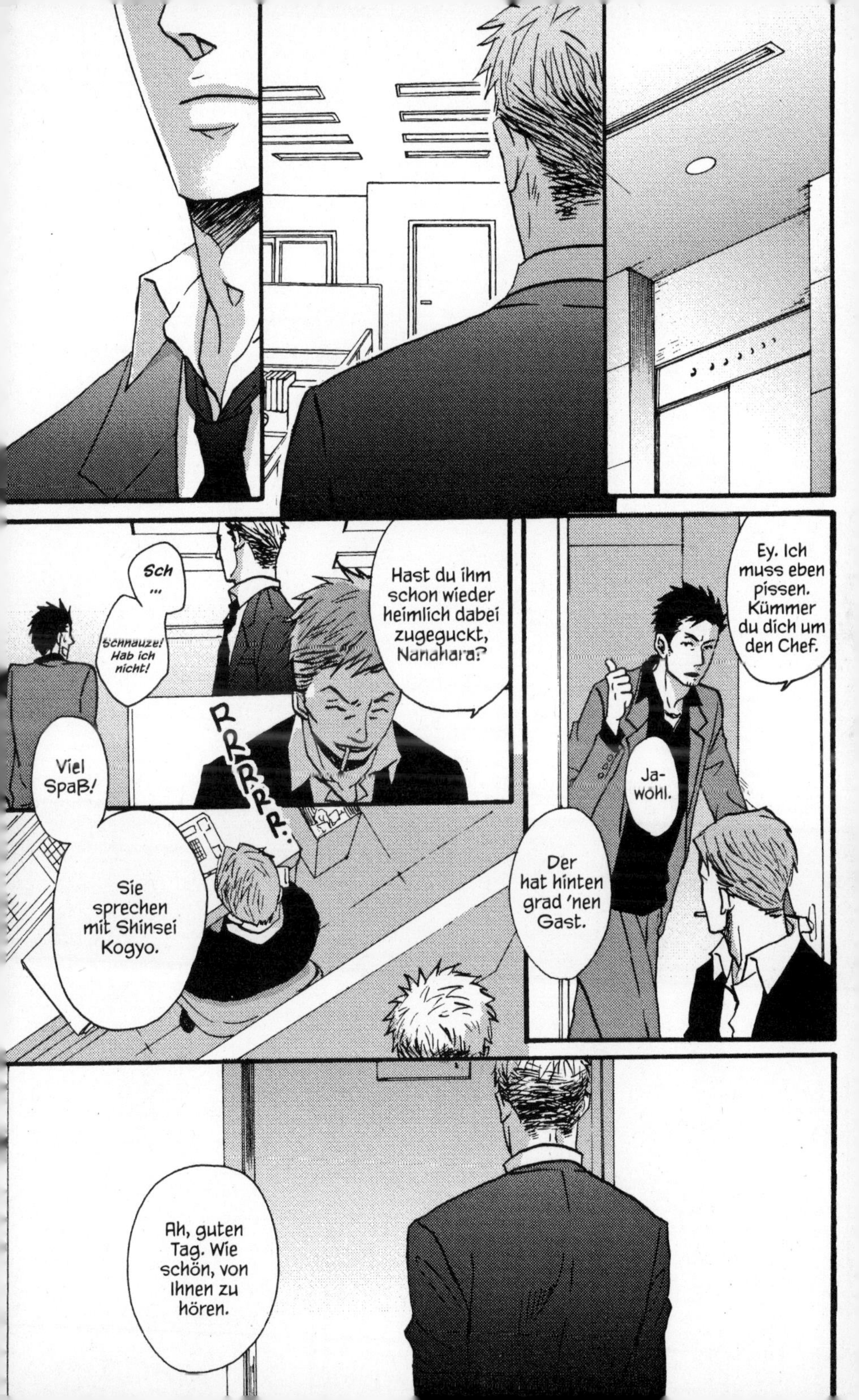
Ey. Ich muss eben pissen. Kümmer du dich um den Chef.
Ja-wohl.
Der hat hinten grad 'nen Gast.
Hast du ihm schon wieder heimlich dabei zugeguckt, Nanahara?
Sch ...
Schnauze! Hab ich nicht!
RRRRRR..
Viel Spaß!
Sie sprechen mit Shinsei Kogyo.
Ah, guten Tag. Wie schön, von Ihnen zu hören.

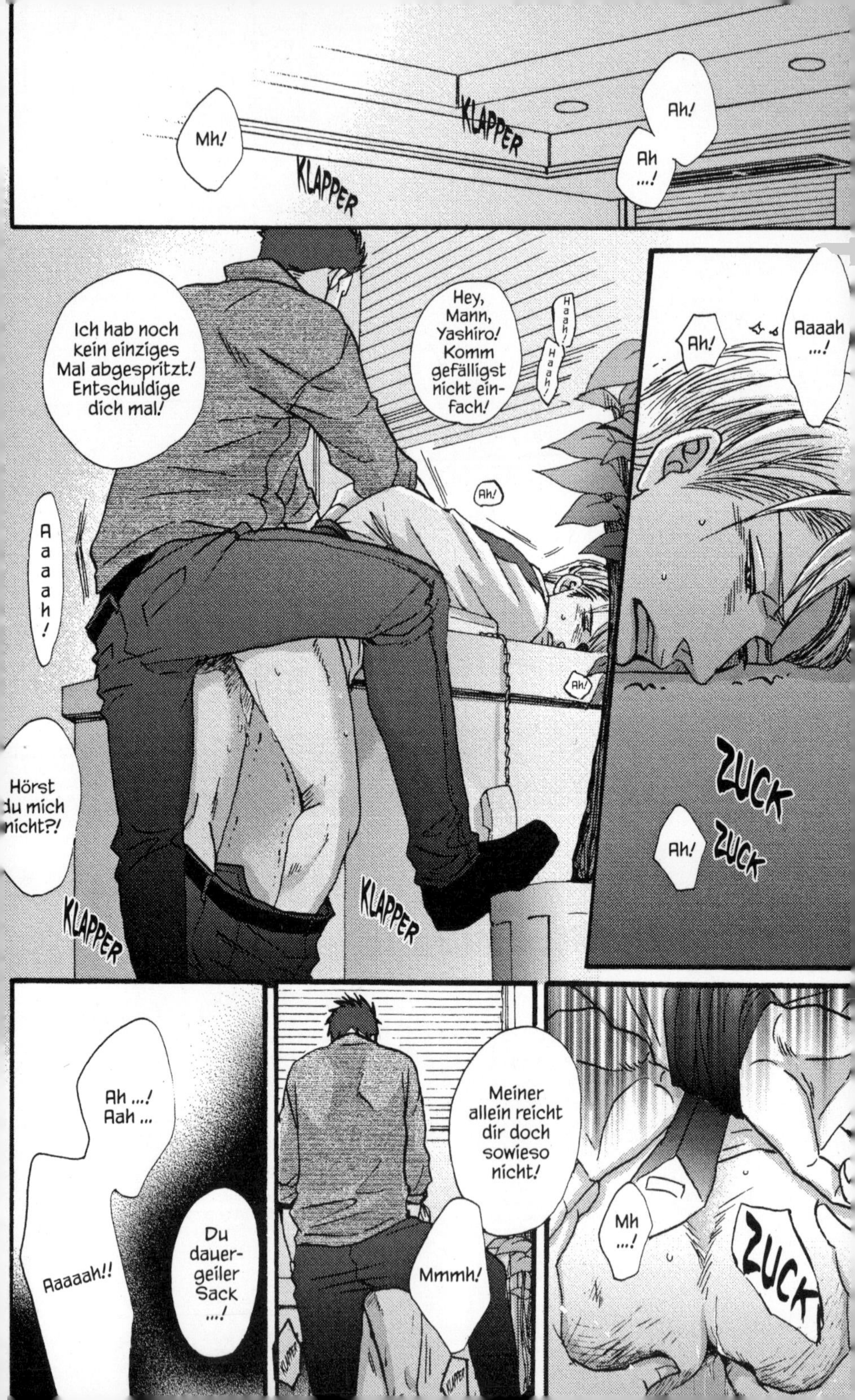
Ah!
Ah ...!
KLAPPER
Mh!
KLAPPER
Aaaah ...!
Ah!
ZUCK
ZUCK
Ah!
Hey, Mann, Yashiro! Komm gefälligst nicht ein-fach!
Haah! Haah!
Ich hab noch kein einziges Mal abgespritzt! Entschuldige dich mal!
Ah!
Ah!
Aaaah!
Hörst du mich nicht?!
KLAPPER
KLAPPER
Mh ...!
ZUCK
Meiner allein reicht dir doch sowieso nicht!
Mmmh!
KLAPPER
KLAPPER
Ah ...! Aah ...
Du dauer-geiler Sack ...!
Aaaaah!!

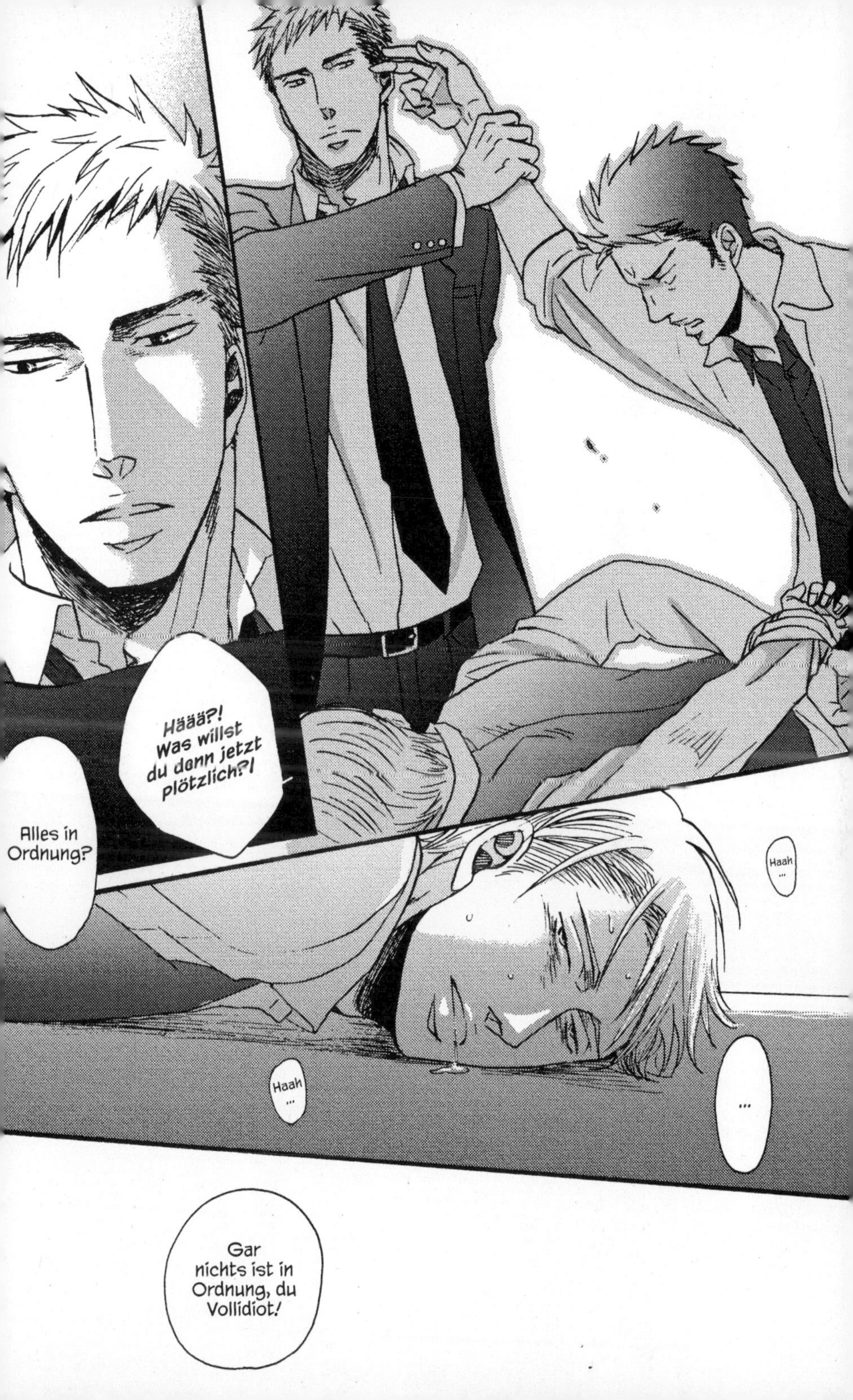
Häää?! Was willst du denn jetzt plötzlich?!
Alles in Ordnung?
Haah ...
...
Haah ...
Gar nichts ist in Ordnung, du Vollidiot!

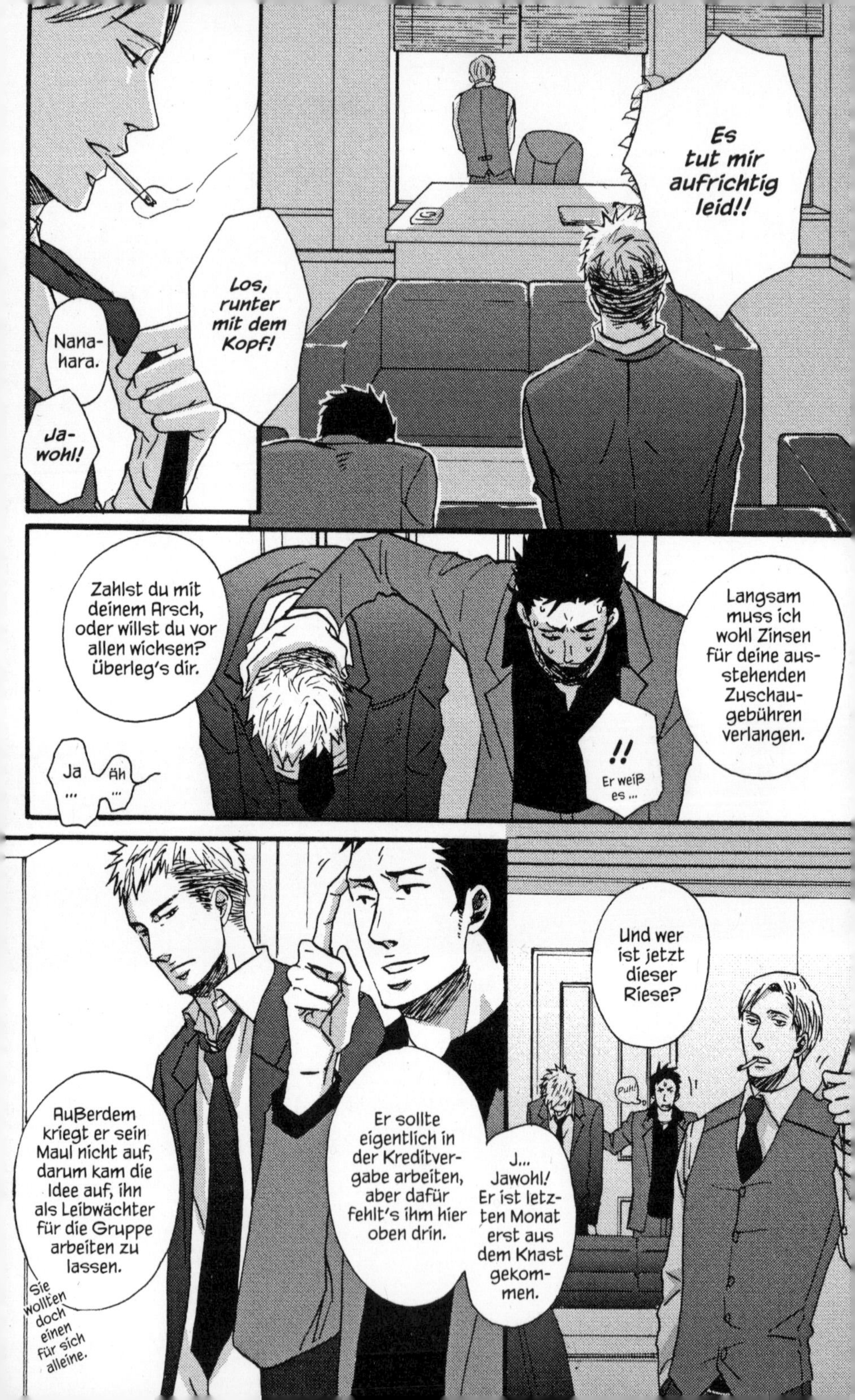
Es tut mir aufrichtig leid!!
Los, runter mit dem Kopf!
Nanahara.
Jawohl!
Langsam muss ich wohl Zinsen für deine ausstehenden Zuschaugebühren verlangen.
!!
Er weiß es ...
Zahlst du mit deinem Arsch, oder willst du vor allen wichsen? Überleg's dir.
Ja ...
Äh ...
Und wer ist jetzt dieser Riese?
Puh!
J... Jawohl! Er ist letzten Monat erst aus dem Knast gekommen.
Er sollte eigentlich in der Kreditvergabe arbeiten, aber dafür fehlt's ihm hier oben drin.
Außerdem kriegt er sein Maul nicht auf, darum kam die Idee auf, ihn als Leibwächter für die Gruppe arbeiten zu lassen.
Sie wollten doch einen für sich alleine.

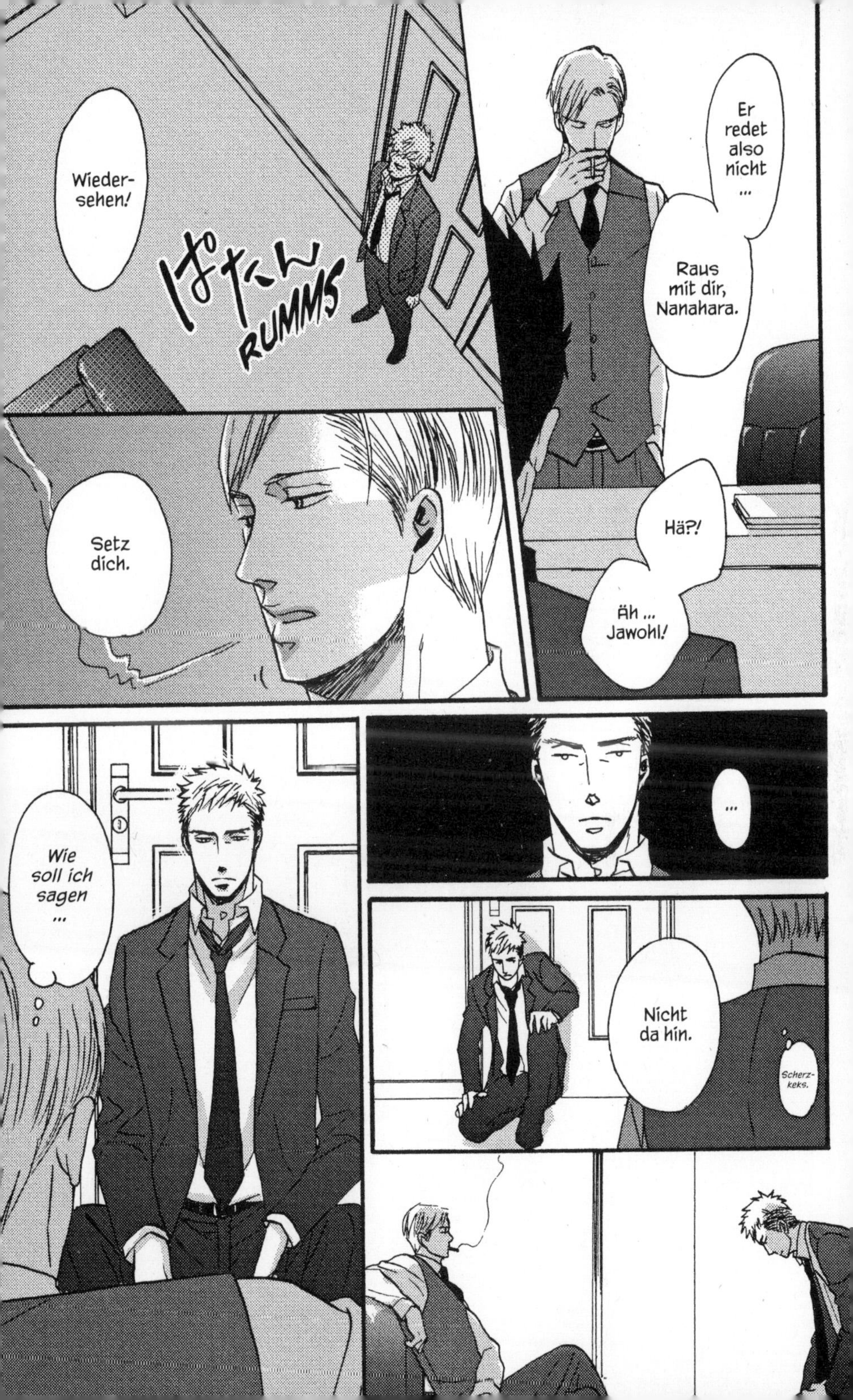
Er redet also nicht ...
Raus mit dir, Nanahara.
Hä?!
Äh ... Jawohl!
Wieder-sehen!
ぱたん
RUMMS
Setz dich.
...
Nicht da hin.
Scherz-keks.
Wie soll ich sagen ...

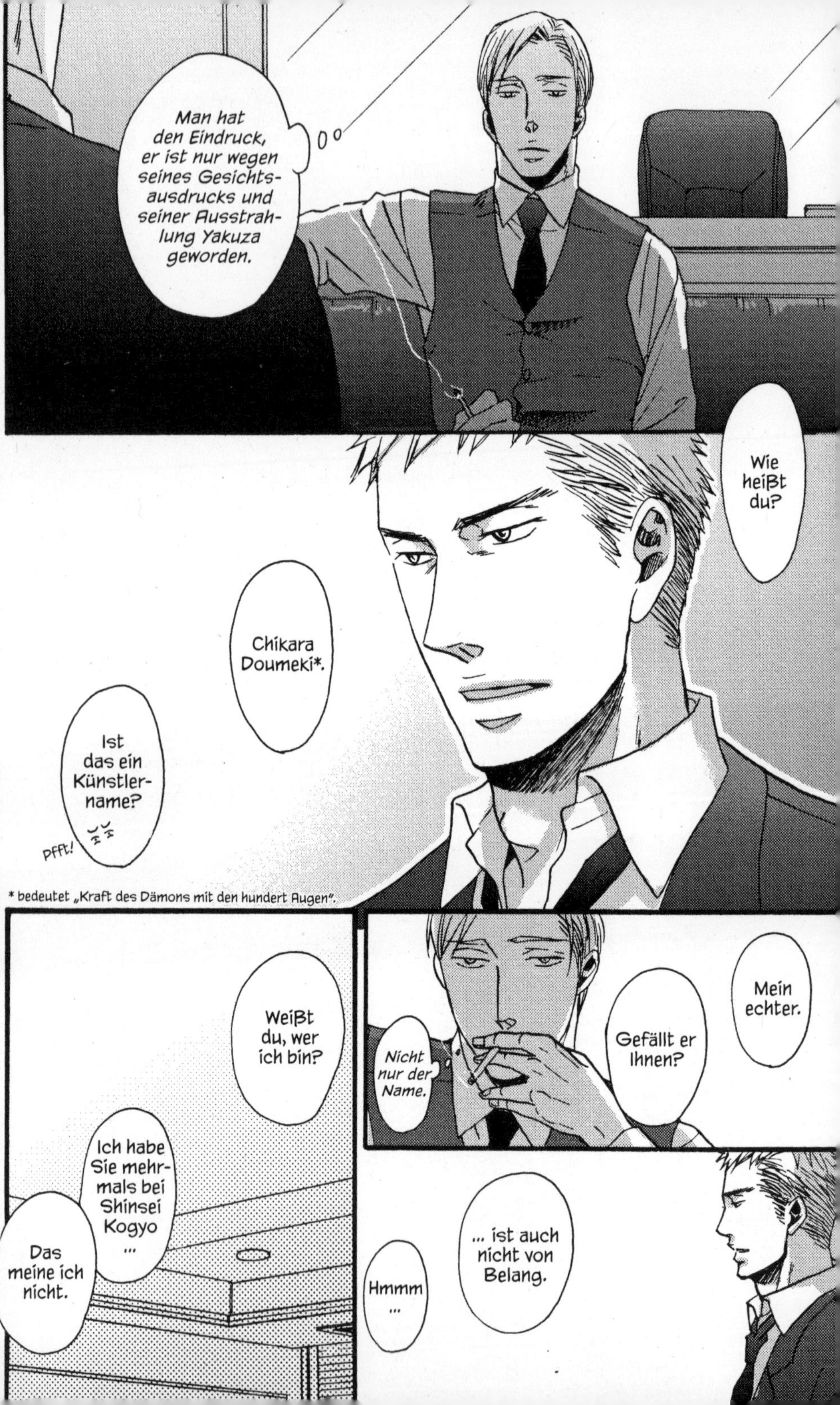

* bedeutet „Kraft des Dämons mit den hundert Augen“.

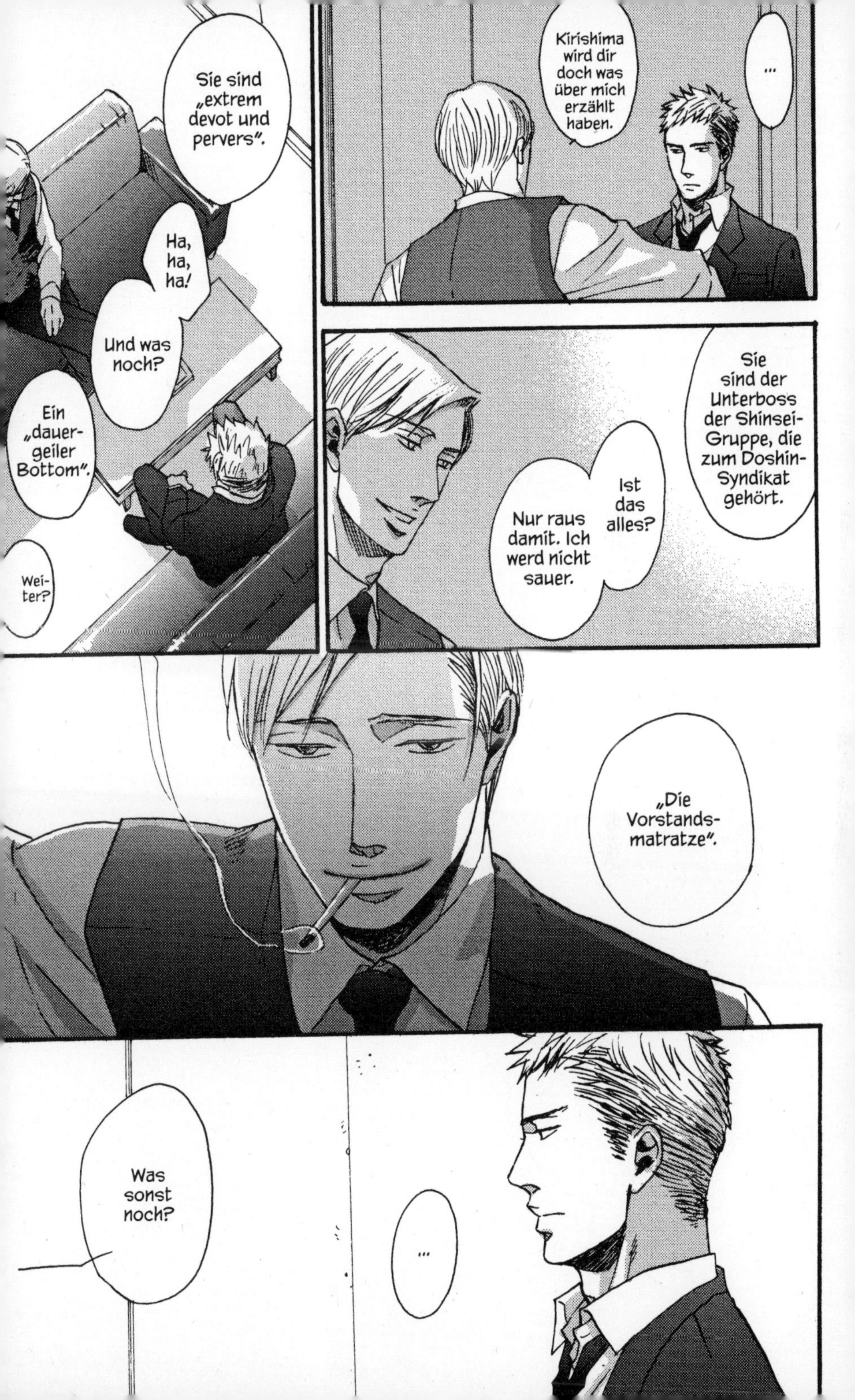
…
Kirishima wird dir doch was über mich erzählt haben.
Sie sind der Unterboss der Shinsei-Gruppe, die zum Doshin-Syndikat gehört.
Ist das alles?
Nur raus damit. Ich werd nicht sauer.
Sie sind „extrem devot und pervers“.
Ha, ha, ha!
Und was noch?
Ein „dauergeiler Bottom“.
Weiter?
„Die Vorstandsmatratze“.
…
Was sonst noch?

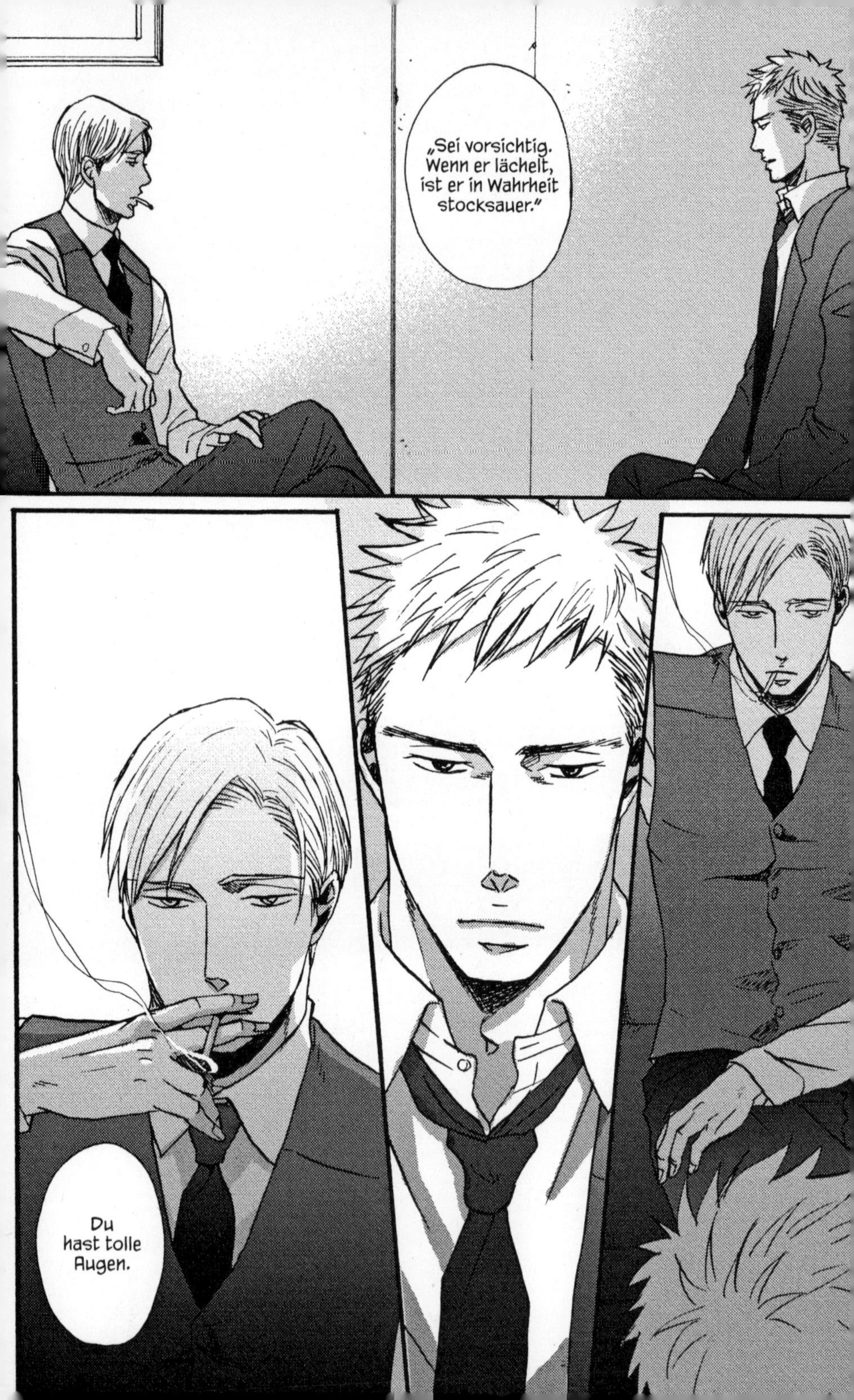
„Sei vorsichtig. Wenn er lächelt, ist er in Wahrheit stocksauer."
Du hast tolle Augen.

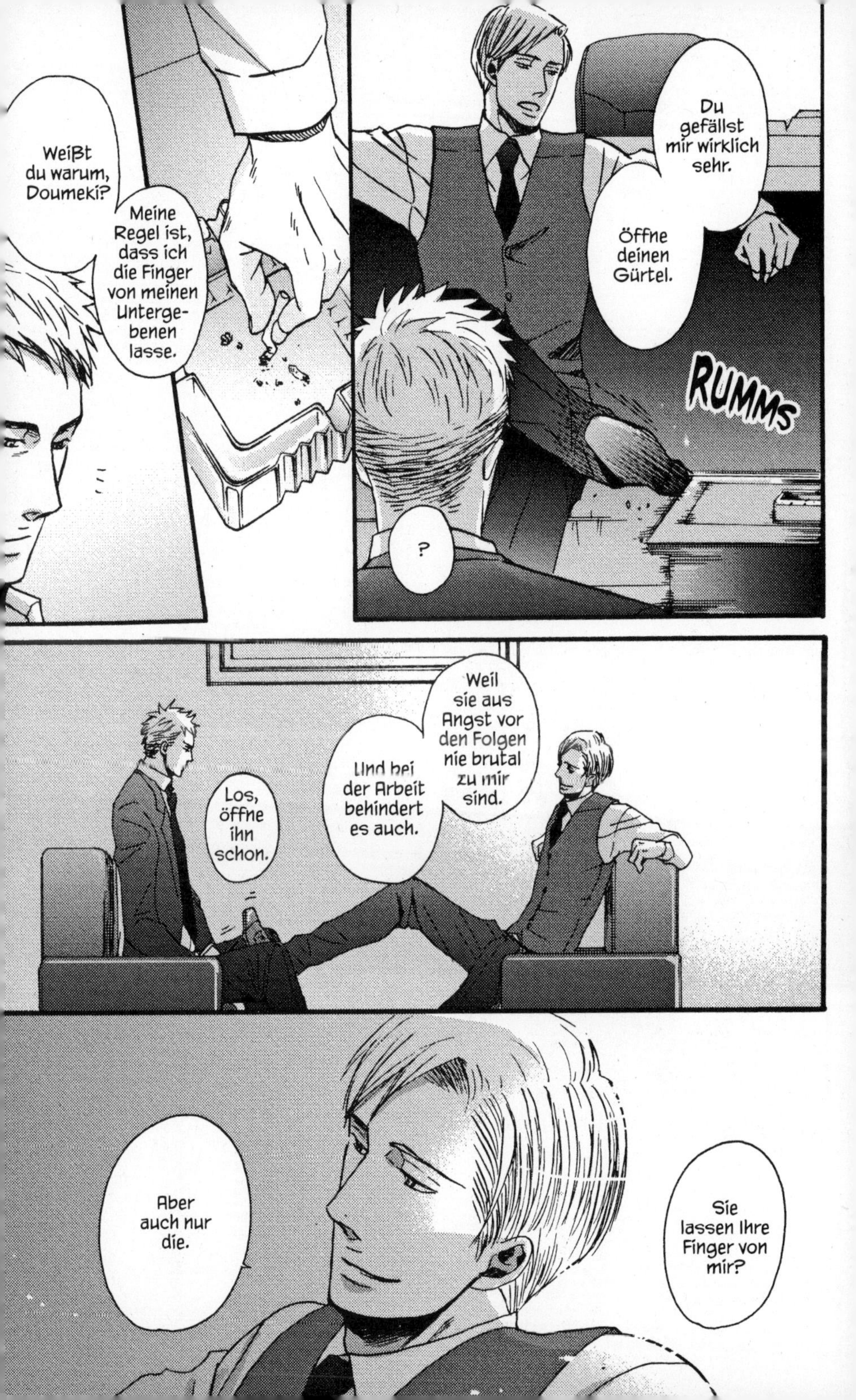
Du gefällst mir wirklich sehr.
Öffne deinen Gürtel.
RUMMS
?
Weißt du warum, Doumeki?
Meine Regel ist, dass ich die Finger von meinen Untergebenen lasse.
Weil sie aus Angst vor den Folgen nie brutal zu mir sind.
Und bei der Arbeit behindert es auch.
Los, öffne ihn schon.
Sie lassen Ihre Finger von mir?
Aber auch nur die.

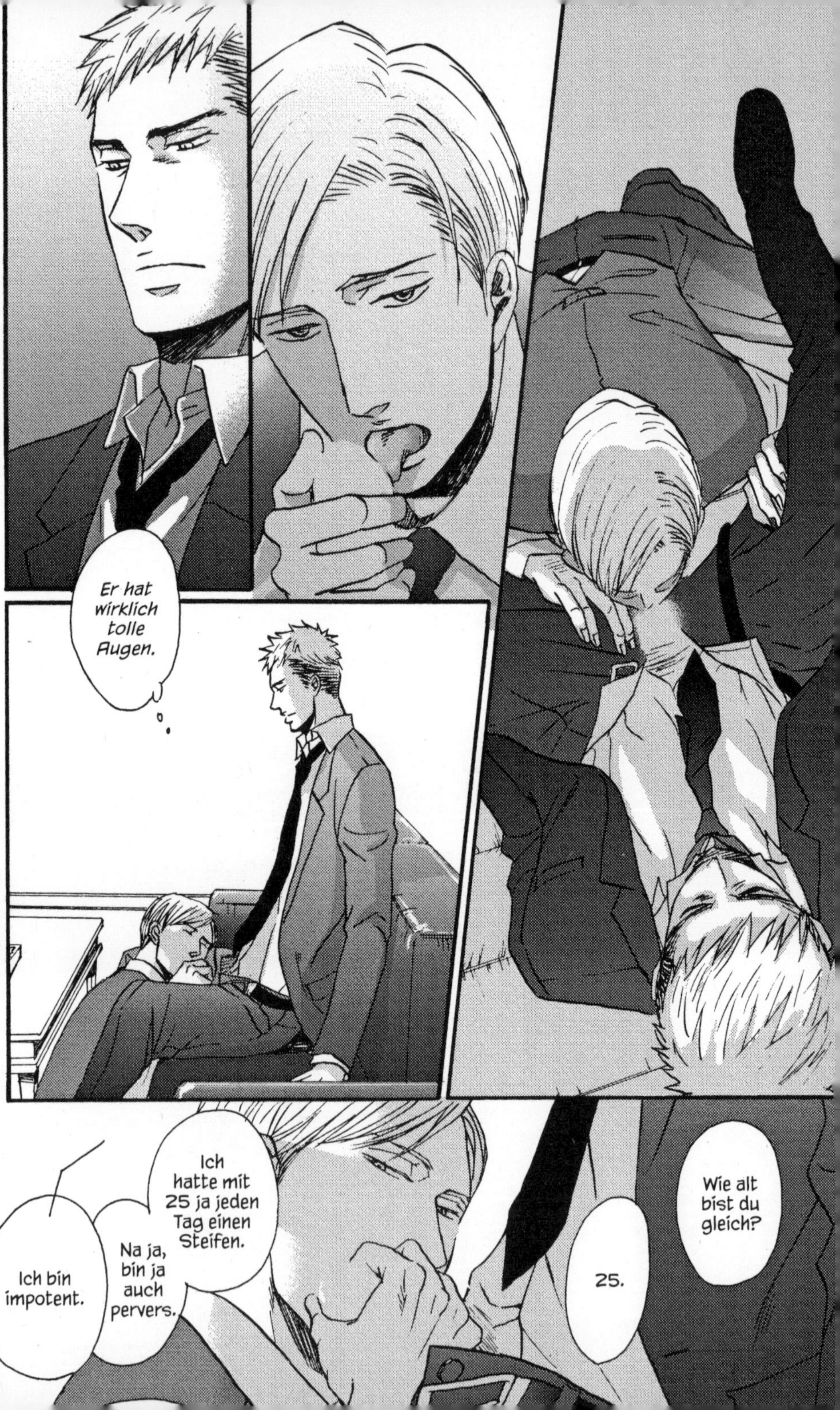

Er hat wirklich tolle Augen.
Wie alt bist du gleich?
25.
Ich hatte mit 25 ja jeden Tag einen Steifen.
Na ja, bin ja auch pervers.
Ich bin impotent.

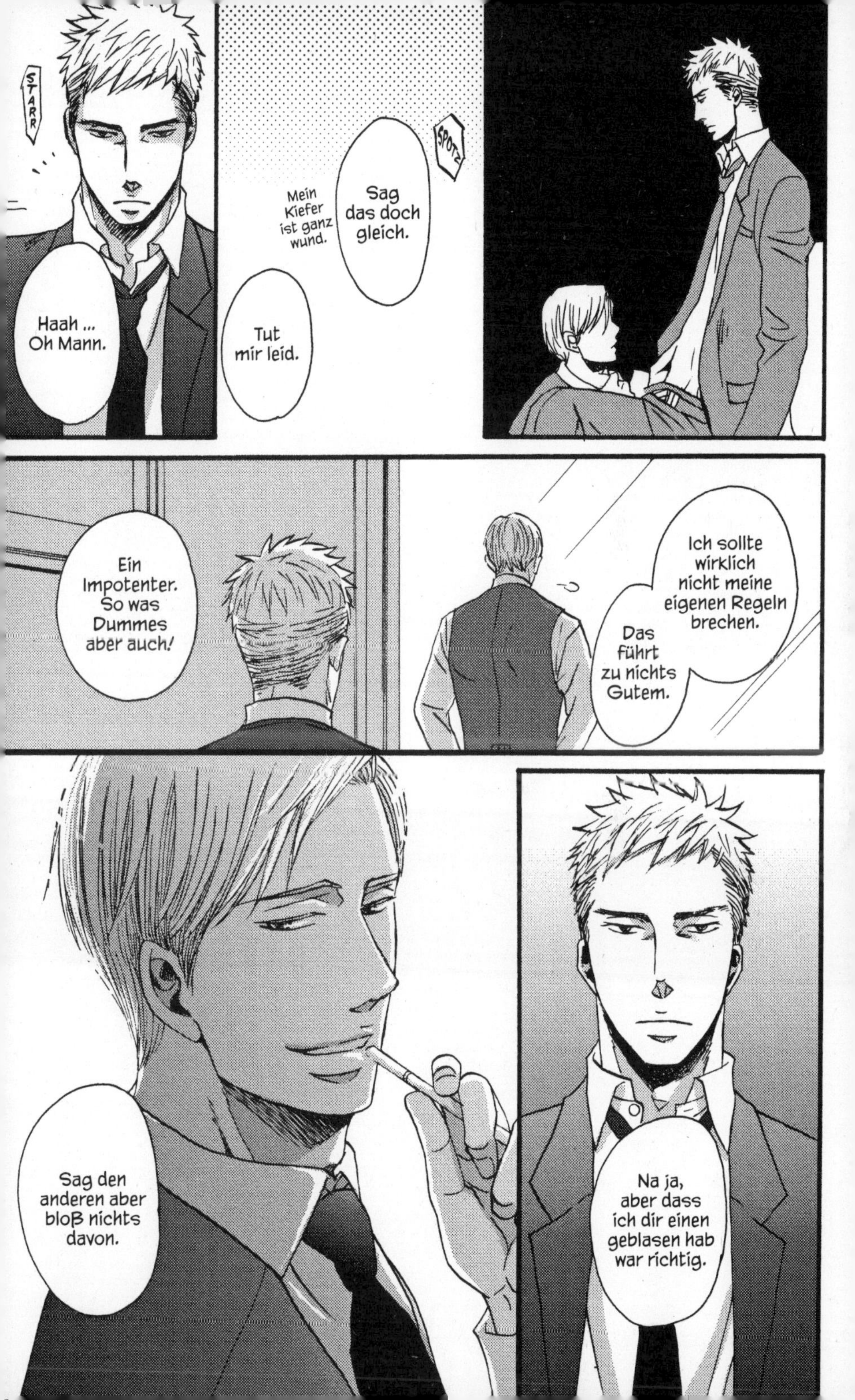
SPOTZ
Sag das doch gleich.
Mein Kiefer ist ganz wund.
Tut mir leid.
STARR
Haah ... Oh Mann.
Ich sollte wirklich nicht meine eigenen Regeln brechen.
Das führt zu nichts Gutem.
Ein Impotenter. So was Dummes aber auch!
Na ja, aber dass ich dir einen geblasen hab war richtig.
Sag den anderen aber bloß nichts davon.

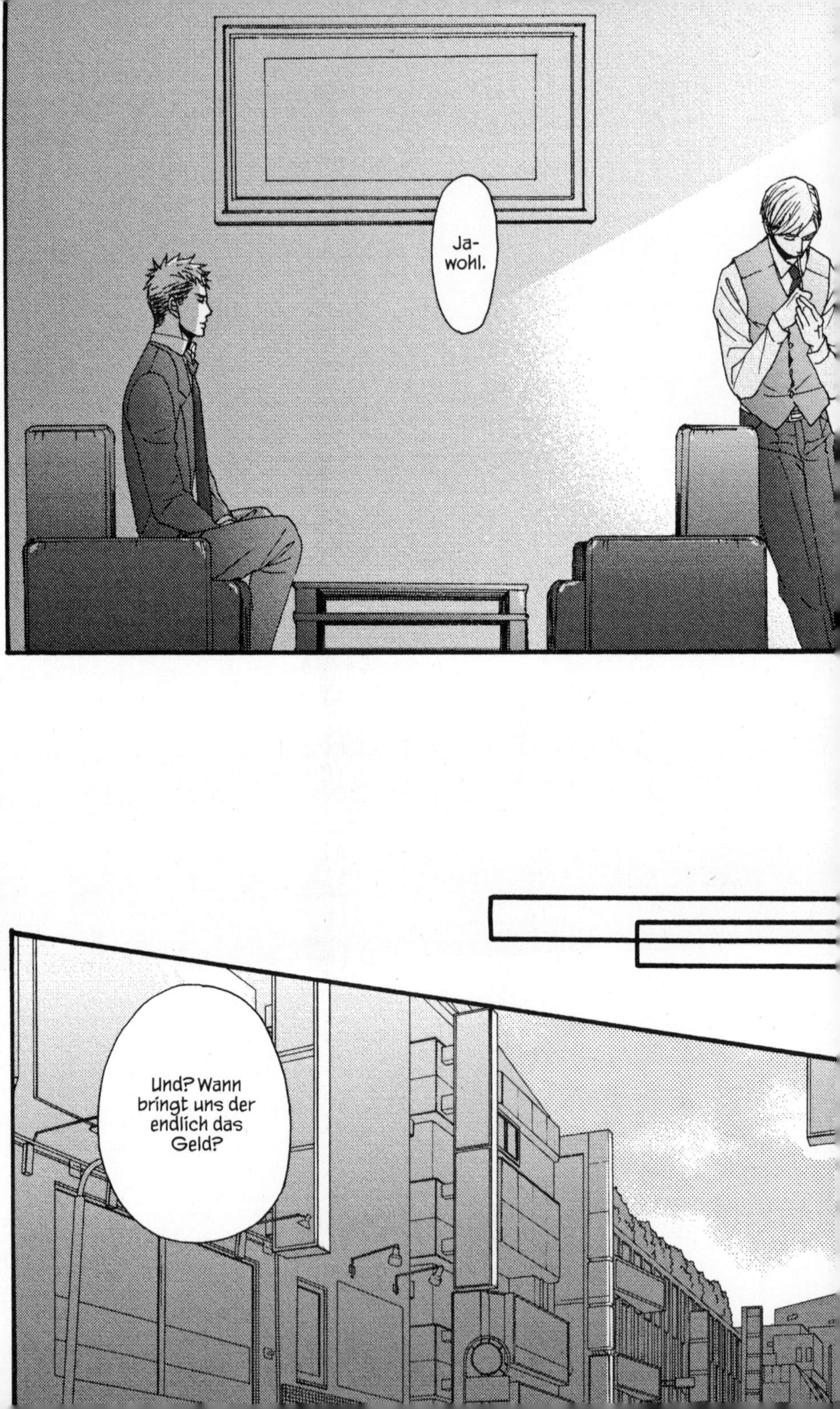
Ja-
wohl.
Und? Wann
bringt uns der
endlich das
Geld?

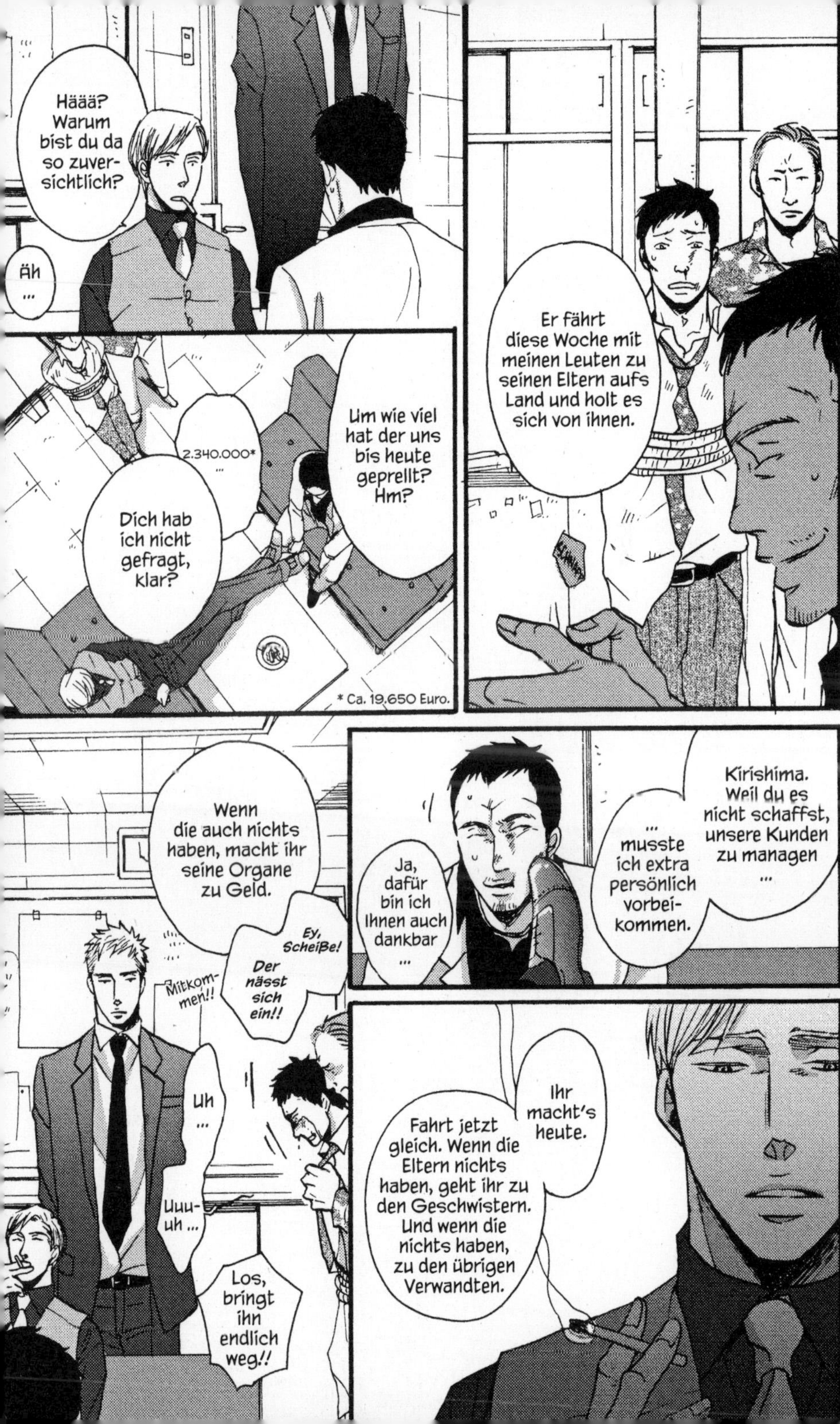
Er fährt diese Woche mit meinen Leuten zu seinen Eltern aufs Land und holt es sich von ihnen.
Häää? Warum bist du da so zuversichtlich?
Äh ...
Um wie viel hat der uns bis heute geprellt? Hm?
2.340.000* ...
Dich hab ich nicht gefragt, klar?
* Ca. 19.650 Euro.
Kirishima. Weil du es nicht schaffst, unsere Kunden zu managen ...
... musste ich extra persönlich vorbeikommen.
Ja, dafür bin ich Ihnen auch dankbar ...
Wenn die auch nichts haben, macht ihr seine Organe zu Geld.
Ihr macht's heute.
Fahrt jetzt gleich. Wenn die Eltern nichts haben, geht ihr zu den Geschwistern. Und wenn die nichts haben, zu den übrigen Verwandten.
Ey, Scheiße!
Der nässt sich ein!!
Mitkommen!!
Uh ...
Uuuuh ...
Los, bringt ihn endlich weg!!

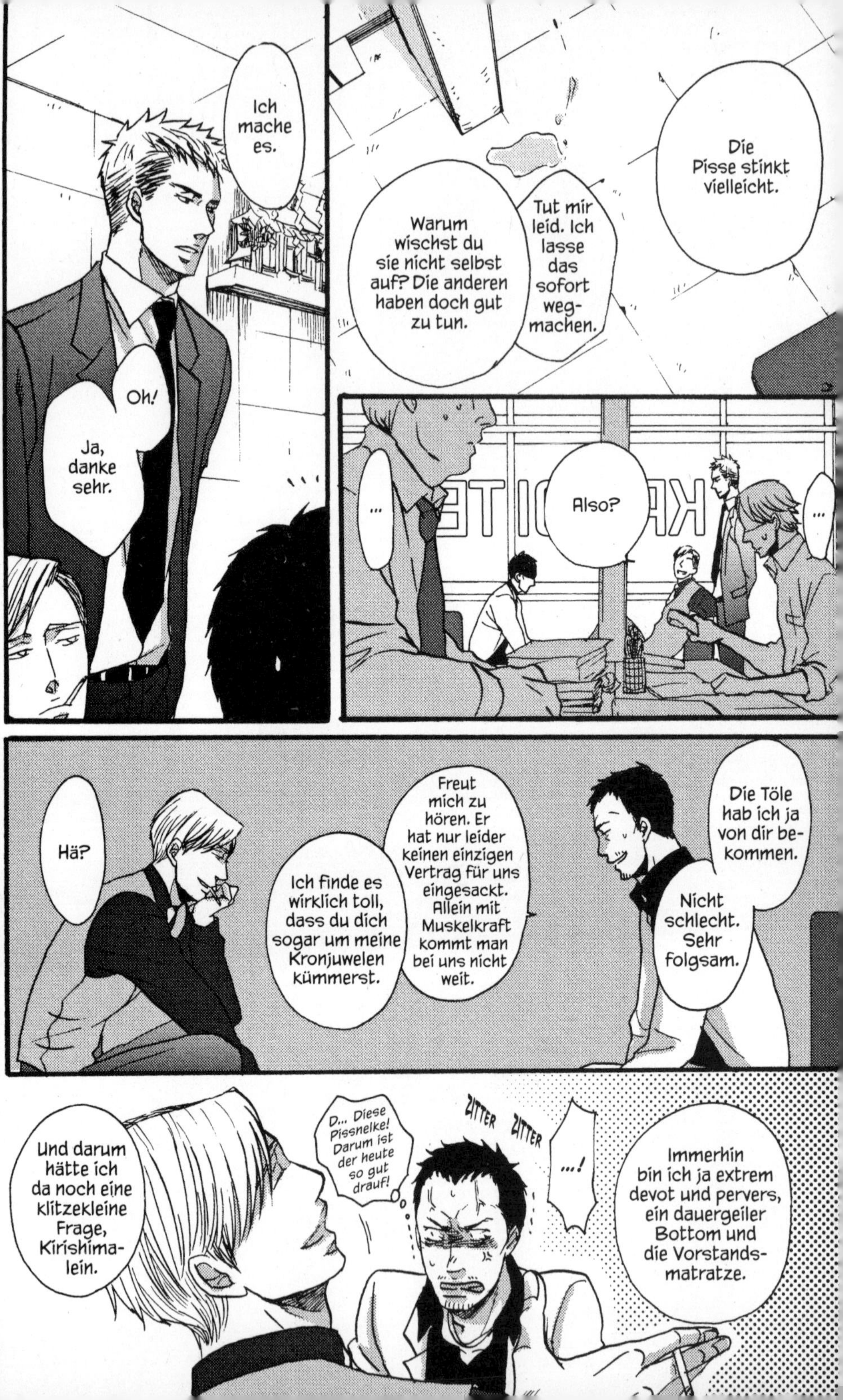
Die Pisse stinkt vielleicht.
Tut mir leid. Ich lasse das sofort weg-machen.
Warum wischst du sie nicht selbst auf? Die anderen haben doch gut zu tun.
Ich mache es.
Oh!
Ja, danke sehr.
...
Also?
...
Die Töle hab ich ja von dir be-kommen.
Nicht schlecht. Sehr folgsam.
Freut mich zu hören. Er hat nur leider keinen einzigen Vertrag für uns eingesackt. Allein mit Muskelkraft kommt man bei uns nicht weit.
Ich finde es wirklich toll, dass du dich sogar um meine Kronjuwelen kümmerst.
Hä?
Immerhin bin ich ja extrem devot und pervers, ein dauergeiler Bottom und die Vorstands-matratze.
...!
ZITTER ZITTER
D... Diese Pissnelke! Darum ist der heute so gut drauf!
Und darum hätte ich da noch eine klitzekleine Frage, Kirishima-lein.

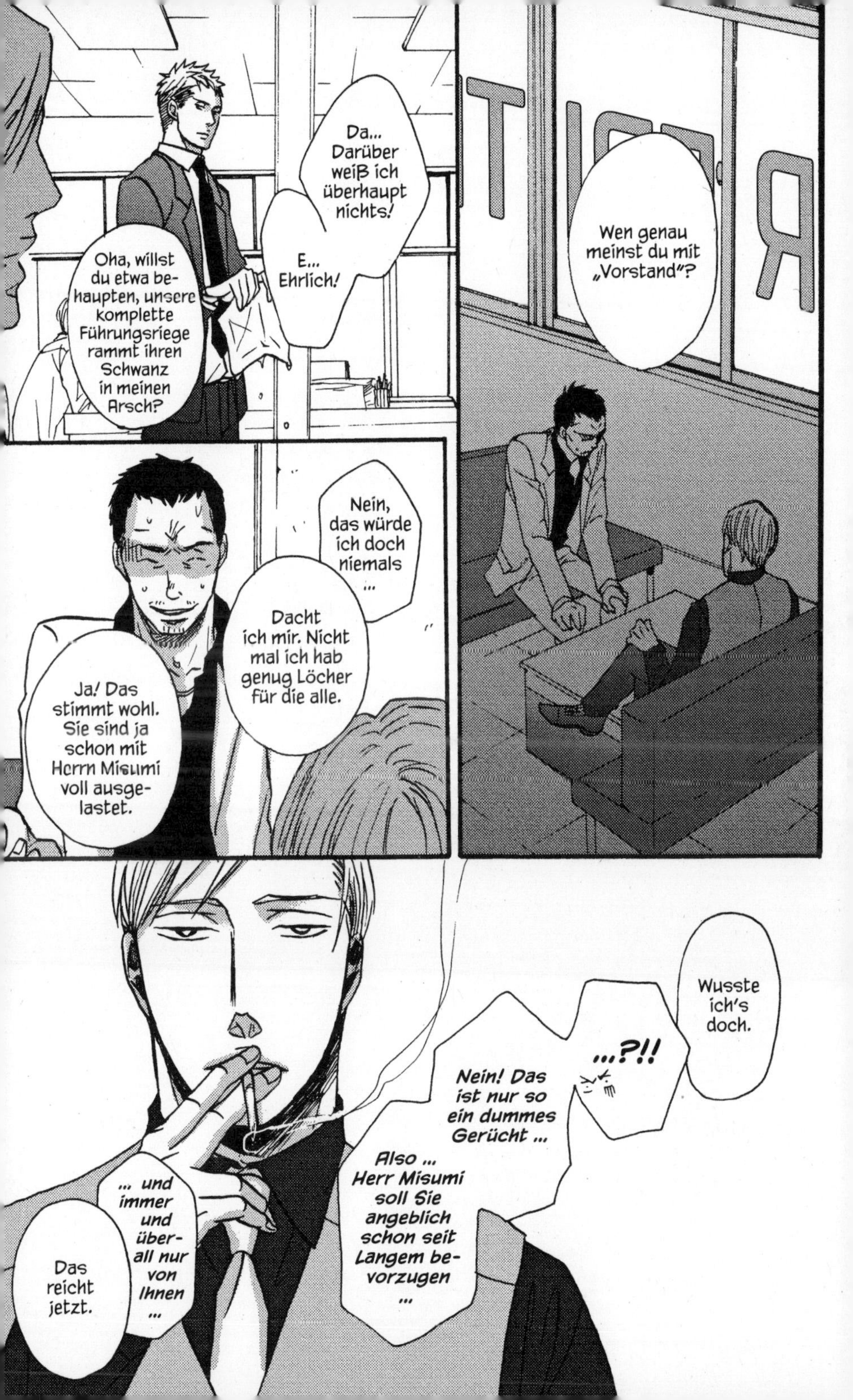
Wen genau meinst du mit „Vorstand"?
Da... Darüber weiß ich überhaupt nichts!
E... Ehrlich!
Oha, willst du etwa behaupten, unsere komplette Führungsriege rammt ihren Schwanz in meinen Arsch?
Nein, das würde ich doch niemals ...
Dacht ich mir. Nicht mal ich hab genug Löcher für die alle.
Ja! Das stimmt wohl. Sie sind ja schon mit Herrn Misumi voll ausgelastet.
Wusste ich's doch.
...?!!
Nein! Das ist nur so ein dummes Gerücht ...
Also ... Herr Misumi soll Sie angeblich schon seit Langem bevorzugen ...
... und immer und überall nur von Ihnen ...
Das reicht jetzt.

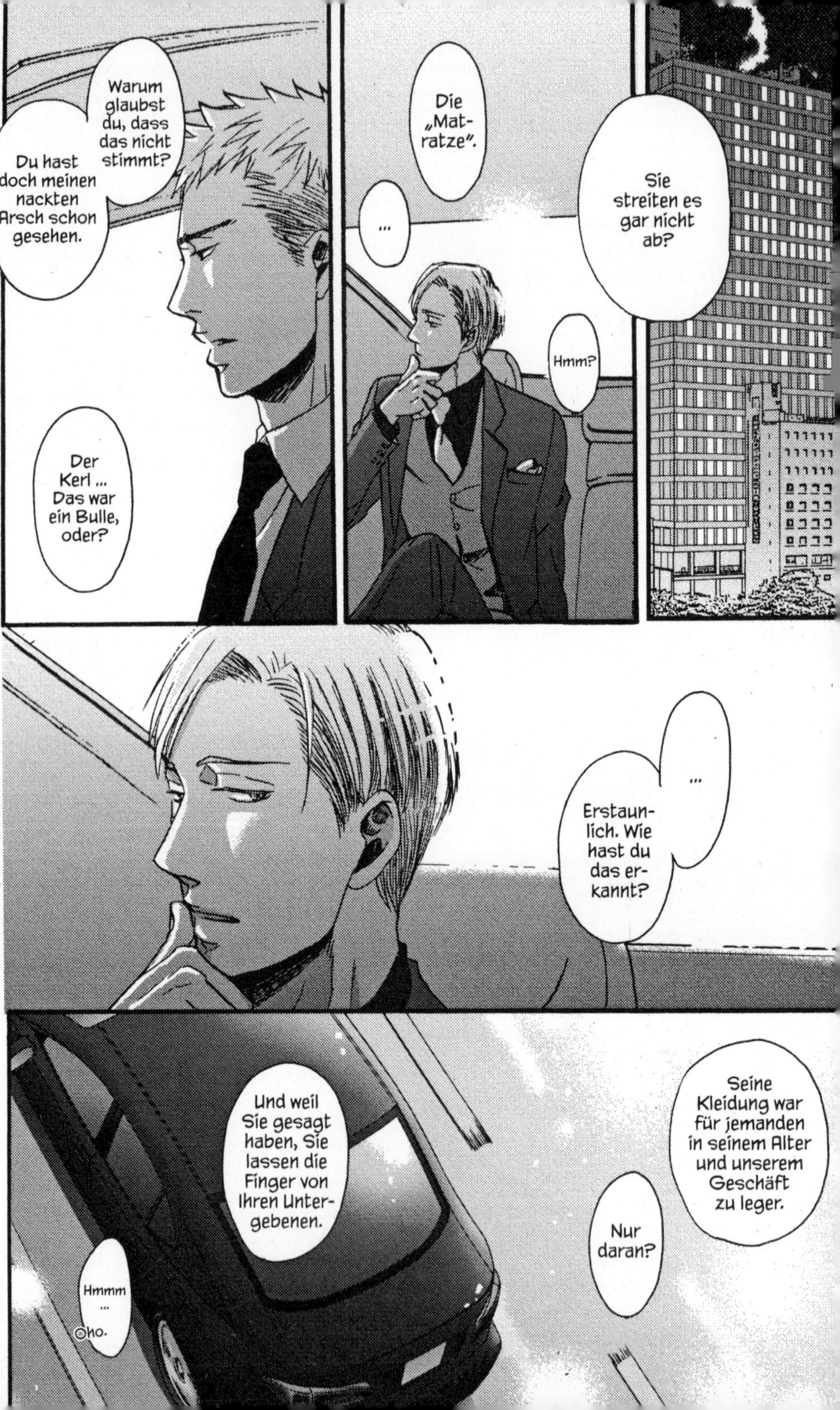
Sie streiten es gar nicht ab?
Hmm?
Die „Matratze“.
...
Warum glaubst du, dass das nicht stimmt?
Du hast doch meinen nackten Arsch schon gesehen.
Der Kerl ... Das war ein Bulle, oder?
...
Erstaunlich. Wie hast du das erkannt?
Seine Kleidung war für jemanden in seinem Alter und unserem Geschäft zu leger.
Nur daran?
Und weil Sie gesagt haben, Sie lassen die Finger von Ihren Untergebenen.
Hmmm ... Oho.

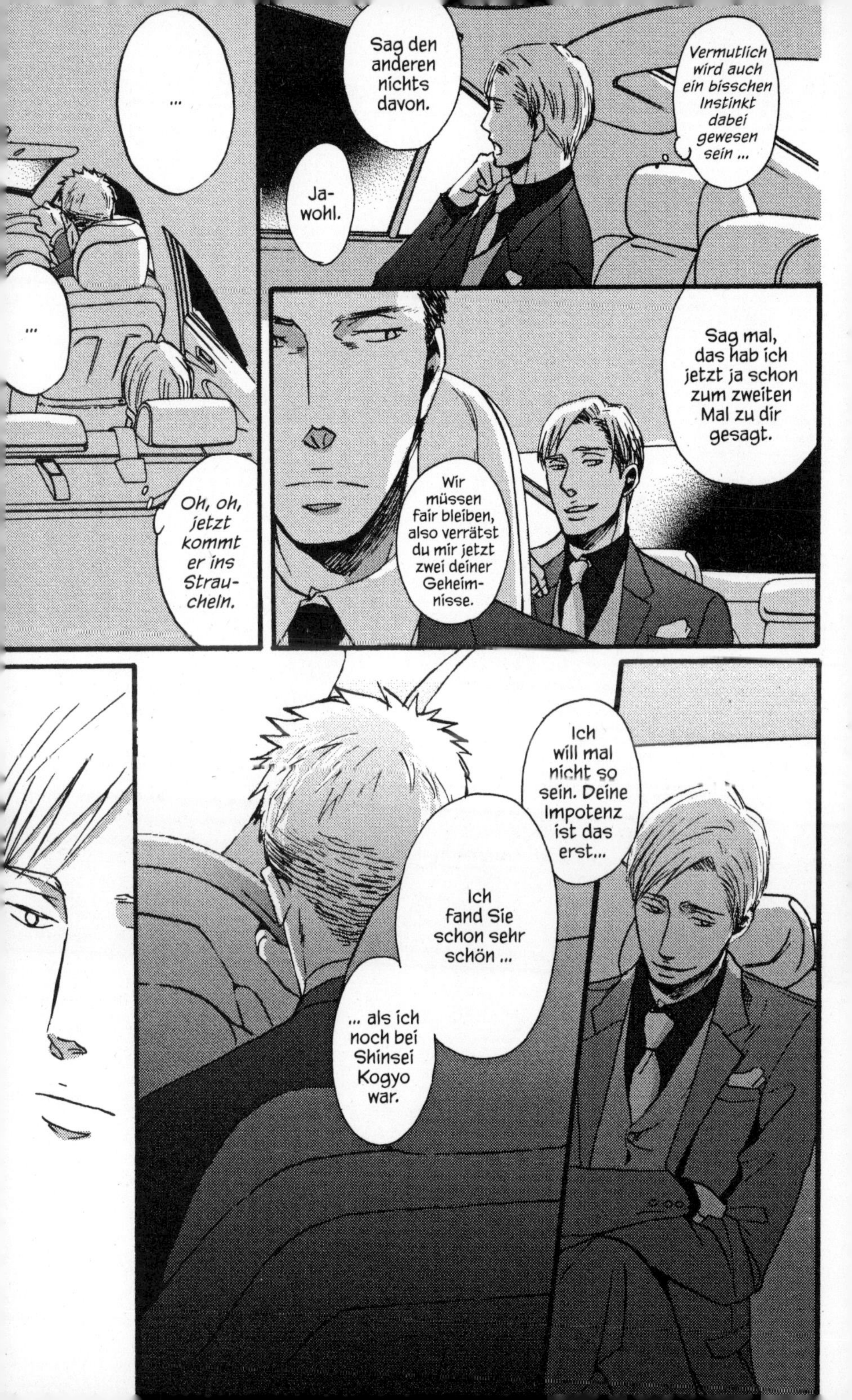
Vermutlich wird auch ein bisschen Instinkt dabei gewesen sein ...
Sag den anderen nichts davon.
Ja-wohl.
Sag mal, das hab ich jetzt ja schon zum zweiten Mal zu dir gesagt.
Wir müssen fair bleiben, also verrätst du mir jetzt zwei deiner Geheim-nisse.
...
...
Oh, oh, jetzt kommt er ins Strau-cheln.
Ich will mal nicht so sein. Deine Impotenz ist das erst...
Ich fand Sie schon sehr schön ...
... als ich noch bei Shinsei Kogyo war.

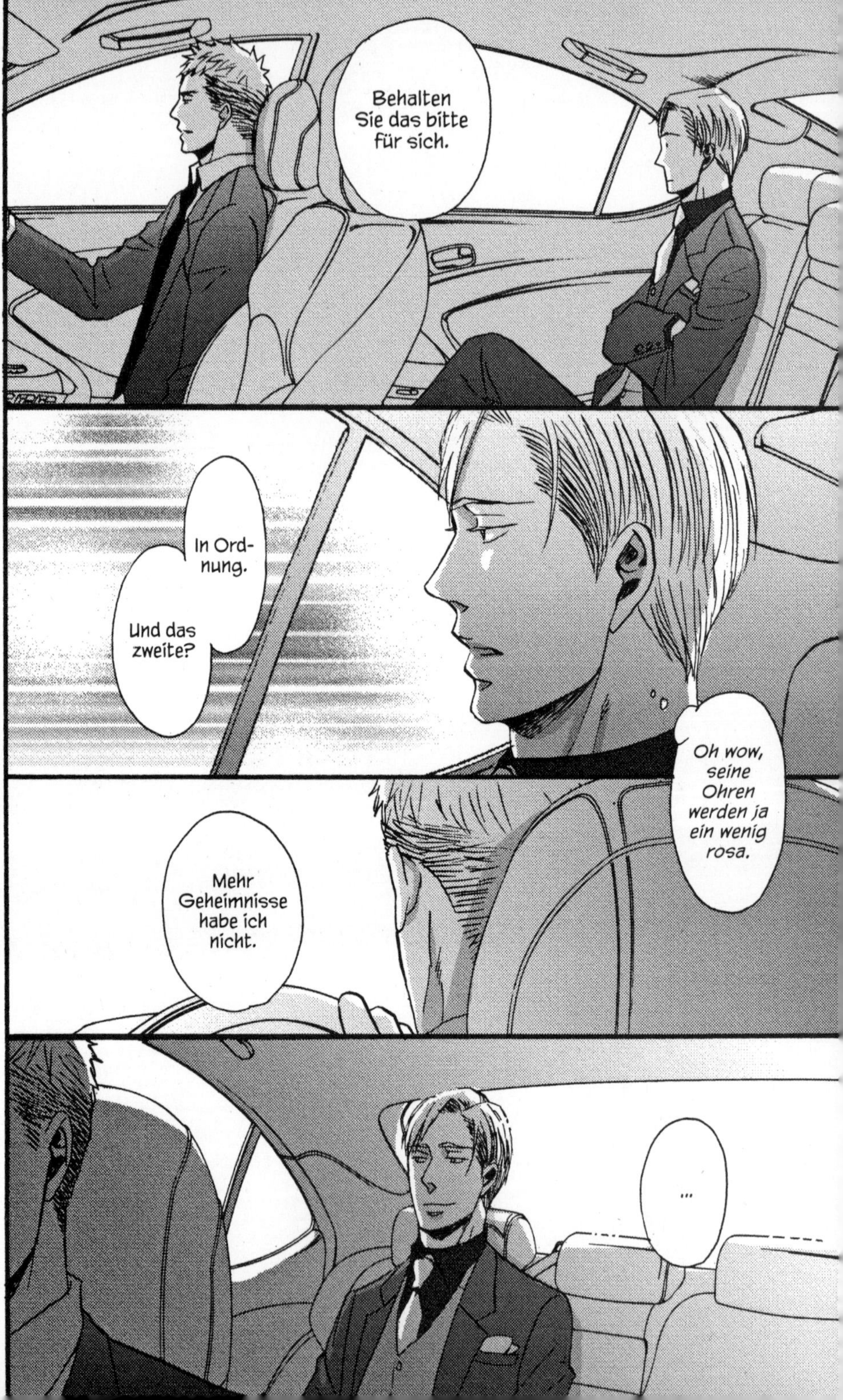
Behalten Sie das bitte für sich.
In Ordnung.
Und das zweite?
Oh wow, seine Ohren werden ja ein wenig rosa.
Mehr Geheimnisse habe ich nicht.
...

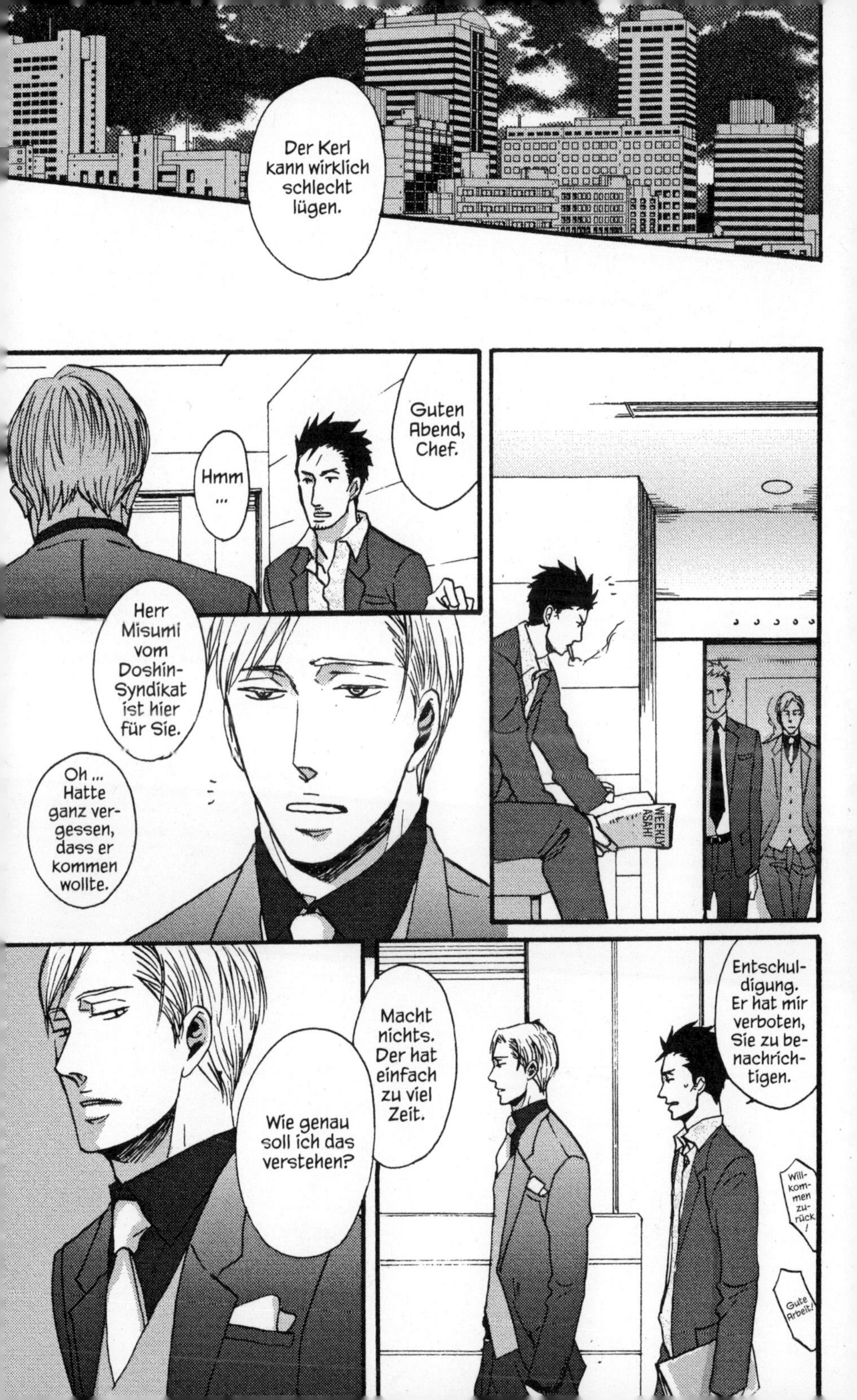
Der Kerl kann wirklich schlecht lügen.
WEEKLY ASAHI
Guten Abend, Chef.
Hmm ...
Herr Misumi vom Doshin-Syndikat ist hier für Sie.
Oh ... Hatte ganz vergessen, dass er kommen wollte.
Entschuldigung. Er hat mir verboten, Sie zu benachrichtigen.
Willkommen zurück!
Gute Arbeit!
Macht nichts. Der hat einfach zu viel Zeit.
Wie genau soll ich das verstehen?

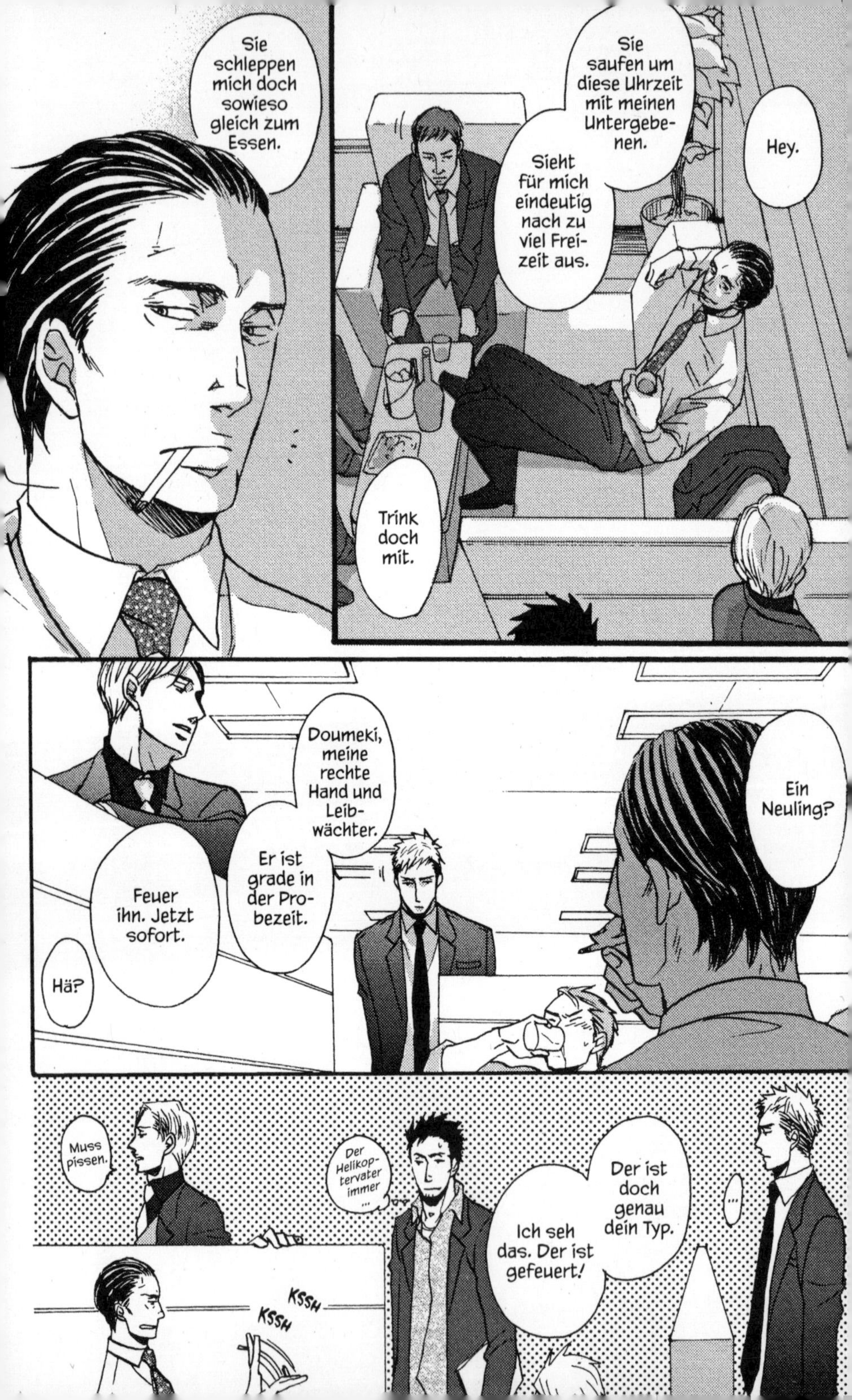

Hey.
Sie saufen um diese Uhrzeit mit meinen Untergebenen.
Sieht für mich eindeutig nach zu viel Freizeit aus.
Trink doch mit.
Sie schleppen mich doch sowieso gleich zum Essen.
Ein Neuling?
Doumeki, meine rechte Hand und Leibwächter.
Er ist grade in der Probezeit.
Feuer ihn. Jetzt sofort.
Hä?
...
Der ist doch genau dein Typ.
Ich seh das. Der ist gefeuert!
Der Helikoptervater immer ...
Muss pissen.
KSSH
KSSH

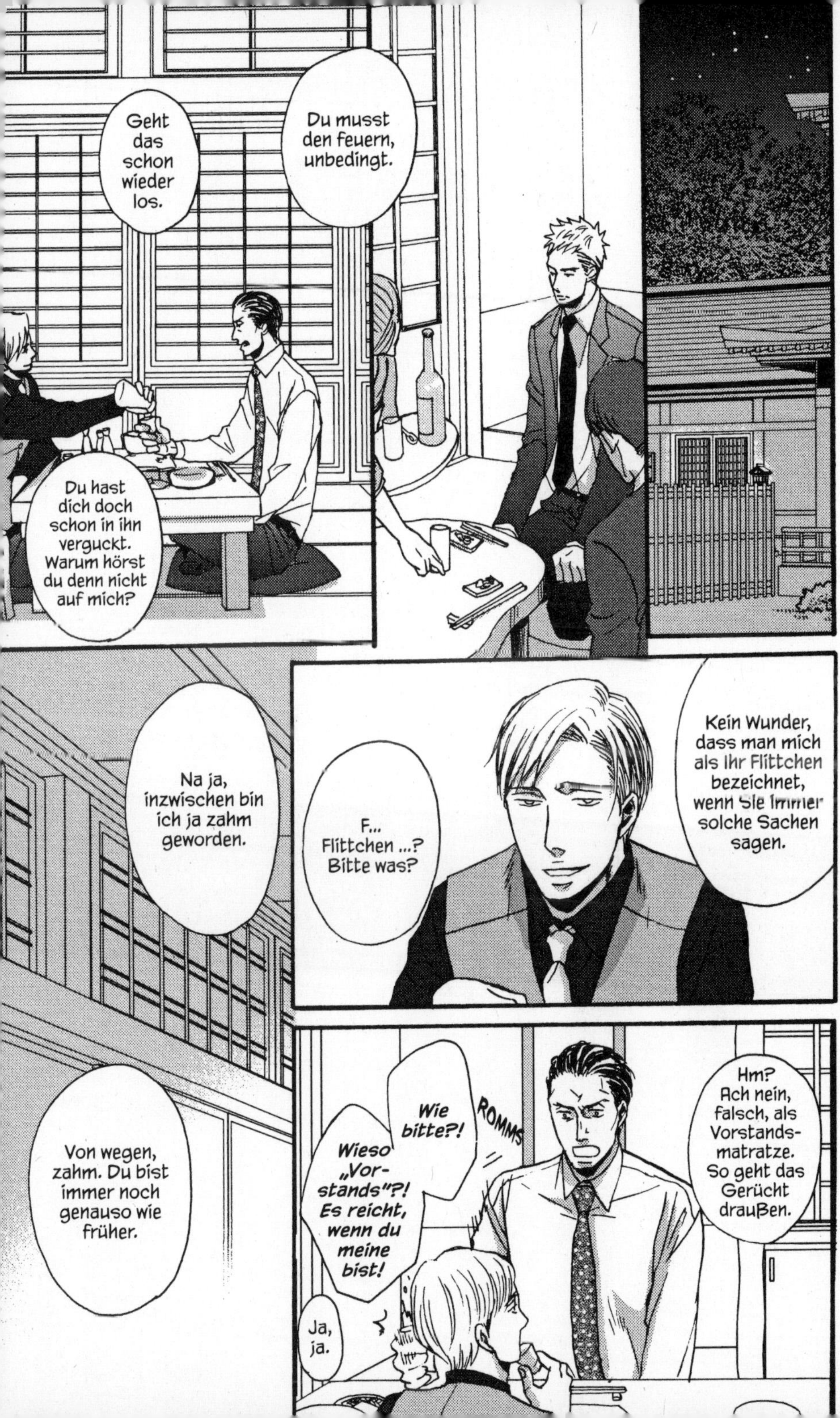
Du musst den feuern, unbedingt.
Geht das schon wieder los.
Du hast dich doch schon in ihn verguckt. Warum hörst du denn nicht auf mich?
Kein Wunder, dass man mich als Ihr Flittchen bezeichnet, wenn Sie immer solche Sachen sagen.
F... Flittchen ...? Bitte was?
Na ja, inzwischen bin ich ja zahm geworden.
Hm? Ach nein, falsch, als Vorstandsmatratze. So geht das Gerücht draußen.
ROMMS
Wie bitte?!
Wieso „Vorstands"?! Es reicht, wenn du meine bist!
Ja, ja.
Von wegen, zahm. Du bist immer noch genauso wie früher.

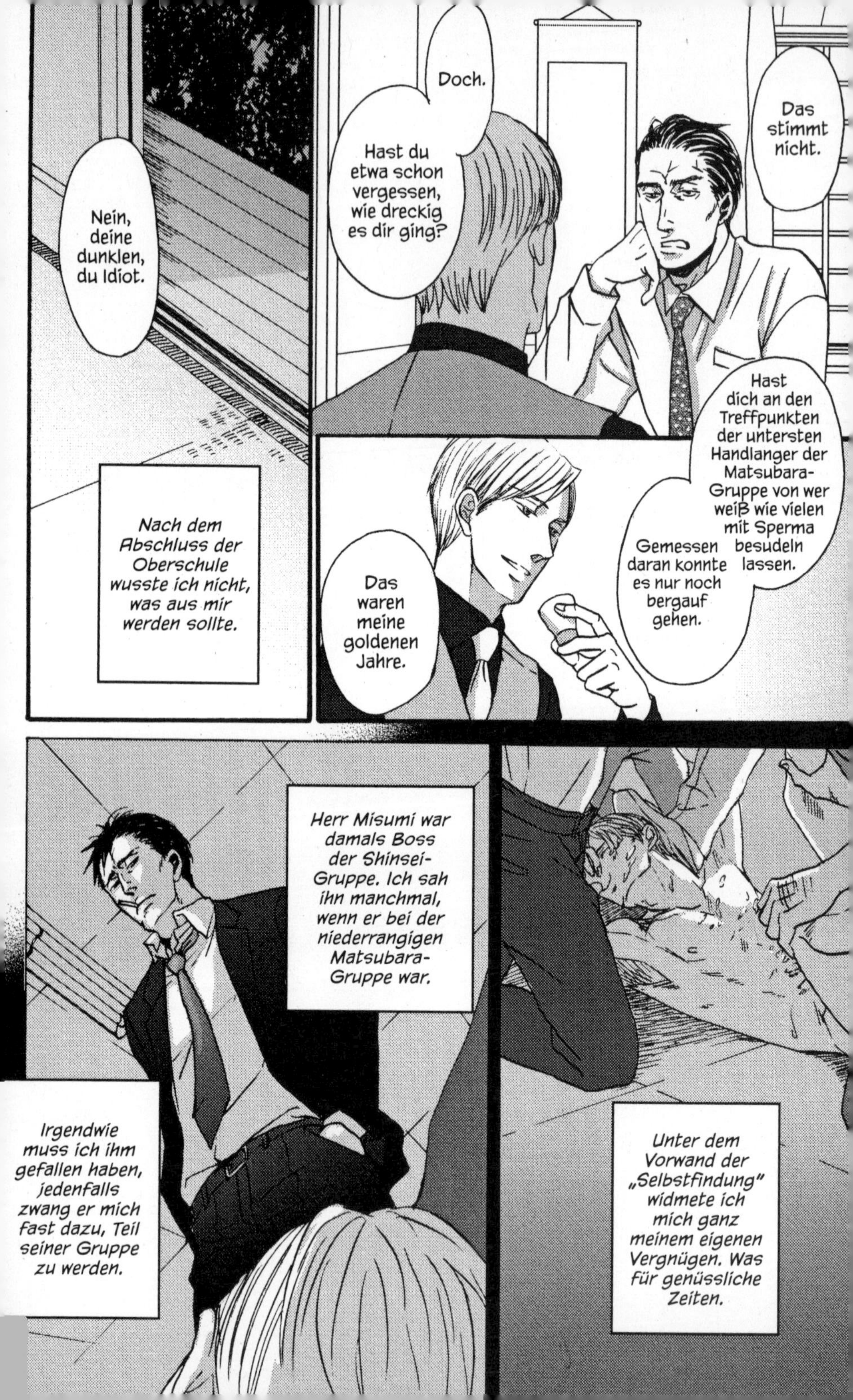

Das stimmt nicht.
Doch.
Hast du etwa schon vergessen, wie dreckig es dir ging?
Nein, deine dunklen, du Idiot.
Hast dich an den Treffpunkten der untersten Handlanger der Matsubara-Gruppe von wer weiß wie vielen mit Sperma besudeln lassen.
Gemessen daran konnte es nur noch bergauf gehen.
Das waren meine goldenen Jahre.
Nach dem Abschluss der Oberschule wusste ich nicht, was aus mir werden sollte.
Unter dem Vorwand der „Selbstfindung" widmete ich mich ganz meinem eigenen Vergnügen. Was für genüssliche Zeiten.
Herr Misumi war damals Boss der Shinsei-Gruppe. Ich sah ihn manchmal, wenn er bei der niederrangigen Matsubara-Gruppe war.
Irgendwie muss ich ihm gefallen haben, jedenfalls zwang er mich fast dazu, Teil seiner Gruppe zu werden.

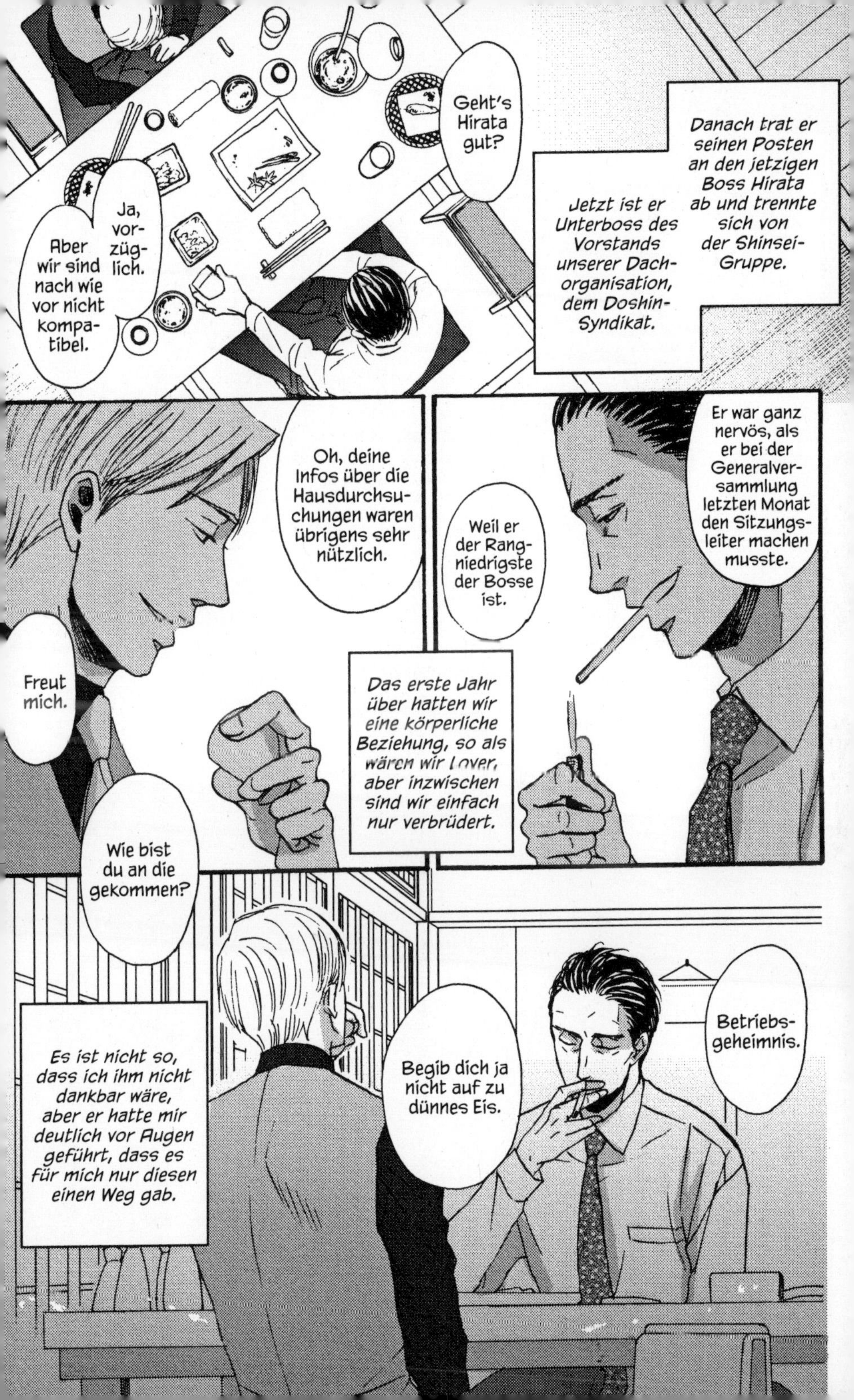

Danach trat er seinen Posten an den jetzigen Boss Hirata ab und trennte sich von der Shinsei-Gruppe.
Jetzt ist er Unterboss des Vorstands unserer Dachorganisation, dem Doshin-Syndikat.
Geht's Hirata gut?
Ja, vorzüglich.
Aber wir sind nach wie vor nicht kompatibel.
Er war ganz nervös, als er bei der Generalversammlung letzten Monat den Sitzungsleiter machen musste.
Weil er der Rangniedrigste der Bosse ist.
Das erste Jahr über hatten wir eine körperliche Beziehung, so als wären wir Lover, aber inzwischen sind wir einfach nur verbrüdert.
Oh, deine Infos über die Hausdurchsuchungen waren übrigens sehr nützlich.
Freut mich.
Wie bist du an die gekommen?
Betriebsgeheimnis.
Begib dich ja nicht auf zu dünnes Eis.
Es ist nicht so, dass ich ihm nicht dankbar wäre, aber er hatte mir deutlich vor Augen geführt, dass es für mich nur diesen einen Weg gab.

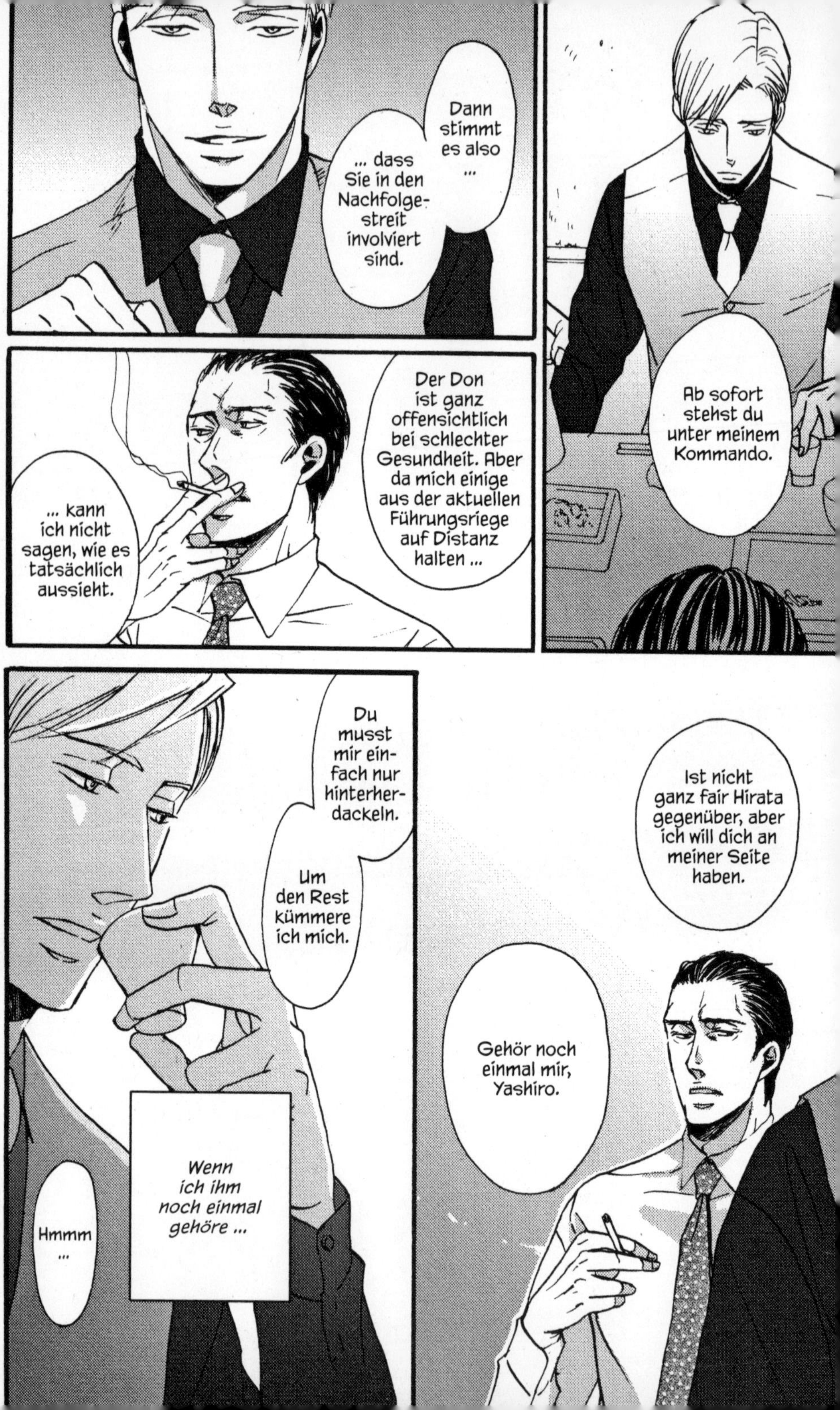

Ab sofort stehst du unter meinem Kommando.
Dann stimmt es also ...
... dass Sie in den Nachfolge-streit involviert sind.
Der Don ist ganz offensichtlich bei schlechter Gesundheit. Aber da mich einige aus der aktuellen Führungsriege auf Distanz halten ...
... kann ich nicht sagen, wie es tatsächlich aussieht.
Ist nicht ganz fair Hirata gegenüber, aber ich will dich an meiner Seite haben.
Gehör noch einmal mir, Yashiro.
Du musst mir ein-fach nur hinterher-dackeln.
Um den Rest kümmere ich mich.
Wenn ich ihm noch einmal gehöre ...
Hmmm ...

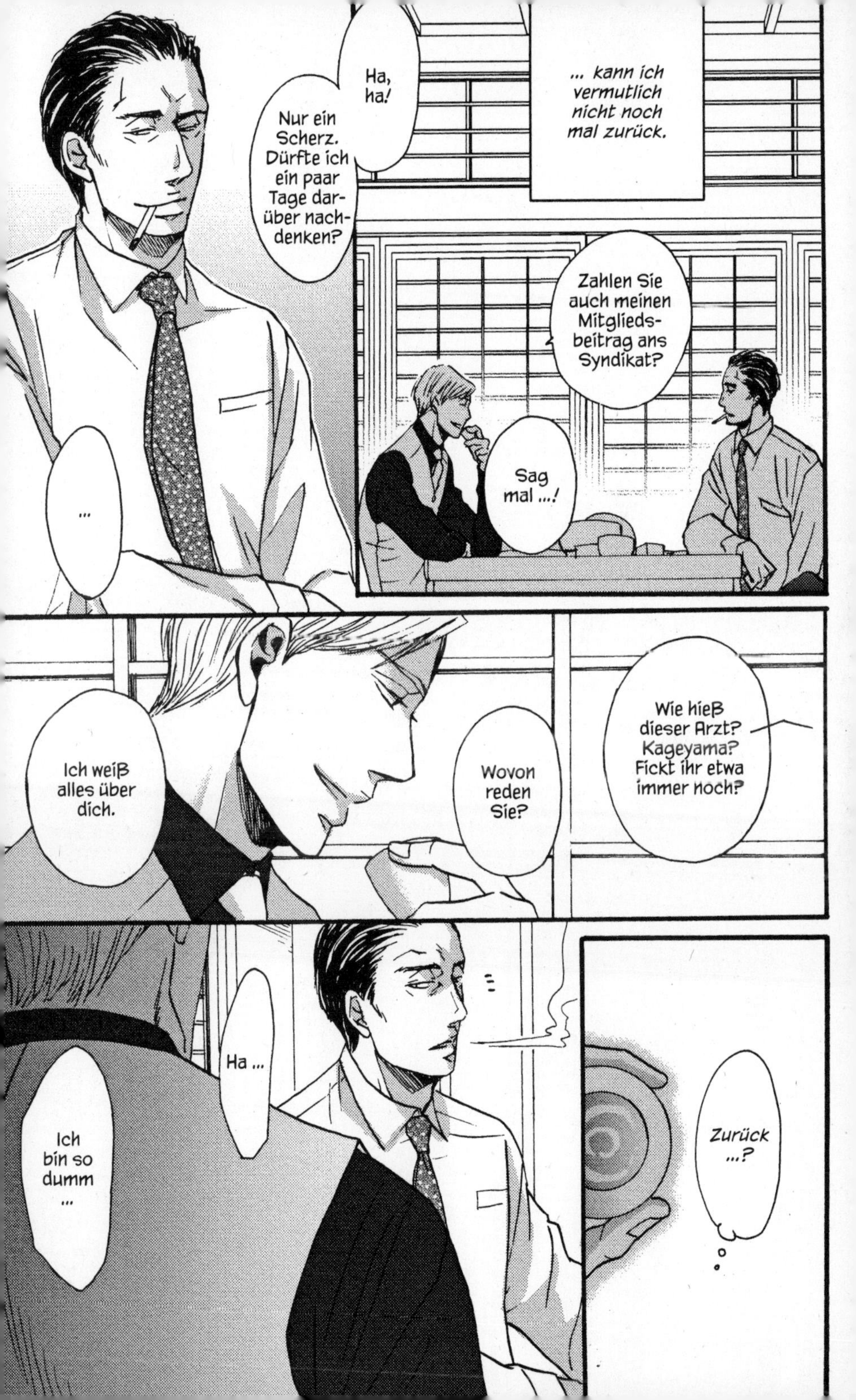
... kann ich vermutlich nicht noch mal zurück.
Zahlen Sie auch meinen Mitgliedsbeitrag ans Syndikat?
Sag mal ...!
Ha, ha!
Nur ein Scherz. Dürfte ich ein paar Tage darüber nachdenken?
...
Wie hieß dieser Arzt? Kageyama? Fickt ihr etwa immer noch?
Wovon reden Sie?
Ich weiß alles über dich.
Zurück ...?
Ha ...
Ich bin so dumm ...

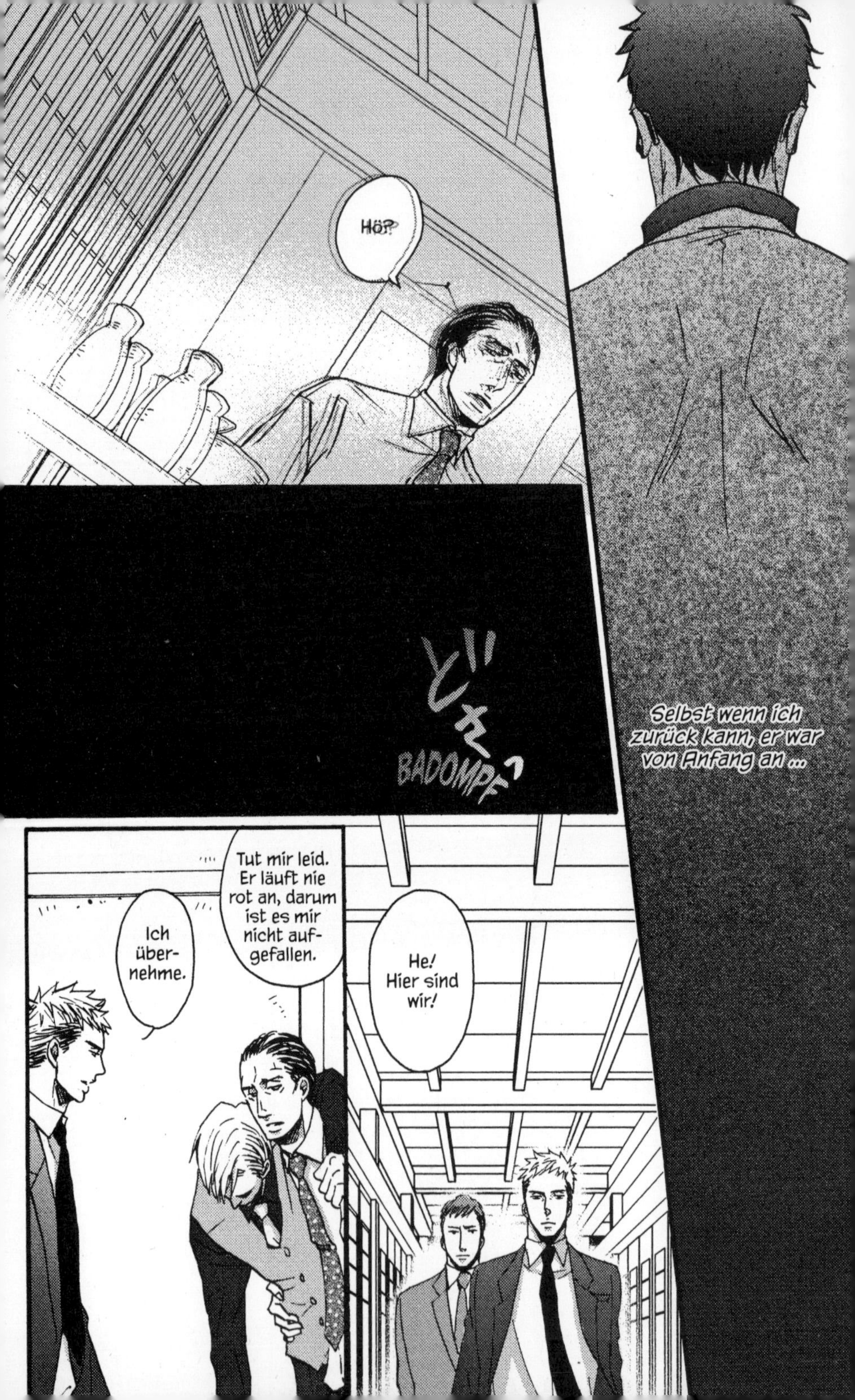
Hö?
Selbst wenn ich zurück kann, er war von Anfang an ...
BADOMPF
He! Hier sind wir!
Tut mir leid. Er läuft nie rot an, darum ist es mir nicht aufgefallen.
Ich übernehme.

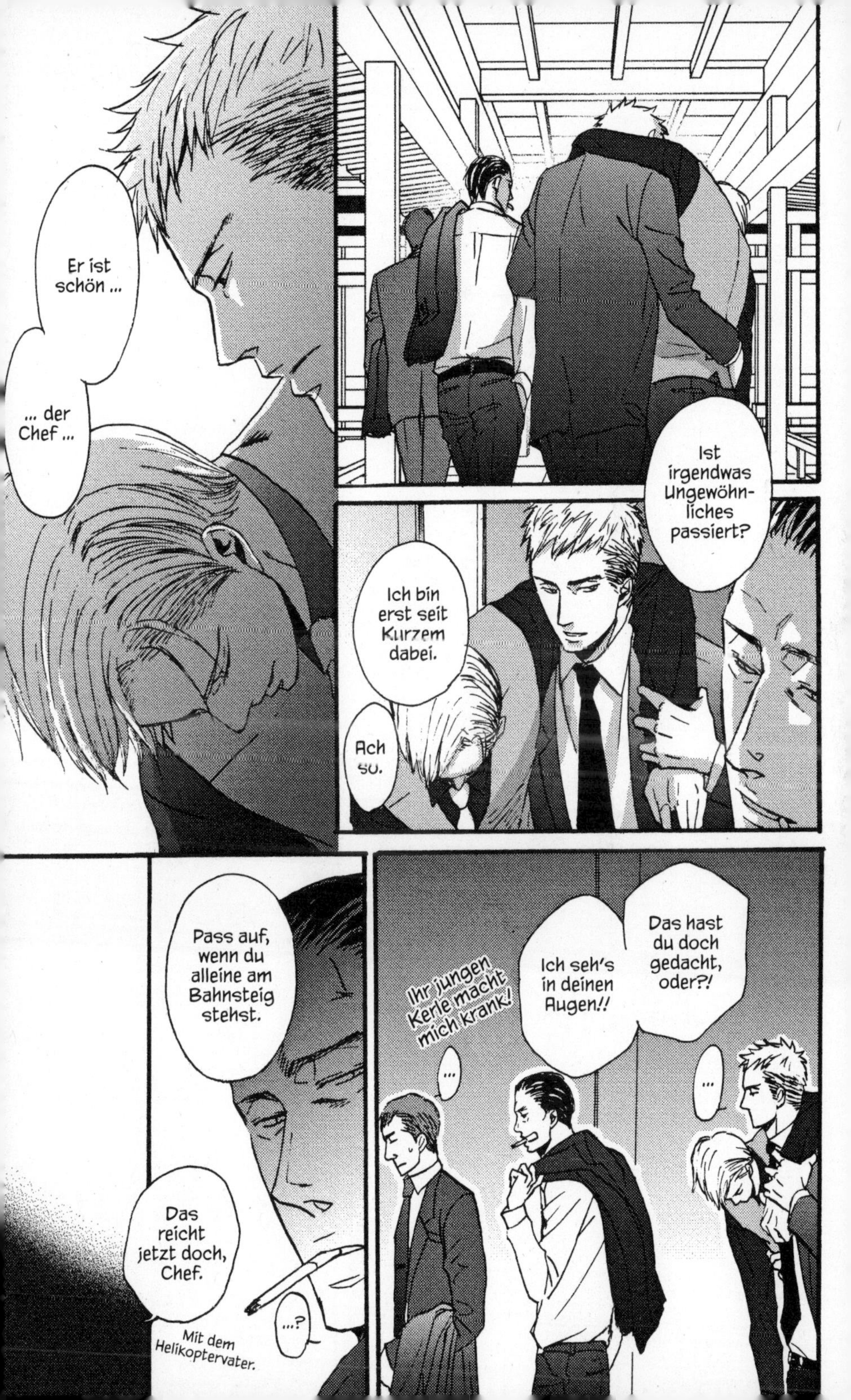

Ist irgendwas Ungewöhnliches passiert?
Ich bin erst seit Kurzem dabei.
Ach so.
Er ist schön ...
... der Chef ...
Das hast du doch gedacht, oder?!
Ich seh's in deinen Augen!!
Ihr jungen Kerle macht mich krank!
...
...
Pass auf, wenn du alleine am Bahnsteig stehst.
Das reicht jetzt doch, Chef.
...?
Mit dem Helikoptervater.

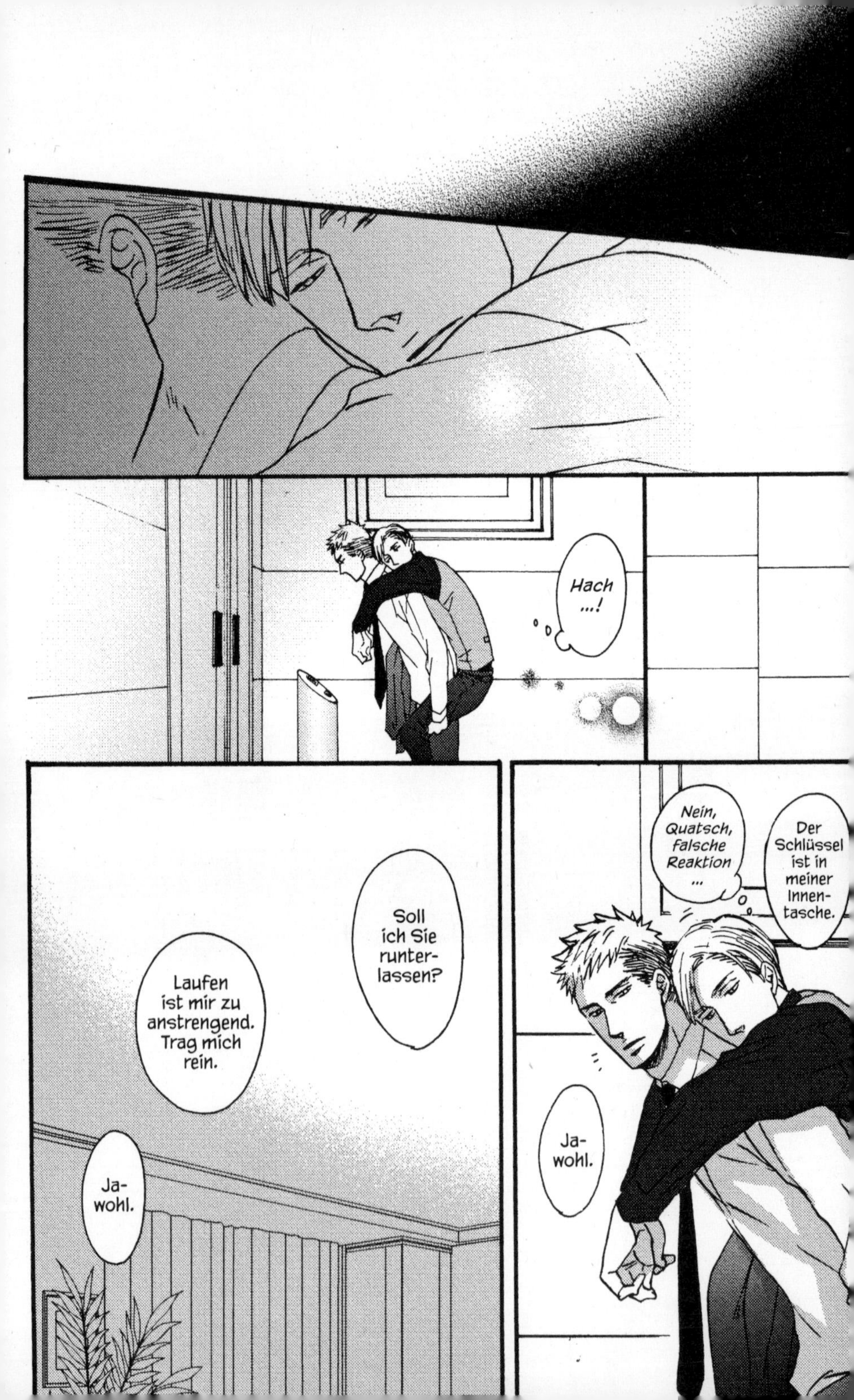
Hach ...!
Der Schlüssel ist in meiner Innentasche.
Nein, Quatsch, falsche Reaktion ...
Jawohl.
Soll ich Sie runterlassen?
Laufen ist mir zu anstrengend. Trag mich rein.
Jawohl.

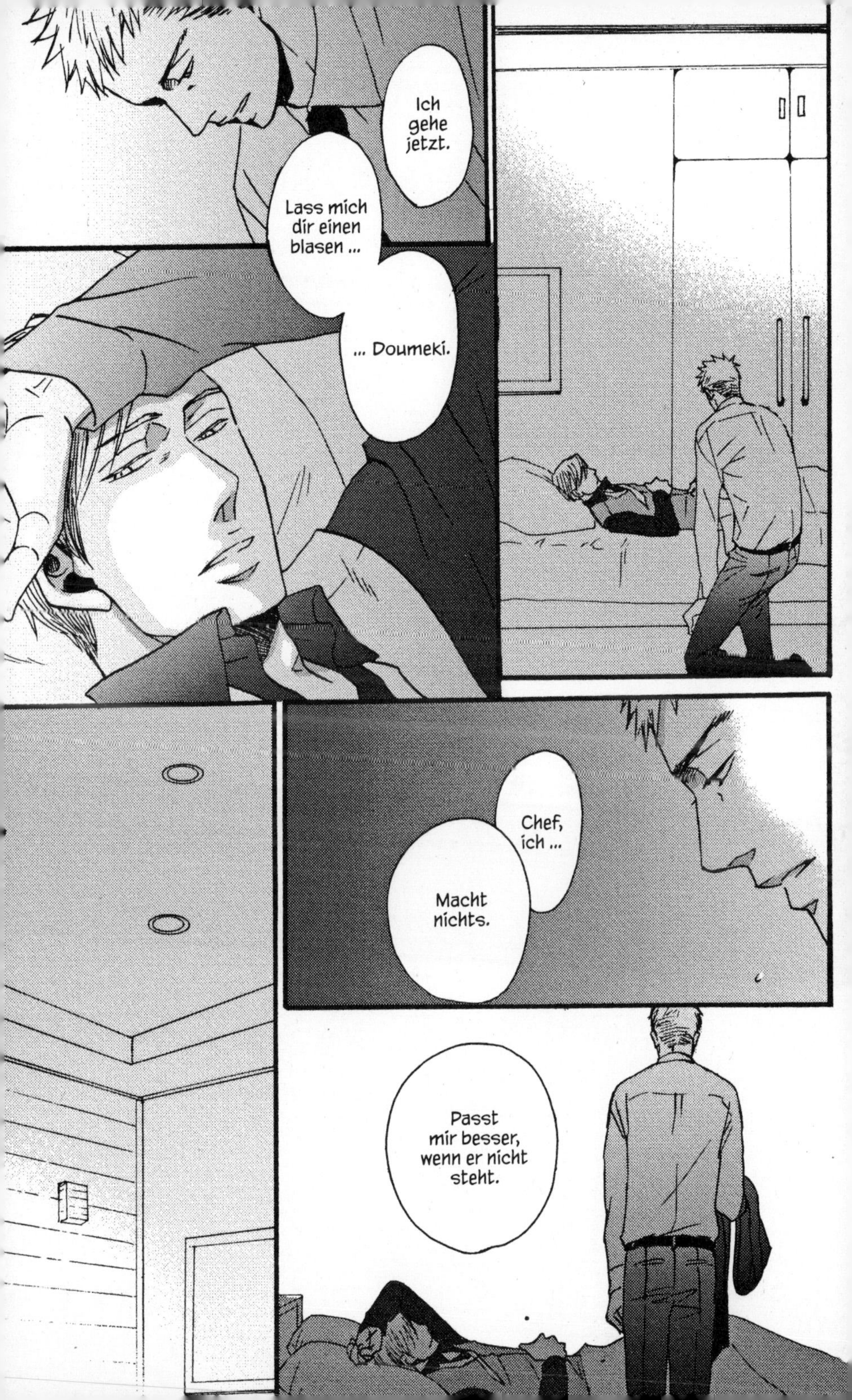

Ich gehe jetzt.
Lass mich dir einen blasen ...
... Doumeki.
Chef, ich ...
Macht nichts.
Passt mir besser, wenn er nicht steht.

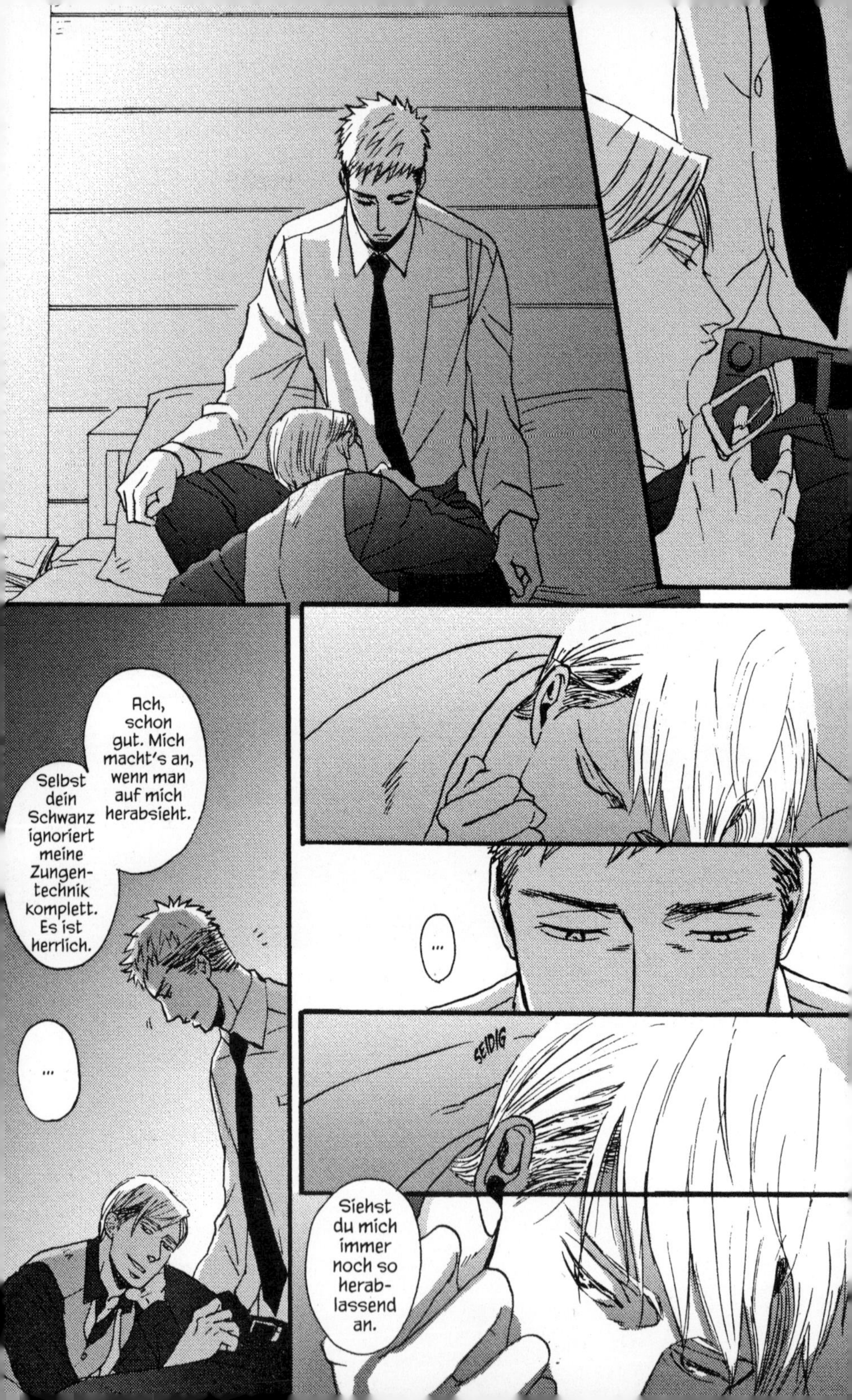
...
SEIDIG
Siehst du mich immer noch so herablassend an.
Ach, schon gut. Mich macht's an, wenn man auf mich herabsieht.
Selbst dein Schwanz ignoriert meine Zungentechnik komplett. Es ist herrlich.
...

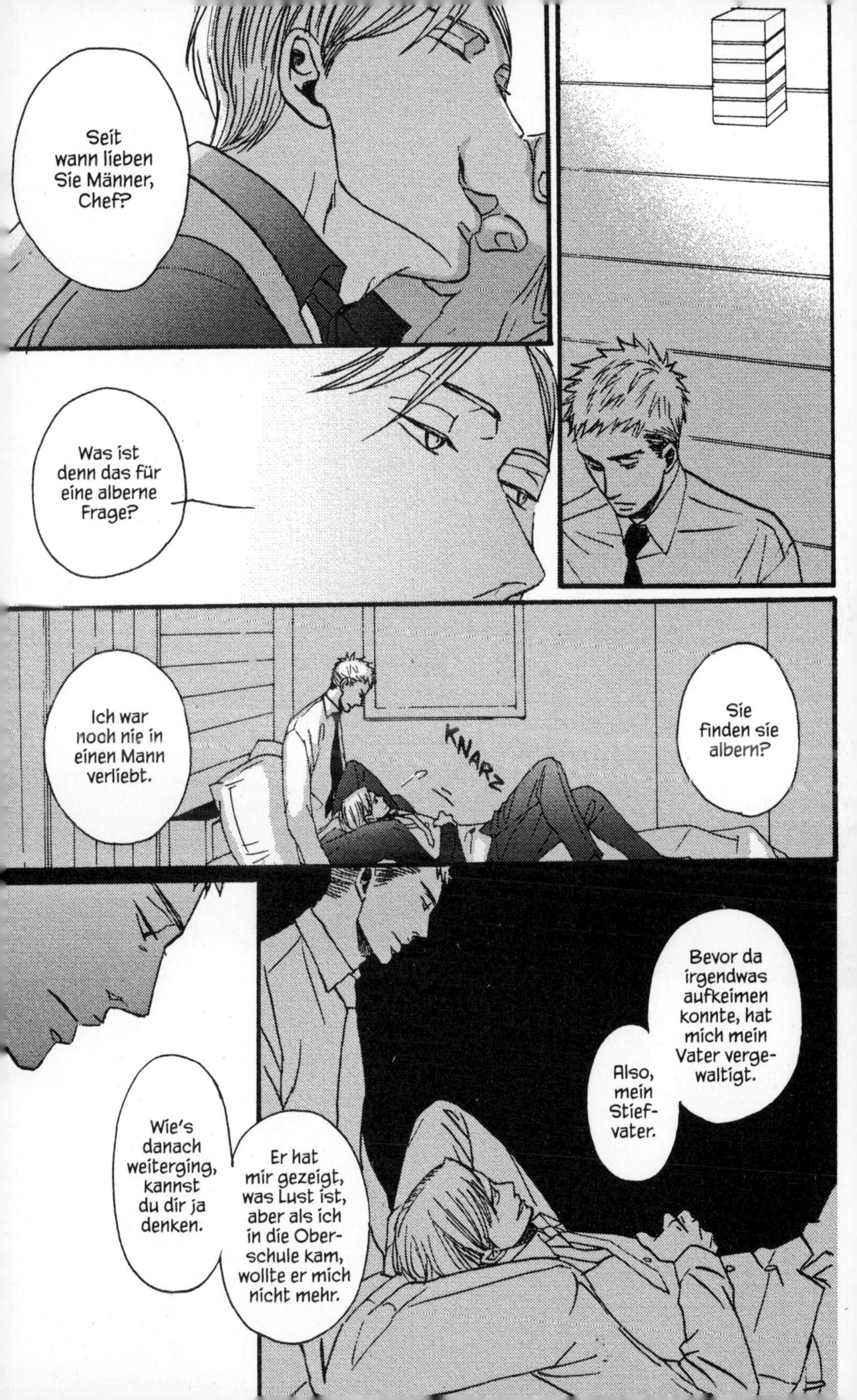
Seit wann lieben Sie Männer, Chef?
Was ist denn das für eine alberne Frage?
Sie finden sie albern?
KNARZ
Ich war noch nie in einen Mann verliebt.
Bevor da irgendwas aufkeimen konnte, hat mich mein Vater vergewaltigt.
Also, mein Stiefvater.
Er hat mir gezeigt, was Lust ist, aber als ich in die Oberschule kam, wollte er mich nicht mehr.
Wie's danach weiterging, kannst du dir ja denken.

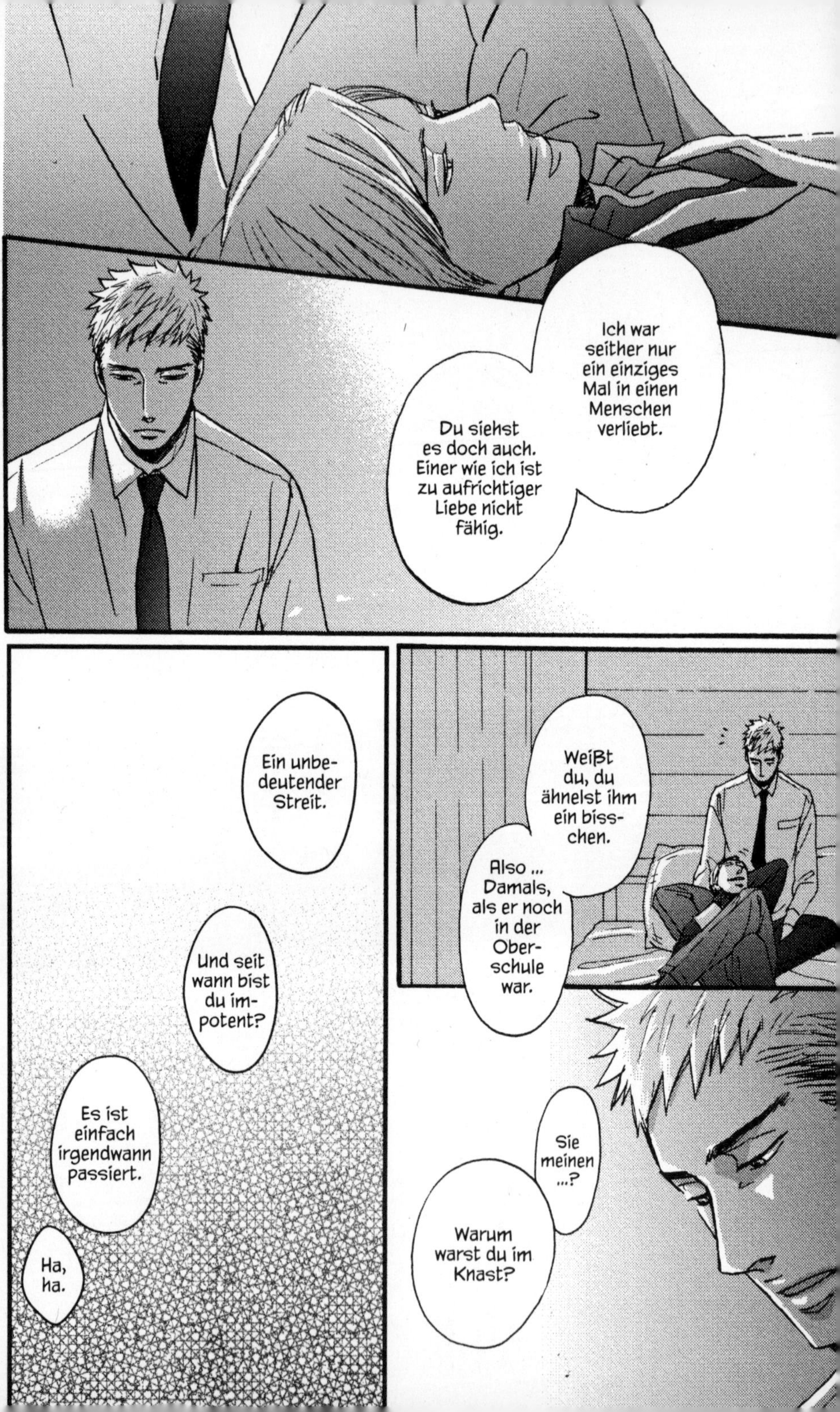

Ich war seither nur ein einziges Mal in einen Menschen verliebt.
Du siehst es doch auch. Einer wie ich ist zu aufrichtiger Liebe nicht fähig.
Weißt du, du ähnelst ihm ein bisschen.
Also ... Damals, als er noch in der Oberschule war.
Sie meinen ...?
Warum warst du im Knast?
Ein unbedeutender Streit.
Und seit wann bist du impotent?
Es ist einfach irgendwann passiert.
Ha, ha.

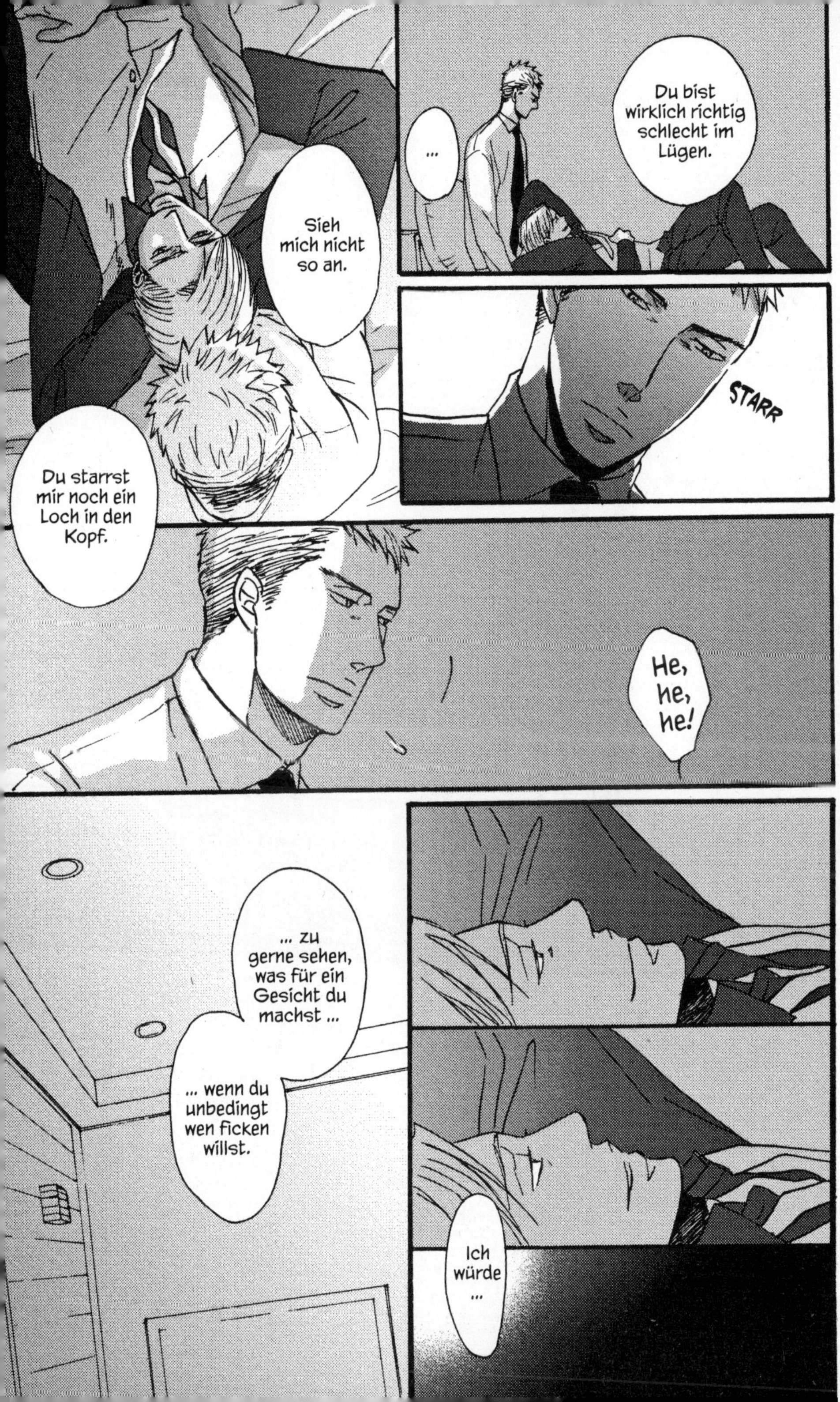
Du bist wirklich richtig schlecht im Lügen.
...
Sieh mich nicht so an.
STARR
Du starrst mir noch ein Loch in den Kopf.
He, he, he!
Ich würde ...
... zu gerne sehen, was für ein Gesicht du machst ...
... wenn du unbedingt wen ficken willst.

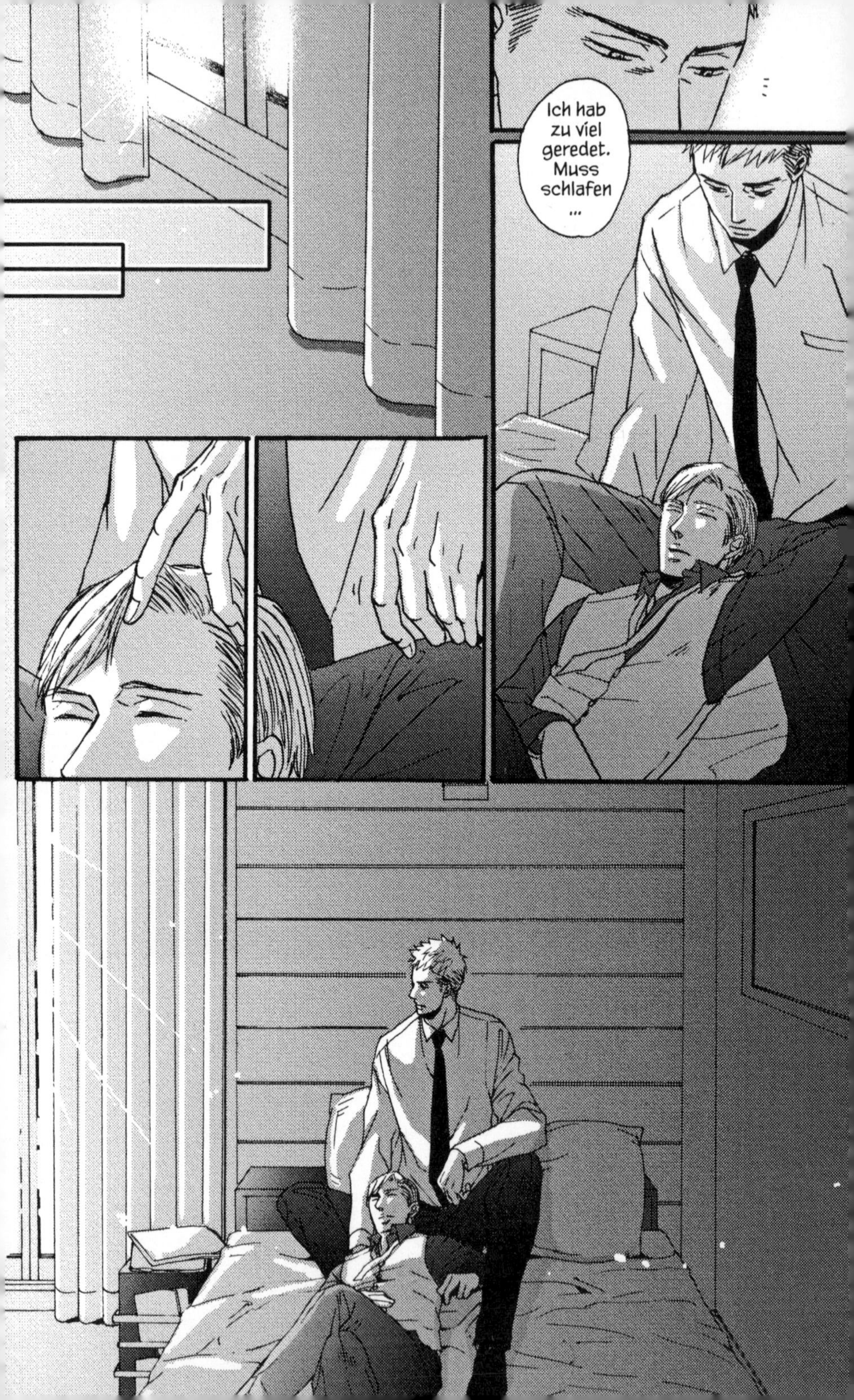
Ich hab zu viel geredet. Muss schlafen ...

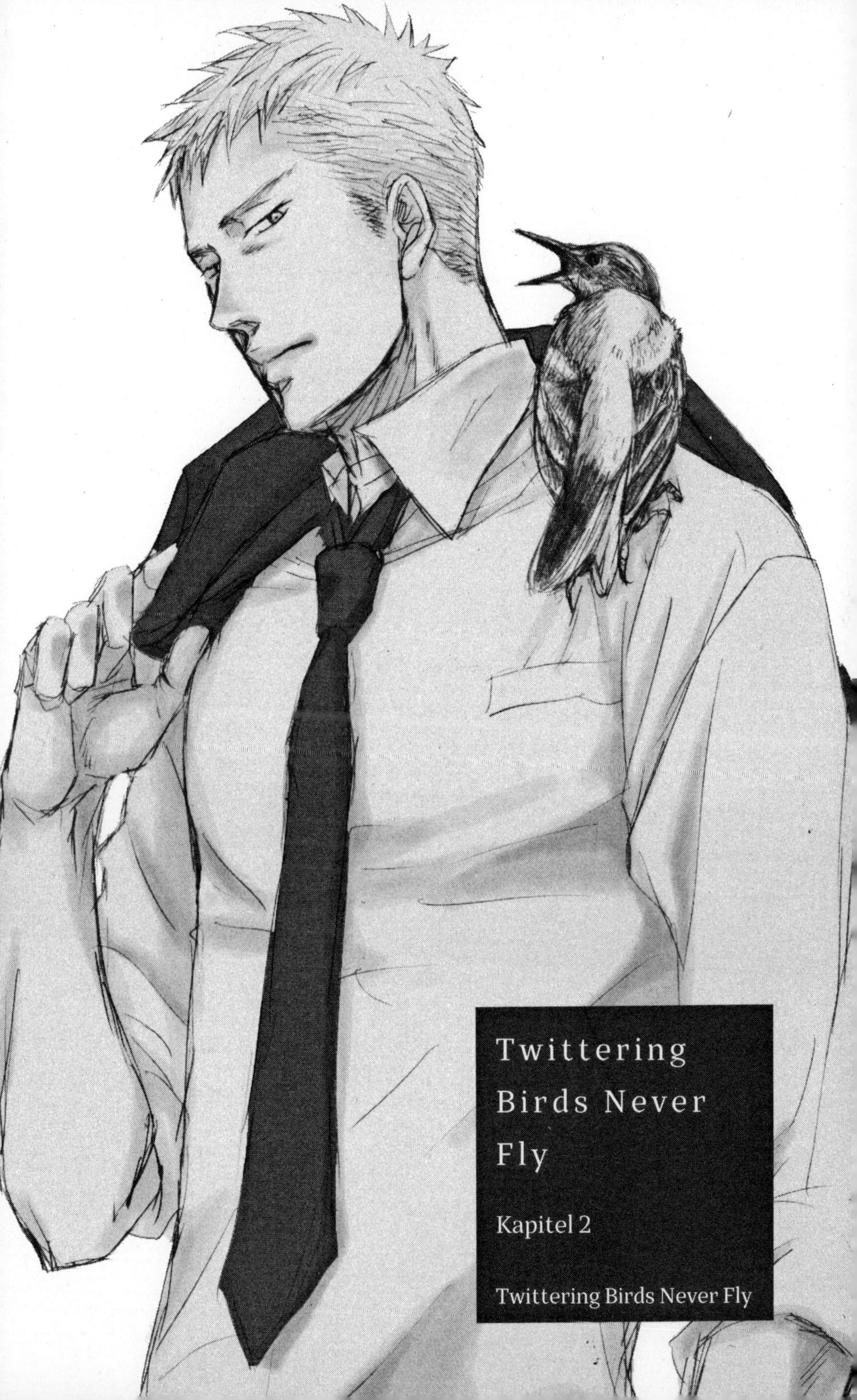

Twittering Birds Never Fly

Kapitel 2

Twittering Birds Never Fly

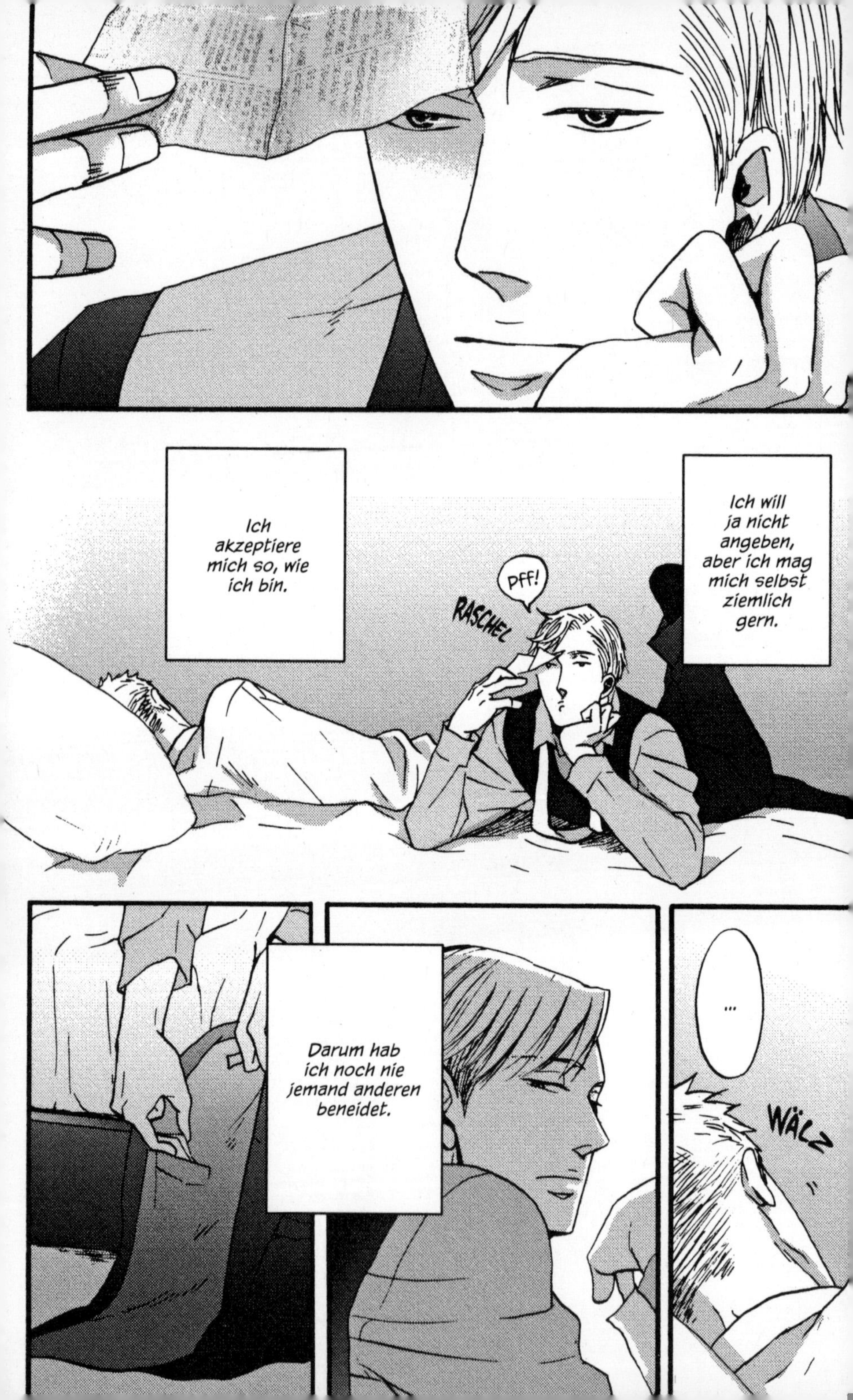
Ich will ja nicht angeben, aber ich mag mich selbst ziemlich gern.
Pff!
RASCHEL
Ich akzeptiere mich so, wie ich bin.
...
WÄLZ
Darum hab ich noch nie jemand anderen beneidet.

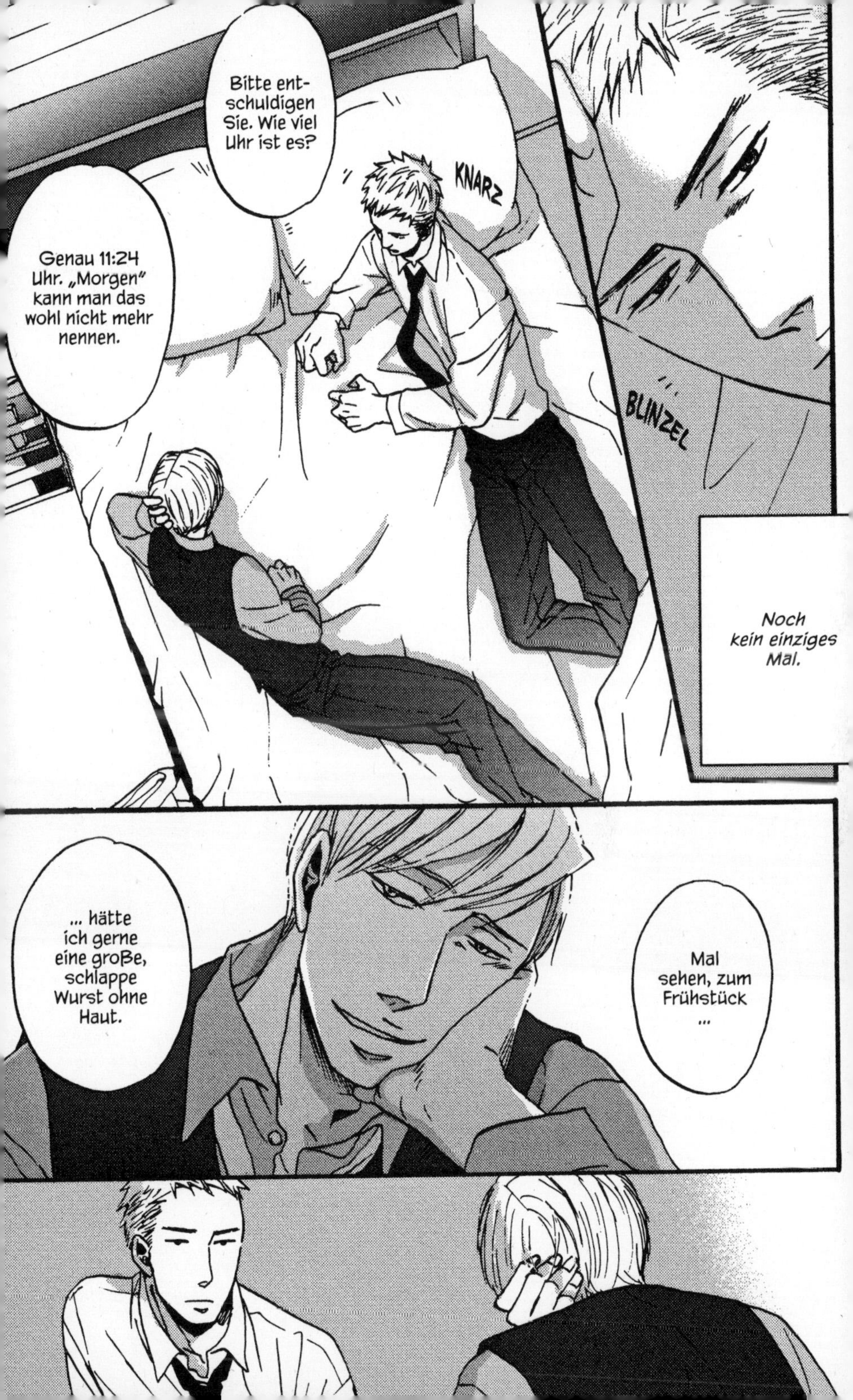
BLINZEL
Noch kein einziges Mal.
KNARZ
Bitte entschuldigen Sie. Wie viel Uhr ist es?
Genau 11:24 Uhr. „Morgen“ kann man das wohl nicht mehr nennen.
Mal sehen, zum Frühstück …
… hätte ich gerne eine große, schlappe Wurst ohne Haut.

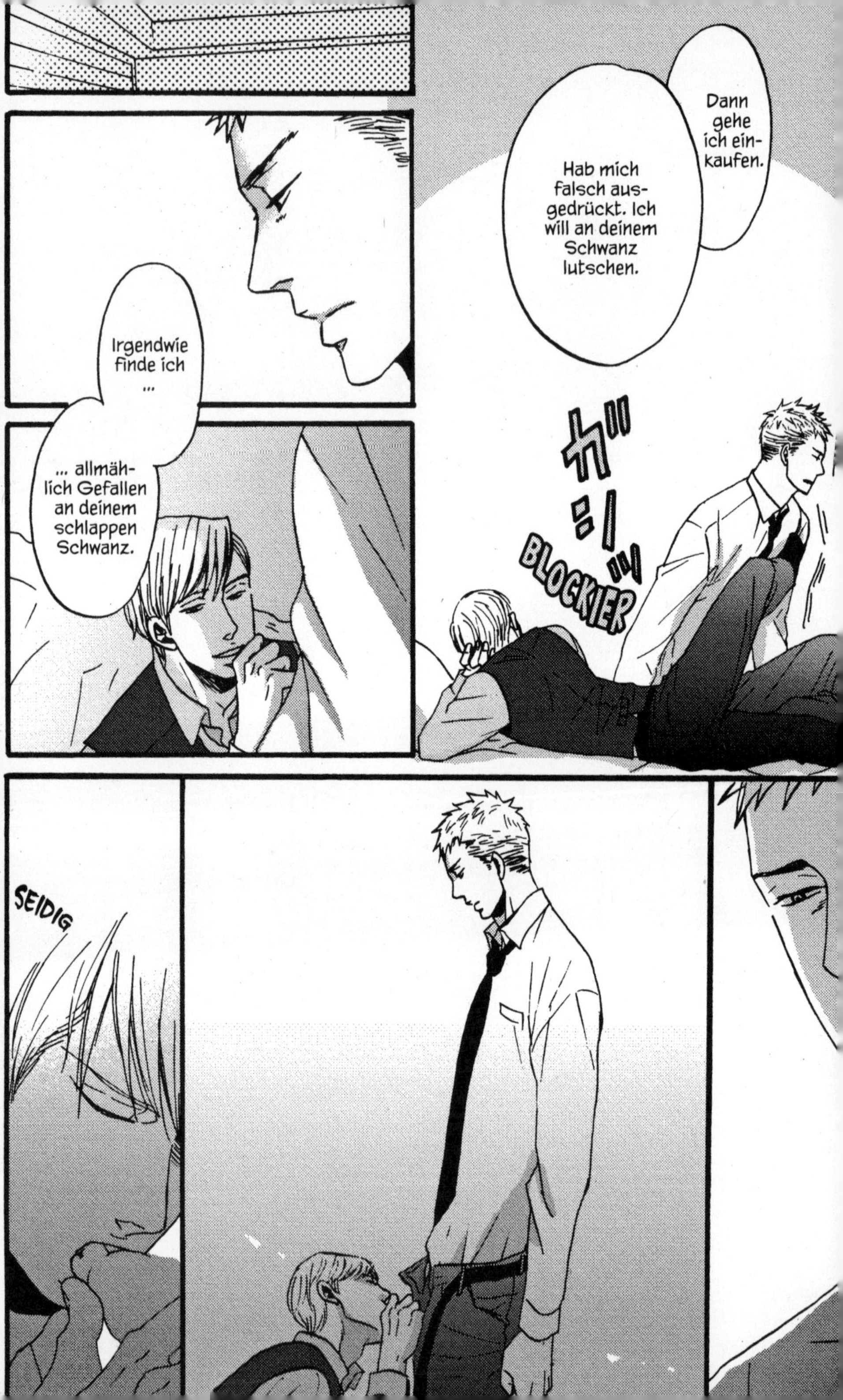
Irgendwie finde ich ...
... allmählich Gefallen an deinem schlappen Schwanz.
Dann gehe ich einkaufen.
Hab mich falsch ausgedrückt. Ich will an deinem Schwanz lutschen.
ガッ
BLOCKIER
SEIDIG

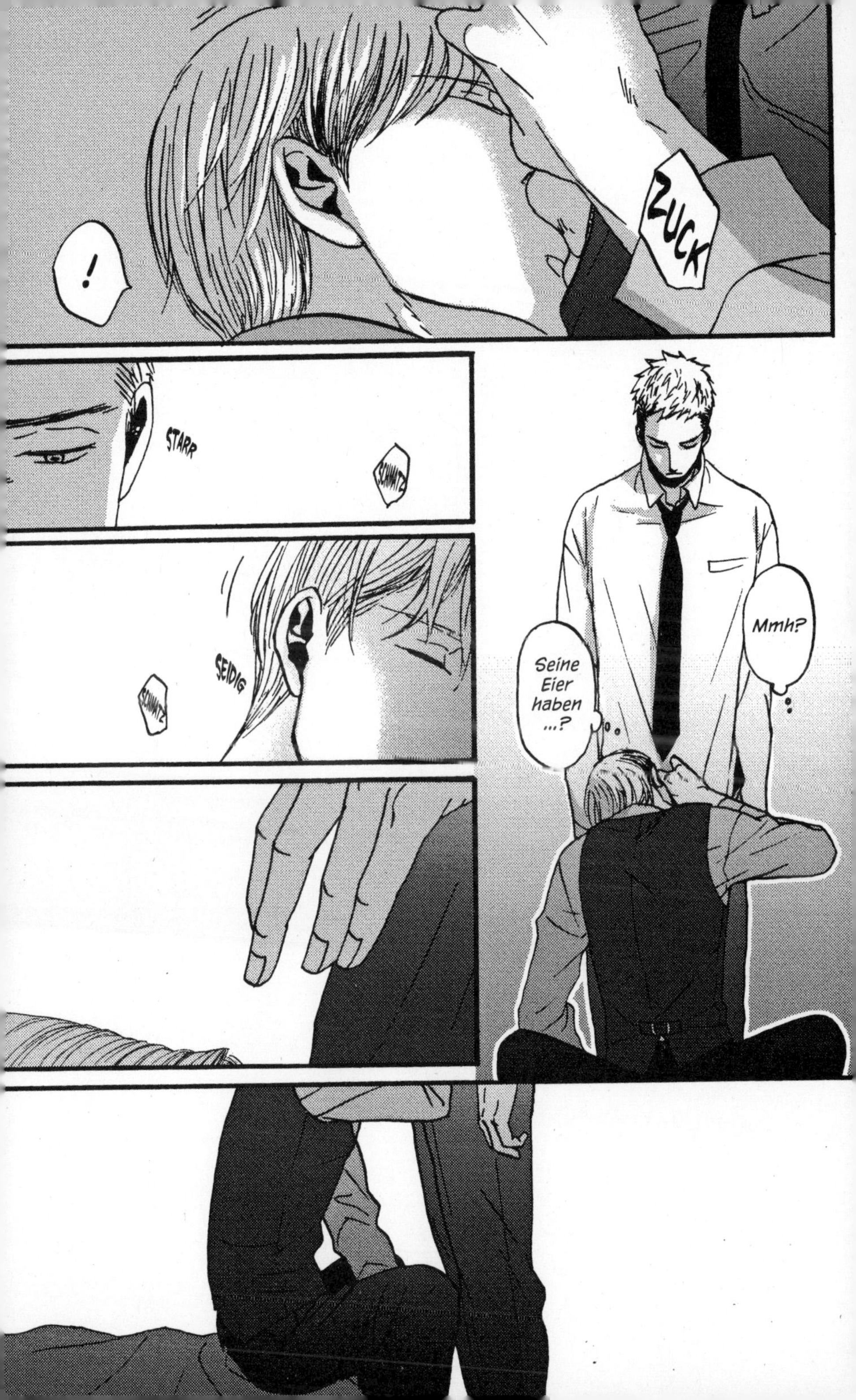
ZUCK
!
Mmh?
Seine Eier haben ...?
STARR
SCHMATZ
SEIDIG
SCHMATZ

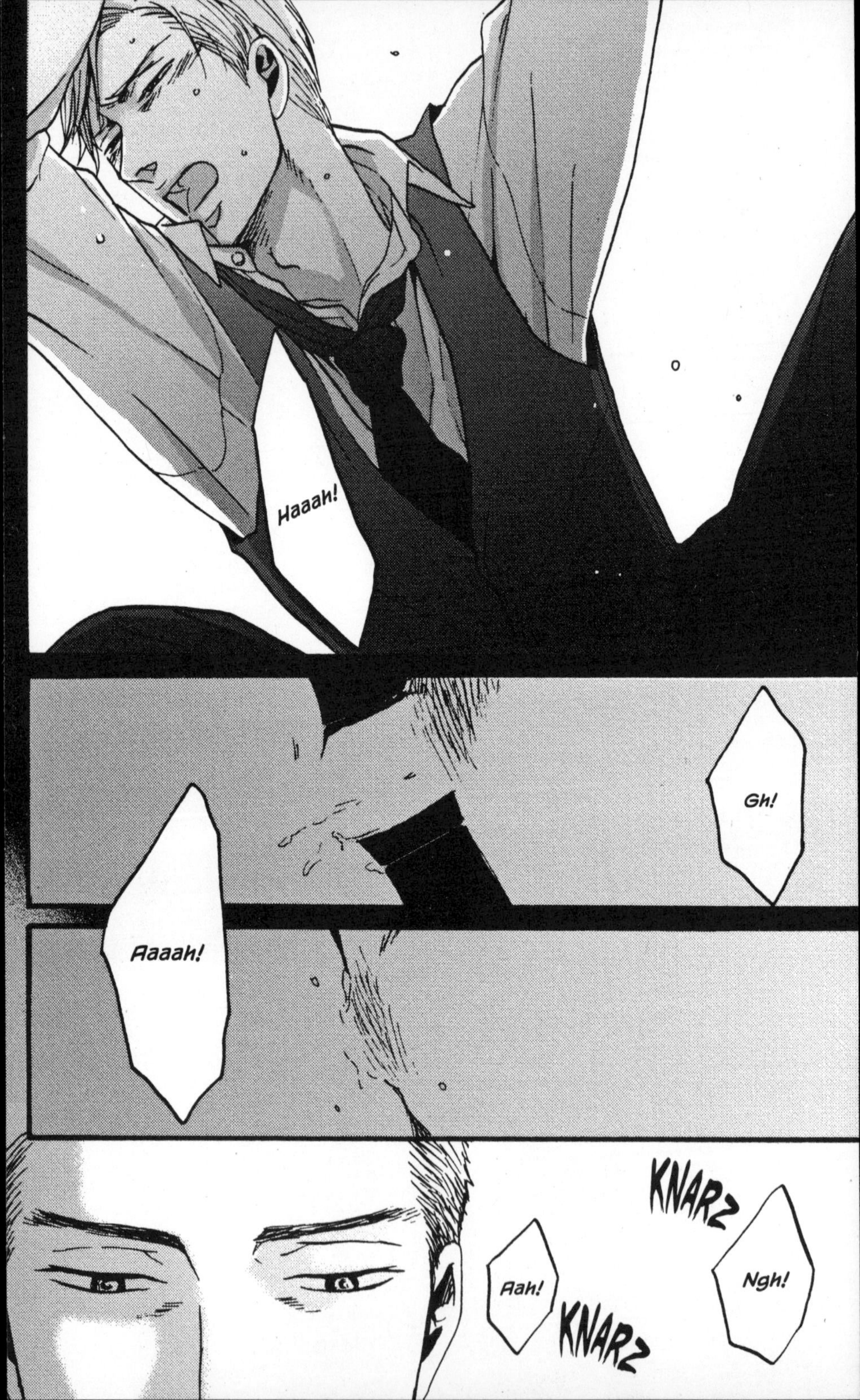

Haaah!
Gh!
Aaaah!
KNARZ
Ngh!
Aah!
KNARZ

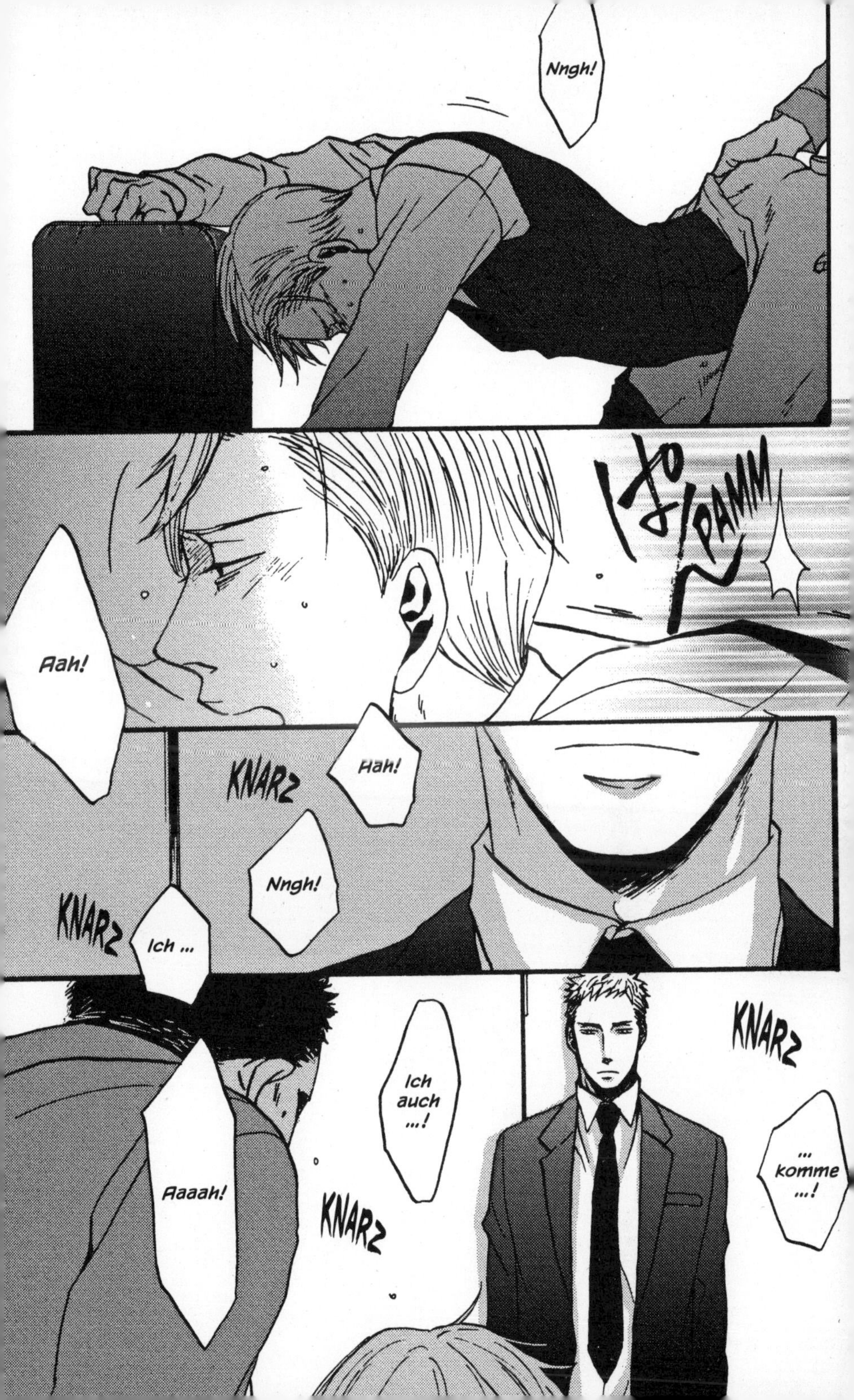

Nngh!
PAMM
Aah!
Aah!
KNARZ
Nngh!
KNARZ
Ich ...
KNARZ
... komme ...!
Ich auch ...!
KNARZ
Aaaah!

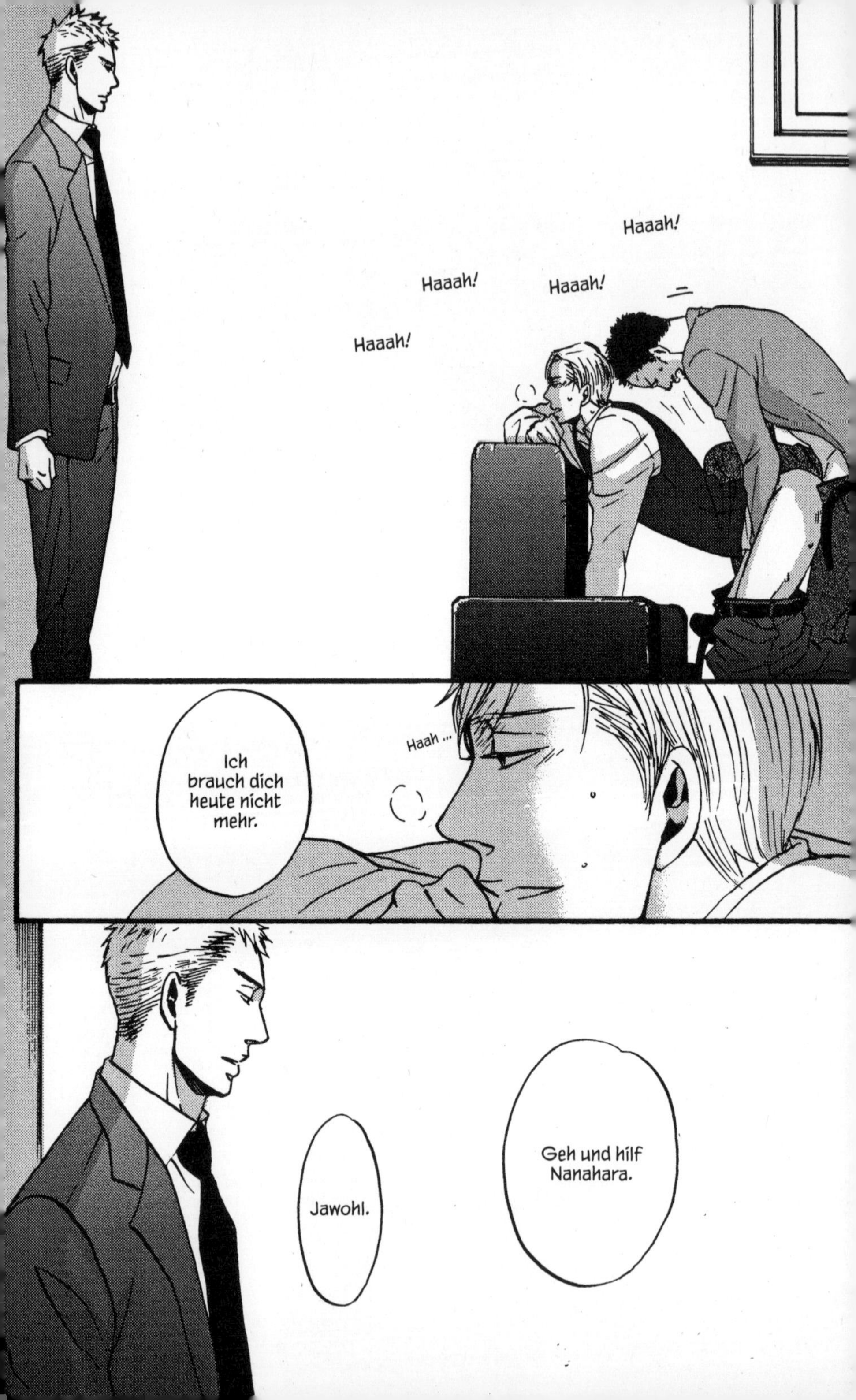
Haaah!
Haaah!
Haaah!
Haaah!
Haah ...
Ich brauch dich heute nicht mehr.
Geh und hilf Nanahara.
Jawohl.

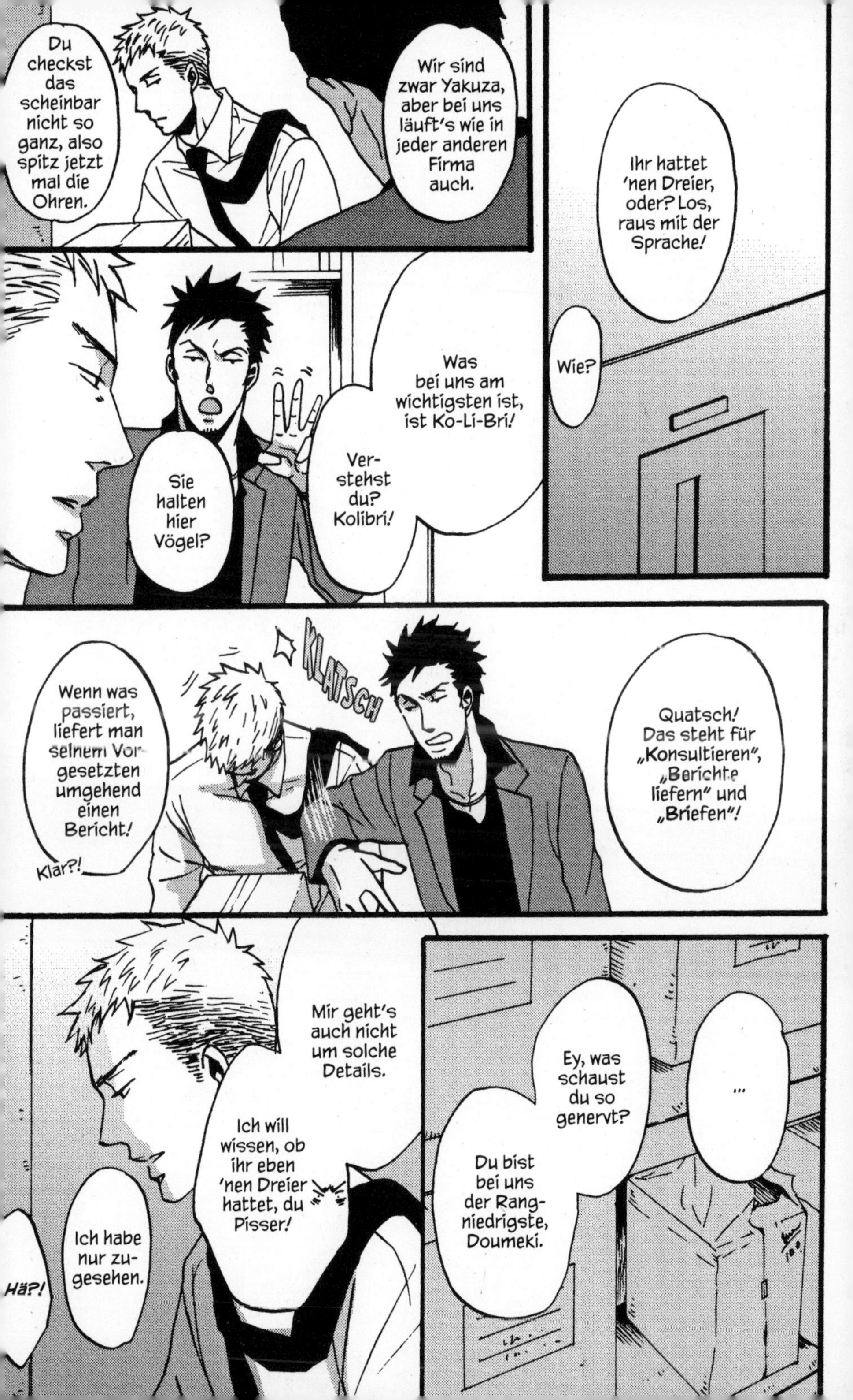
Ihr hattet 'nen Dreier, oder? Los, raus mit der Sprache!
Wie?
Wir sind zwar Yakuza, aber bei uns läuft's wie in jeder anderen Firma auch.
Du checkst das scheinbar nicht so ganz, also spitz jetzt mal die Ohren.
Was bei uns am wichtigsten ist, ist Ko-Li-Bri!
Ver-stehst du? Kolibri!
Sie halten hier Vögel?
KLATSCH
Quatsch! Das steht für „Konsultieren", „Berichte liefern" und „Briefen"!
Wenn was passiert, liefert man seinem Vor-gesetzten umgehend einen Bericht!
Klar?!
...
Ey, was schaust du so genervt?
Du bist bei uns der Rang-niedrigste, Doumeki.
Mir geht's auch nicht um solche Details.
Ich will wissen, ob ihr eben 'nen Dreier hattet, du Pisser!
Ich habe nur zu-gesehen.
Hä?!

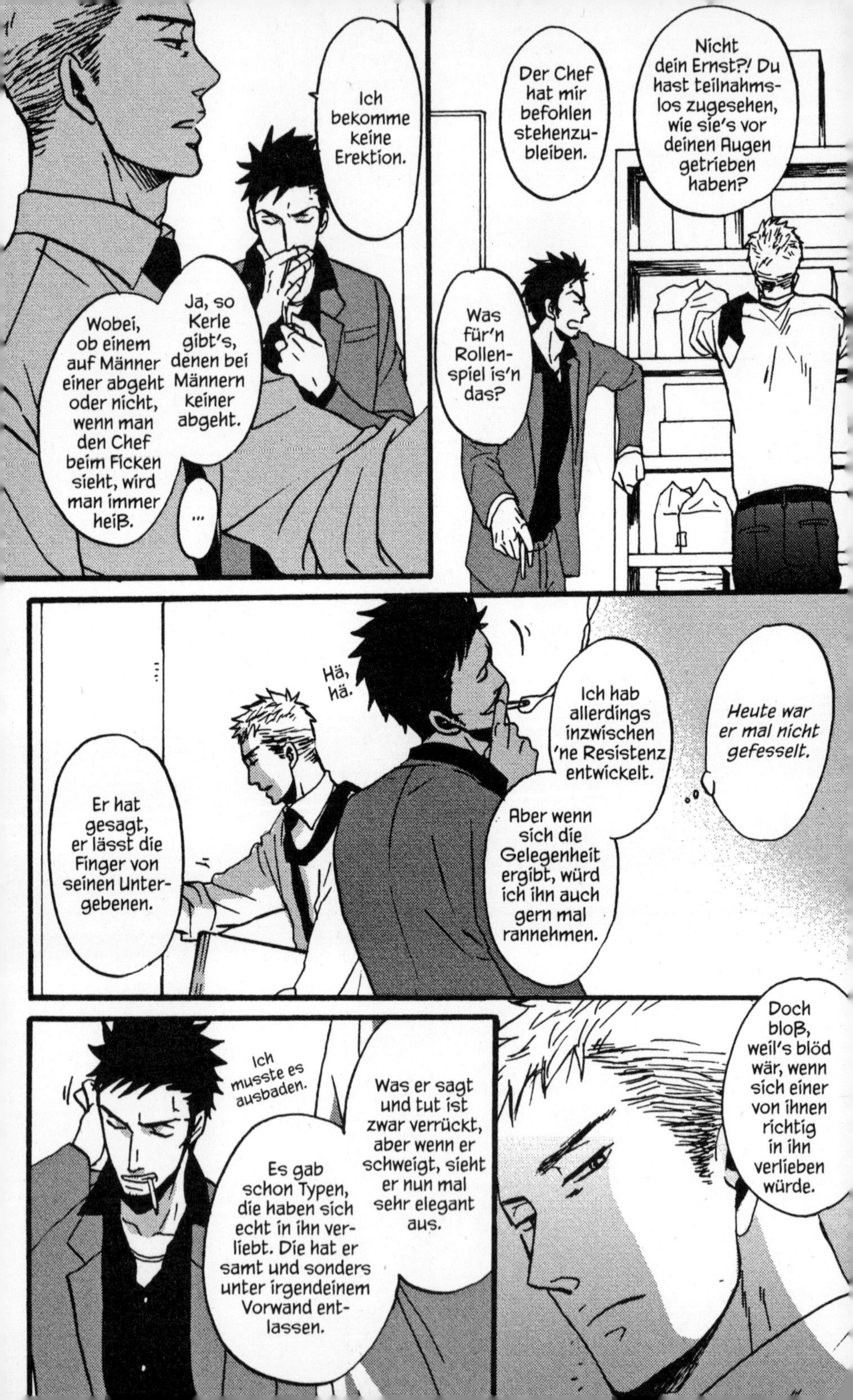

Nicht dein Ernst?! Du hast teilnahmslos zugesehen, wie sie's vor deinen Augen getrieben haben?
Der Chef hat mir befohlen stehenzubleiben.
Was für'n Rollenspiel is'n das?
Ich bekomme keine Erektion.
Ja, so Kerle gibt's, denen bei Männern keiner abgeht.
Wobei, ob einem auf Männer einer abgeht oder nicht, wenn man den Chef beim Ficken sieht, wird man immer heiß.
...
Heute war er mal nicht gefesselt.
Ich hab allerdings inzwischen 'ne Resistenz entwickelt.
Aber wenn sich die Gelegenheit ergibt, würd ich ihn auch gern mal rannehmen.
Hä, hä.
Er hat gesagt, er lässt die Finger von seinen Untergebenen.
....
Doch bloß, weil's blöd wär, wenn sich einer von ihnen richtig in ihn verlieben würde.
Was er sagt und tut ist zwar verrückt, aber wenn er schweigt, sieht er nun mal sehr elegant aus.
Es gab schon Typen, die haben sich echt in ihn verliebt. Die hat er samt und sonders unter irgendeinem Vorwand entlassen.
Ich musste es ausbaden.

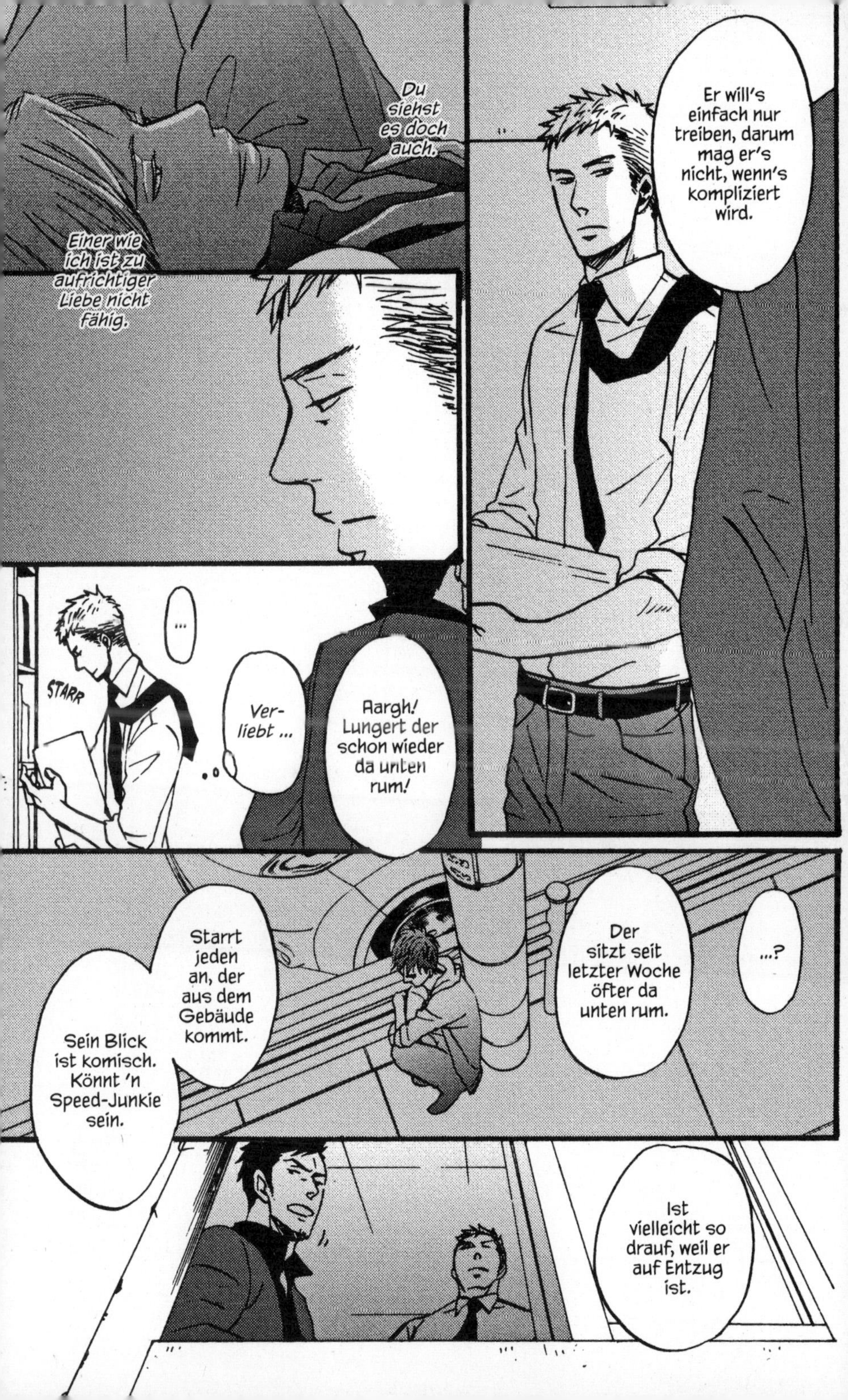
Er will's einfach nur treiben, darum mag er's nicht, wenn's kompliziert wird.
Du siehst es doch auch.
Einer wie ich ist zu aufrichtiger Liebe nicht fähig.
Aargh! Lungert der schon wieder da unten rum!
Ver-liebt ...
...
STARR
...?
Der sitzt seit letzter Woche öfter da unten rum.
Starrt jeden an, der aus dem Gebäude kommt.
Sein Blick ist komisch. Könnt 'n Speed-Junkie sein.
Ist vielleicht so drauf, weil er auf Entzug ist.

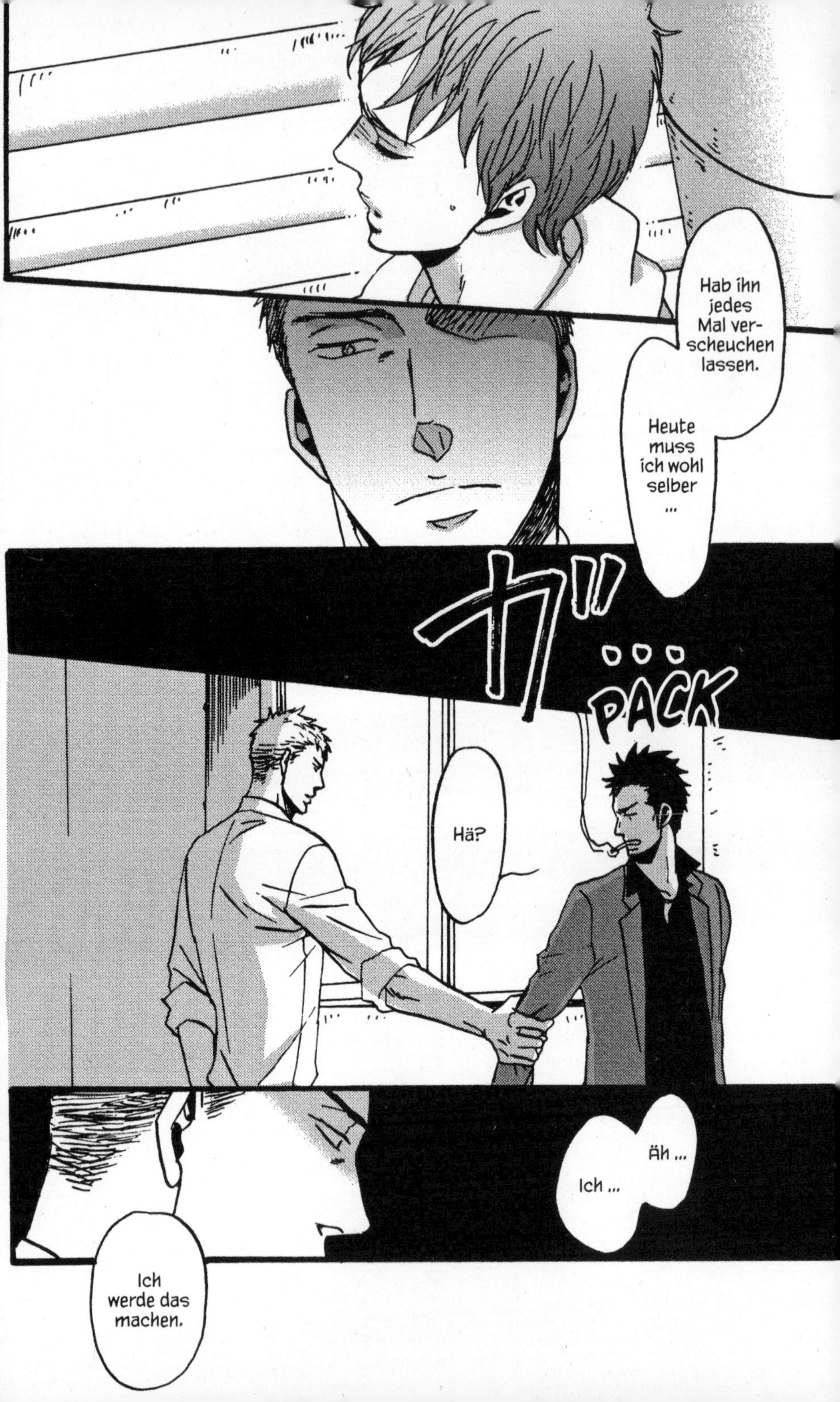
Hab ihn jedes Mal verscheuchen lassen.
Heute muss ich wohl selber ...
ガ
PÄCK
Hä?
Äh ...
Ich ...
Ich werde das machen.

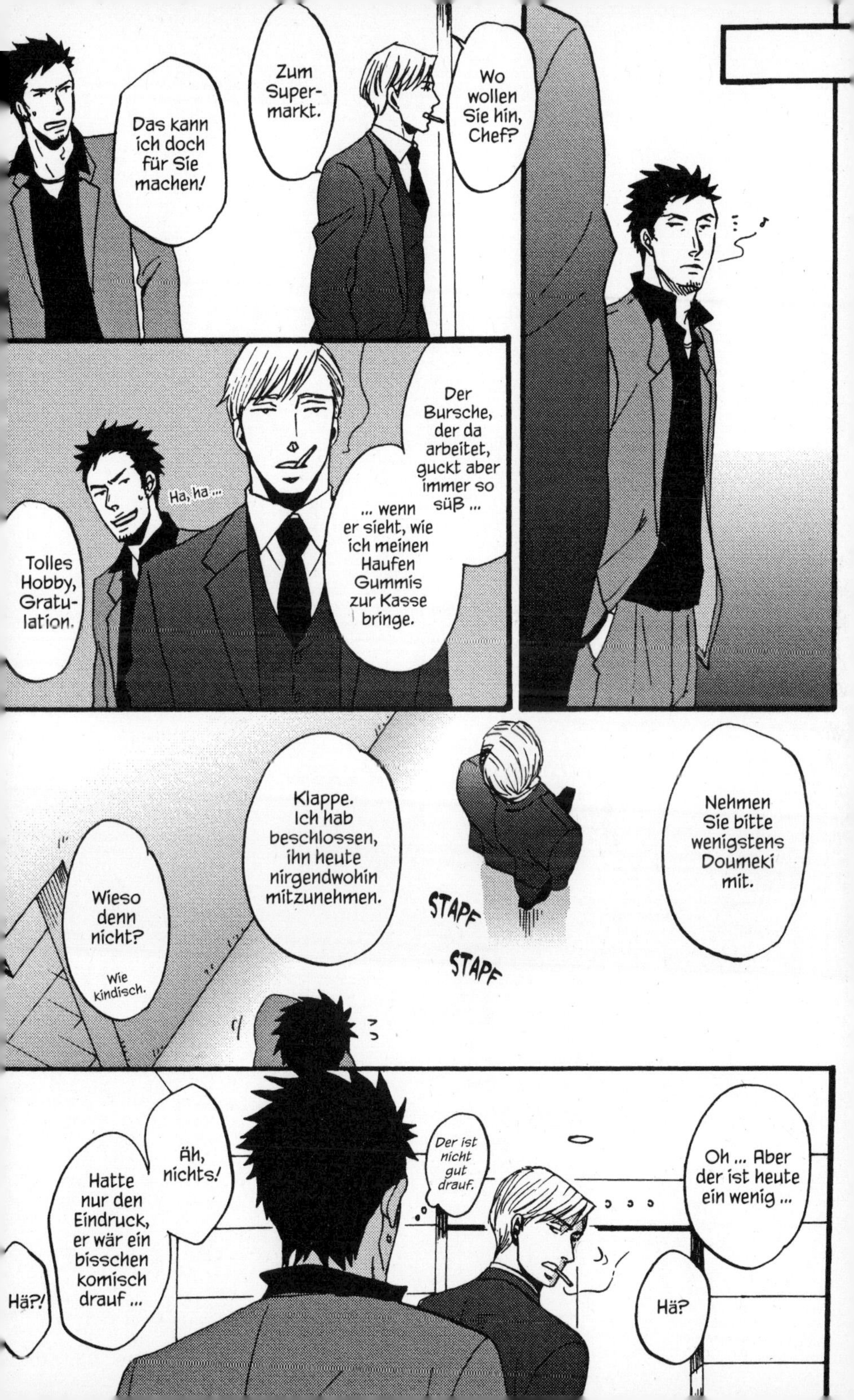
Wo wollen Sie hin, Chef?
Zum Supermarkt.
Das kann ich doch für Sie machen!
Der Bursche, der da arbeitet, guckt aber immer so süß ...
... wenn er sieht, wie ich meinen Haufen Gummis zur Kasse bringe.
Ha, ha ...
Tolles Hobby, Gratulation.
Nehmen Sie bitte wenigstens Doumeki mit.
STAPF
STAPF
Klappe. Ich hab beschlossen, ihn heute nirgendwohin mitzunehmen.
Wieso denn nicht?
Wie kindisch.
Oh ... Aber der ist heute ein wenig ...
Hä?
Der ist nicht gut drauf.
Äh, nichts!
Hatte nur den Eindruck, er wär ein bisschen komisch drauf ...
Hä?!

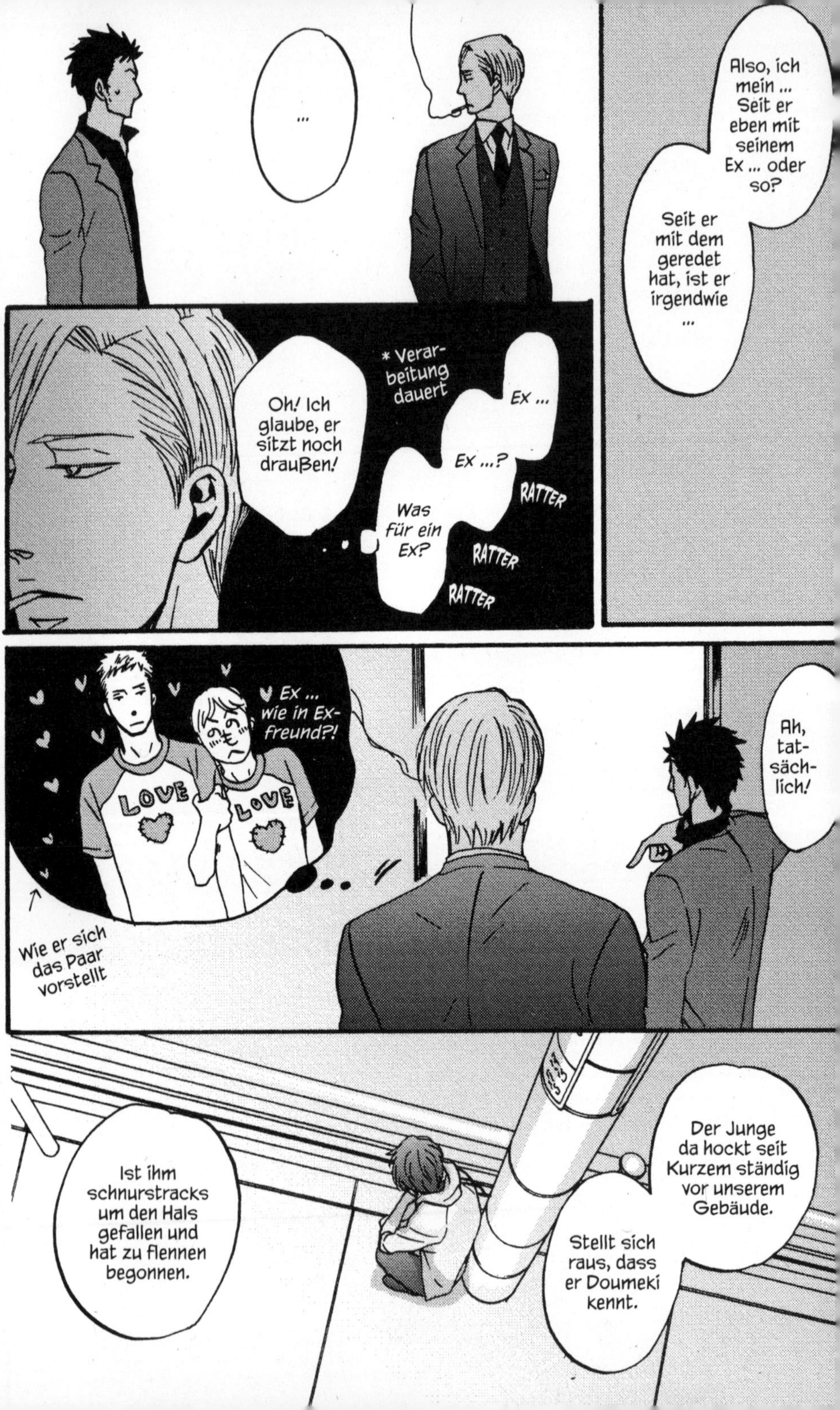

Also, ich mein ... Seit er eben mit seinem Ex ... oder so?
Seit er mit dem geredet hat, ist er irgendwie ...
...
Ex ...
Ex ...?
Was für ein Ex?
RATTER
RATTER
RATTER
* Verarbeitung dauert
Oh! Ich glaube, er sitzt noch draußen!
Ah, tatsächlich!
Ex ... wie in Exfreund?!
LOVE
LOVE
Wie er sich das Paar vorstellt
Der Junge da hockt seit Kurzem ständig vor unserem Gebäude.
Stellt sich raus, dass er Doumeki kennt.
Ist ihm schnurstracks um den Hals gefallen und hat zu flennen begonnen.

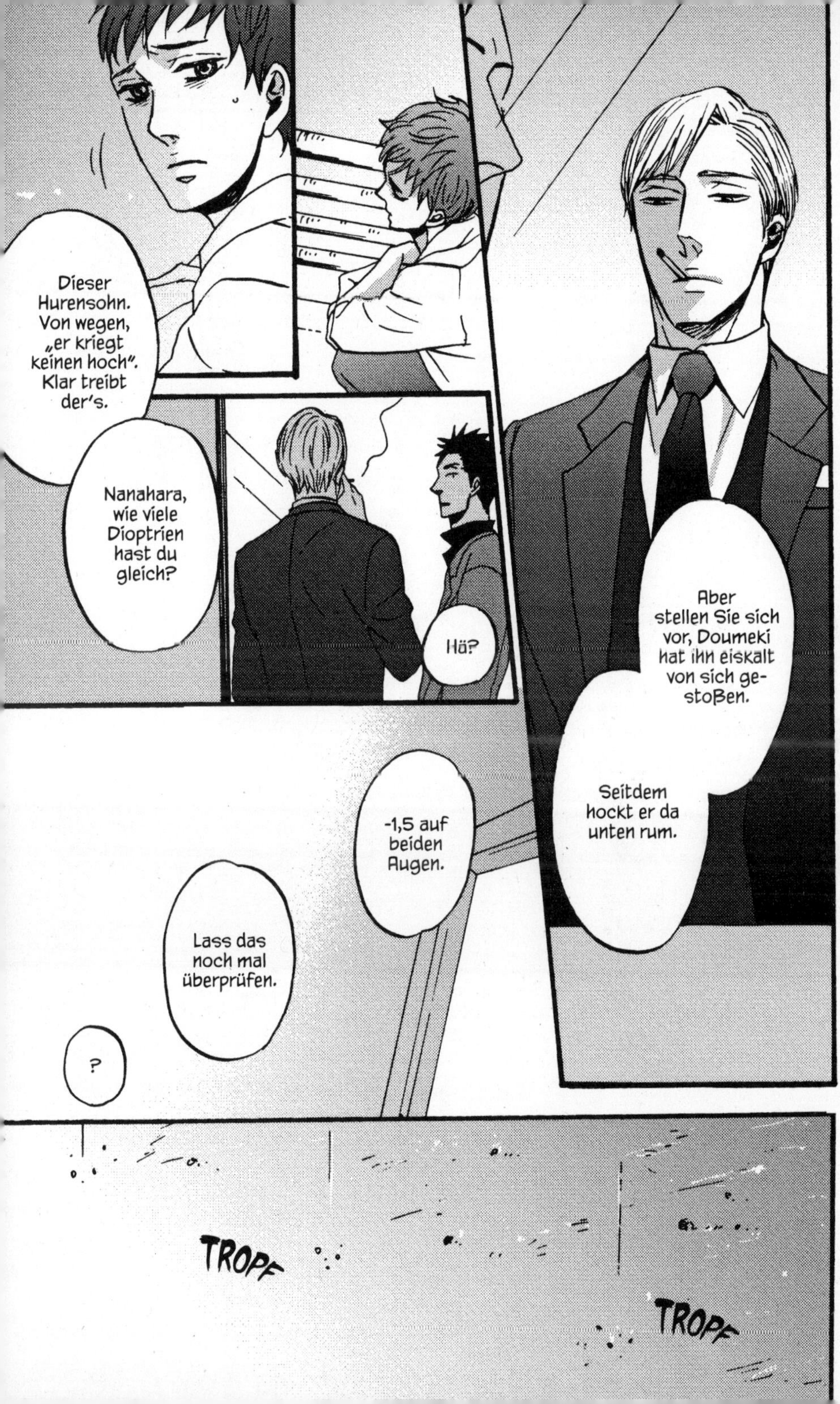
Aber stellen Sie sich vor, Doumeki hat ihn eiskalt von sich gestoßen.
Seitdem hockt er da unten rum.
Dieser Hurensohn. Von wegen, „er kriegt keinen hoch“. Klar treibt der's.
Nanahara, wie viele Dioptrien hast du gleich?
Hä?
-1,5 auf beiden Augen.
Lass das noch mal überprüfen.
?
TROPF
TROPF

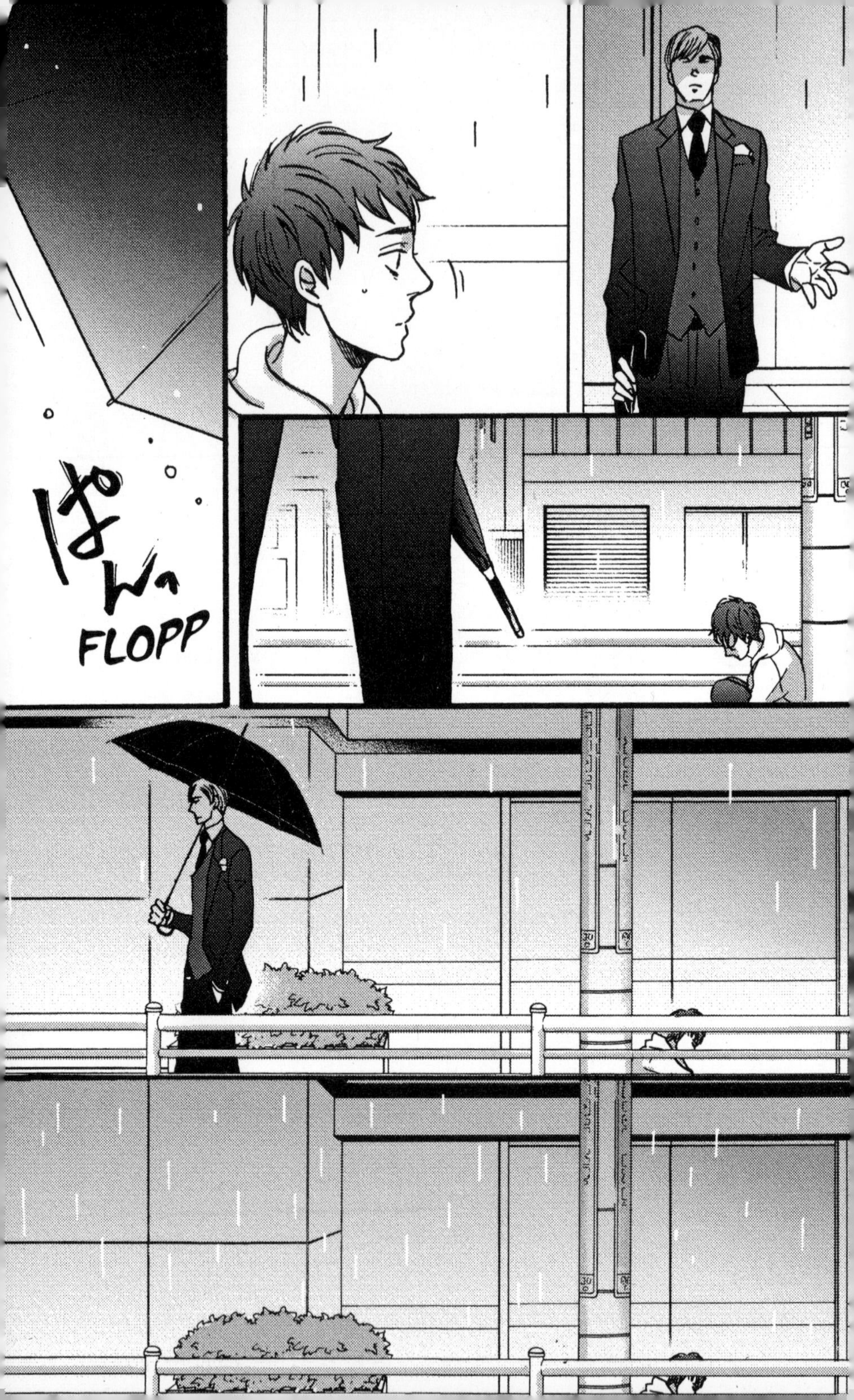
ぱさ
FLOPP

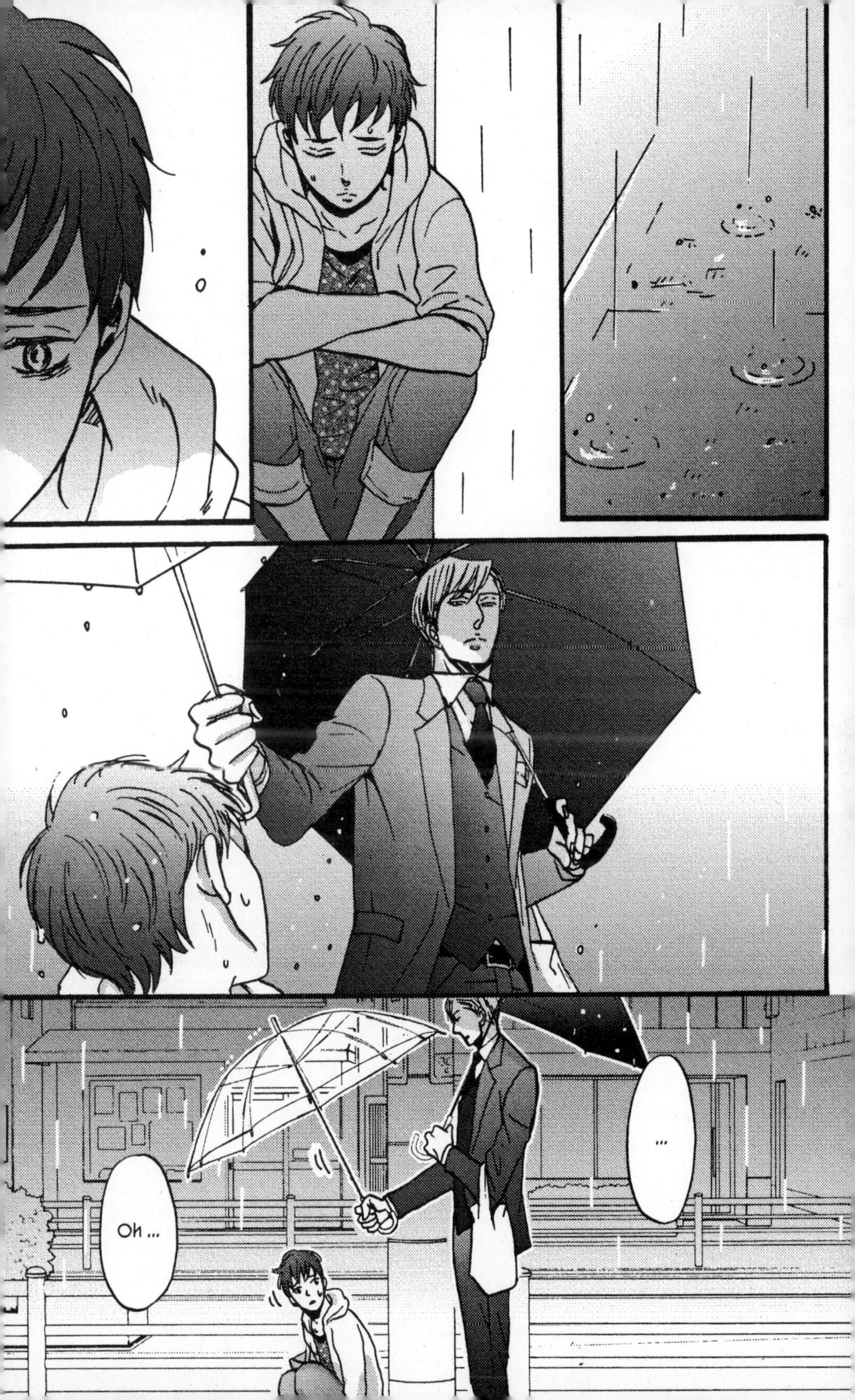
...
Oh ...

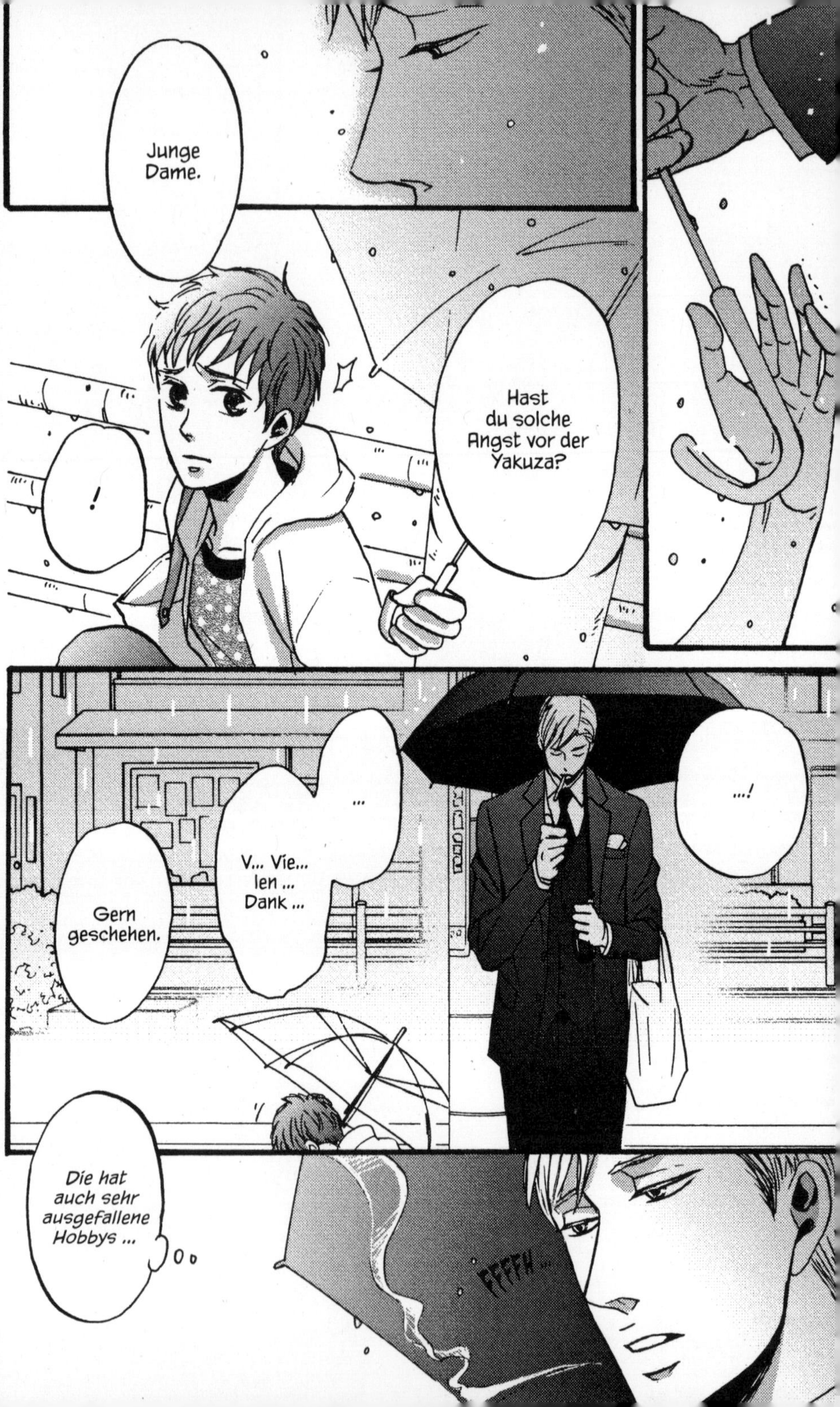
Junge Dame.
Hast du solche Angst vor der Yakuza?
!
...!
...
V... Vie... len ... Dank ...
Gern geschehen.
FFFFH ...
Die hat auch sehr ausgefallene Hobbys ...

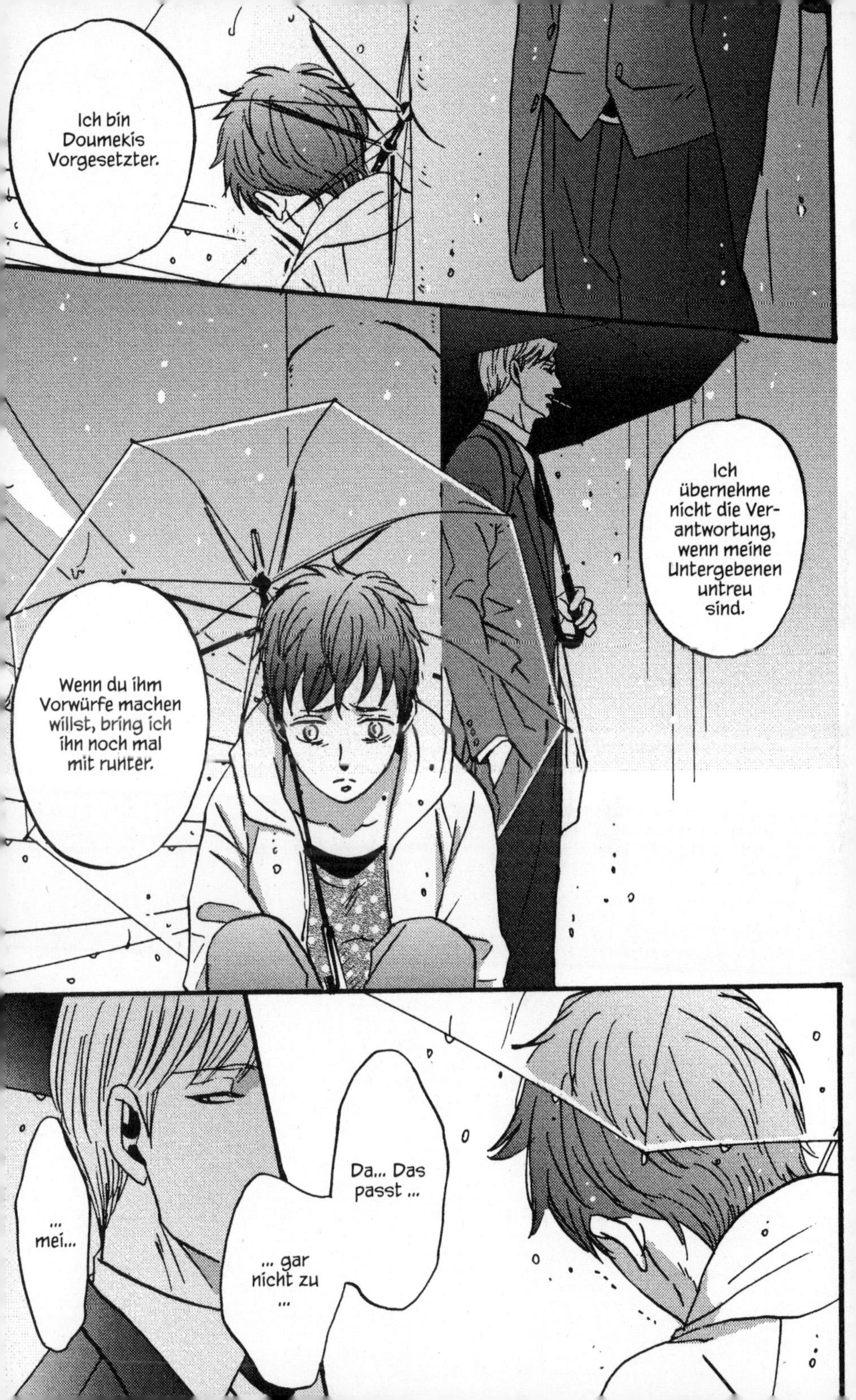
Ich bin Doumekis Vorgesetzter.
Ich übernehme nicht die Verantwortung, wenn meine Untergebenen untreu sind.
Wenn du ihm Vorwürfe machen willst, bring ich ihn noch mal mit runter.
Da... Das passt ...
... gar nicht zu ...
... mei...

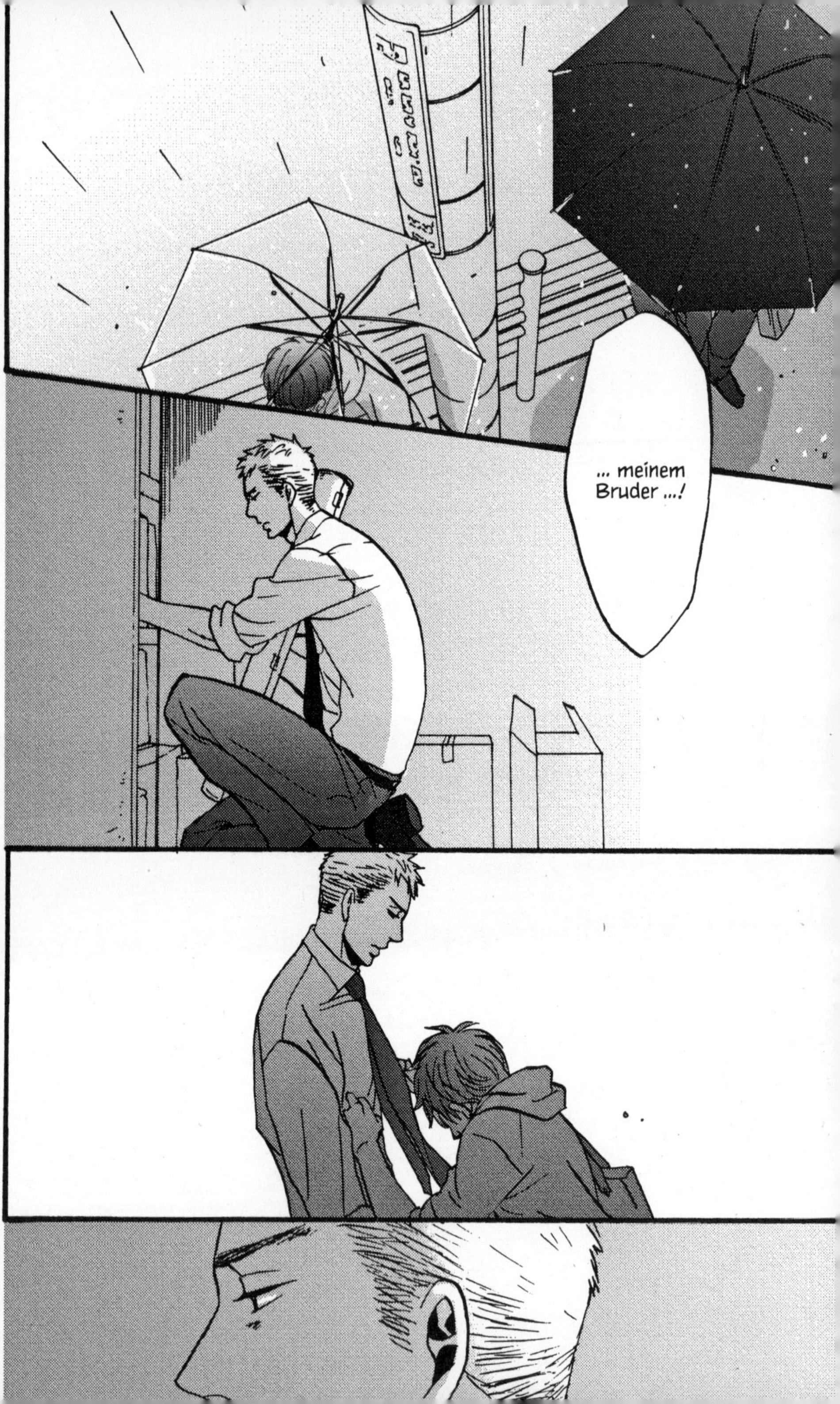
... meinem
Bruder ...!
..

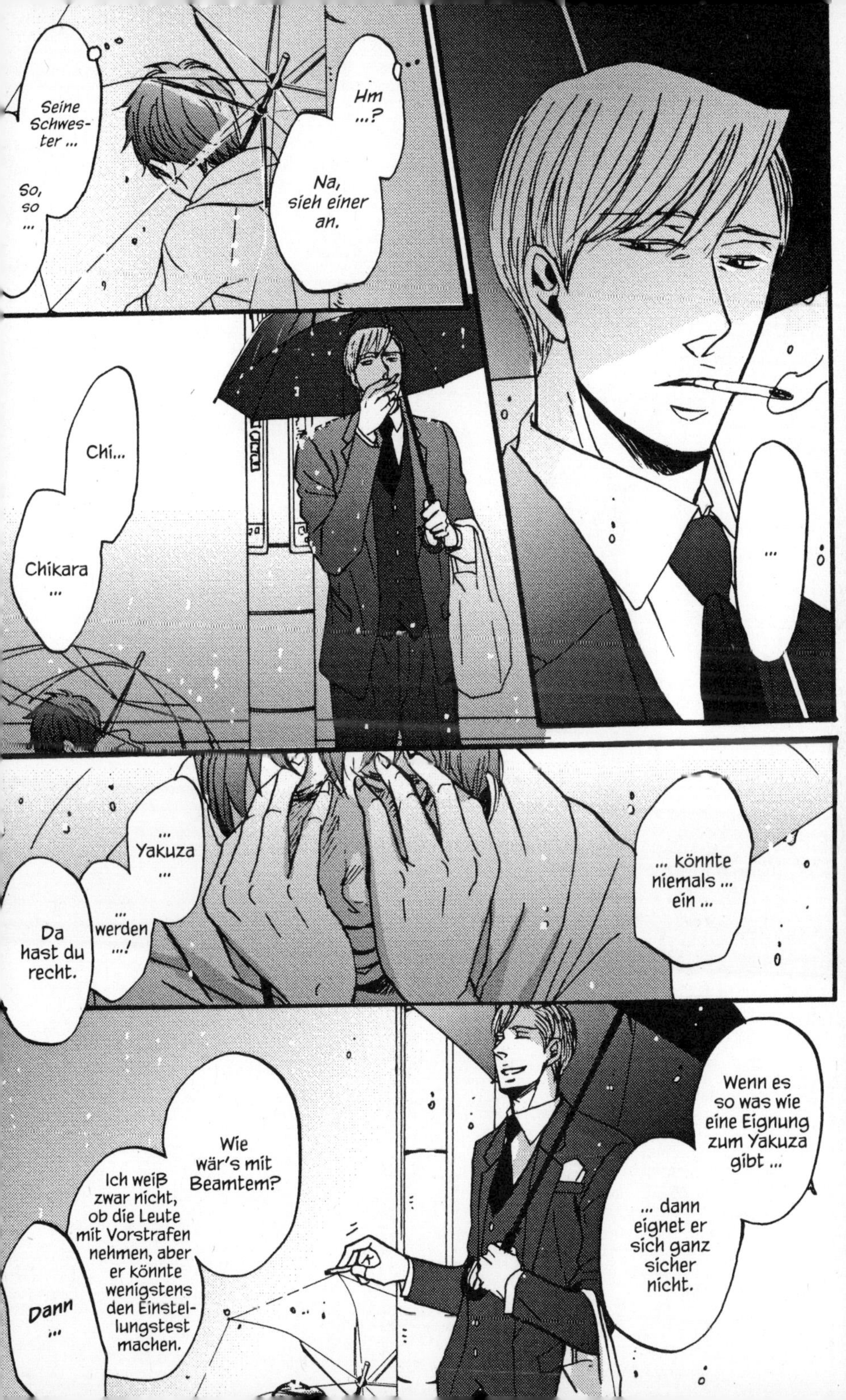
...
Hm ...?
Na, sieh einer an.
Seine Schwester ...
So, so ...
Chi...
Chikara ...
... könnte niemals ... ein ...
... Yakuza ...
... werden ...!
Da hast du recht.
Wenn es so was wie eine Eignung zum Yakuza gibt ...
... dann eignet er sich ganz sicher nicht.
Wie wär's mit Beamtem?
Ich weiß zwar nicht, ob die Leute mit Vorstrafen nehmen, aber er könnte wenigstens den Einstellungstest machen.
Dann ...

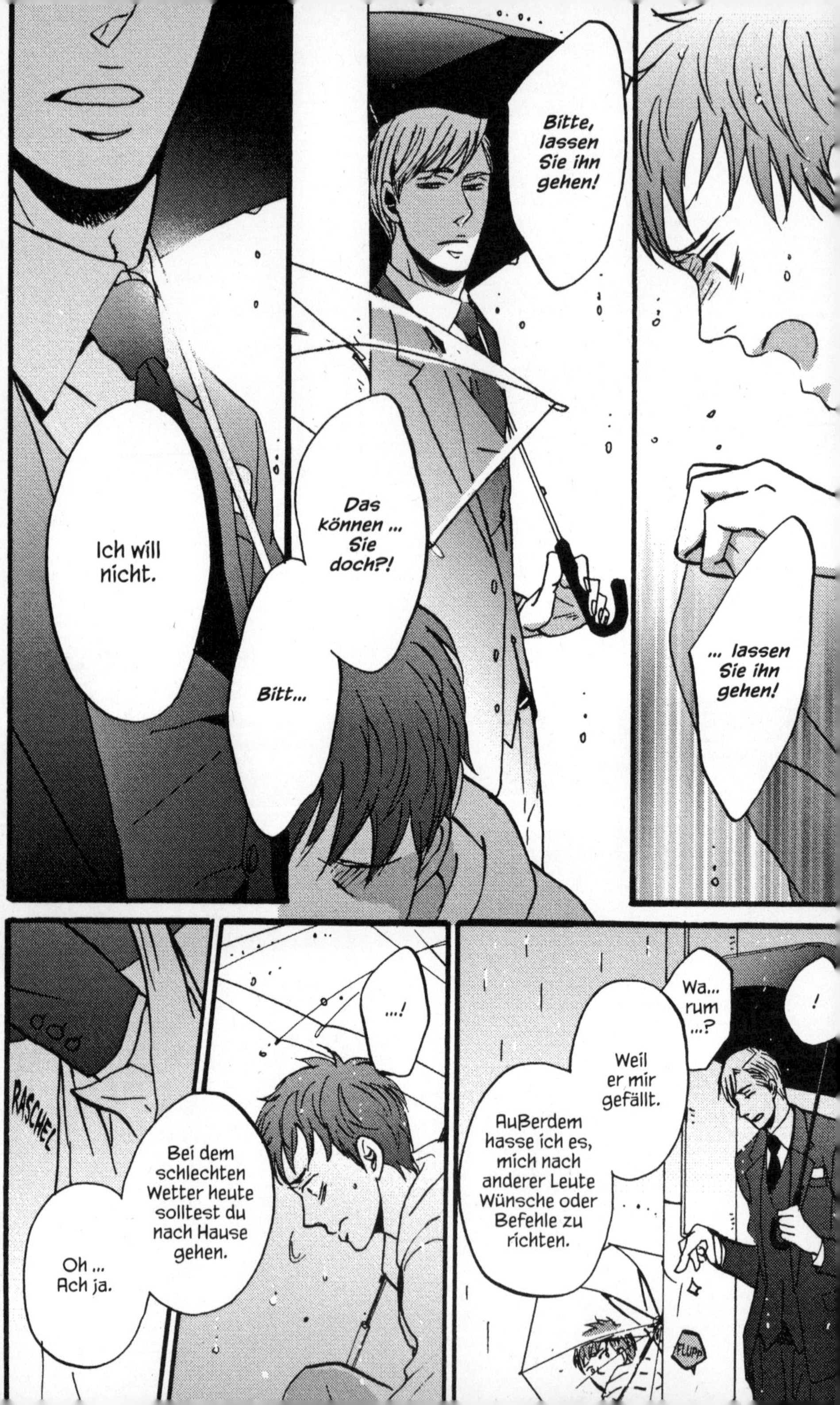
... lassen Sie ihn gehen!
Bitte, lassen Sie ihn gehen!
Das können ... Sie doch?!
Bitt...
Ich will nicht.
!
Wa... rum ...?
Weil er mir gefällt.
Außerdem hasse ich es, mich nach anderer Leute Wünsche oder Befehle zu richten.
FLUPP
...!
Bei dem schlechten Wetter heute solltest du nach Hause gehen.
Oh ... Ach ja.
RASCHEL

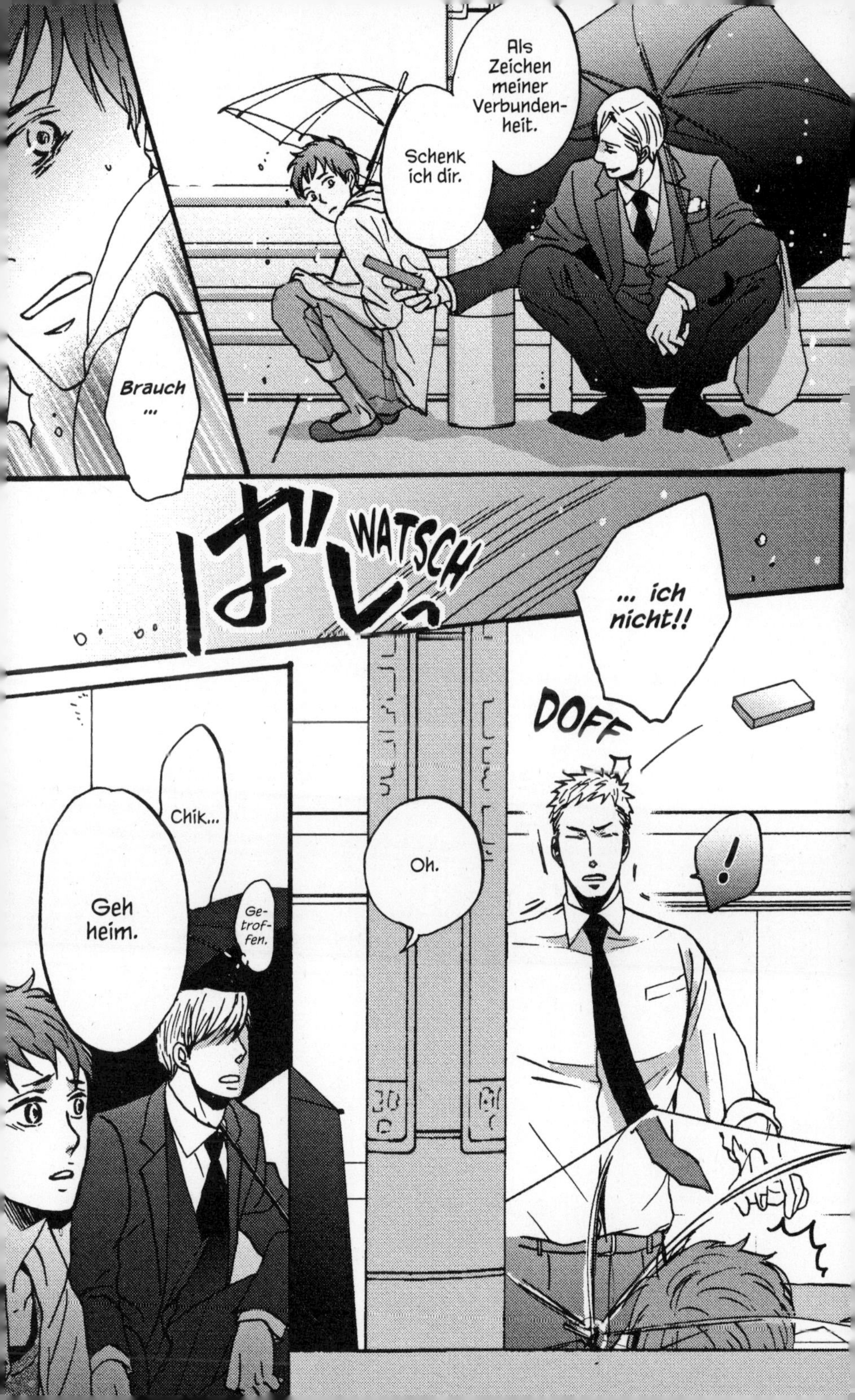

Als Zeichen meiner Verbundenheit.
Schenk ich dir.
Brauch ...
WATSCH
... ich nicht!!
DOFF
!
Oh.
Chik...
Getroffen.
Geh heim.

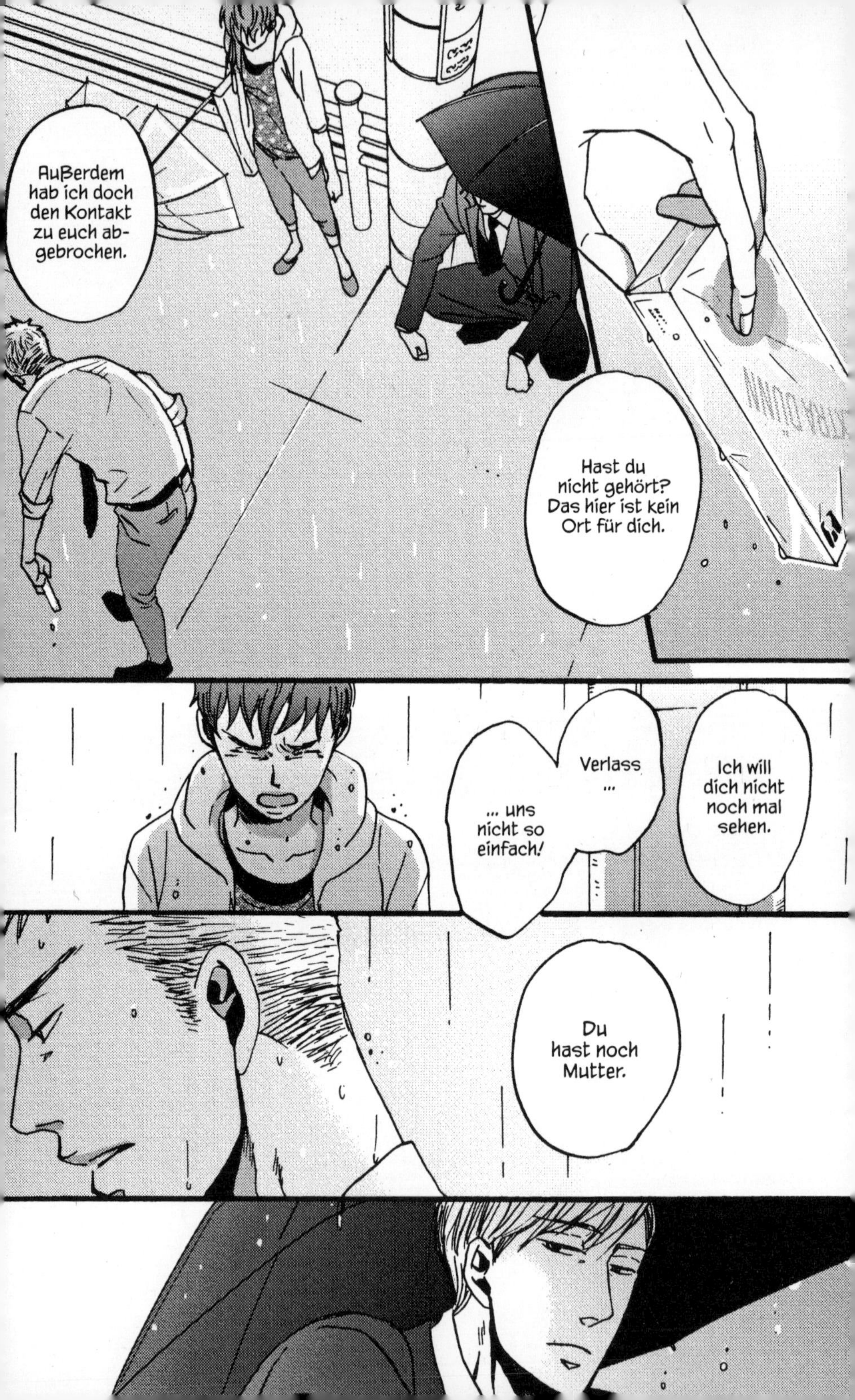
Außerdem hab ich doch den Kontakt zu euch abgebrochen.
Hast du nicht gehört? Das hier ist kein Ort für dich.
Ich will dich nicht noch mal sehen.
Verlass ...
... uns nicht so einfach!
Du hast noch Mutter.

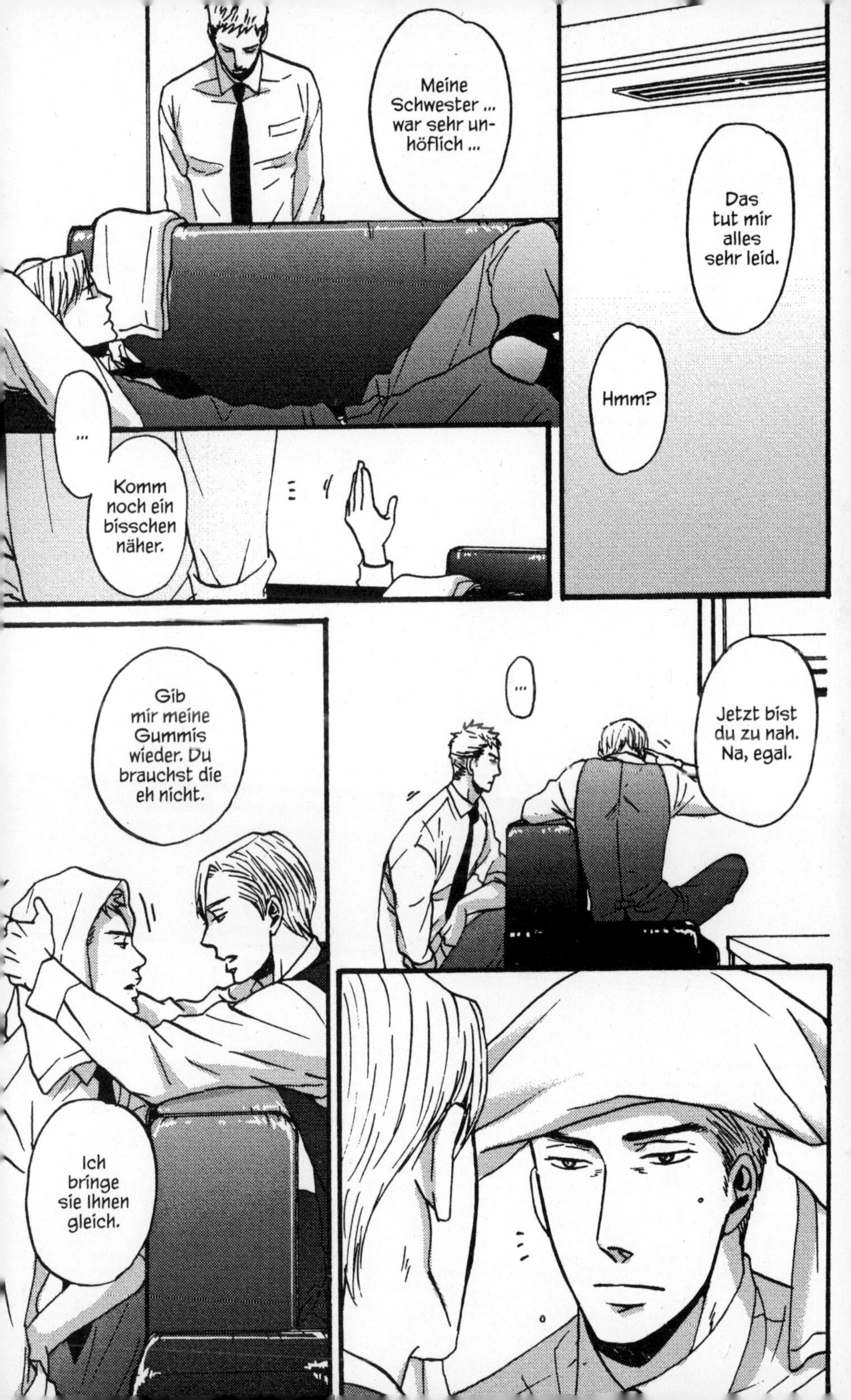
Meine Schwester ... war sehr unhöflich ...
Das tut mir alles sehr leid.
Hmm?
...
Komm noch ein bisschen näher.
Jetzt bist du zu nah. Na, egal.
...
Gib mir meine Gummis wieder. Du brauchst die eh nicht.
Ich bringe sie Ihnen gleich.

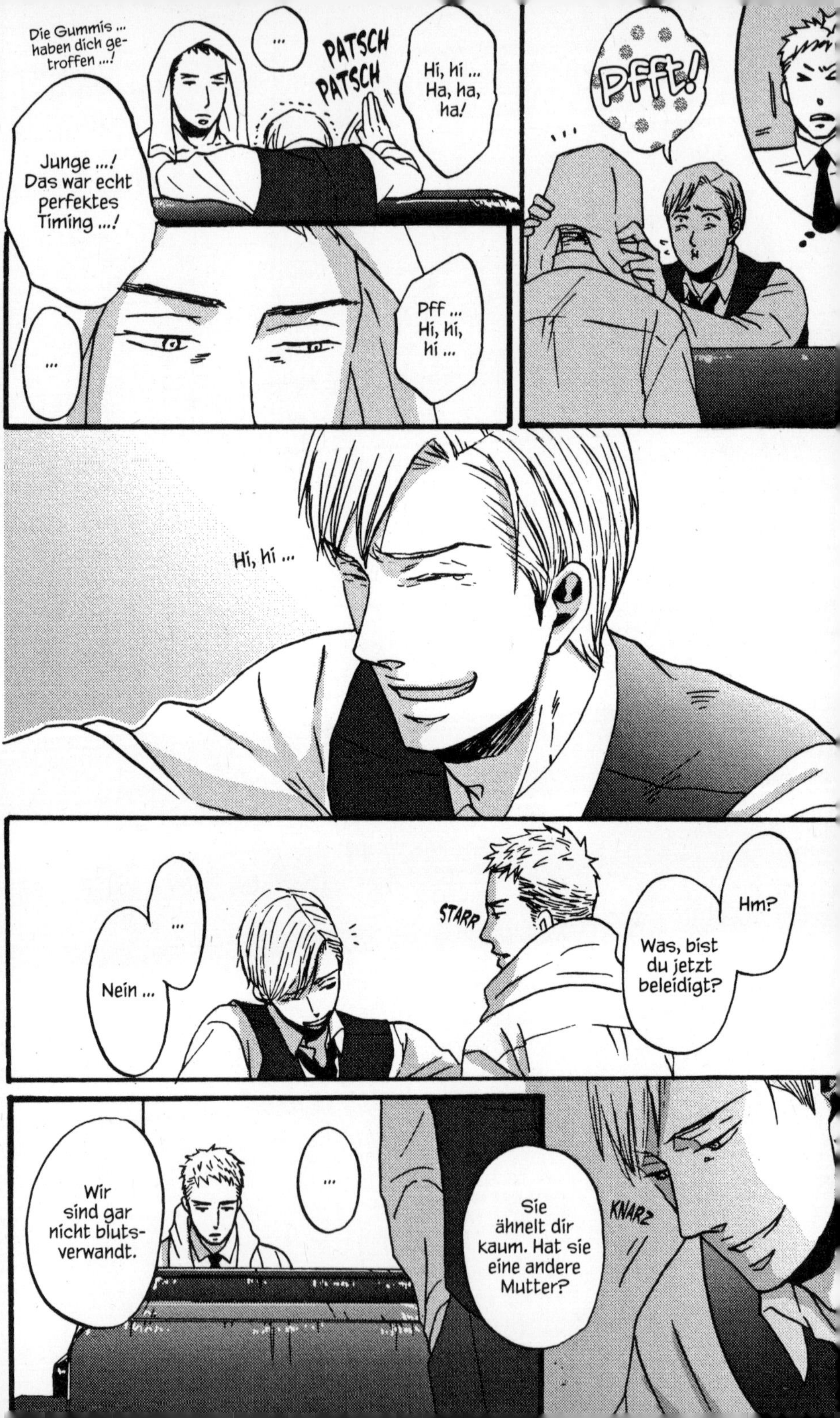
Pfft!
…
Hi, hi …
Ha, ha,
ha!
PATSCH
PATSCH
…
Die Gummis … haben dich getroffen …!
Junge …! Das war echt perfektes Timing …!
Pff … Hi, hi, hi …
…
Hi, hi …
Hm?
Was, bist du jetzt beleidigt?
STARR
…
Nein …
Sie ähnelt dir kaum. Hat sie eine andere Mutter?
KNARZ
…
Wir sind gar nicht bluts-verwandt.

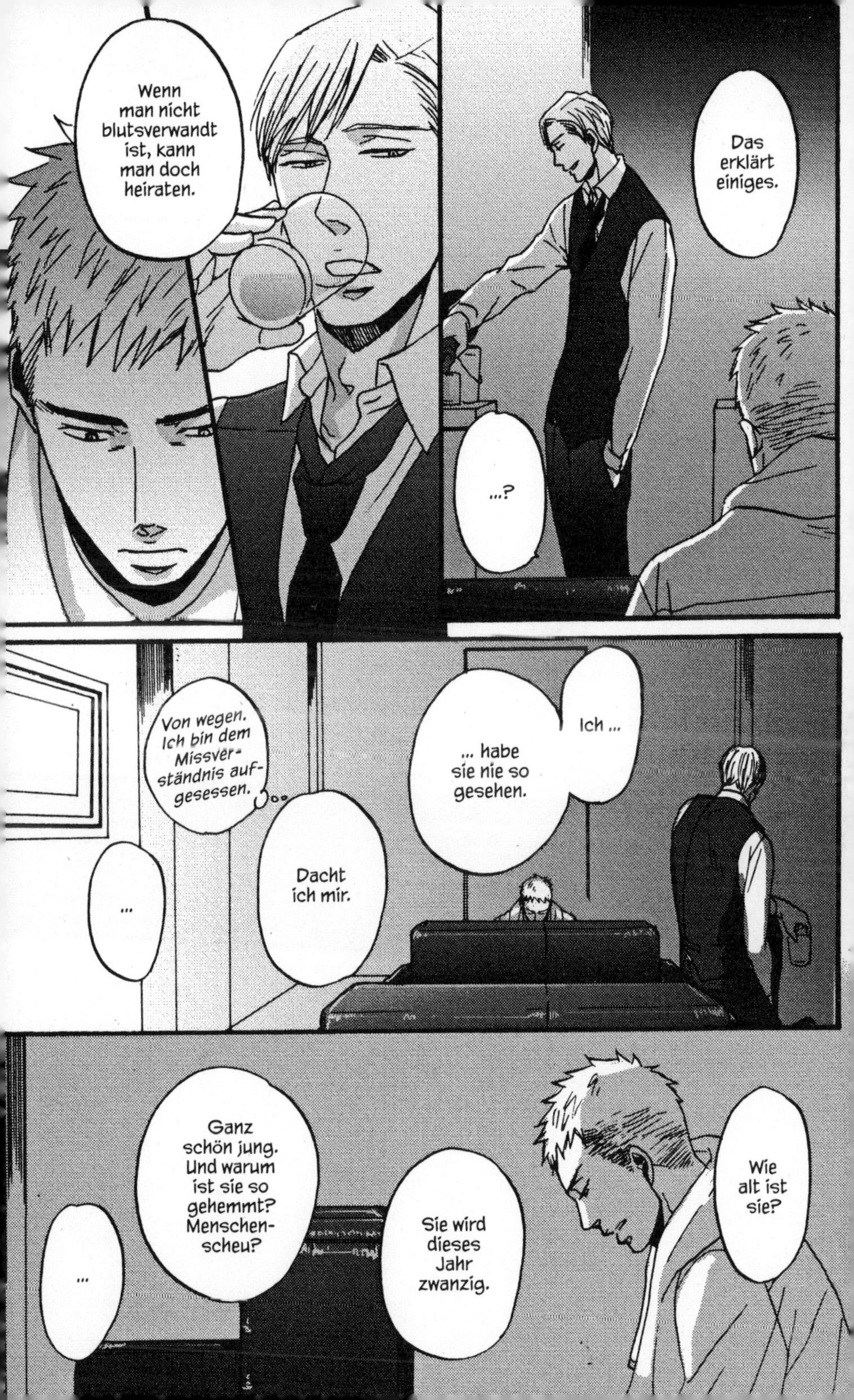
Das erklärt einiges.
...?
Wenn man nicht blutsverwandt ist, kann man doch heiraten.
Ich ...
... habe sie nie so gesehen.
Dacht ich mir.
Von wegen. Ich bin dem Missverständnis aufgesessen.
...
Wie alt ist sie?
Sie wird dieses Jahr zwanzig.
Ganz schön jung. Und warum ist sie so gehemmt? Menschenscheu?
...

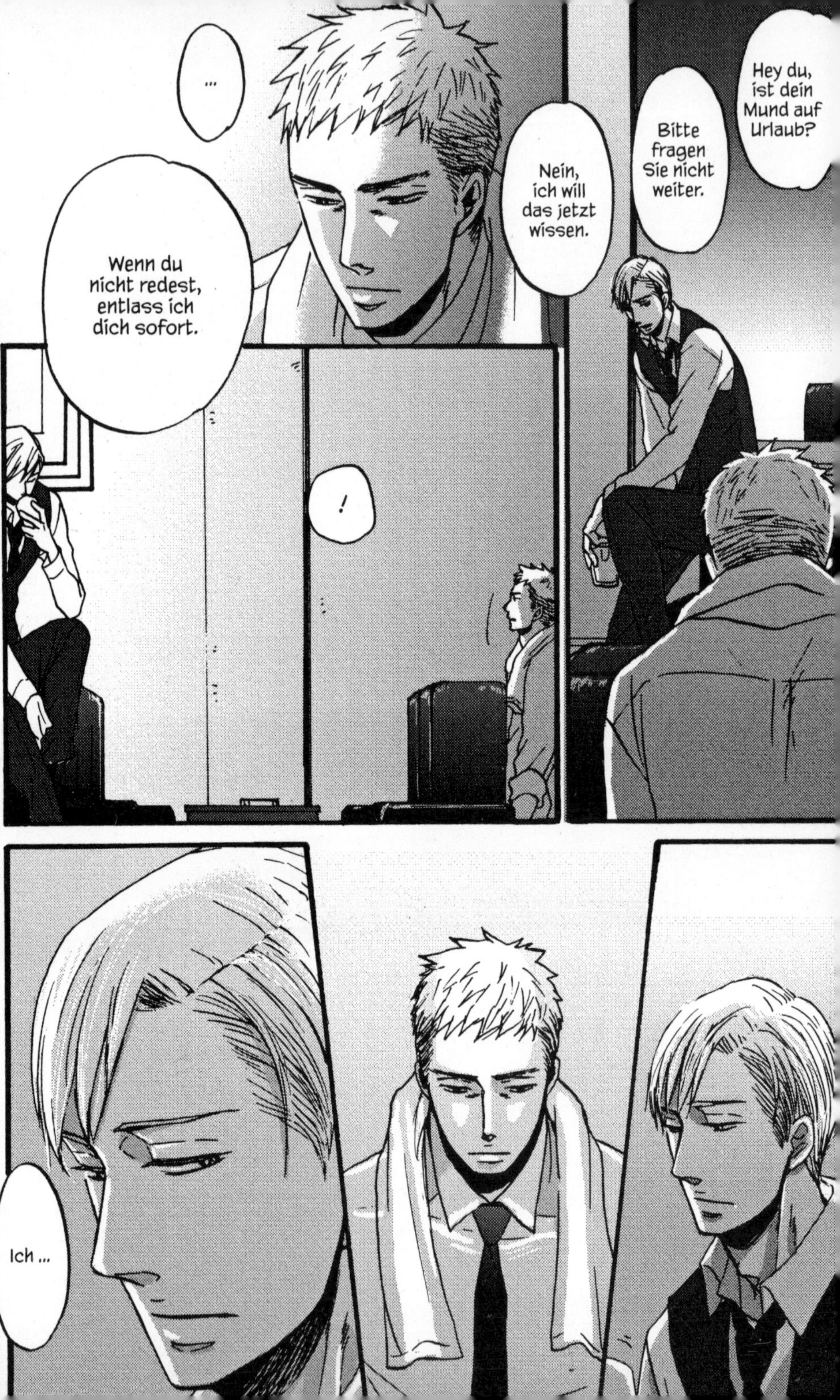
Hey du, ist dein Mund auf Urlaub?
Bitte fragen Sie nicht weiter.
Nein, ich will das jetzt wissen.
...
Wenn du nicht redest, entlass ich dich sofort.
!
Ich ...

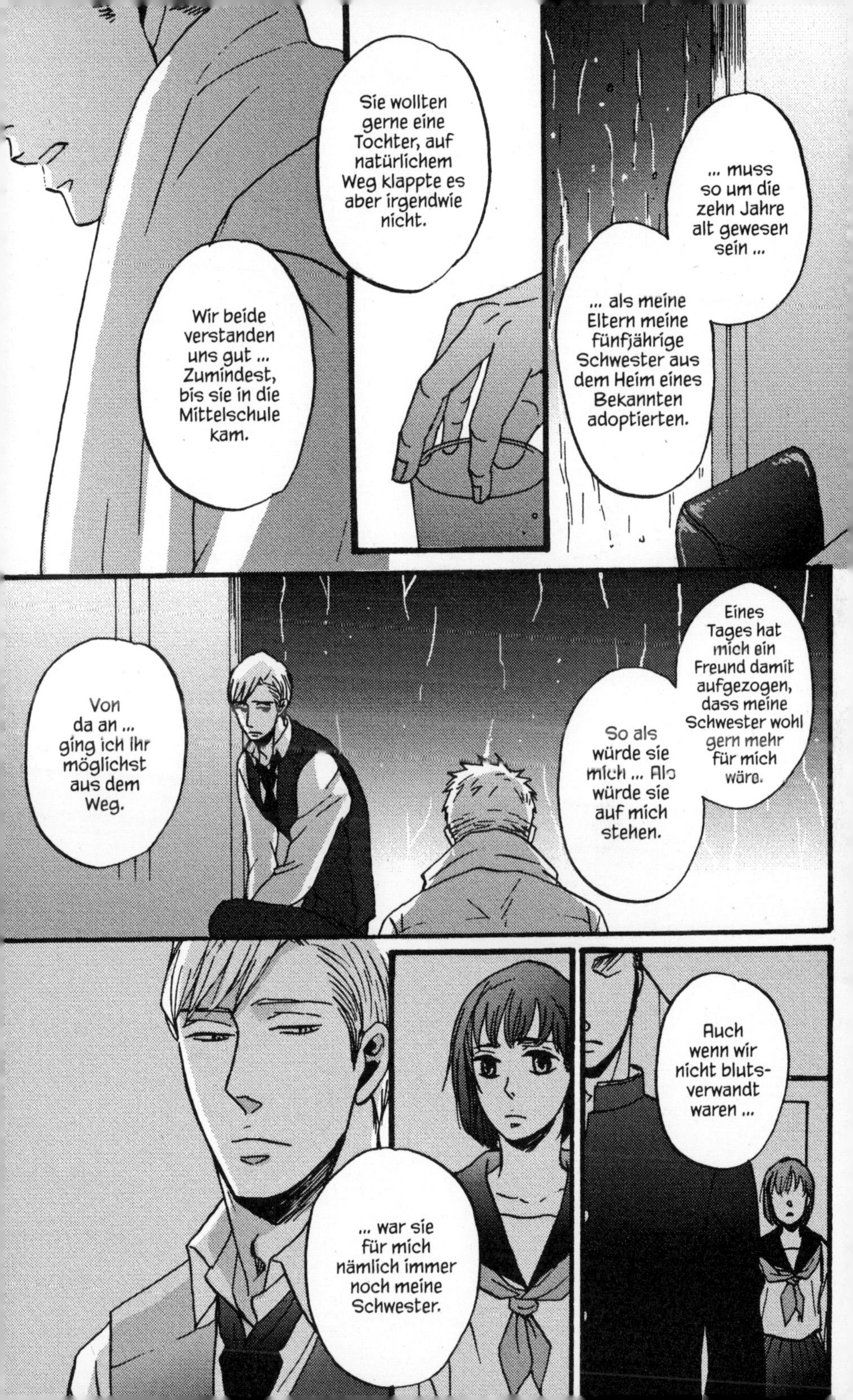
... muss so um die zehn Jahre alt gewesen sein ...
... als meine Eltern meine fünfjährige Schwester aus dem Heim eines Bekannten adoptierten.
Sie wollten gerne eine Tochter, auf natürlichem Weg klappte es aber irgendwie nicht.
Wir beide verstanden uns gut ... Zumindest, bis sie in die Mittelschule kam.
Eines Tages hat mich ein Freund damit aufgezogen, dass meine Schwester wohl gern mehr für mich wäre.
So als würde sie mich ... Als würde sie auf mich stehen.
Von da an ... ging ich ihr möglichst aus dem Weg.
Auch wenn wir nicht bluts-verwandt waren ...
... war sie für mich nämlich immer noch meine Schwester.

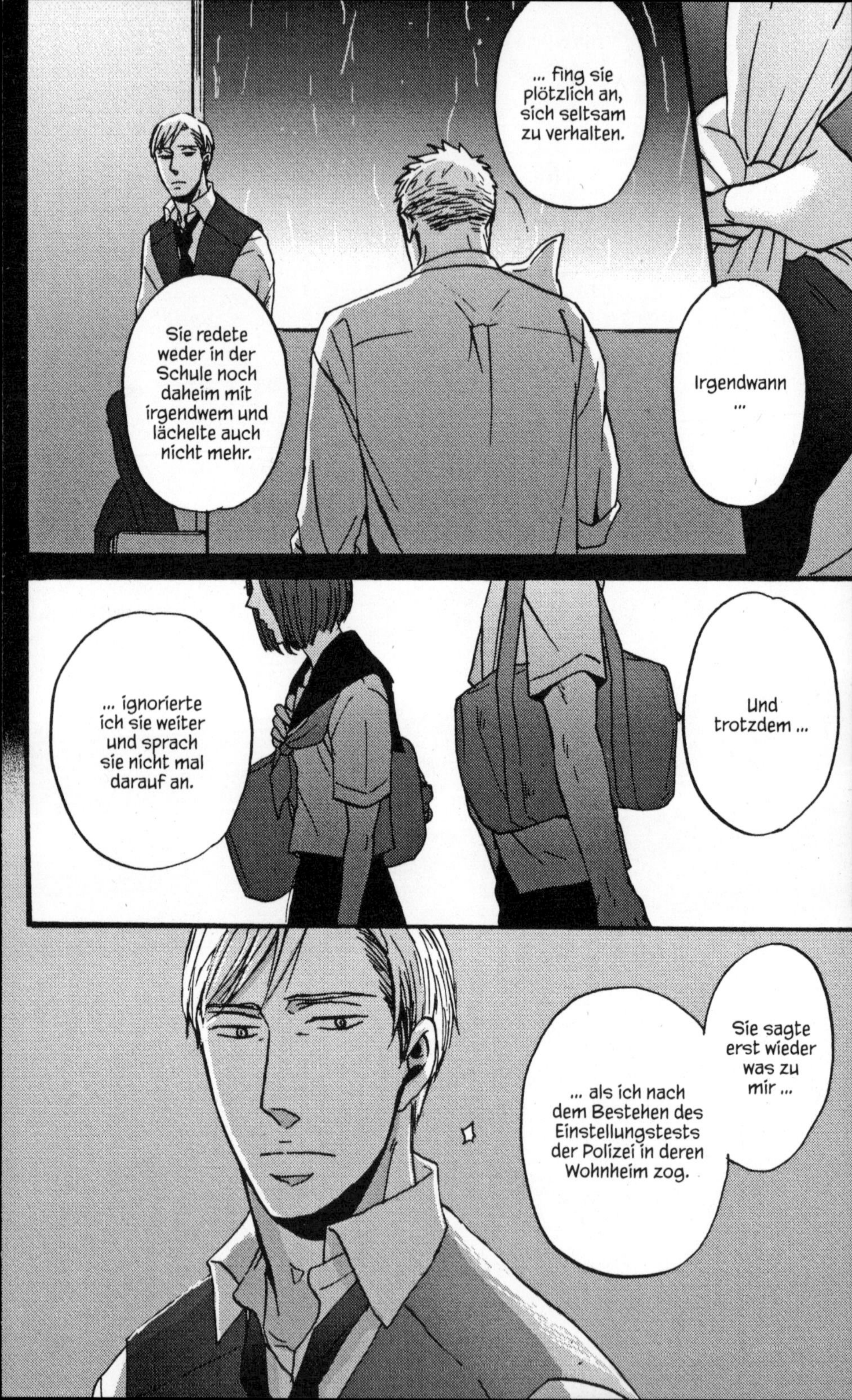
... fing sie plötzlich an, sich seltsam zu verhalten.
Irgendwann ...
Sie redete weder in der Schule noch daheim mit irgendwem und lächelte auch nicht mehr.
Und trotzdem ...
... ignorierte ich sie weiter und sprach sie nicht mal darauf an.
Sie sagte erst wieder was zu mir ...
... als ich nach dem Bestehen des Einstellungstests der Polizei in deren Wohnheim zog.

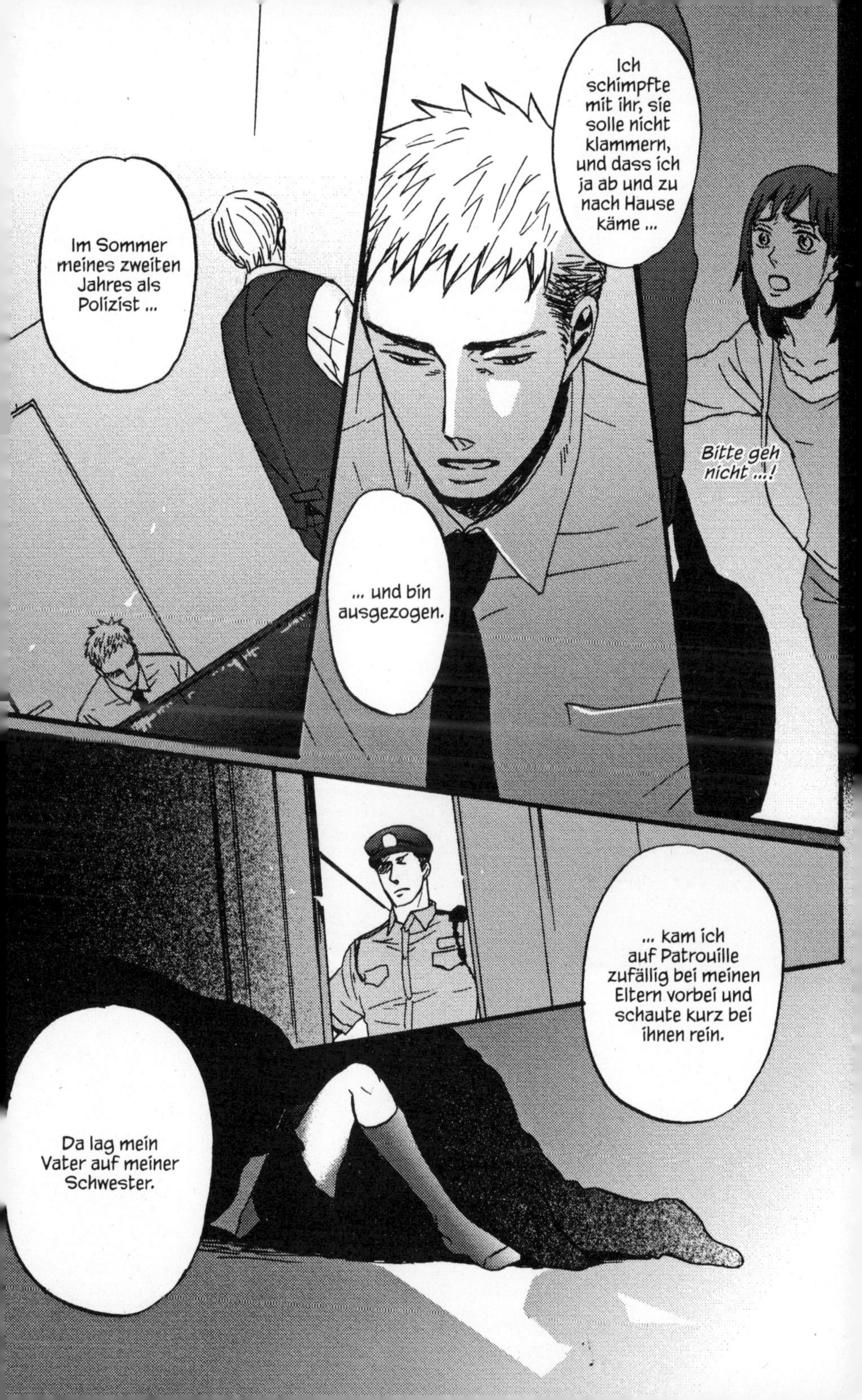
Ich schimpfte mit ihr, sie solle nicht klammern, und dass ich ja ab und zu nach Hause käme ...
Im Sommer meines zweiten Jahres als Polizist ...
Bitte geh nicht ...!
... und bin ausgezogen.
... kam ich auf Patrouille zufällig bei meinen Eltern vorbei und schaute kurz bei ihnen rein.
Da lag mein Vater auf meiner Schwester.

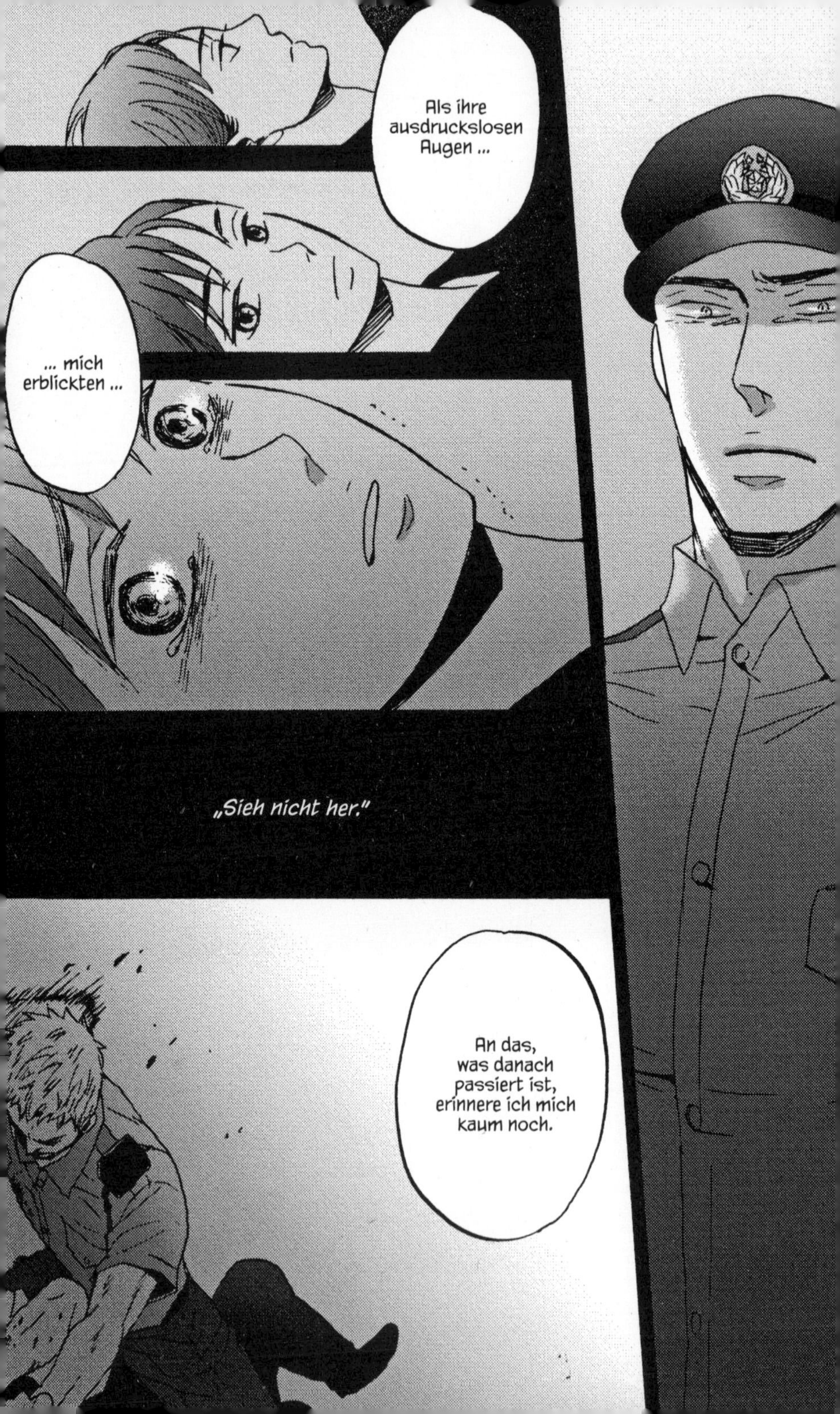

Als ihre ausdruckslosen Augen …
… mich erblickten …
„Sieh nicht her."
An das, was danach passiert ist, erinnere ich mich kaum noch.

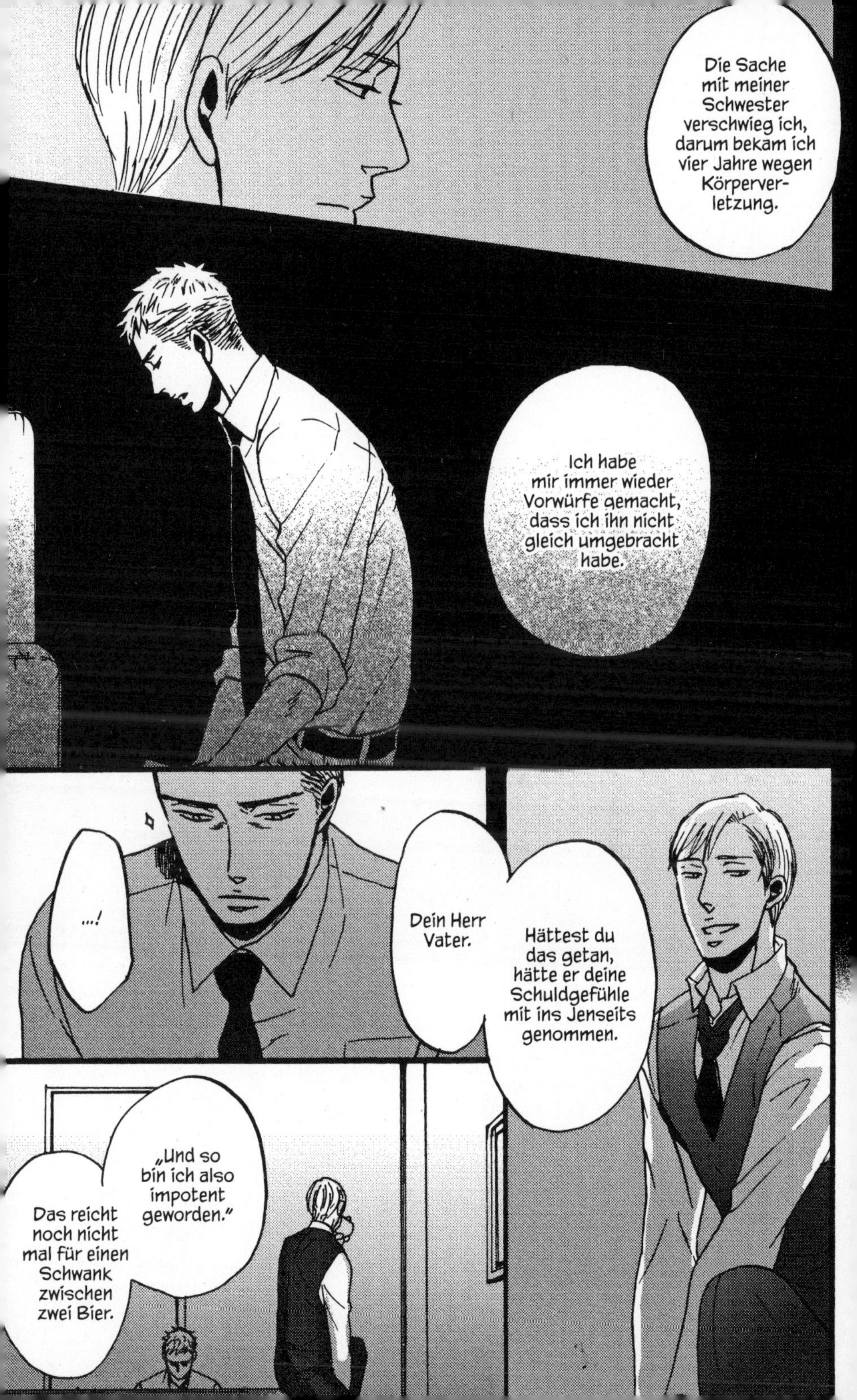
Die Sache mit meiner Schwester verschwieg ich, darum bekam ich vier Jahre wegen Körperverletzung.
Ich habe mir immer wieder Vorwürfe gemacht, dass ich ihn nicht gleich umgebracht habe.
Hättest du das getan, hätte er deine Schuldgefühle mit ins Jenseits genommen.
Dein Herr Vater.
...!
„Und so bin ich also impotent geworden."
Das reicht noch nicht mal für einen Schwank zwischen zwei Bier.

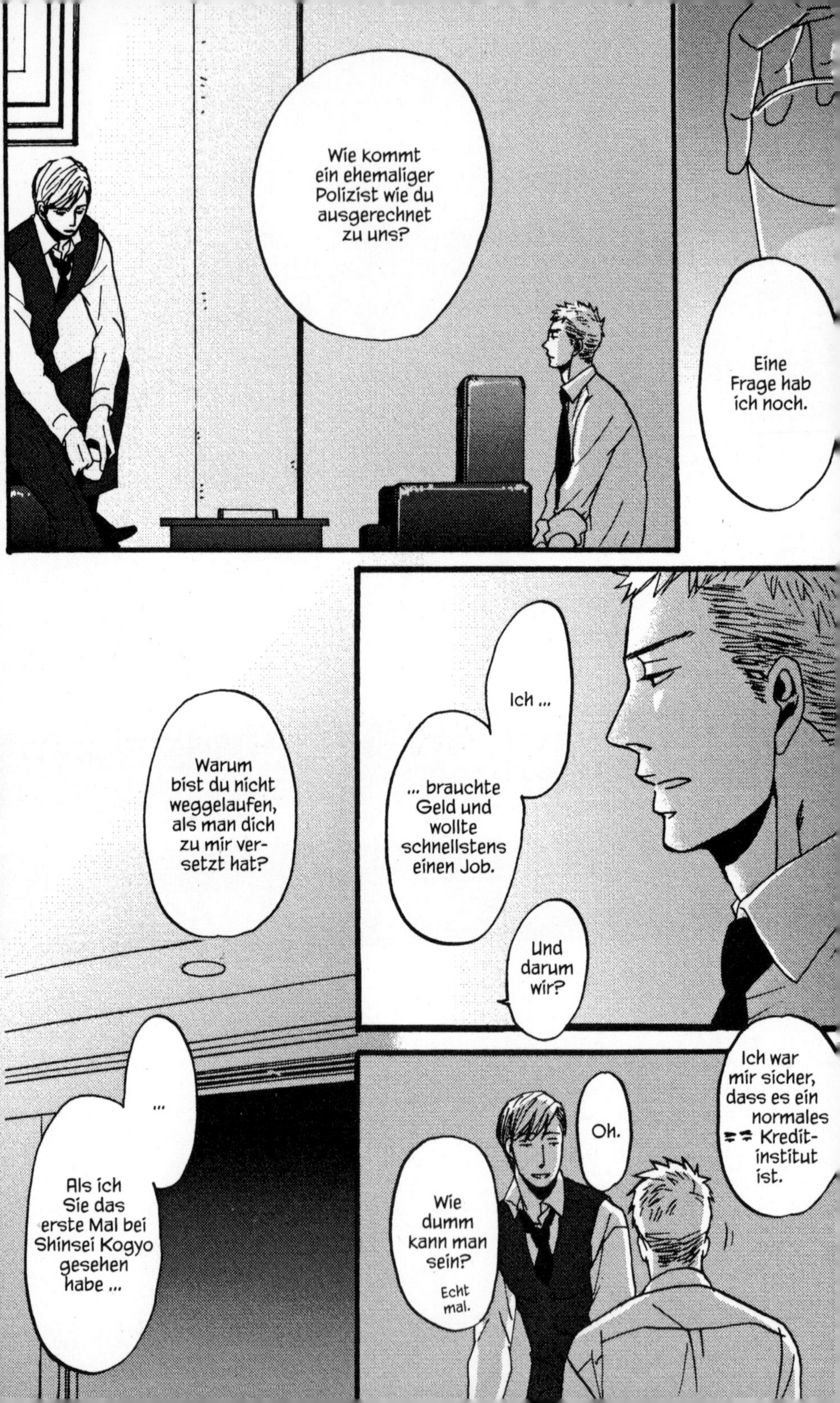
Eine Frage hab ich noch.
Wie kommt ein ehemaliger Polizist wie du ausgerechnet zu uns?
Ich ...
... brauchte Geld und wollte schnellstens einen Job.
Und darum wir?
Ich war mir sicher, dass es ein normales Kredit-institut ist.
Oh.
Wie dumm kann man sein?
Echt mal.
Warum bist du nicht weggelaufen, als man dich zu mir ver-setzt hat?
...
Als ich Sie das erste Mal bei Shinsei Kogyo gesehen habe ...

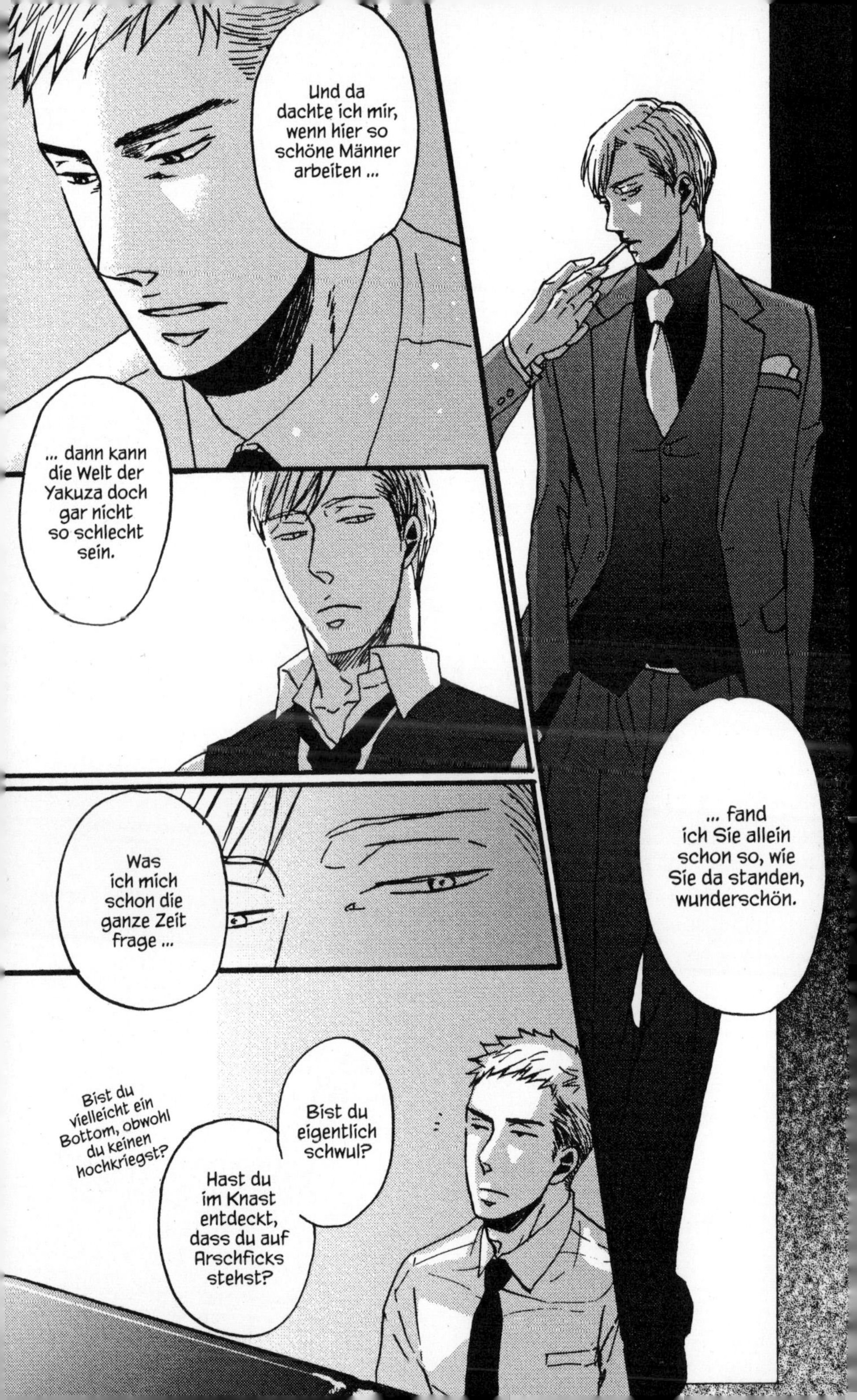

... fand ich Sie allein schon so, wie Sie da standen, wunderschön.
Und da dachte ich mir, wenn hier so schöne Männer arbeiten ...
... dann kann die Welt der Yakuza doch gar nicht so schlecht sein.
Was ich mich schon die ganze Zeit frage ...
Bist du eigentlich schwul?
Hast du im Knast entdeckt, dass du auf Arschficks stehst?
Bist du vielleicht ein Bottom, obwohl du keinen hochkriegst?

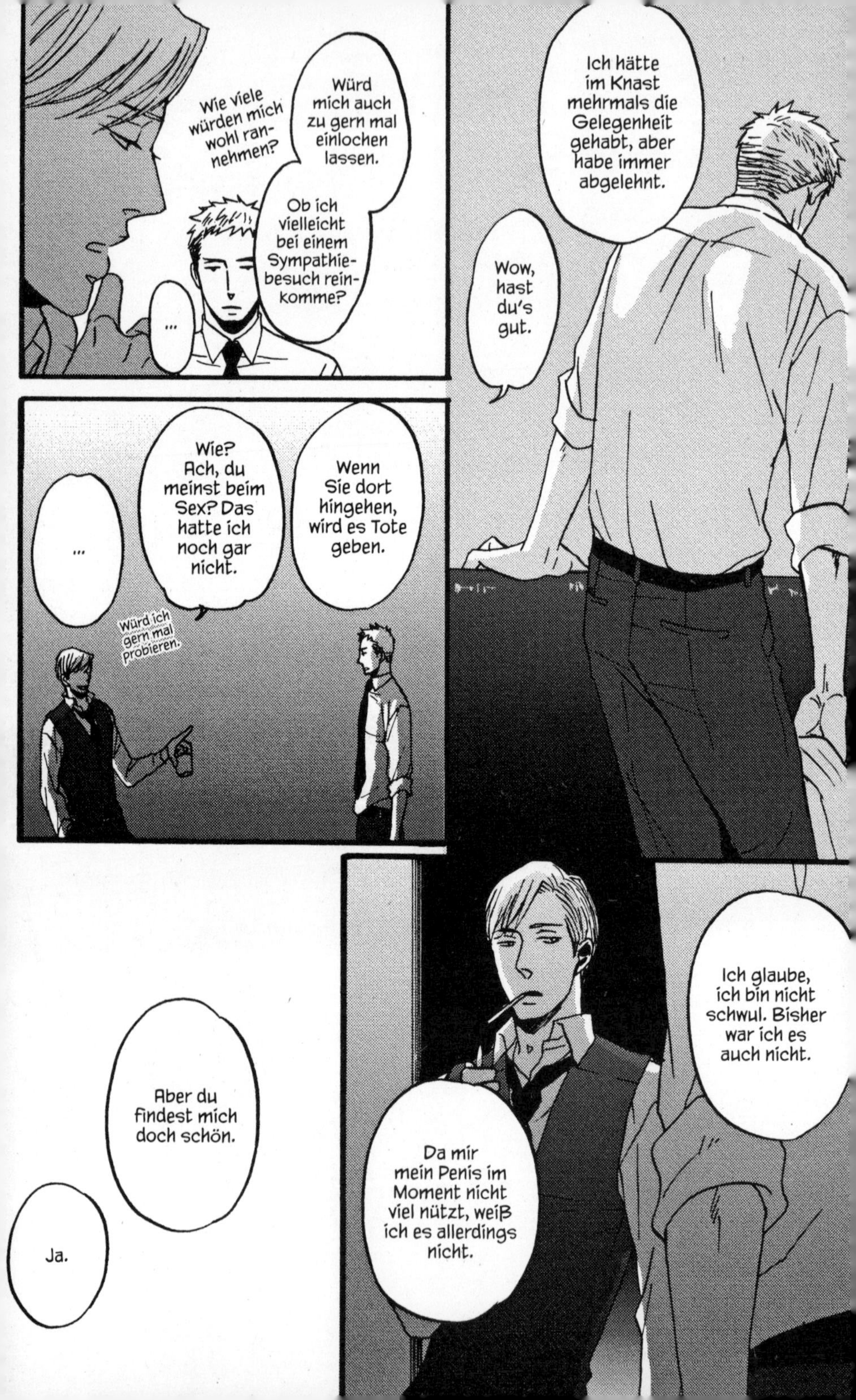
Ich hätte im Knast mehrmals die Gelegenheit gehabt, aber habe immer abgelehnt.
Wow, hast du's gut.
Würd mich auch zu gern mal einlochen lassen.
Wie viele würden mich wohl rannehmen?
Ob ich vielleicht bei einem Sympathiebesuch reinkomme?
...
Wenn Sie dort hingehen, wird es Tote geben.
Wie? Ach, du meinst beim Sex? Das hatte ich noch gar nicht.
Würd ich gern mal probieren.
...
Ich glaube, ich bin nicht schwul. Bisher war ich es auch nicht.
Da mir mein Penis im Moment nicht viel nützt, weiß ich es allerdings nicht.
Aber du findest mich doch schön.
Ja.

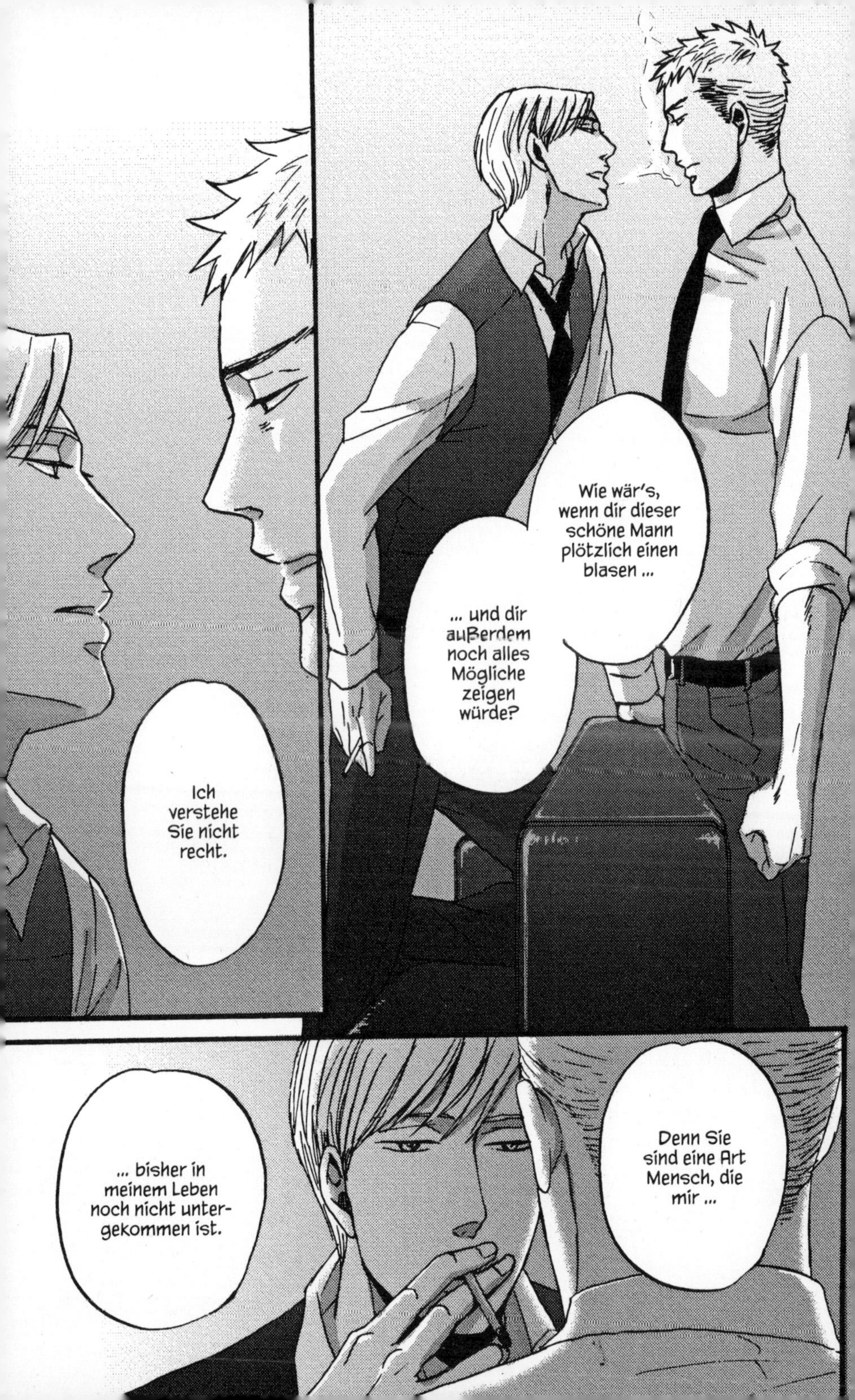
Wie wär's, wenn dir dieser schöne Mann plötzlich einen blasen ...
... und dir außerdem noch alles Mögliche zeigen würde?
Ich verstehe Sie nicht recht.
Denn Sie sind eine Art Mensch, die mir ...
... bisher in meinem Leben noch nicht untergekommen ist.

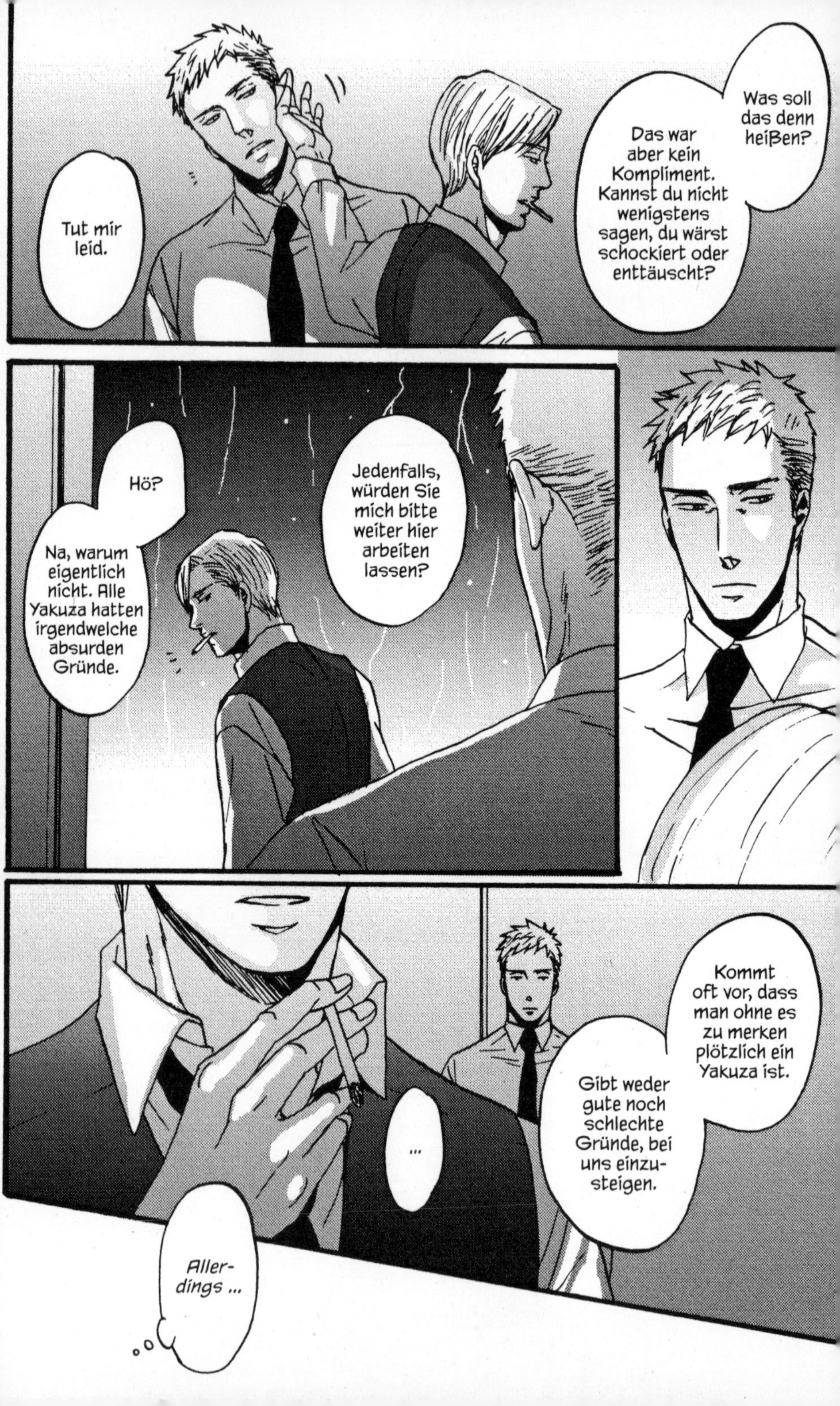
Was soll das denn heißen?
Das war aber kein Kompliment. Kannst du nicht wenigstens sagen, du wärst schockiert oder enttäuscht?
Tut mir leid.
Jedenfalls, würden Sie mich bitte weiter hier arbeiten lassen?
Hö?
Na, warum eigentlich nicht. Alle Yakuza hatten irgendwelche absurden Gründe.
Kommt oft vor, dass man ohne es zu merken plötzlich ein Yakuza ist.
Gibt weder gute noch schlechte Gründe, bei uns einzu-steigen.
...
Aller-dings ...

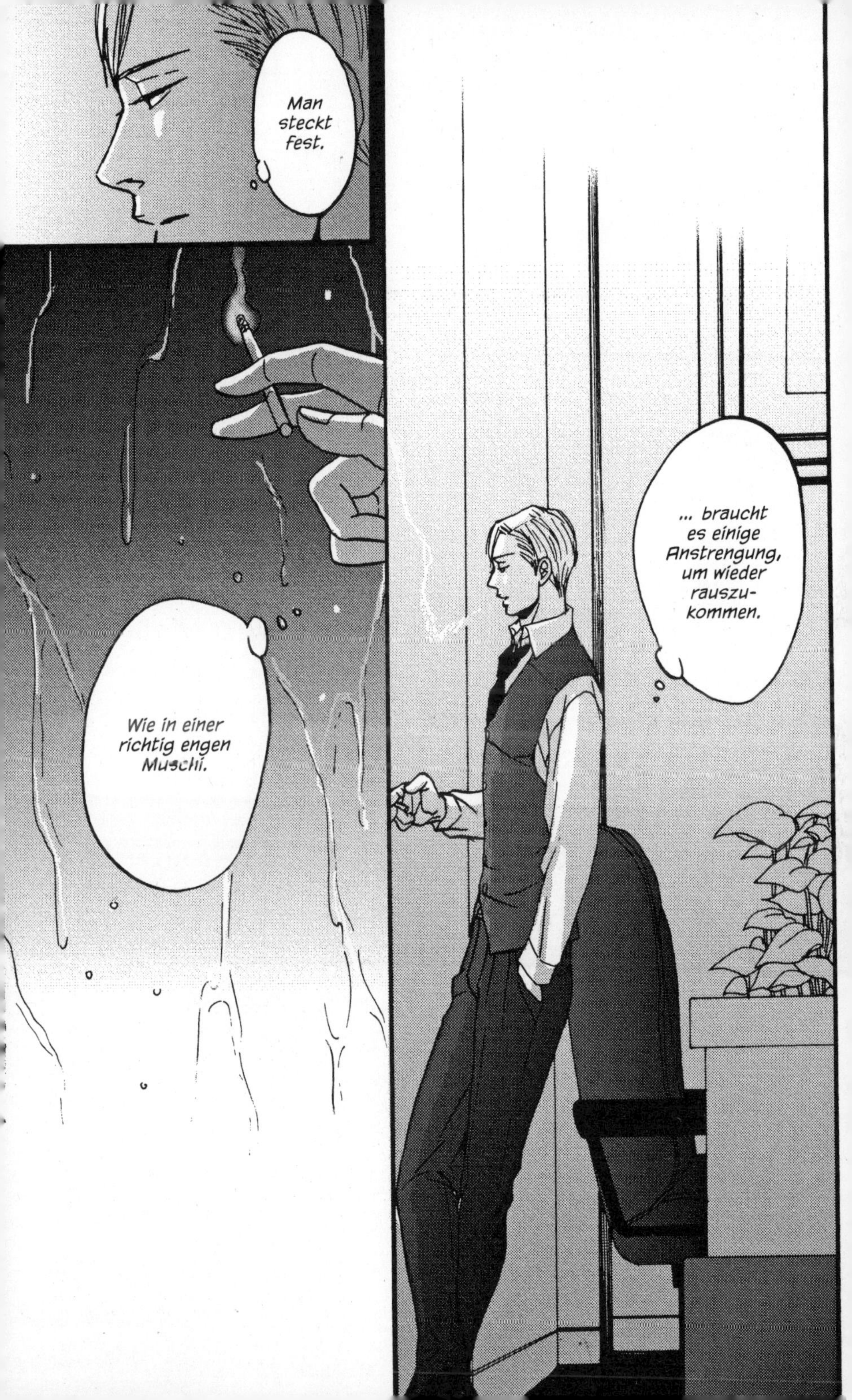
Man steckt fest.
Wie in einer richtig engen Muschi.
... braucht es einige Anstrengung, um wieder rauszukommen.

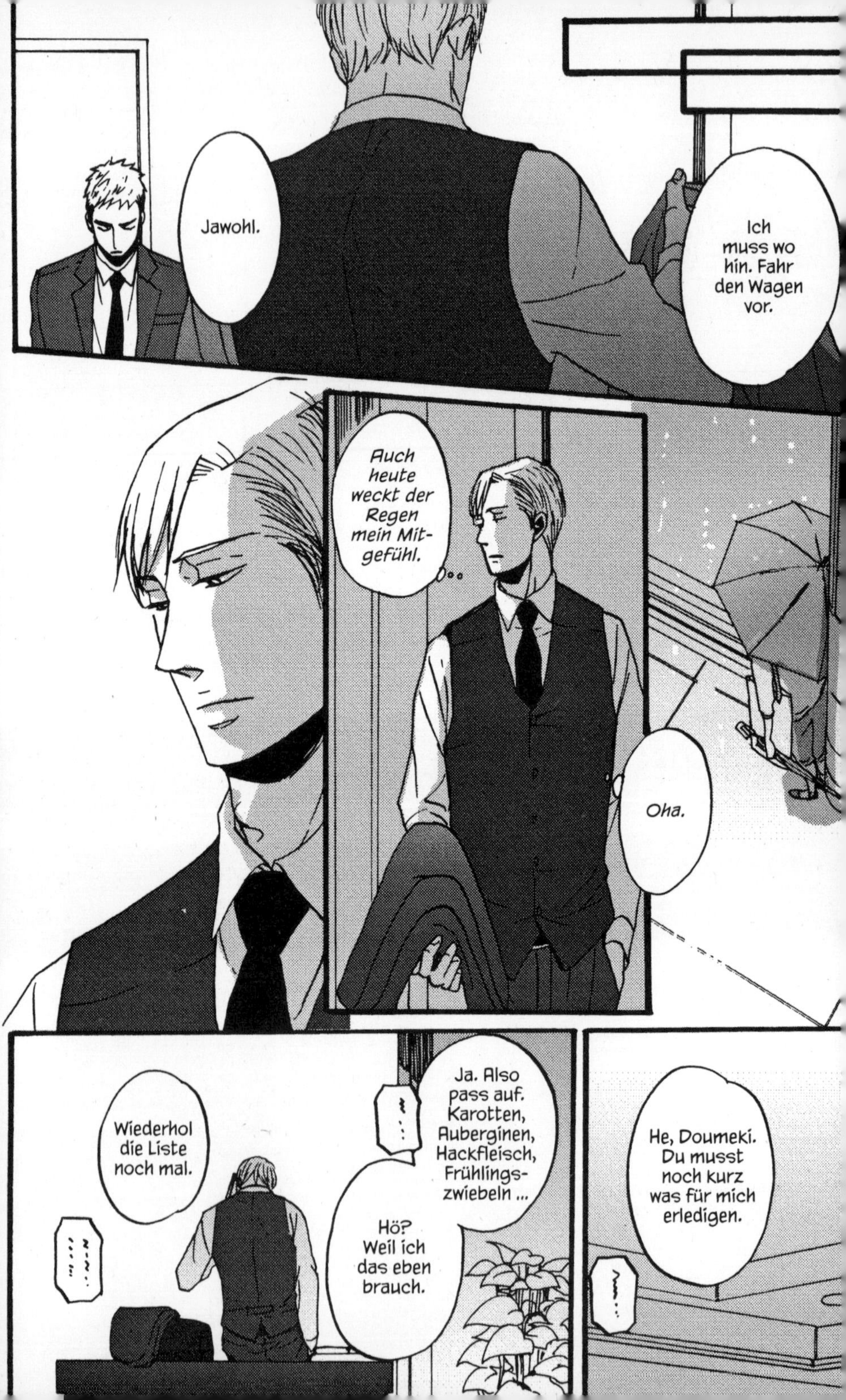
Ich muss wo hin. Fahr den Wagen vor.
Jawohl.
Oha.
Auch heute weckt der Regen mein Mitgefühl.
He, Doumeki. Du musst noch kurz was für mich erledigen.
…
Hö? Weil ich das eben brauch.
Ja. Also pass auf. Karotten, Auberginen, Hackfleisch, Frühlingszwiebeln …
…
Wiederhol die Liste noch mal.
…

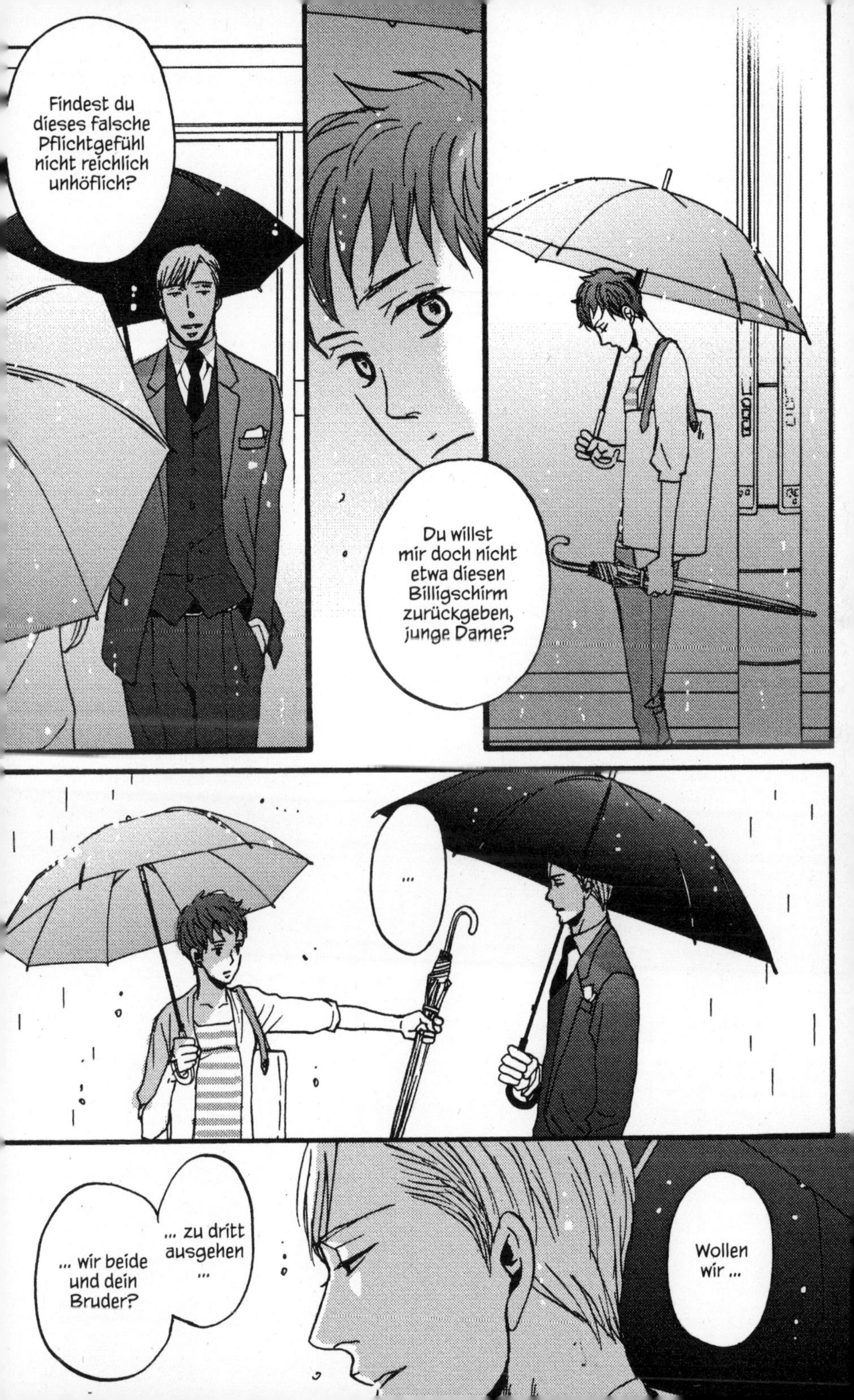
Du willst mir doch nicht etwa diesen Billigschirm zurückgeben, junge Dame?
Findest du dieses falsche Pflichtgefühl nicht reichlich unhöflich?
...
Wollen wir ...
... zu dritt ausgehen ...
... wir beide und dein Bruder?

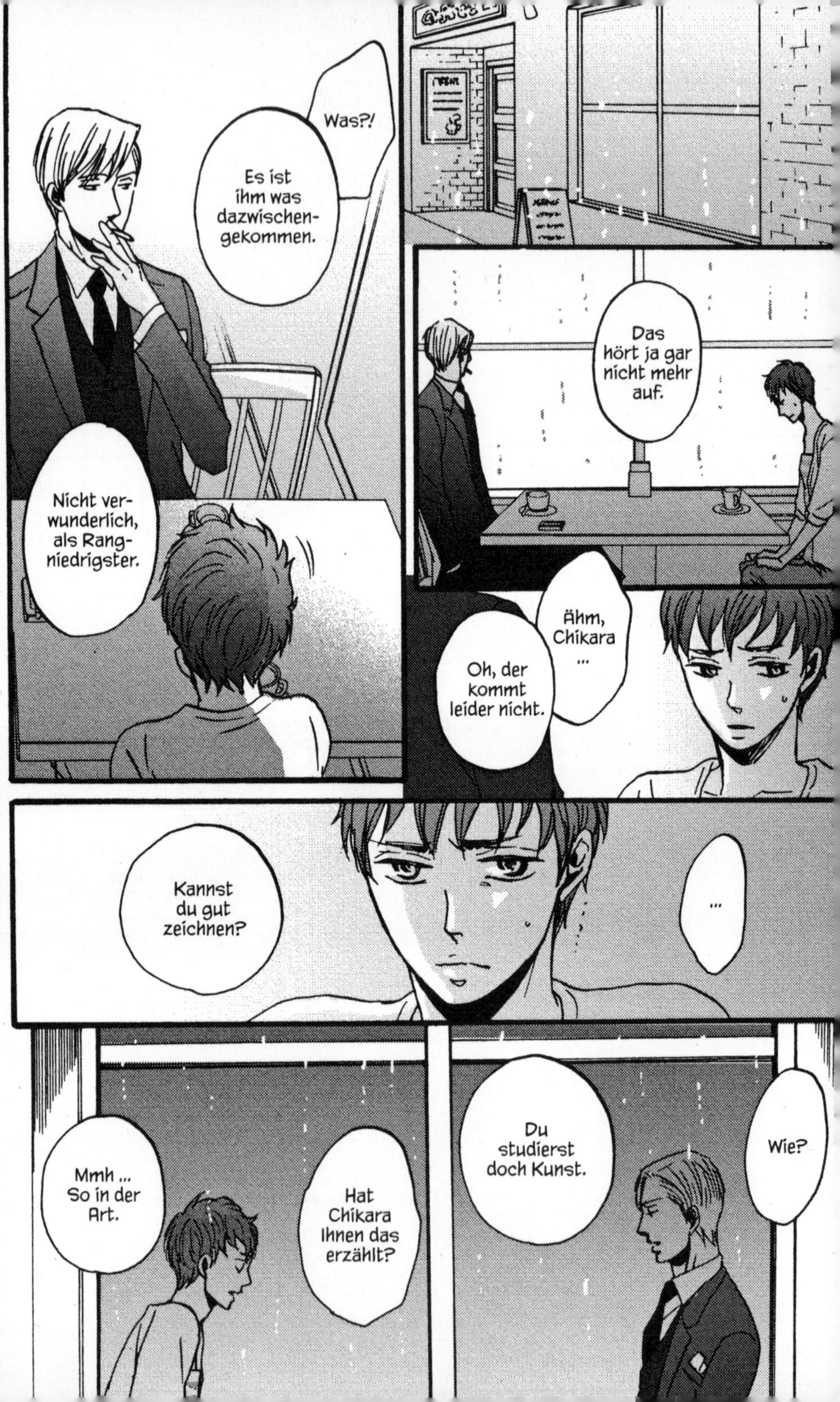
Das hört ja gar nicht mehr auf.
Ähm, Chikara ...
Oh, der kommt leider nicht.
Es ist ihm was dazwischengekommen.
Was?!
Nicht verwunderlich, als Rangniedrigster.
...
Kannst du gut zeichnen?
Wie?
Du studierst doch Kunst.
Hat Chikara Ihnen das erzählt?
Mmh ... So in der Art.

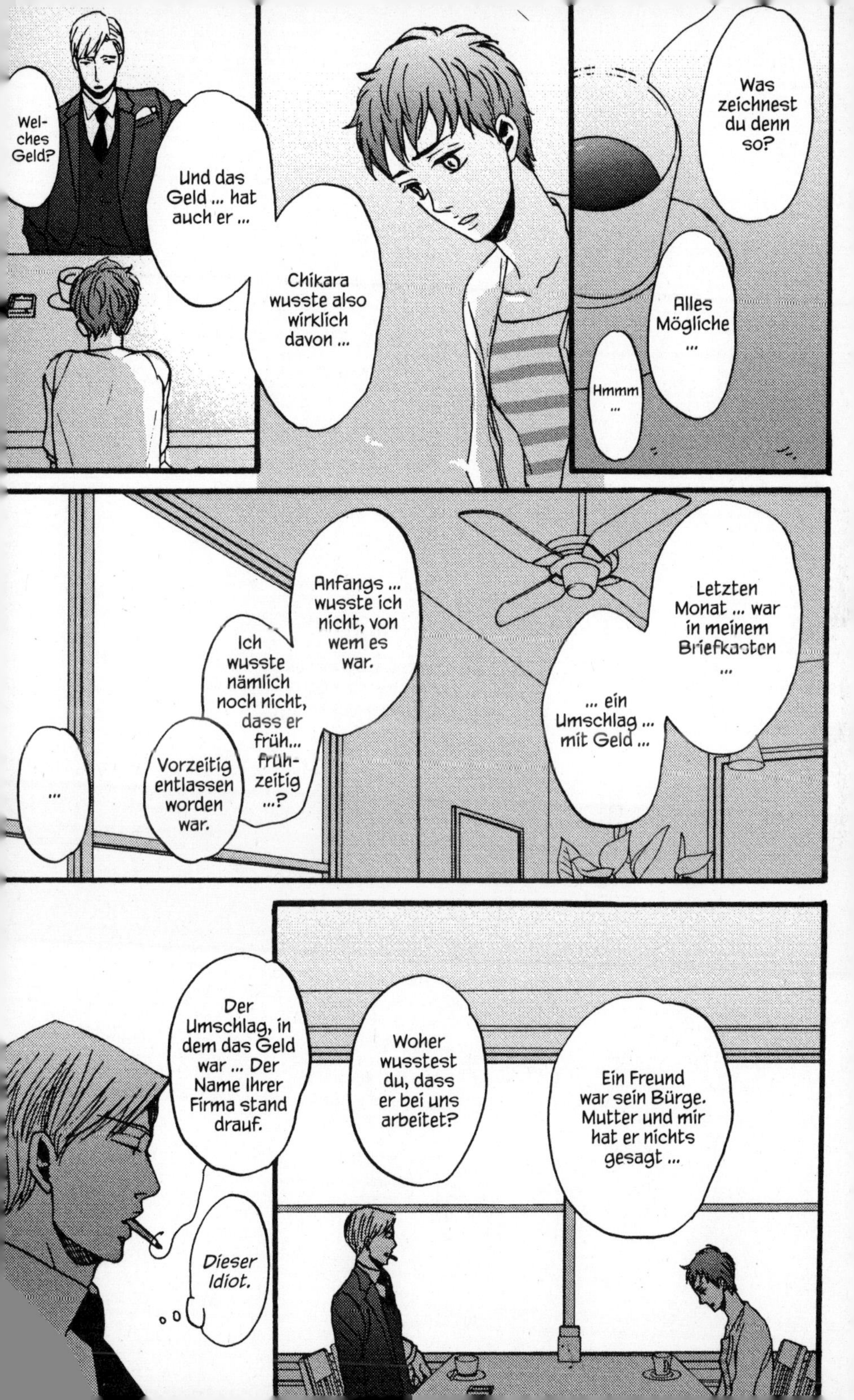
Was zeichnest du denn so?
Alles Mögliche ...
Hmmm ...
Chikara wusste also wirklich davon ...
Und das Geld ... hat auch er ...
Welches Geld?
Letzten Monat ... war in meinem Briefkasten ...
... ein Umschlag ... mit Geld ...
Anfangs ... wusste ich nicht, von wem es war.
Ich wusste nämlich noch nicht, dass er früh... früh-zeitig ...?
Vorzeitig entlassen worden war.
...
Ein Freund war sein Bürge. Mutter und mir hat er nichts gesagt ...
Woher wusstest du, dass er bei uns arbeitet?
Der Umschlag, in dem das Geld war ... Der Name Ihrer Firma stand drauf.
Dieser Idiot.

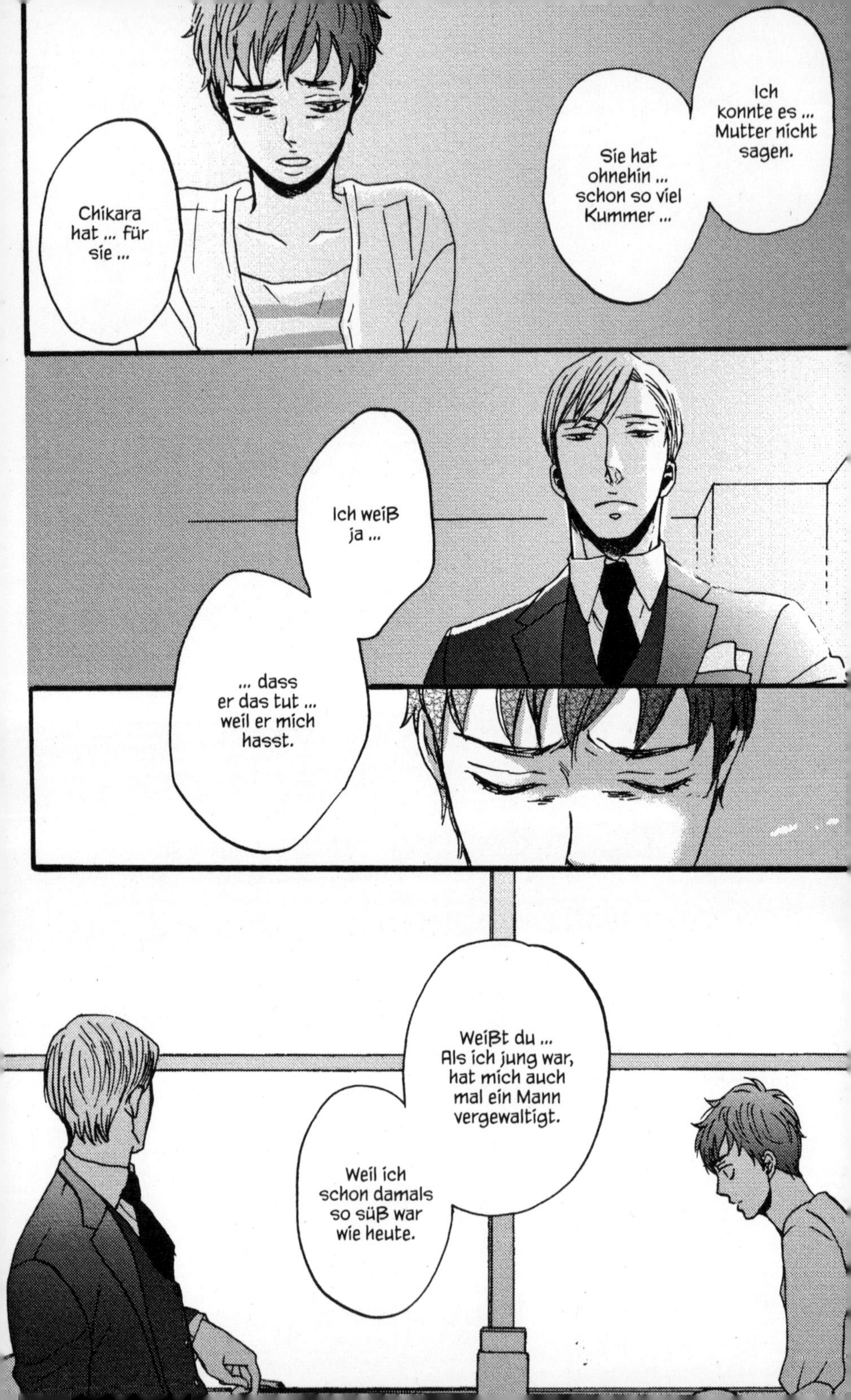
Ich konnte es ... Mutter nicht sagen.
Sie hat ohnehin ... schon so viel Kummer ...
Chikara hat ... für sie ...
Ich weiß ja ...
... dass er das tut ... weil er mich hasst.
Weißt du ... Als ich jung war, hat mich auch mal ein Mann vergewaltigt.
Weil ich schon damals so süß war wie heute.

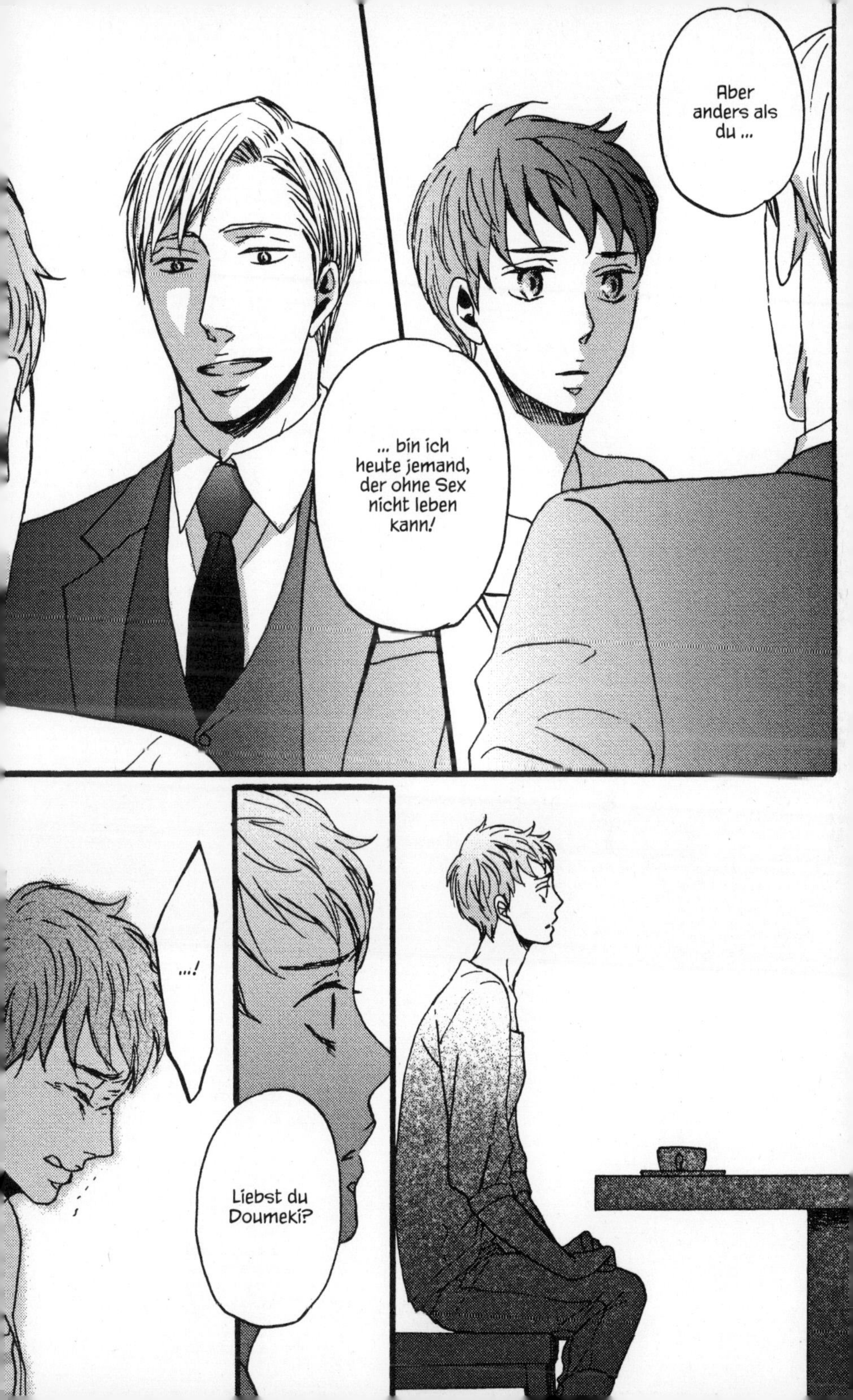
Aber anders als du ...
... bin ich heute jemand, der ohne Sex nicht leben kann!
...!
Liebst du Doumeki?

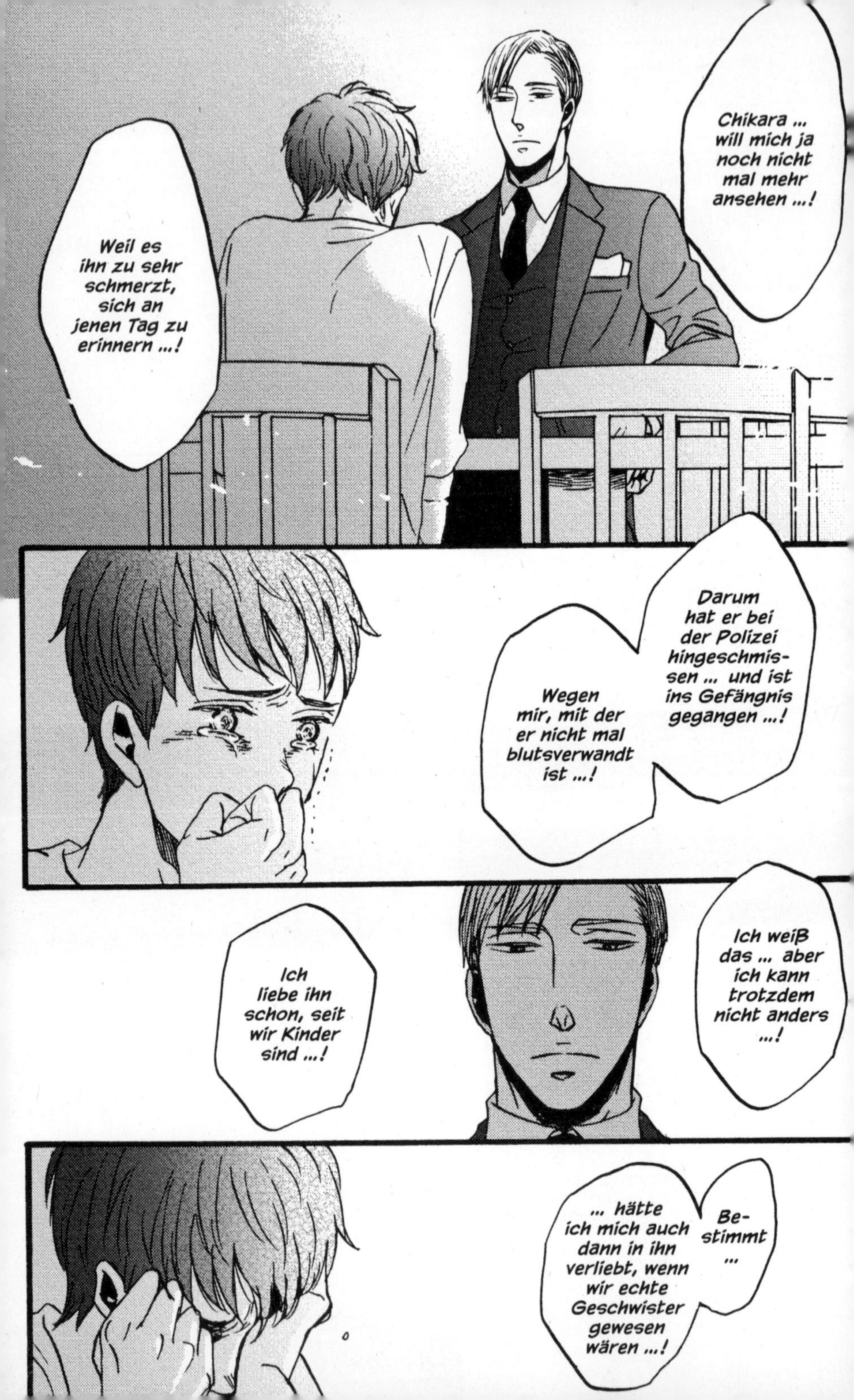
Chikara ... will mich ja noch nicht mal mehr ansehen ...!
Weil es ihn zu sehr schmerzt, sich an jenen Tag zu erinnern ...!
Darum hat er bei der Polizei hingeschmissen ... und ist ins Gefängnis gegangen ...!
Wegen mir, mit der er nicht mal blutsverwandt ist ...!
Ich weiß das ... aber ich kann trotzdem nicht anders ...!
Ich liebe ihn schon, seit wir Kinder sind ...!
Bestimmt ...
... hätte ich mich auch dann in ihn verliebt, wenn wir echte Geschwister gewesen wären ...!

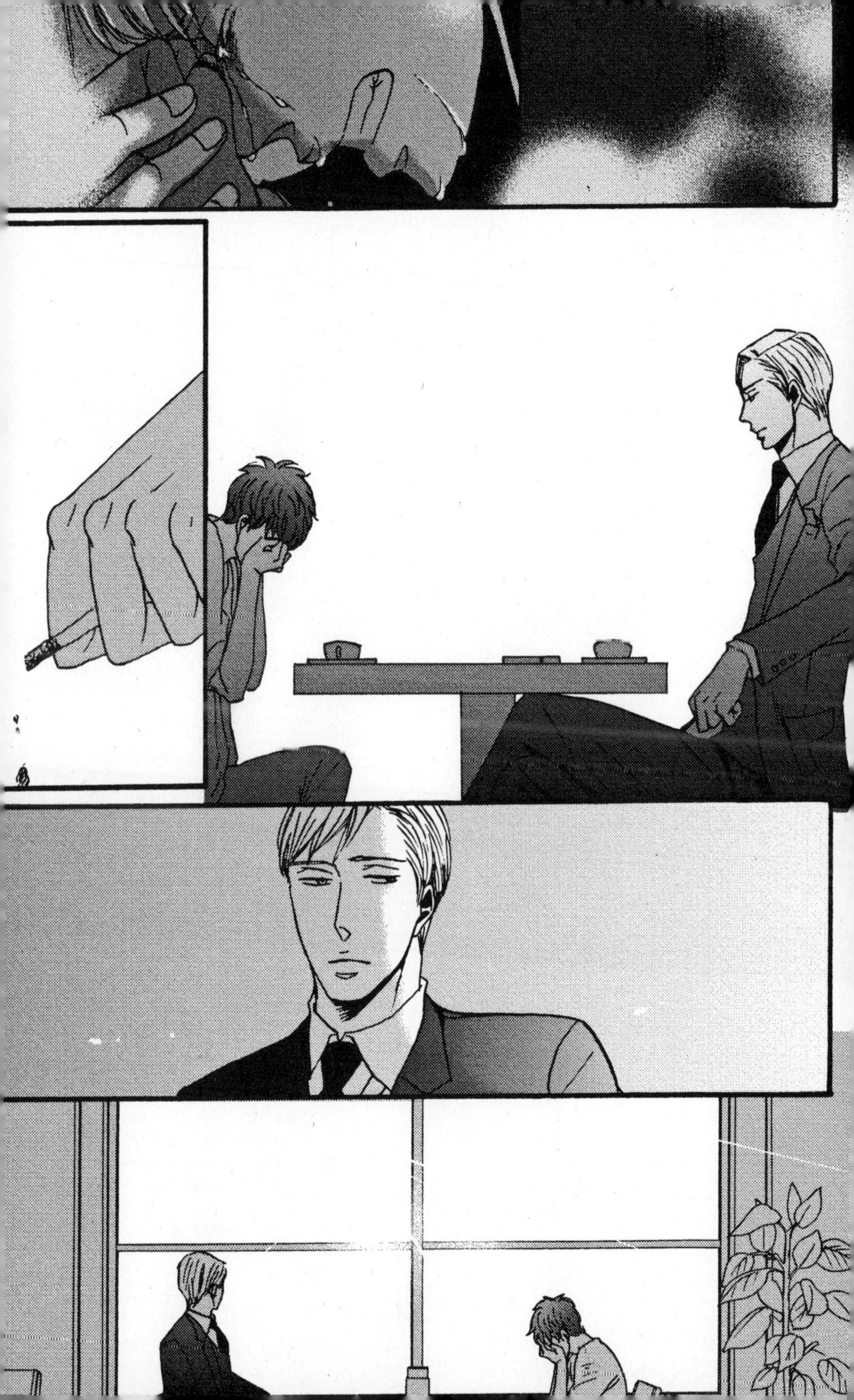

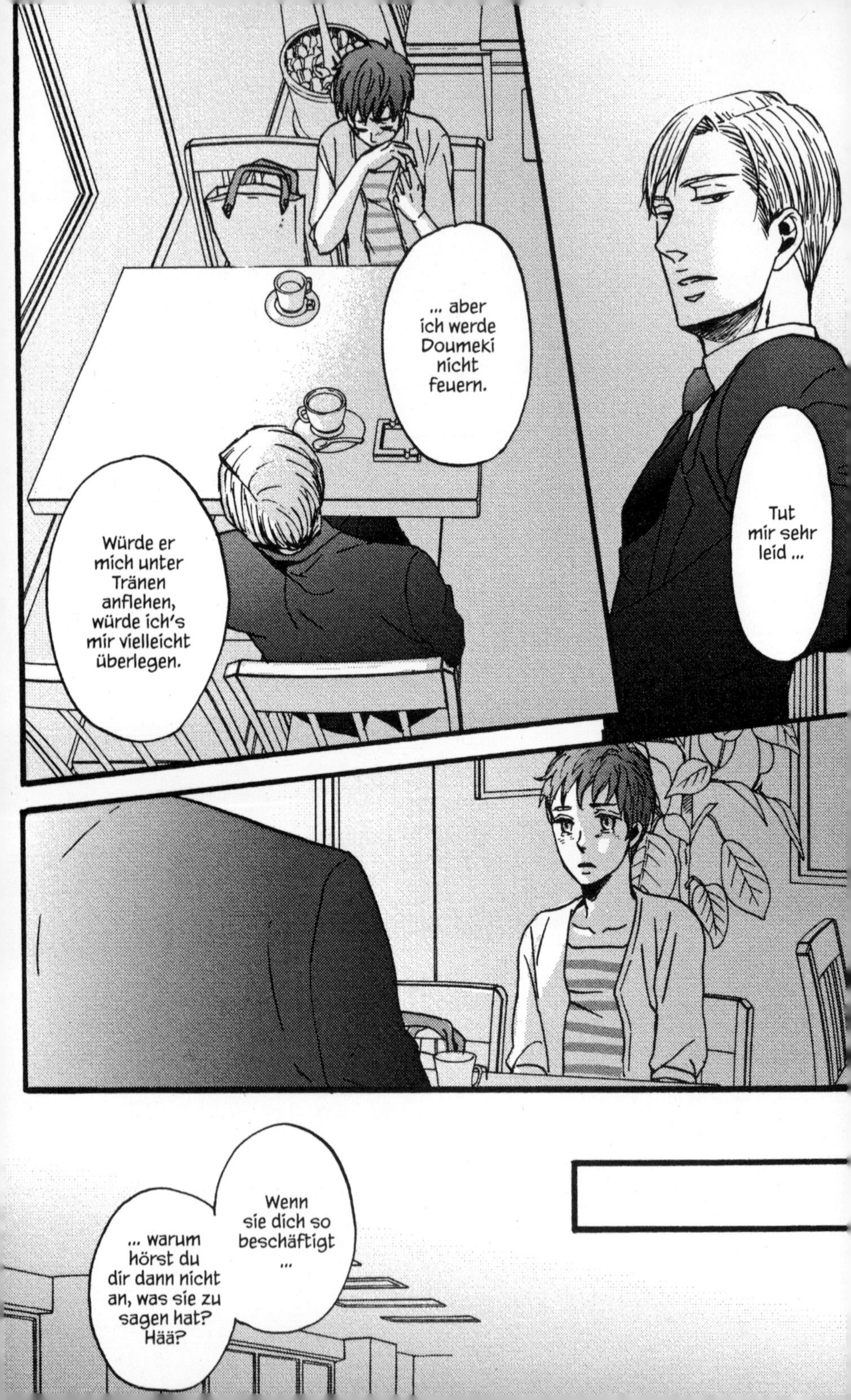
Tut mir sehr leid ...
... aber ich werde Doumeki nicht feuern.
Würde er mich unter Tränen anflehen, würde ich's mir vielleicht überlegen.
Wenn sie dich so beschäftigt ...
... warum hörst du dir dann nicht an, was sie zu sagen hat? Hää?

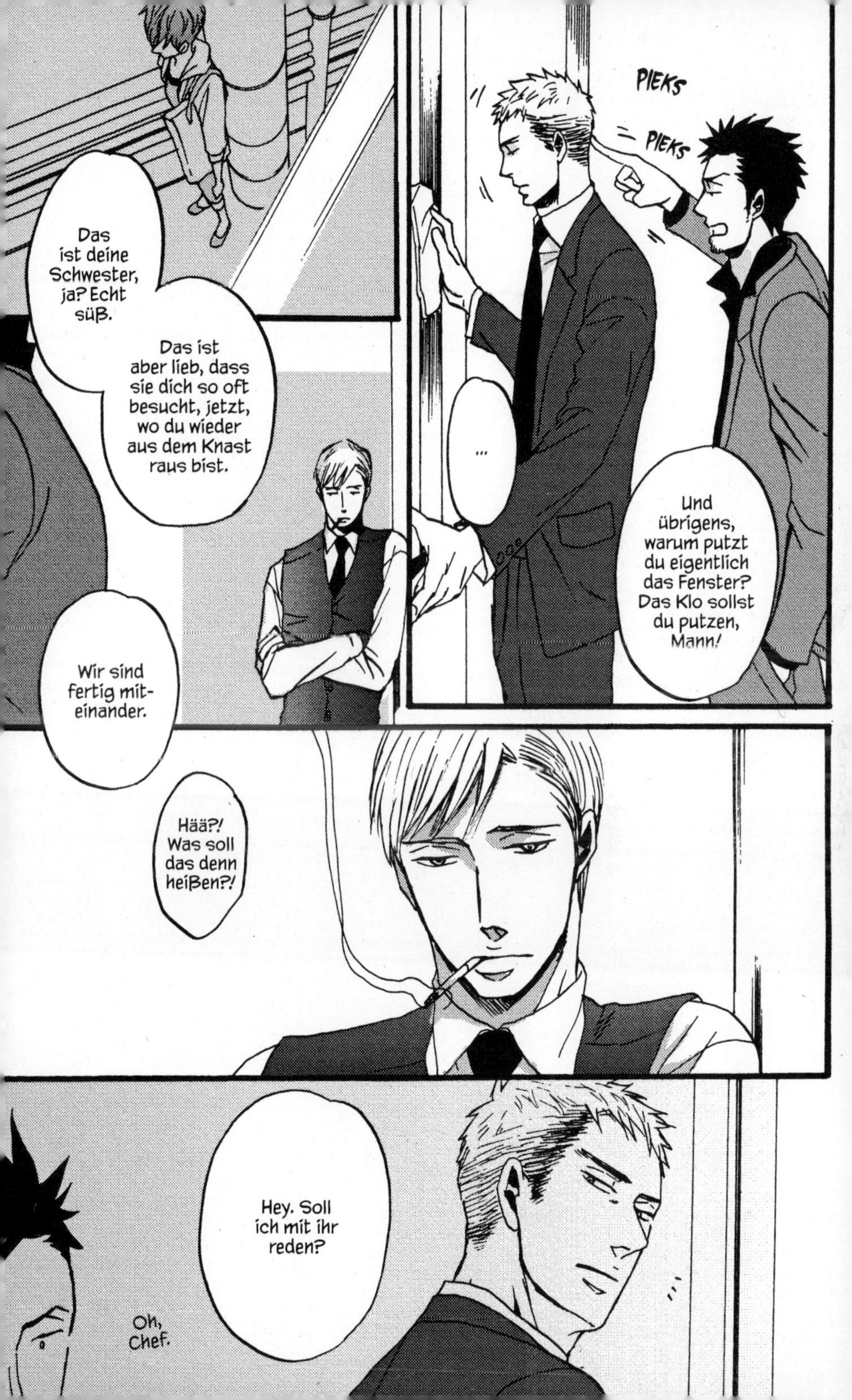
PIEKS
PIEKS
Und übrigens, warum putzt du eigentlich das Fenster? Das Klo sollst du putzen, Mann!
...
Das ist deine Schwester, ja? Echt süß.
Das ist aber lieb, dass sie dich so oft besucht, jetzt, wo du wieder aus dem Knast raus bist.
Wir sind fertig miteinander.
Hää?! Was soll das denn heißen?!
...
Hey. Soll ich mit ihr reden?
Oh, Chef.

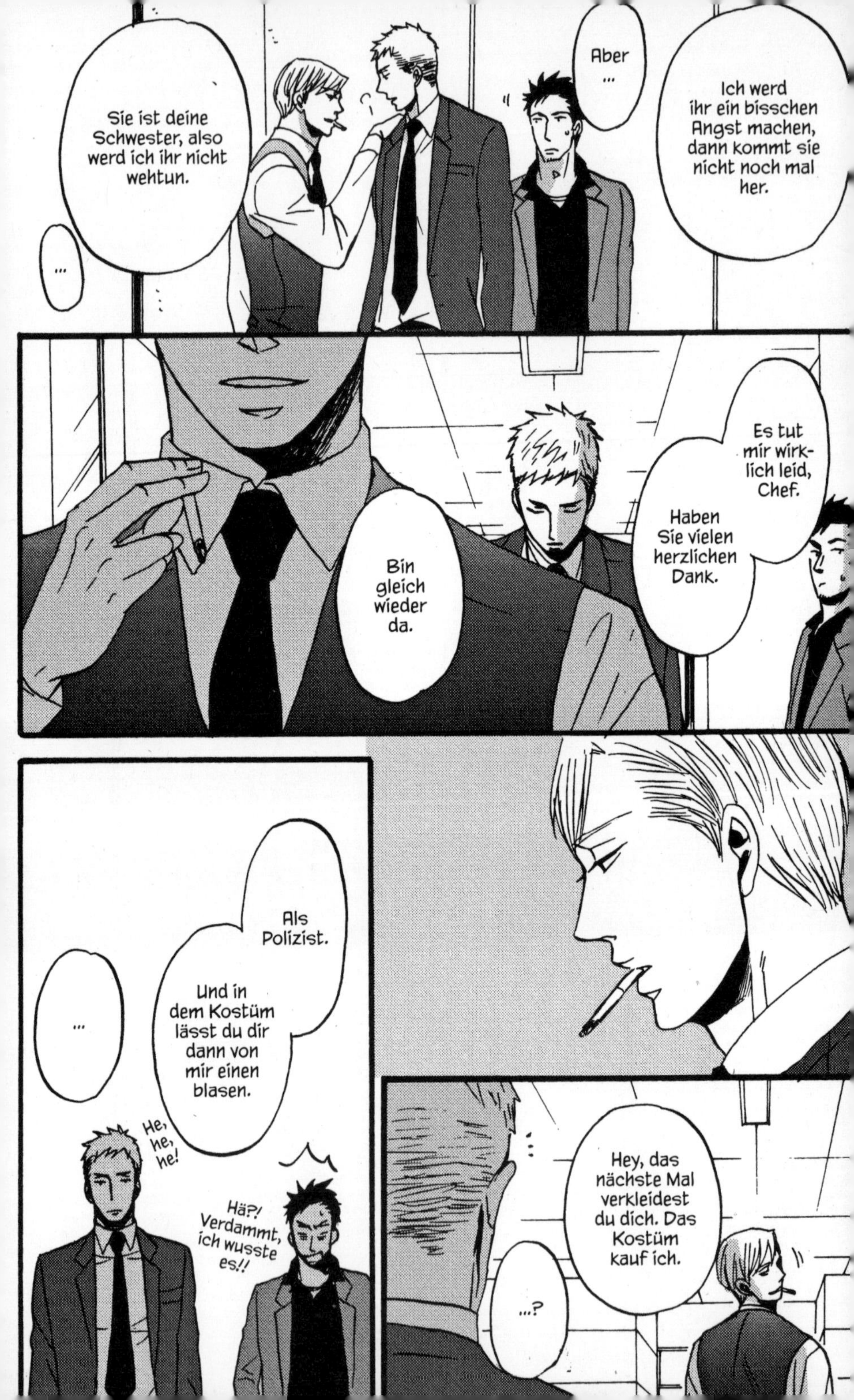
Ich werd ihr ein bisschen Angst machen, dann kommt sie nicht noch mal her.
Aber ...
Sie ist deine Schwester, also werd ich ihr nicht wehtun.
...
Es tut mir wirklich leid, Chef.
Haben Sie vielen herzlichen Dank.
Bin gleich wieder da.
Hey, das nächste Mal verkleidest du dich. Das Kostüm kauf ich.
...?
Als Polizist.
Und in dem Kostüm lässt du dir dann von mir einen blasen.
...
He, he, he!
Hä?! Verdammt, ich wusste es!!

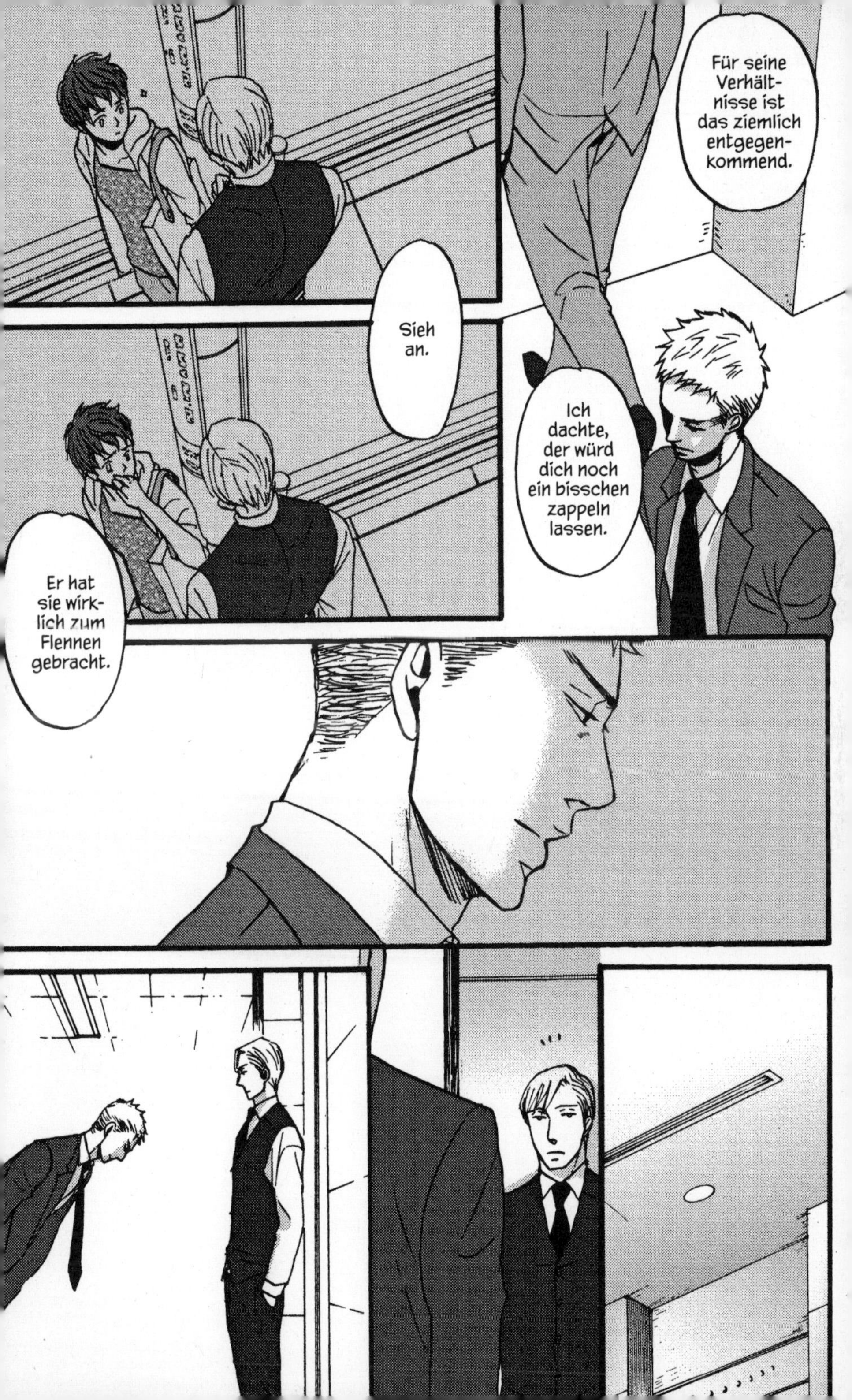
Für seine Verhält-nisse ist das ziemlich entgegen-kommend.
Sieh an.
Ich dachte, der würd dich noch ein bisschen zappeln lassen.
Er hat sie wirk-lich zum Flennen gebracht.
...

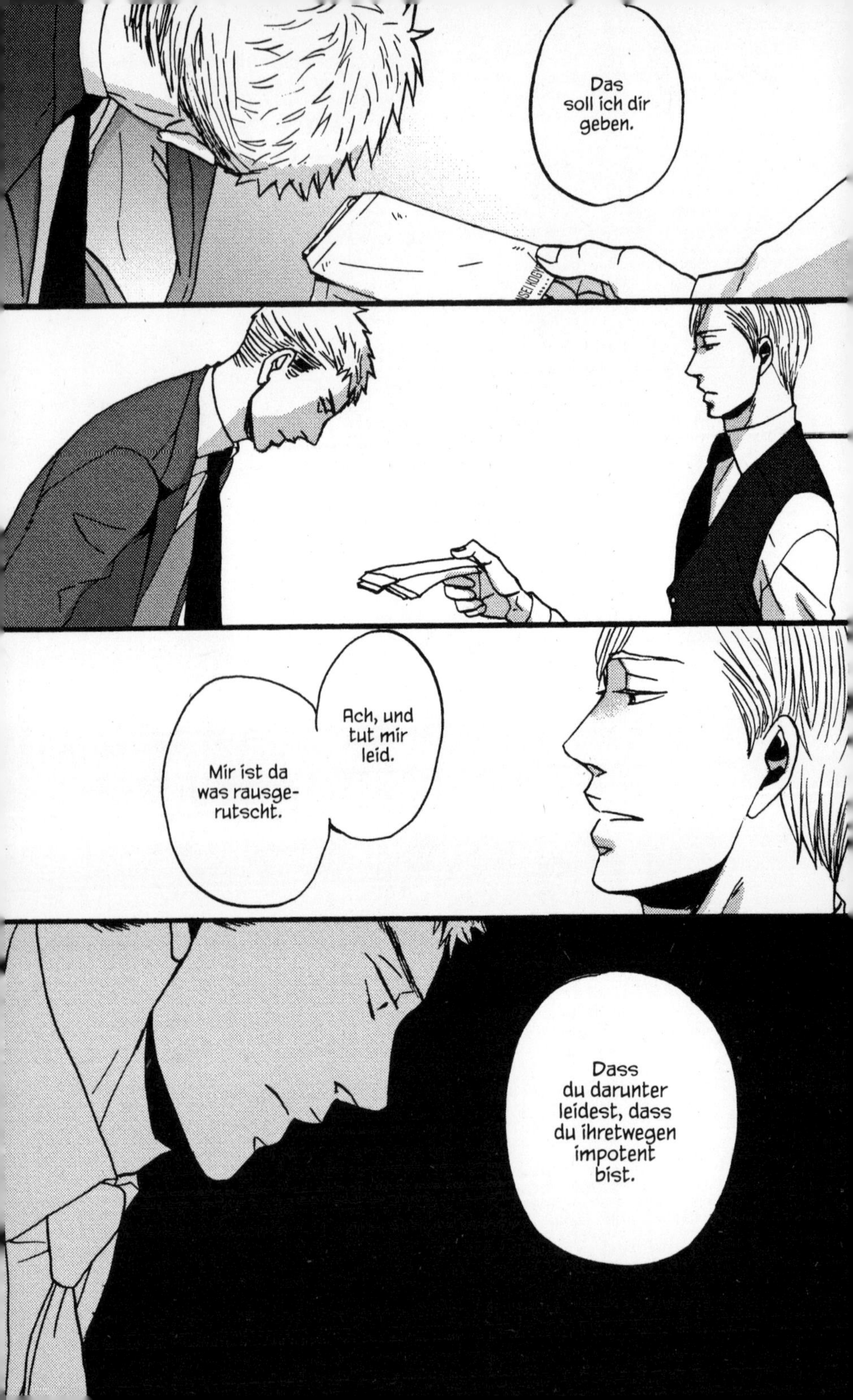
Das soll ich dir geben.
Ach, und tut mir leid.
Mir ist da was rausgerutscht.
Dass du darunter leidest, dass du ihretwegen impotent bist.

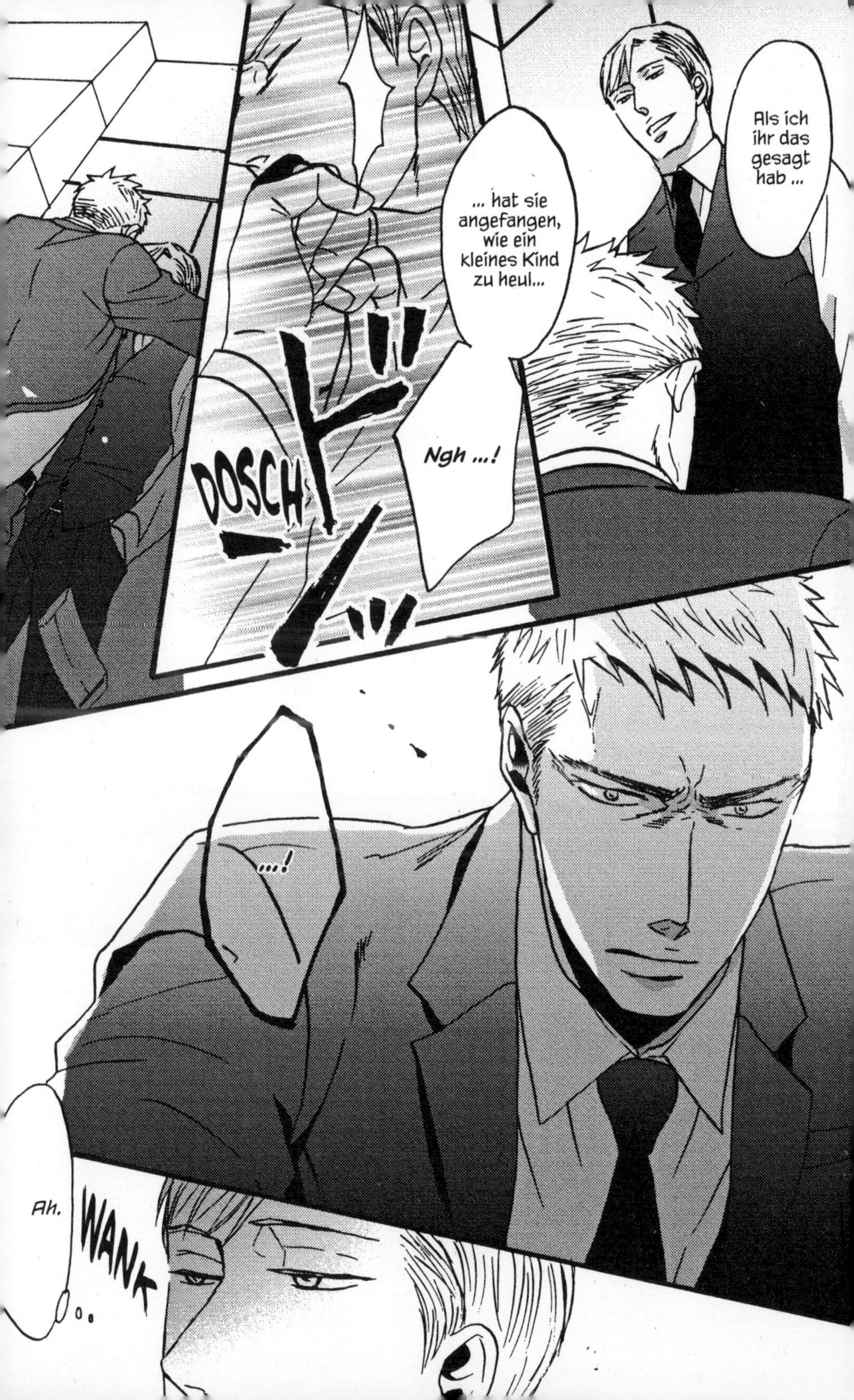
Als ich ihr das gesagt hab ...
... hat sie angefangen, wie ein kleines Kind zu heul...
Ngh ...!
DOSCH
...!
WANK
Ah.

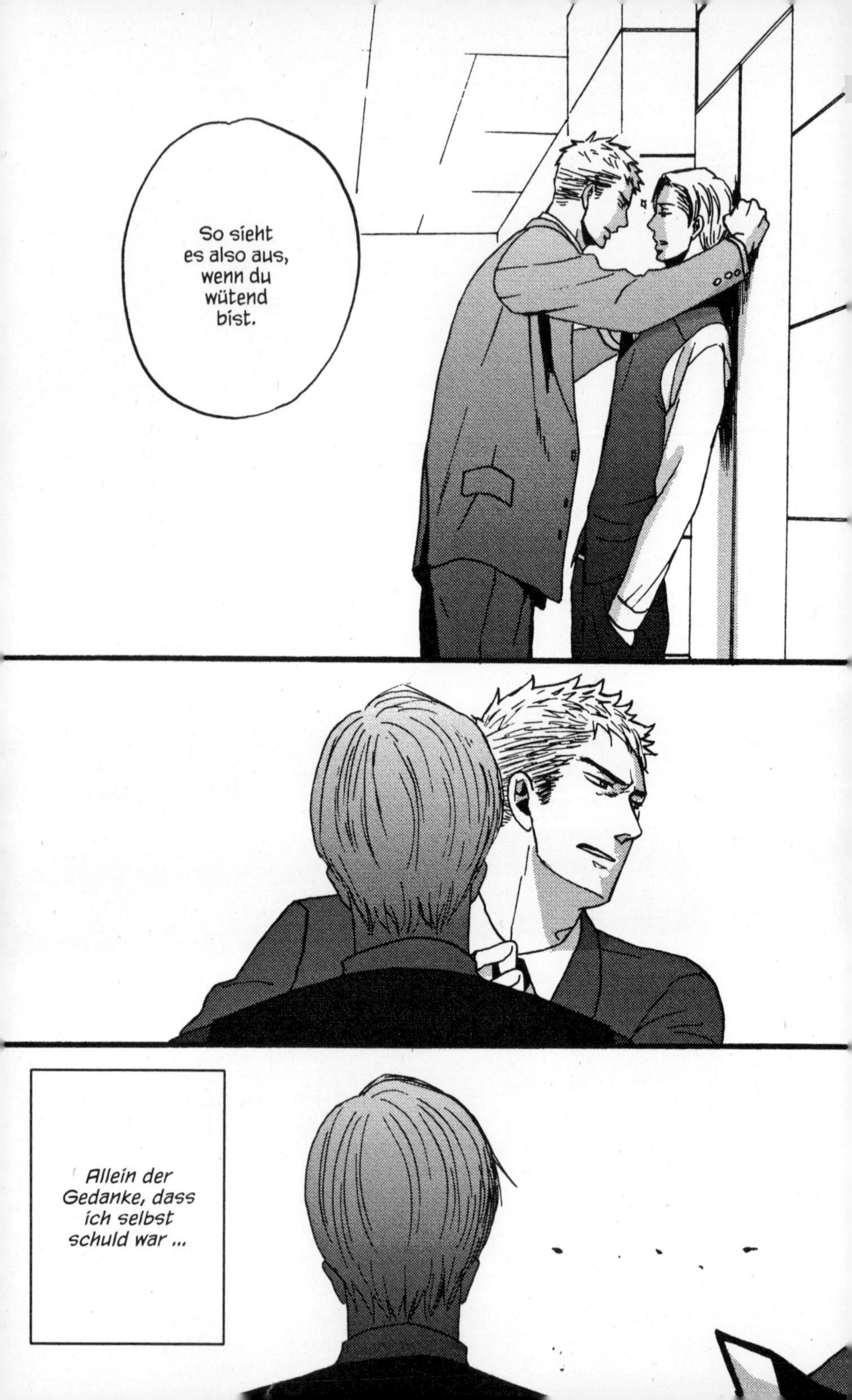
So sieht es also aus, wenn du wütend bist.
Allein der Gedanke, dass ich selbst schuld war ...

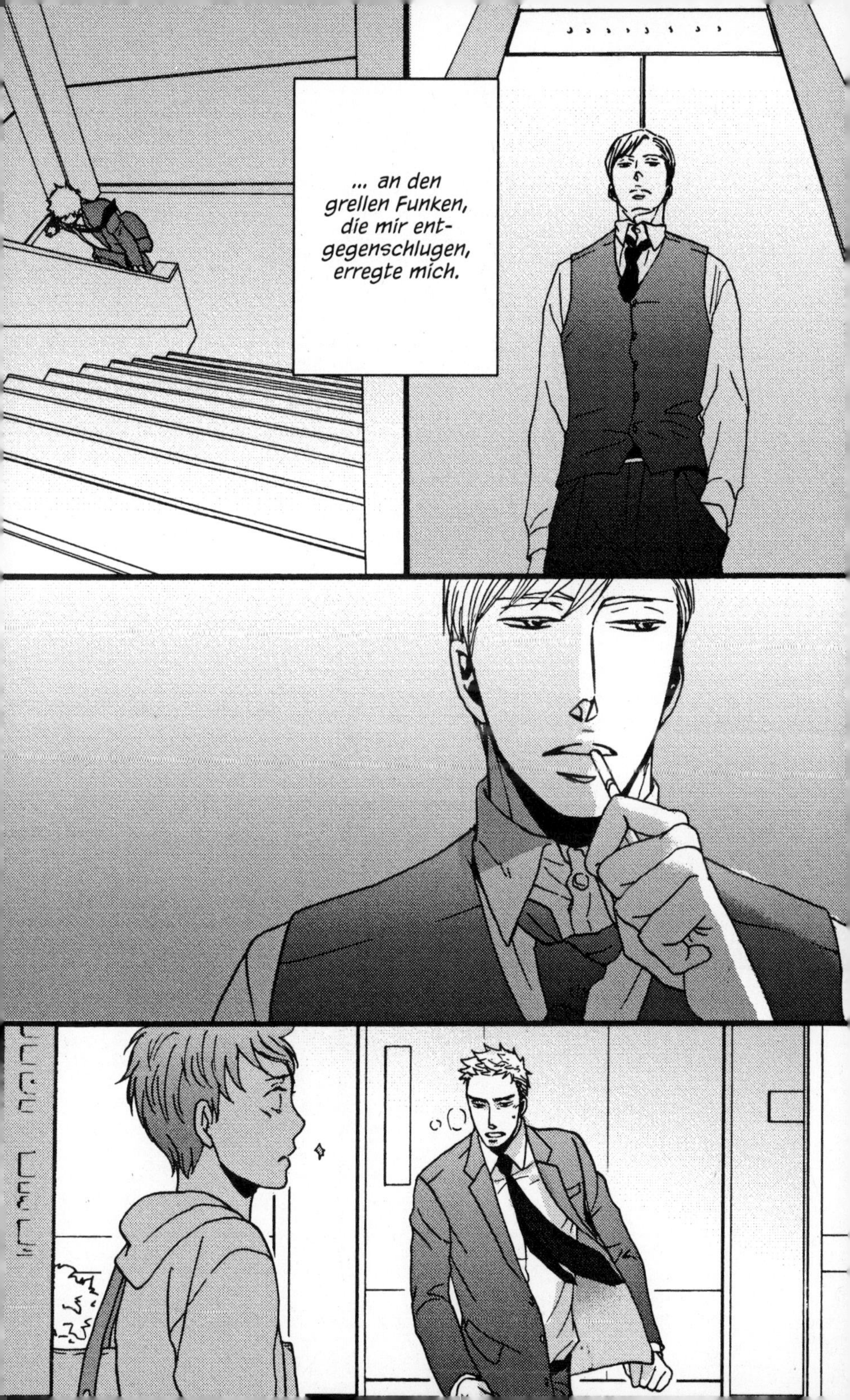
... an den grellen Funken, die mir entgegenschlugen, erregte mich.

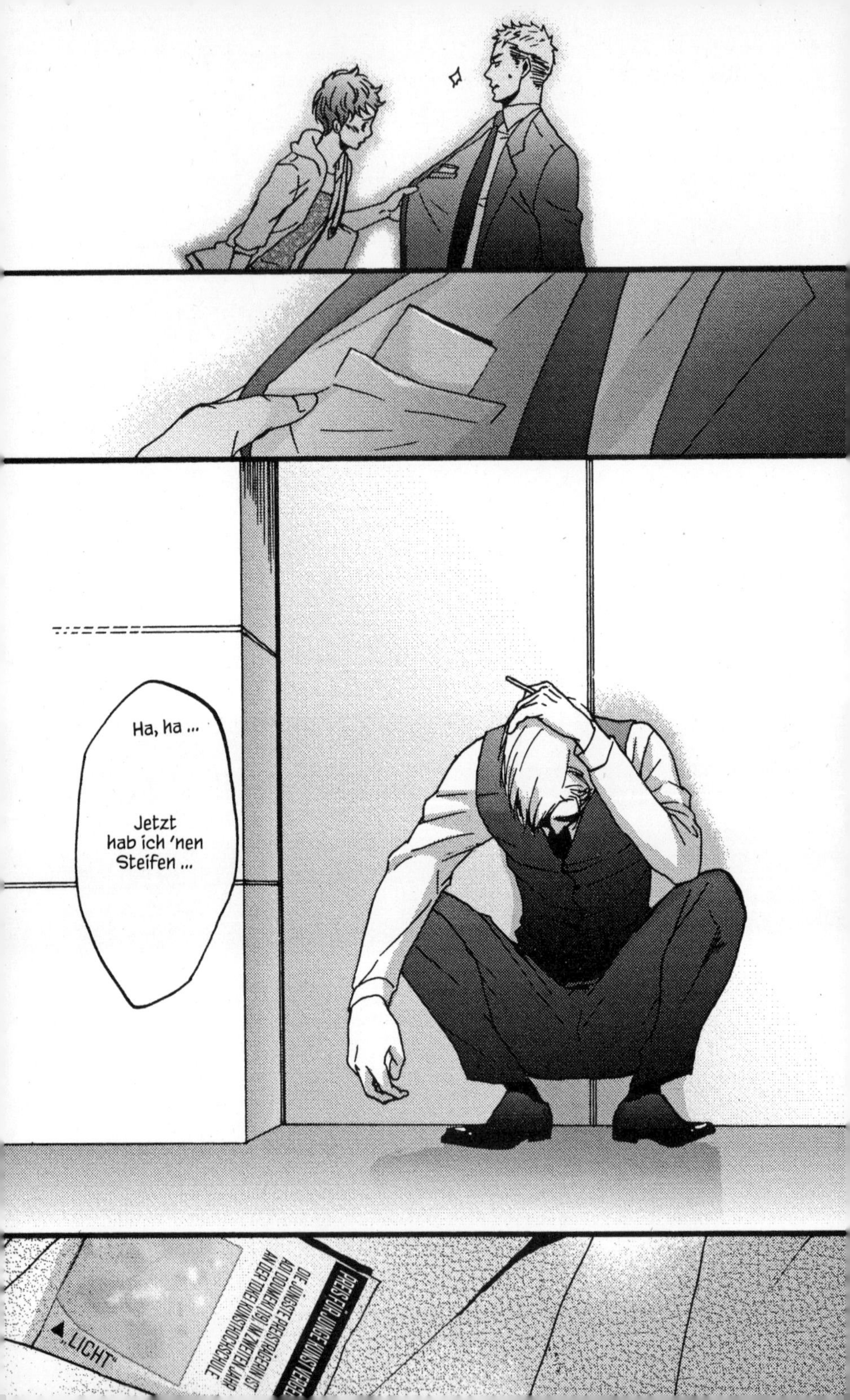

Ha, ha ...
Jetzt hab ich 'nen Steifen ...
PREIS FÜR JUNGE KUNST
DIE JÜNGSTE PREISTRÄGERIN IST AOI DOUMEKI (19) IM ZWEITEN JAHR AN DER TOKEI KUNSTHOCHSCHULE
▲„LICHT"

Twittering Birds Never Fly

Kapitel 3

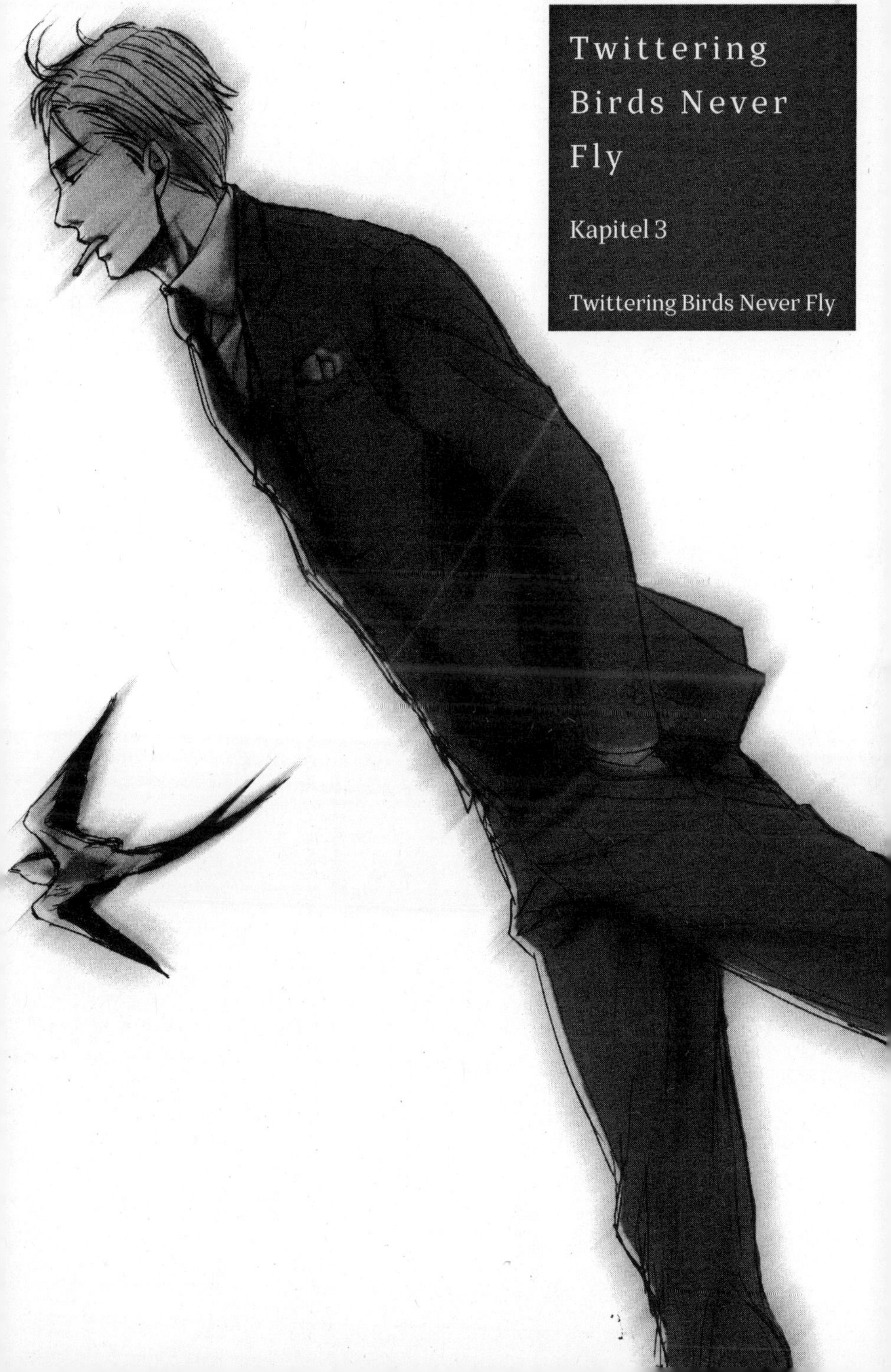

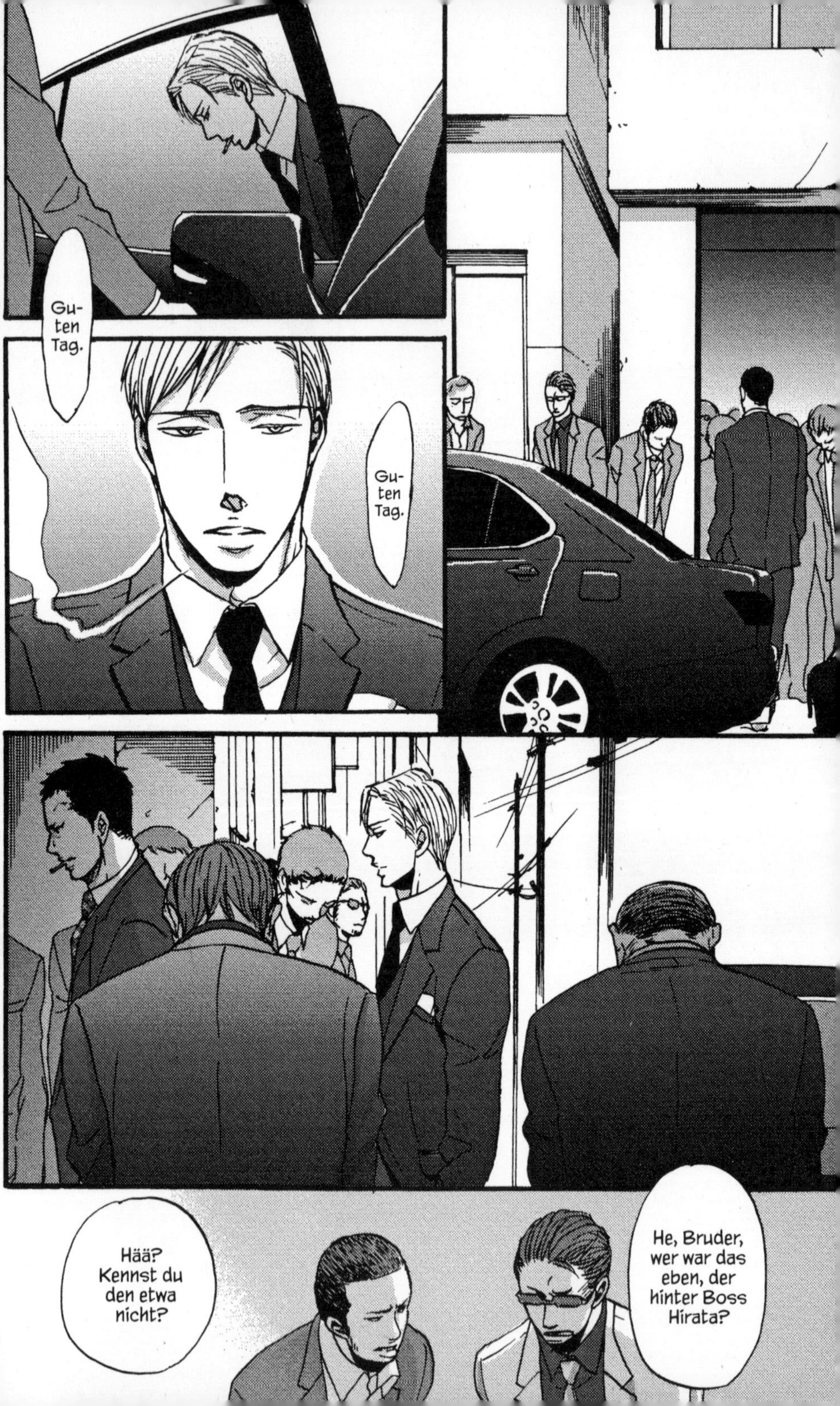

Guten Tag.
Guten Tag.
He, Bruder, wer war das eben, der hinter Boss Hirata?
Hää? Kennst du den etwa nicht?

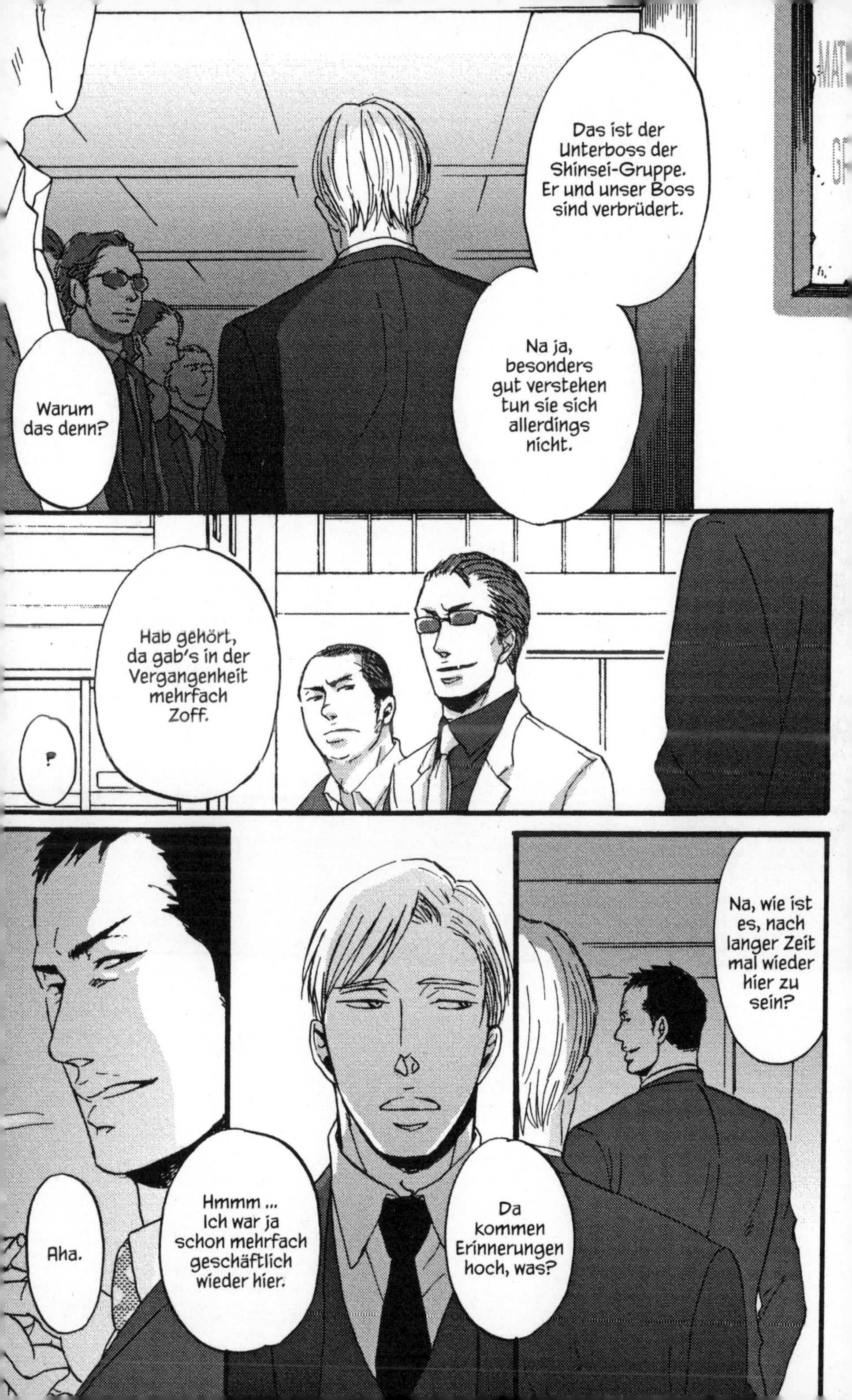

Das ist der Unterboss der Shinsei-Gruppe. Er und unser Boss sind verbrüdert.
Na ja, besonders gut verstehen tun sie sich allerdings nicht.
Warum das denn?
Hab gehört, da gab's in der Vergangenheit mehrfach Zoff.
?
Na, wie ist es, nach langer Zeit mal wieder hier zu sein?
Da kommen Erinnerungen hoch, was?
Hmmm ... Ich war ja schon mehrfach geschäftlich wieder hier.
Aha.

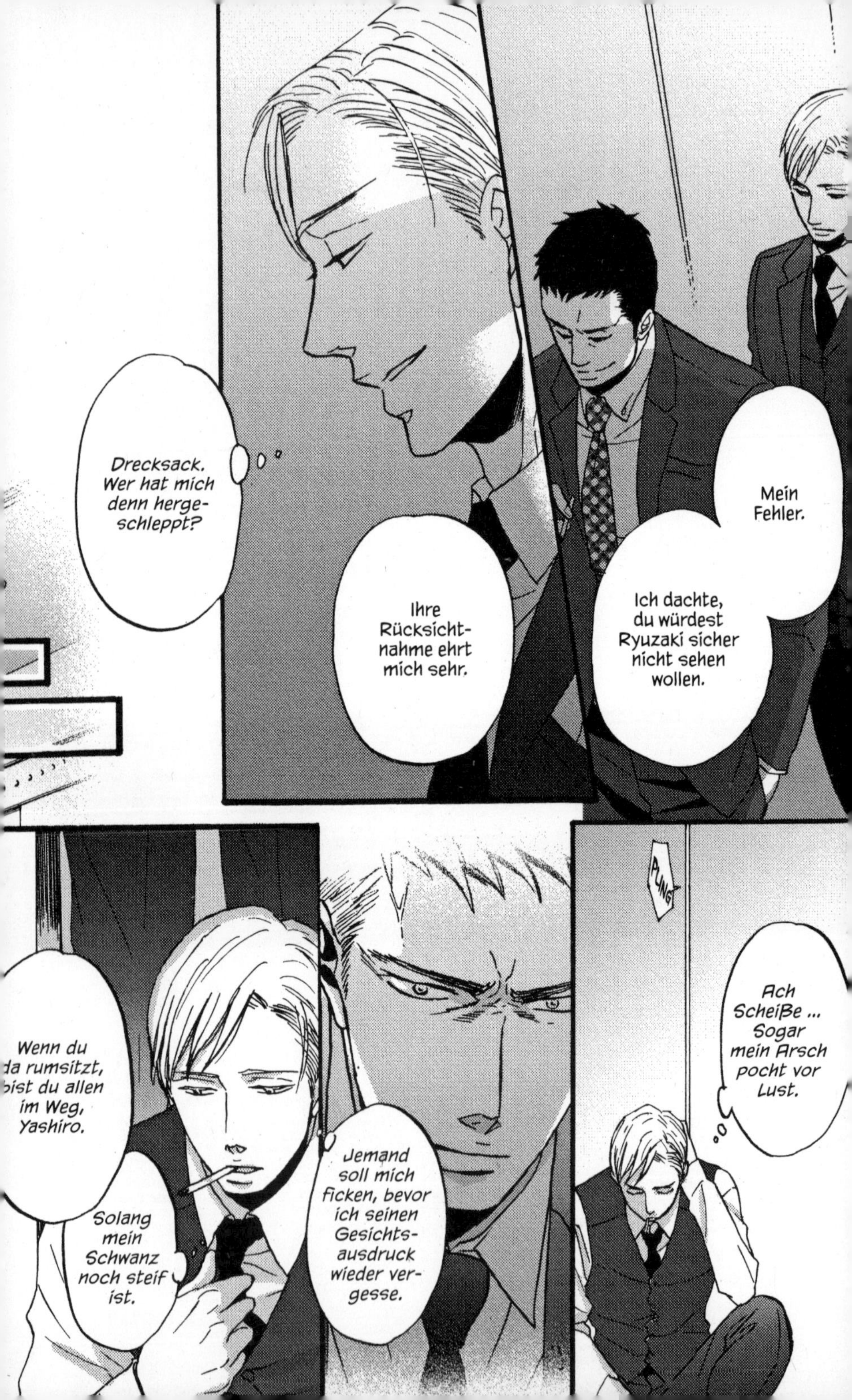
Mein Fehler.
Ich dachte, du würdest Ryuzaki sicher nicht sehen wollen.
Ihre Rücksichtnahme ehrt mich sehr.
Drecksack. Wer hat mich denn hergeschleppt?
PLING
Ach Scheiße ... Sogar mein Arsch pocht vor Lust.
Jemand soll mich ficken, bevor ich seinen Gesichtsausdruck wieder vergesse.
Wenn du da rumsitzt, bist du allen im Weg, Yashiro.
Solang mein Schwanz noch steif ist.

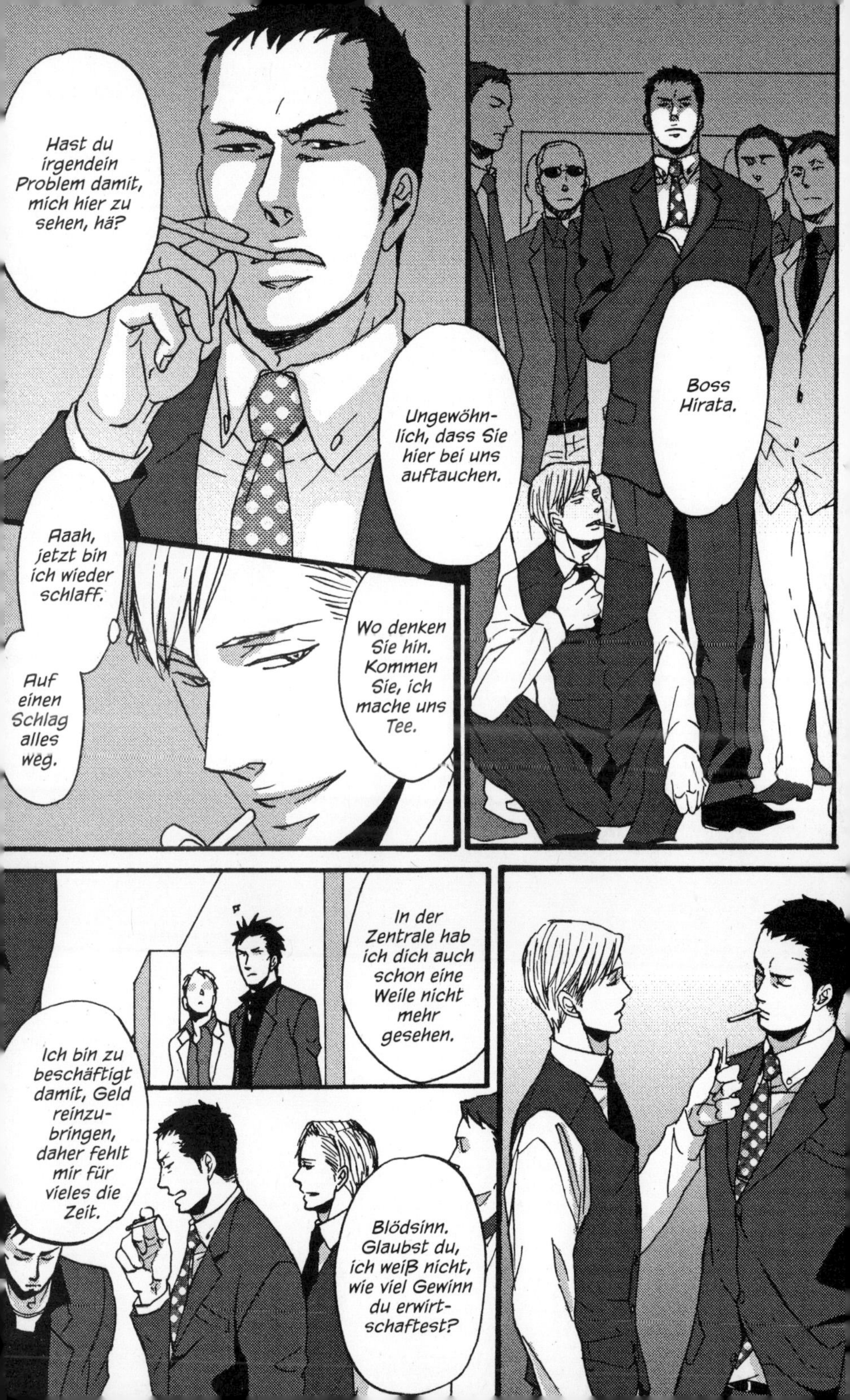
Boss Hirata.
Ungewöhnlich, dass Sie hier bei uns auftauchen.
Hast du irgendein Problem damit, mich hier zu sehen, hä?
Wo denken Sie hin. Kommen Sie, ich mache uns Tee.
Aaah, jetzt bin ich wieder schlaff.
Auf einen Schlag alles weg.
In der Zentrale hab ich dich auch schon eine Weile nicht mehr gesehen.
Ich bin zu beschäftigt damit, Geld reinzubringen, daher fehlt mir für vieles die Zeit.
Blödsinn. Glaubst du, ich weiß nicht, wie viel Gewinn du erwirtschaftest?

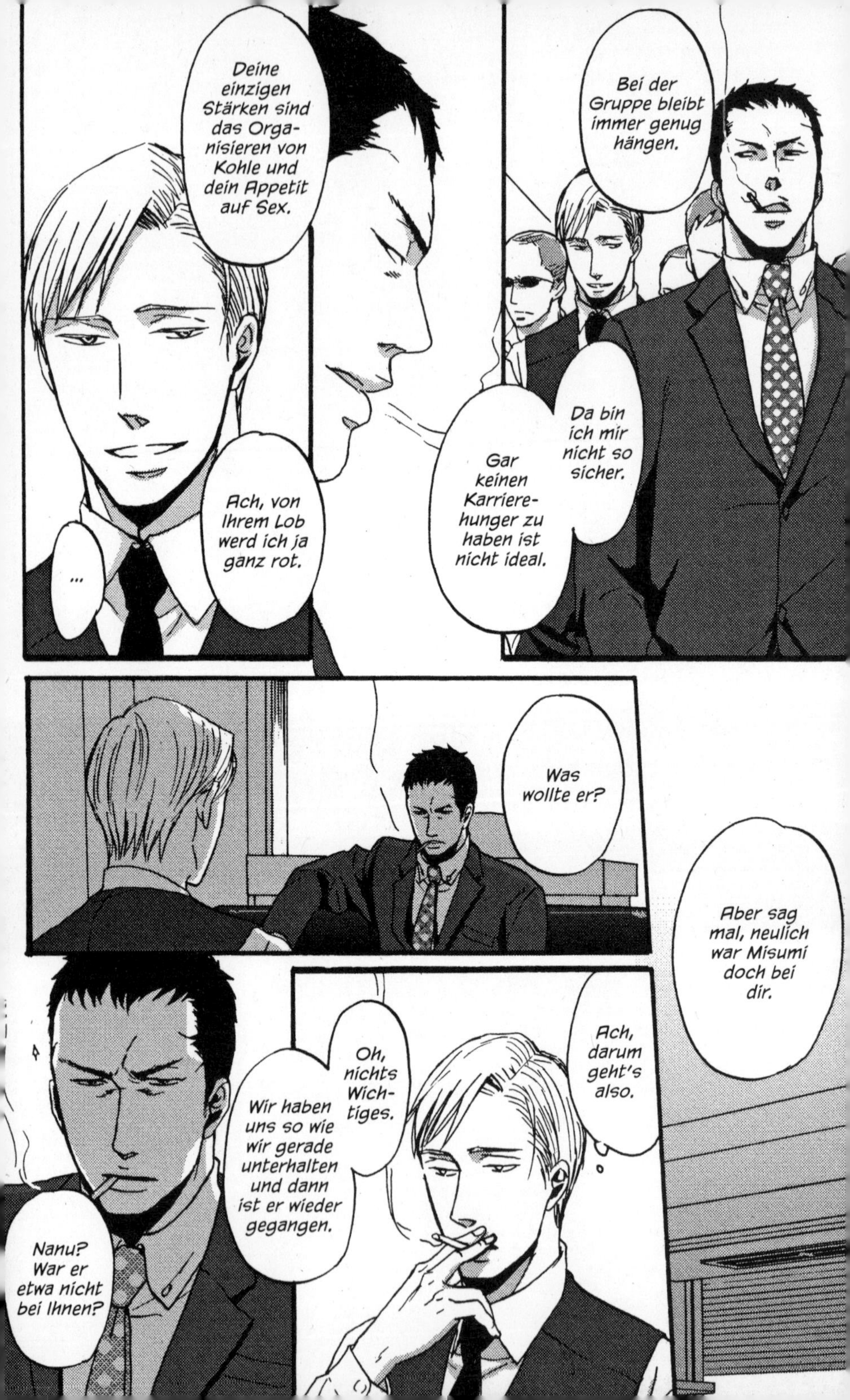
Bei der Gruppe bleibt immer genug hängen.
Da bin ich mir nicht so sicher.
Gar keinen Karrierehunger zu haben ist nicht ideal.
Deine einzigen Stärken sind das Organisieren von Kohle und dein Appetit auf Sex.
Ach, von Ihrem Lob werd ich ja ganz rot.
...
Was wollte er?
Aber sag mal, neulich war Misumi doch bei dir.
Ach, darum geht's also.
Oh, nichts Wichtiges.
Wir haben uns so wie wir gerade unterhalten und dann ist er wieder gegangen.
Nanu? War er etwa nicht bei Ihnen?

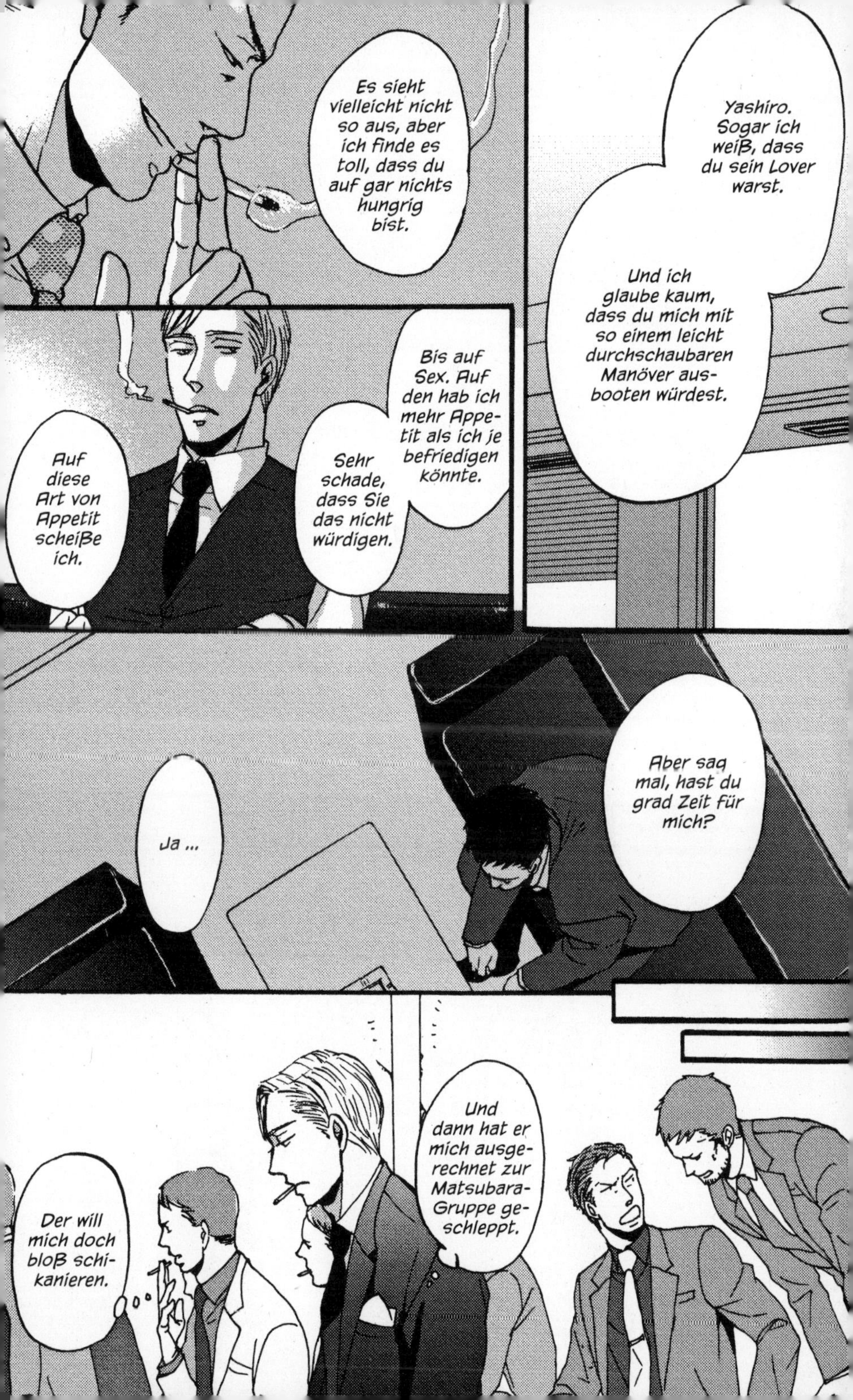
Yashiro. Sogar ich weiß, dass du sein Lover warst.
Und ich glaube kaum, dass du mich mit so einem leicht durchschaubaren Manöver aus-booten würdest.
Es sieht vielleicht nicht so aus, aber ich finde es toll, dass du auf gar nichts hungrig bist.
Bis auf Sex. Auf den hab ich mehr Appe-tit als ich je befriedigen könnte.
Sehr schade, dass Sie das nicht würdigen.
Auf diese Art von Appetit scheiße ich.
Aber sag mal, hast du grad Zeit für mich?
Ja ...
Und dann hat er mich ausge-rechnet zur Matsubara-Gruppe ge-schleppt.
Der will mich doch bloß schi-kanieren.

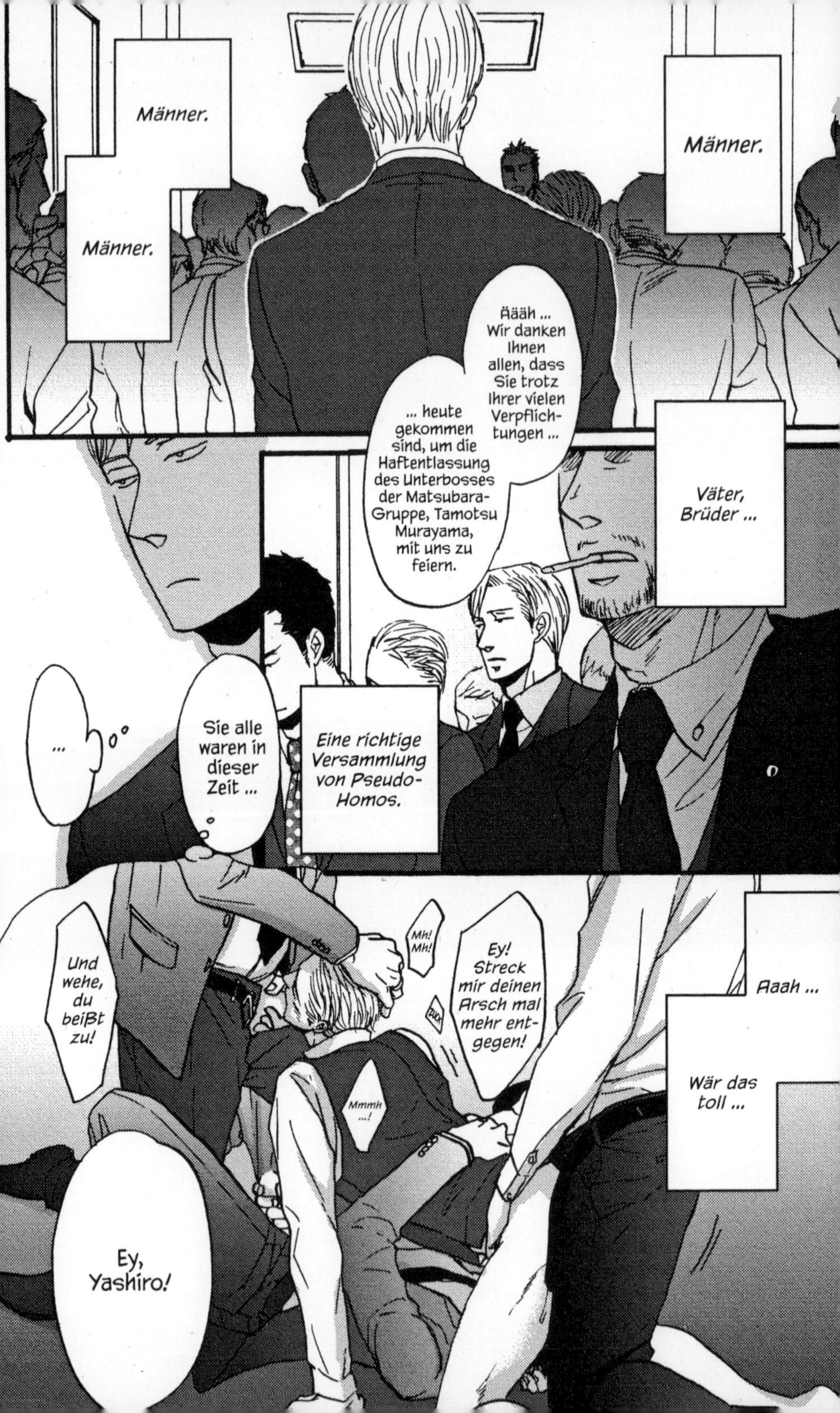

Männer.
Männer.
Männer.
Äääh ... Wir danken Ihnen allen, dass Sie trotz Ihrer vielen Verpflichtungen ...
... heute gekommen sind, um die Haftentlassung des Unterbosses der Matsubara-Gruppe, Tamotsu Murayama, mit uns zu feiern.
Väter, Brüder ...
Eine richtige Versammlung von Pseudo-Homos.
Sie alle waren in dieser Zeit ...
...
Aaah ...
Wär das toll ...
Ey! Streck mir deinen Arsch mal mehr entgegen!
Mh! Mh!
Mmmh ...!
Und wehe, du beißt zu!
Ey, Yashiro!

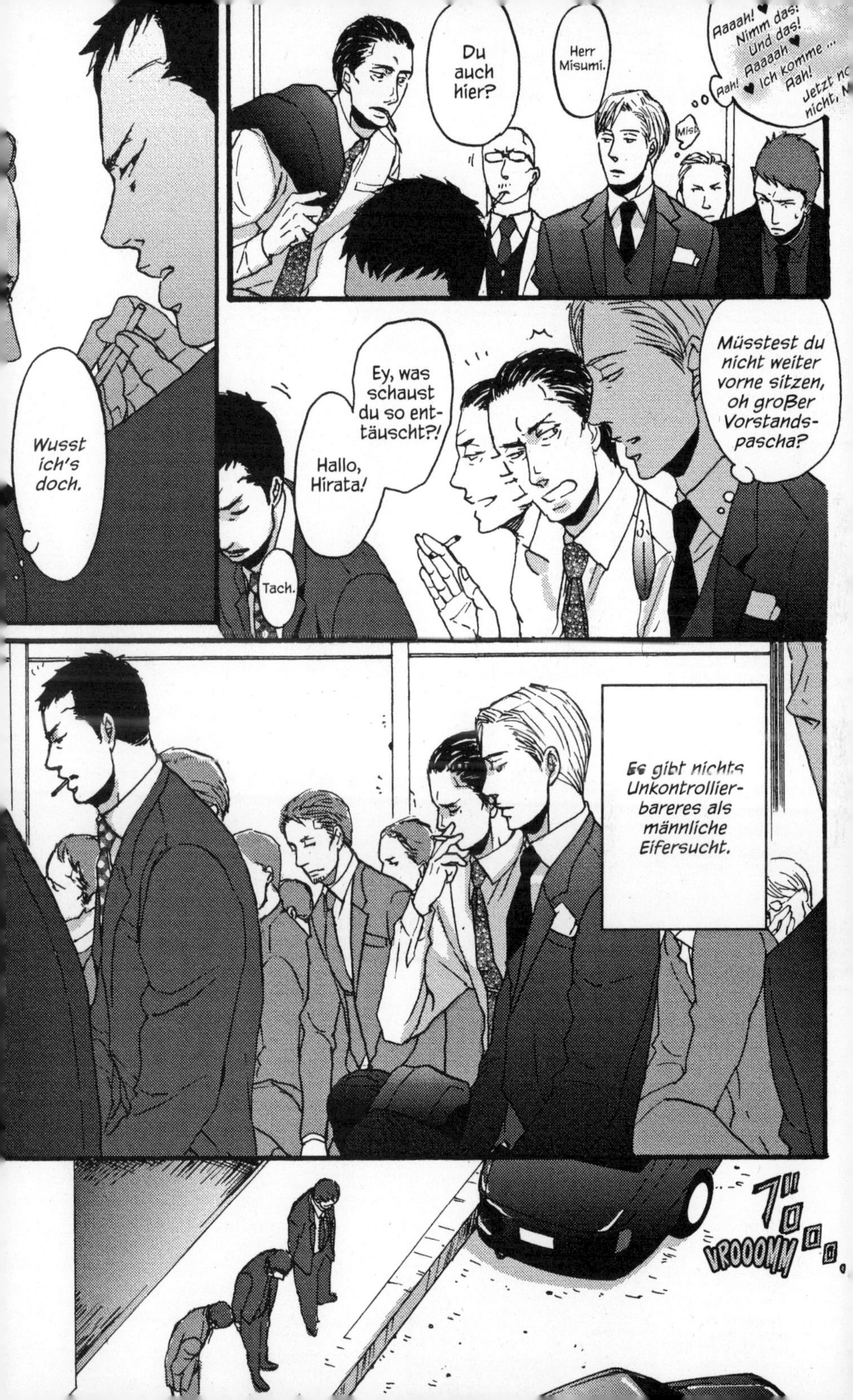
Raaaah! Nimm das! Und das! Raaaah Rah! Ich komme ... Rah!
Jetzt
nicht,
Mist.
Herr Misumi.
Du auch hier?
Wusst ich's doch.
Müsstest du nicht weiter vorne sitzen, oh großer Vorstands-pascha?
Ey, was schaust du so ent-täuscht?!
Hallo, Hirata!
Tach.
Es gibt nichts Unkontrollier-bareres als männliche Eifersucht.
VROOOMM

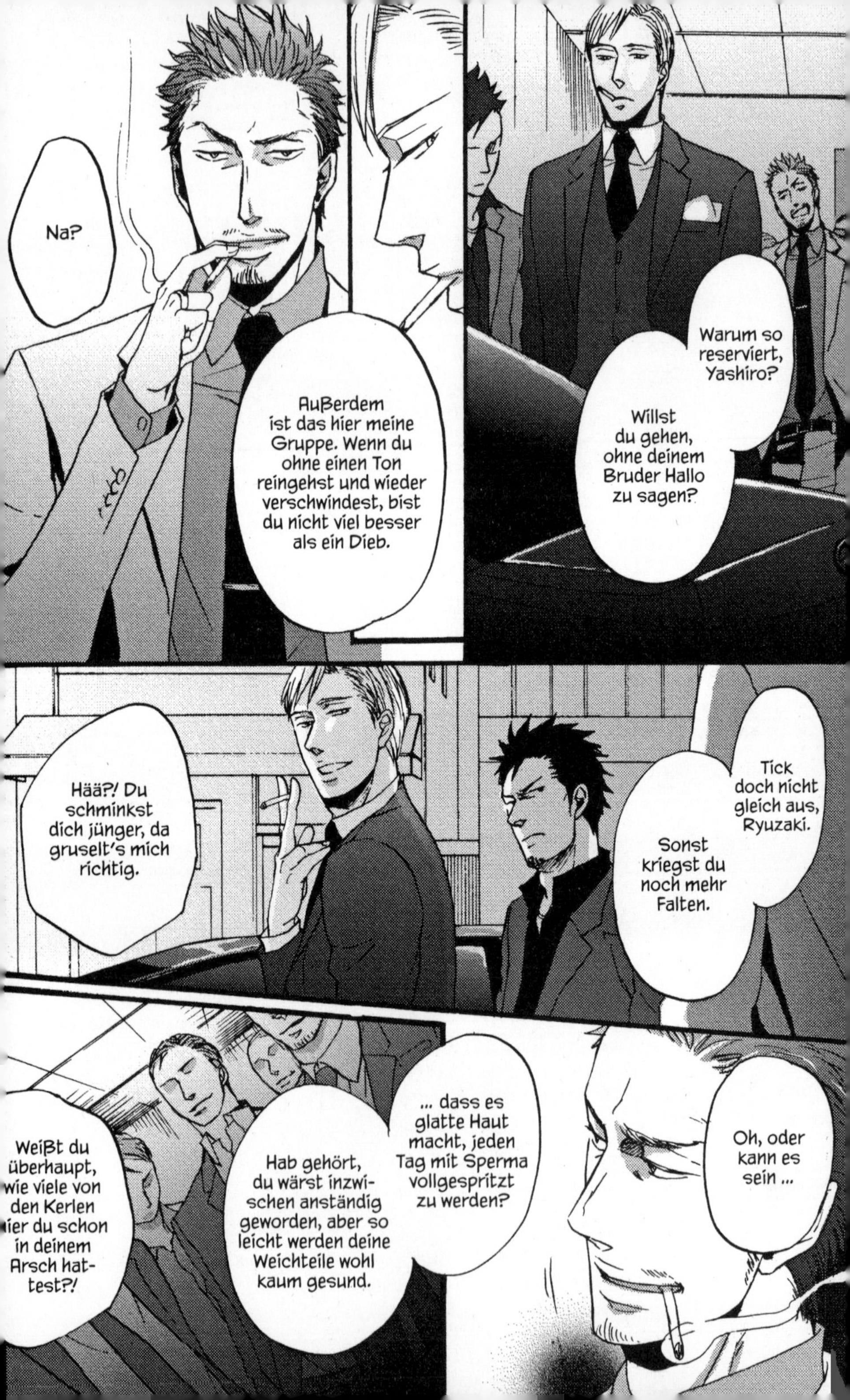
Warum so reserviert, Yashiro?
Willst du gehen, ohne deinem Bruder Hallo zu sagen?
Außerdem ist das hier meine Gruppe. Wenn du ohne einen Ton reingehst und wieder verschwindest, bist du nicht viel besser als ein Dieb.
Na?
Tick doch nicht gleich aus, Ryuzaki.
Sonst kriegst du noch mehr Falten.
Hää?! Du schminkst dich jünger, da gruselt's mich richtig.
Oh, oder kann es sein ...
... dass es glatte Haut macht, jeden Tag mit Sperma vollgespritzt zu werden?
Hab gehört, du wärst inzwischen anständig geworden, aber so leicht werden deine Weichteile wohl kaum gesund.
Weißt du überhaupt, wie viele von den Kerlen ier du schon in deinem Arsch hattest?!

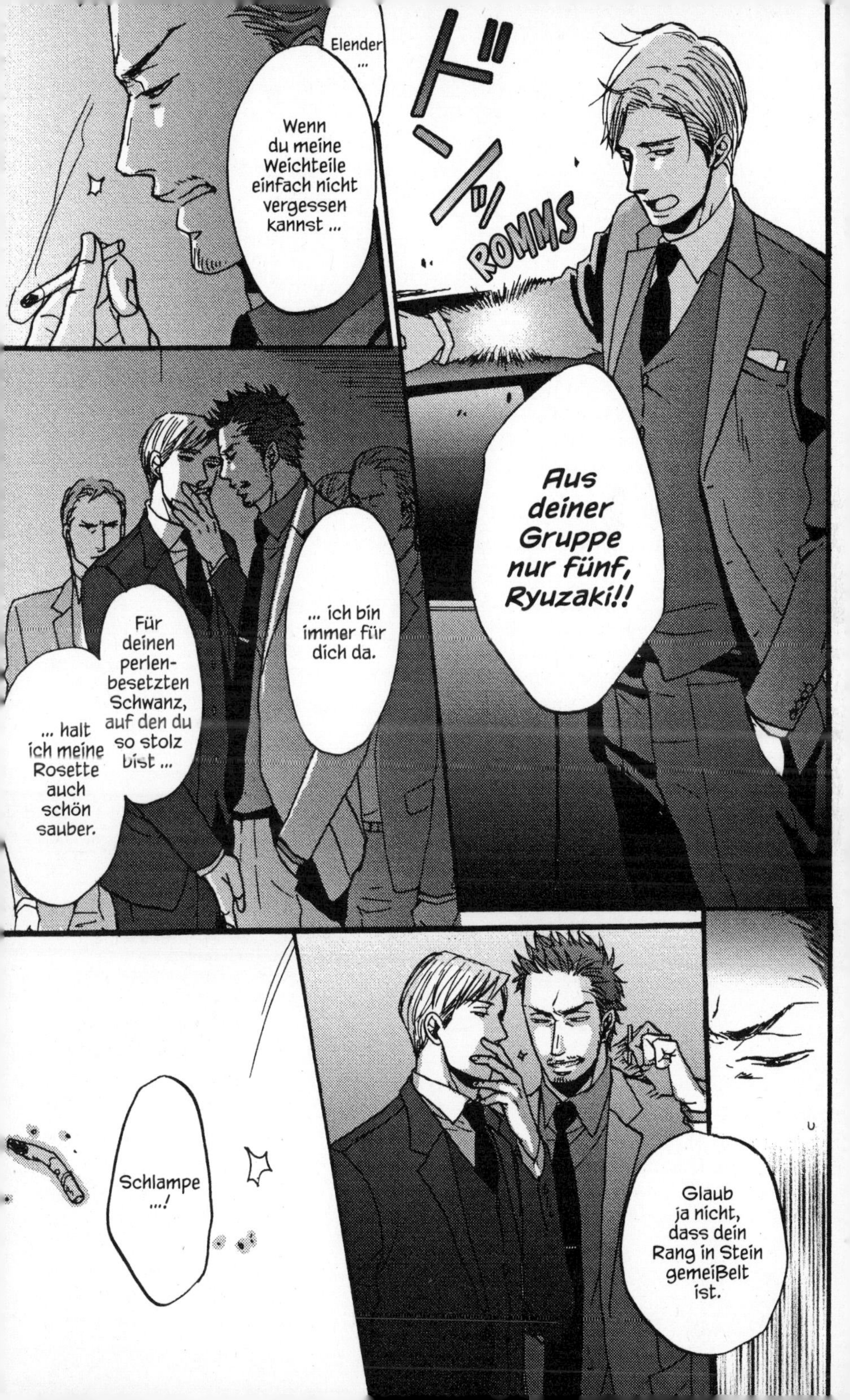

ROMMS
Aus deiner Gruppe nur fünf, Ryuzaki!!
Elender ...
Wenn du meine Weichteile einfach nicht vergessen kannst ...
... ich bin immer für dich da.
Für deinen perlen-besetzten Schwanz, auf den du so stolz bist ...
... halt ich meine Rosette auch schön sauber.
Glaub ja nicht, dass dein Rang in Stein gemeißelt ist.
Schlampe ...!

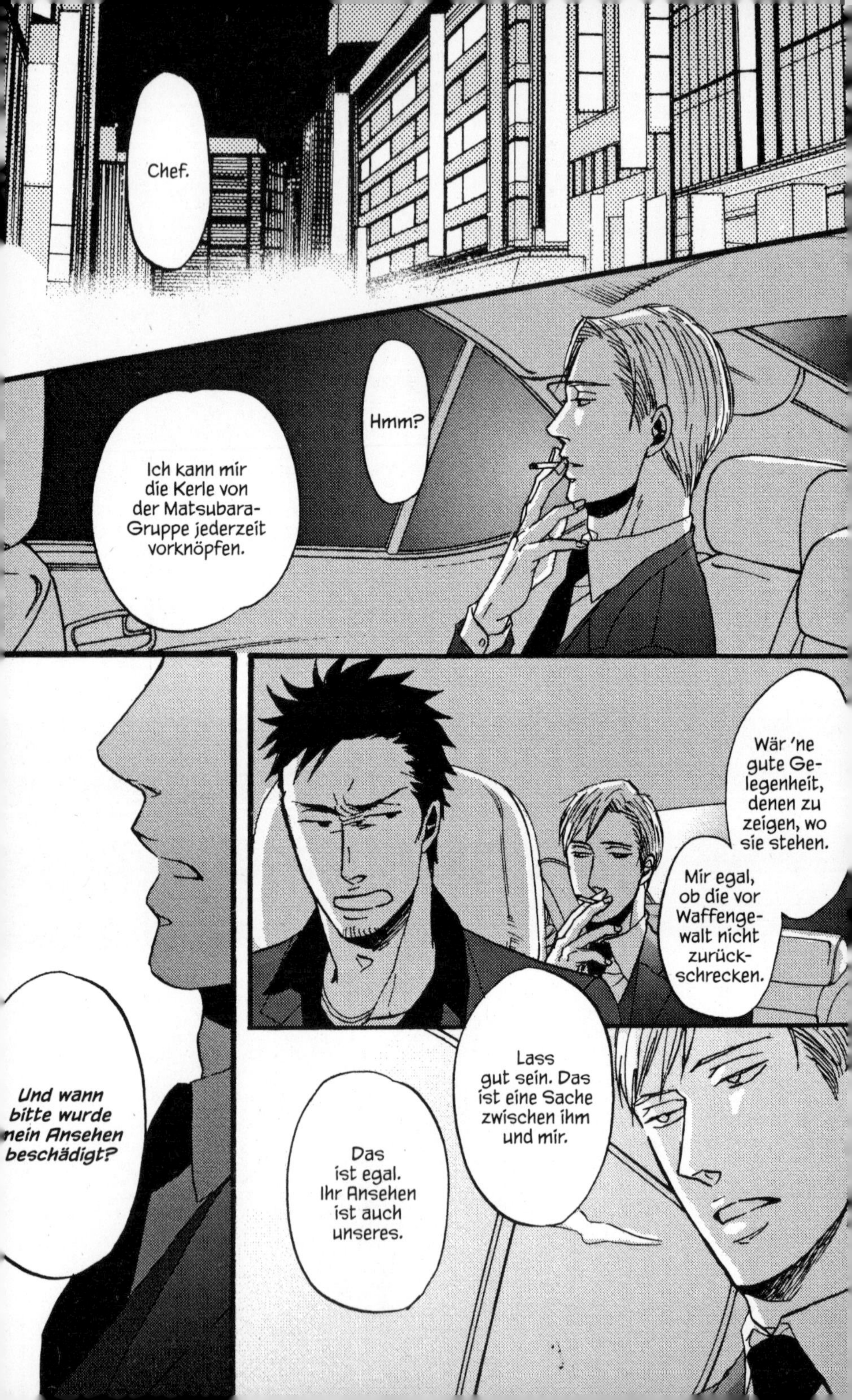
Chef.
Hmm?
Ich kann mir die Kerle von der Matsubara-Gruppe jederzeit vorknöpfen.
Wär 'ne gute Gelegenheit, denen zu zeigen, wo sie stehen.
Mir egal, ob die vor Waffengewalt nicht zurückschrecken.
Lass gut sein. Das ist eine Sache zwischen ihm und mir.
Das ist egal. Ihr Ansehen ist auch unseres.
Und wann bitte wurde nein Ansehen beschädigt?

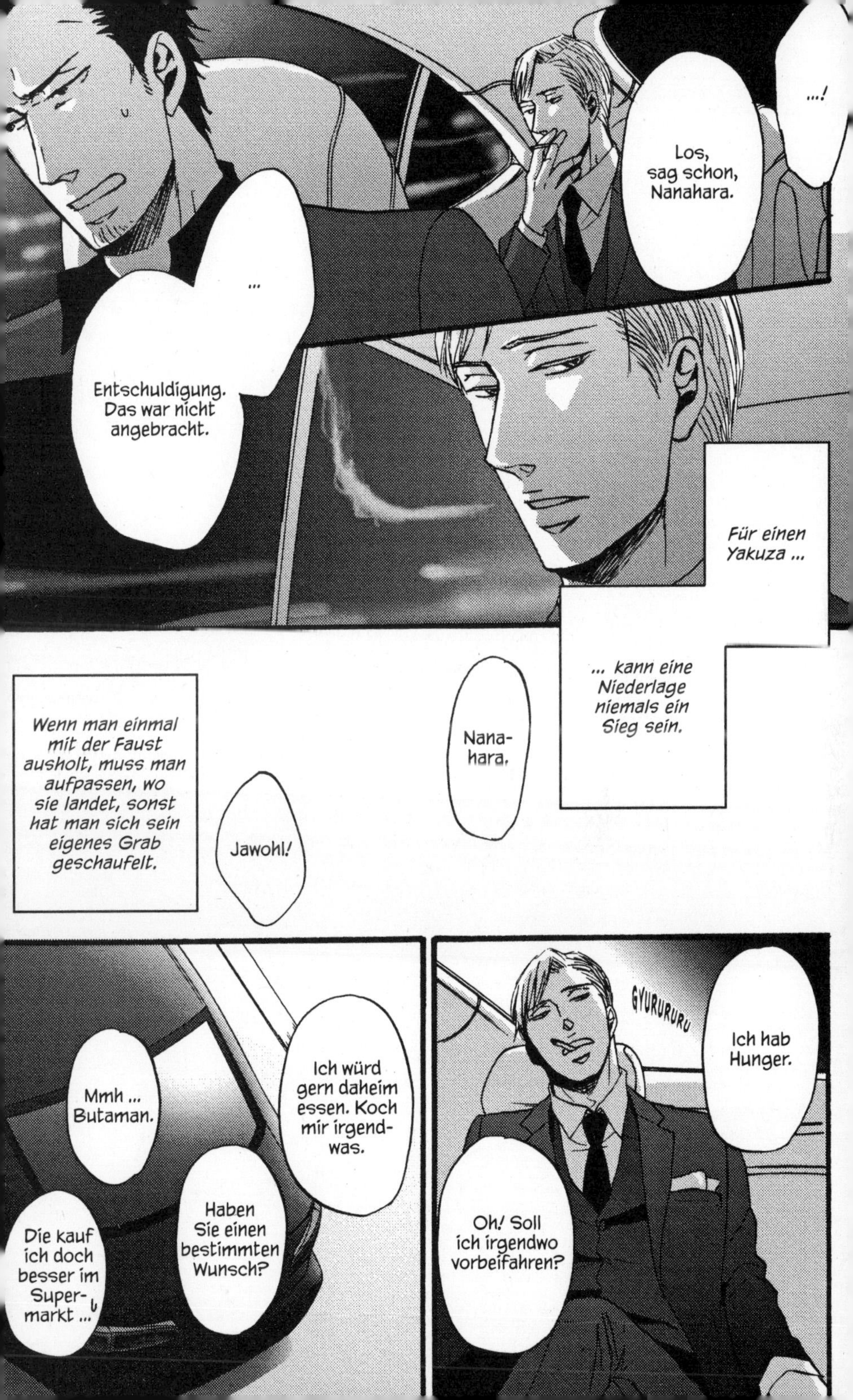
...!
Los, sag schon, Nanahara.
...
Entschuldigung. Das war nicht angebracht.
Für einen Yakuza ...
... kann eine Niederlage niemals ein Sieg sein.
Nanahara.
Jawohl!
Wenn man einmal mit der Faust ausholt, muss man aufpassen, wo sie landet, sonst hat man sich sein eigenes Grab geschaufelt.
GYURURURU
Ich hab Hunger.
Oh! Soll ich irgendwo vorbeifahren?
Ich würd gern daheim essen. Koch mir irgendwas.
Haben Sie einen bestimmten Wunsch?
Mmh ... Butaman.
Die kauf ich doch besser im Supermarkt ...

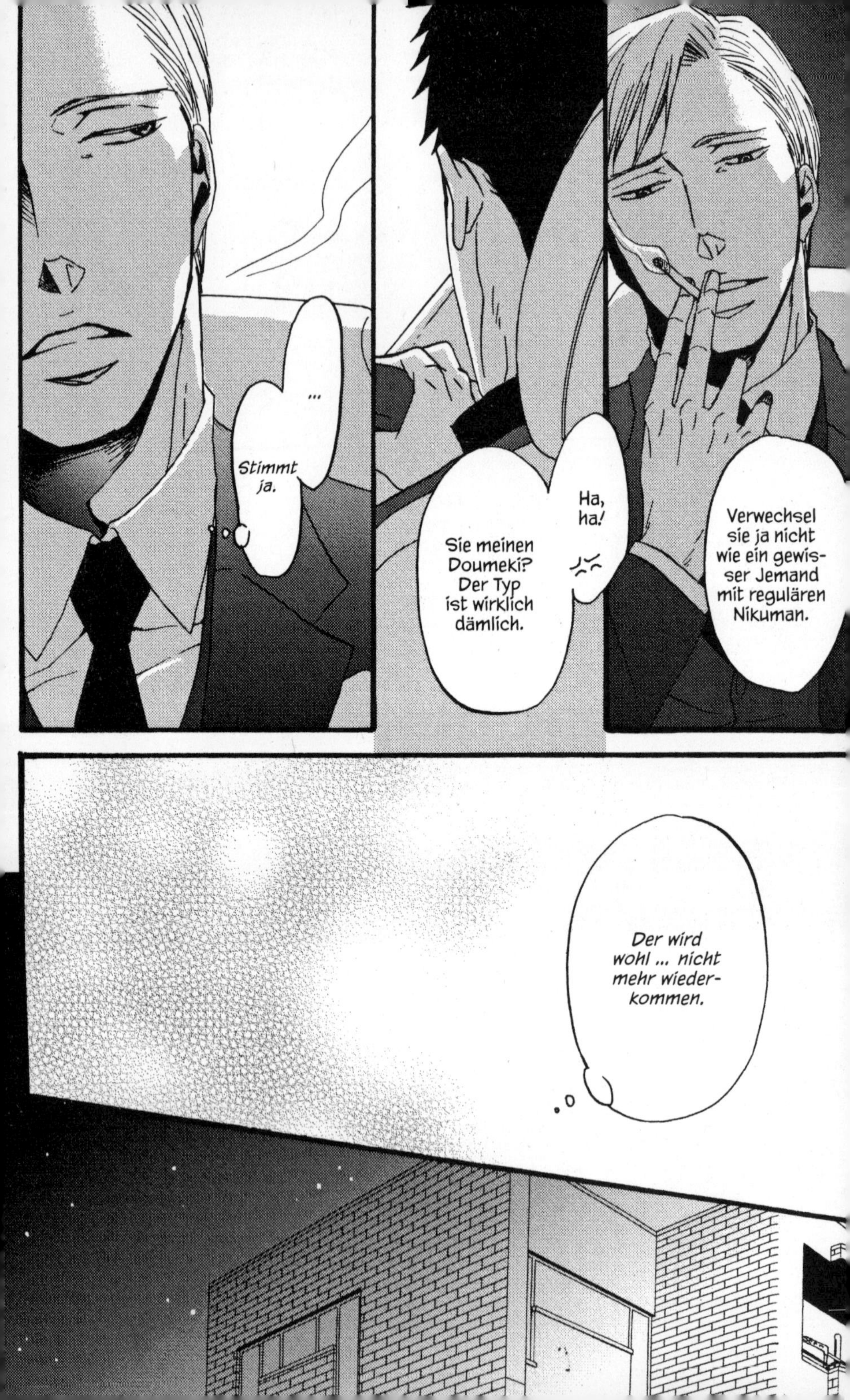
Verwechsel sie ja nicht wie ein gewisser Jemand mit regulären Nikuman.
Ha, ha!
Sie meinen Doumeki? Der Typ ist wirklich dämlich.
...
Stimmt ja.
Der wird wohl ... nicht mehr wiederkommen.

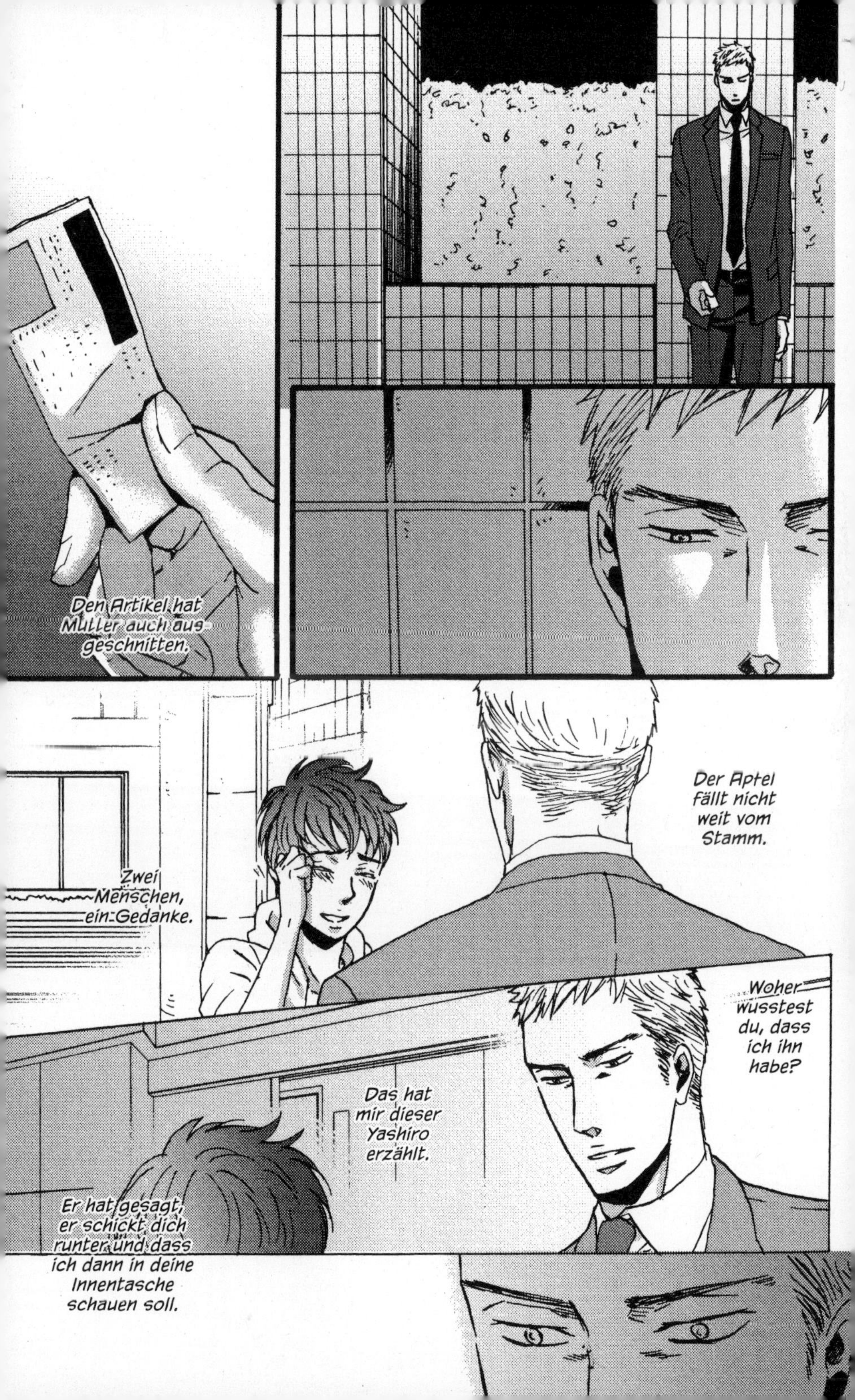
Den Artikel hat Muller auch ausgeschnitten.
Der Apfel fällt nicht weit vom Stamm.
Zwei Menschen, ein Gedanke.
Woher wusstest du, dass ich ihn habe?
Das hat mir dieser Yashiro erzählt.
Er hat gesagt, er schickt dich runter und dass ich dann in deine Innentasche schauen soll.

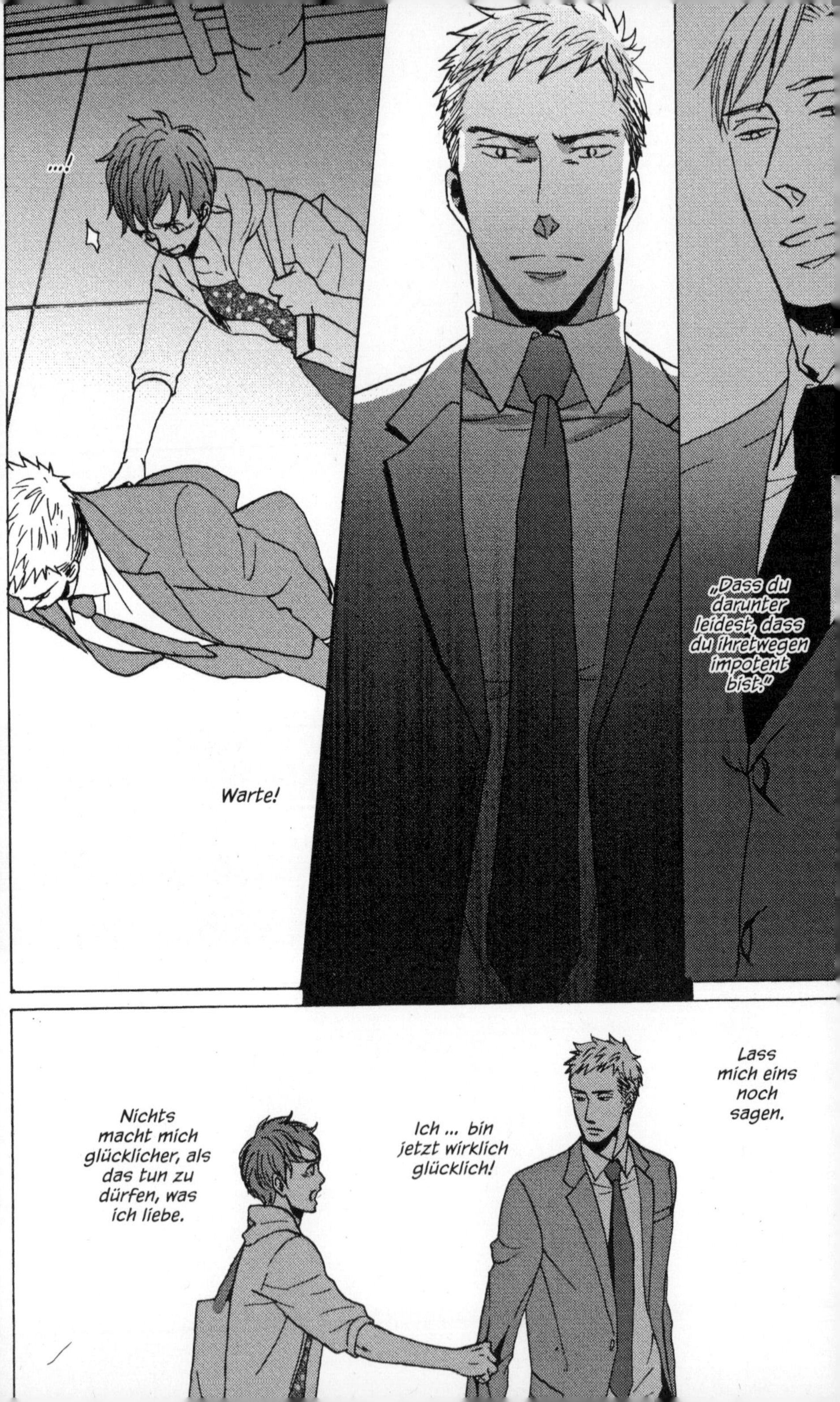
„Dass du darunter leidest, dass du ihretwegen impotent bist."
...!
Warte!
Lass mich eins noch sagen.
Ich ... bin jetzt wirklich glücklich!
Nichts macht mich glücklicher, als das tun zu dürfen, was ich liebe.

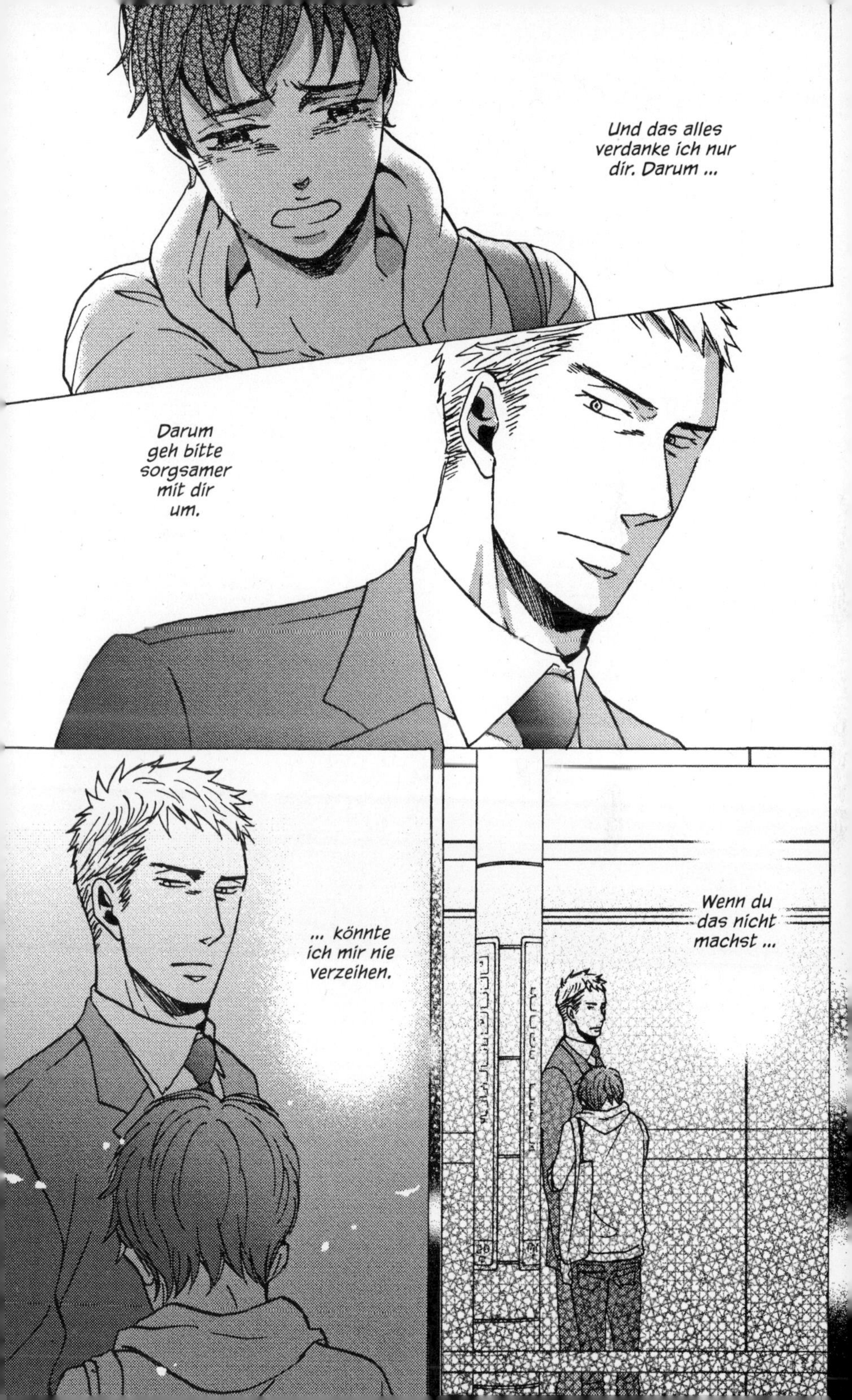
Und das alles verdanke ich nur dir. Darum ...
Darum geh bitte sorgsamer mit dir um.
Wenn du das nicht machst ...
... könnte ich mir nie verzeihen.

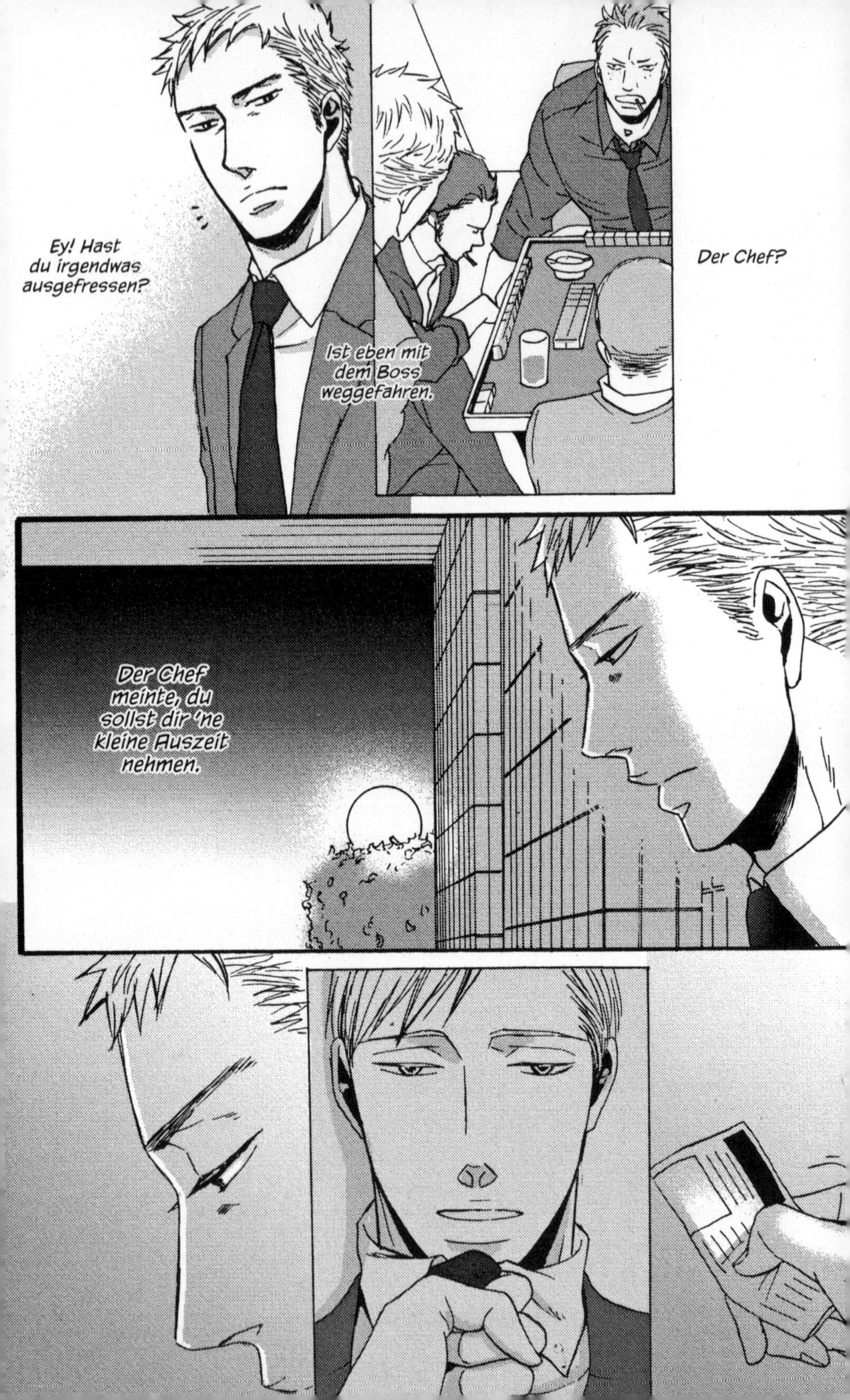
Der Chef?
Ist eben mit dem Boss weggefahren.
Ey! Hast du irgendwas ausgefressen?
Der Chef meinte, du sollst dir 'ne kleine Auszeit nehmen.

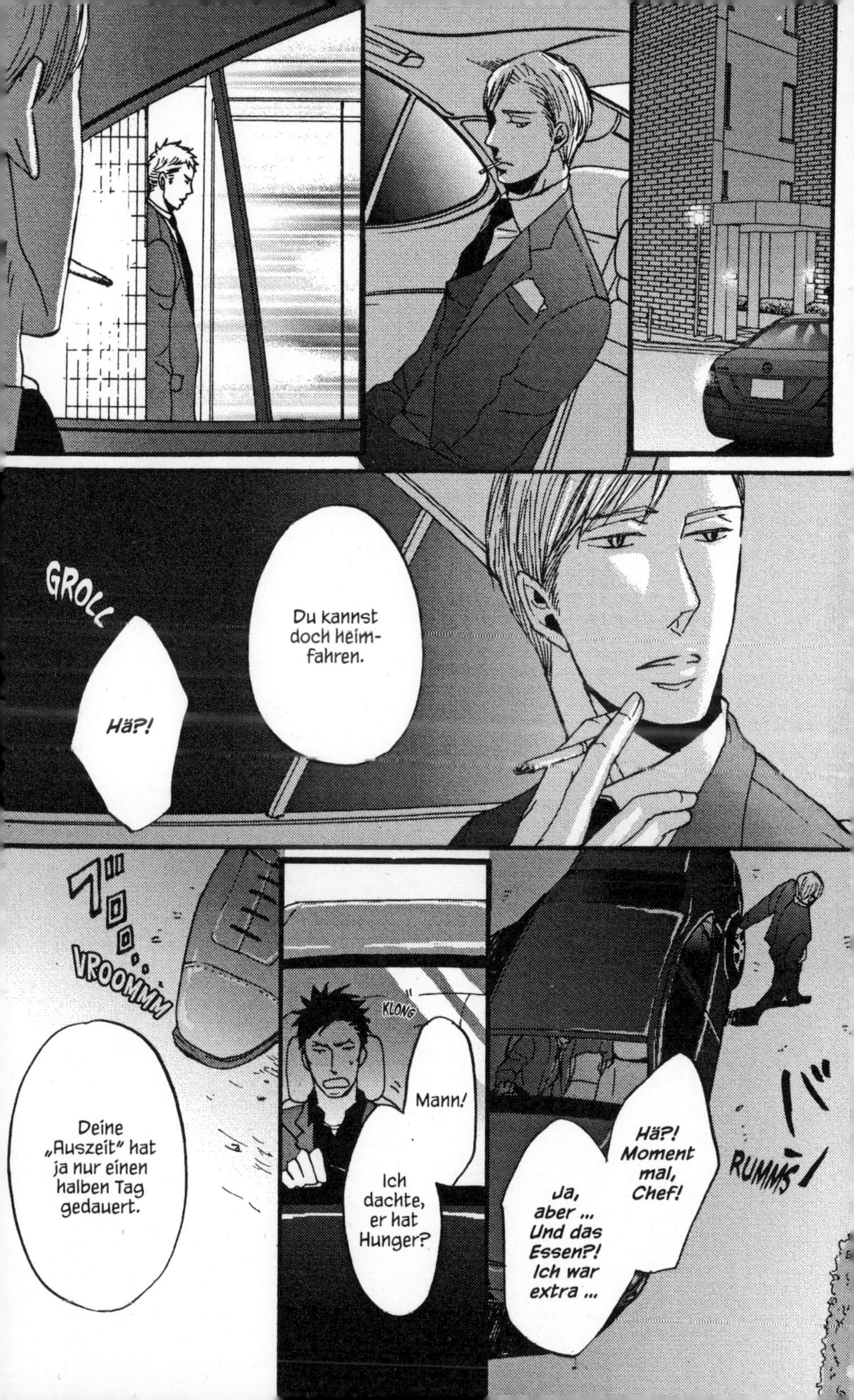
Du kannst doch heimfahren.
Hä?!
GROLL
RUMMS
Hä?! Moment mal, Chef!
Ja, aber ... Und das Essen?! Ich war extra ...
KLONG
Mann!
Ich dachte, er hat Hunger?
VROOMMM
Deine „Auszeit" hat ja nur einen halben Tag gedauert.

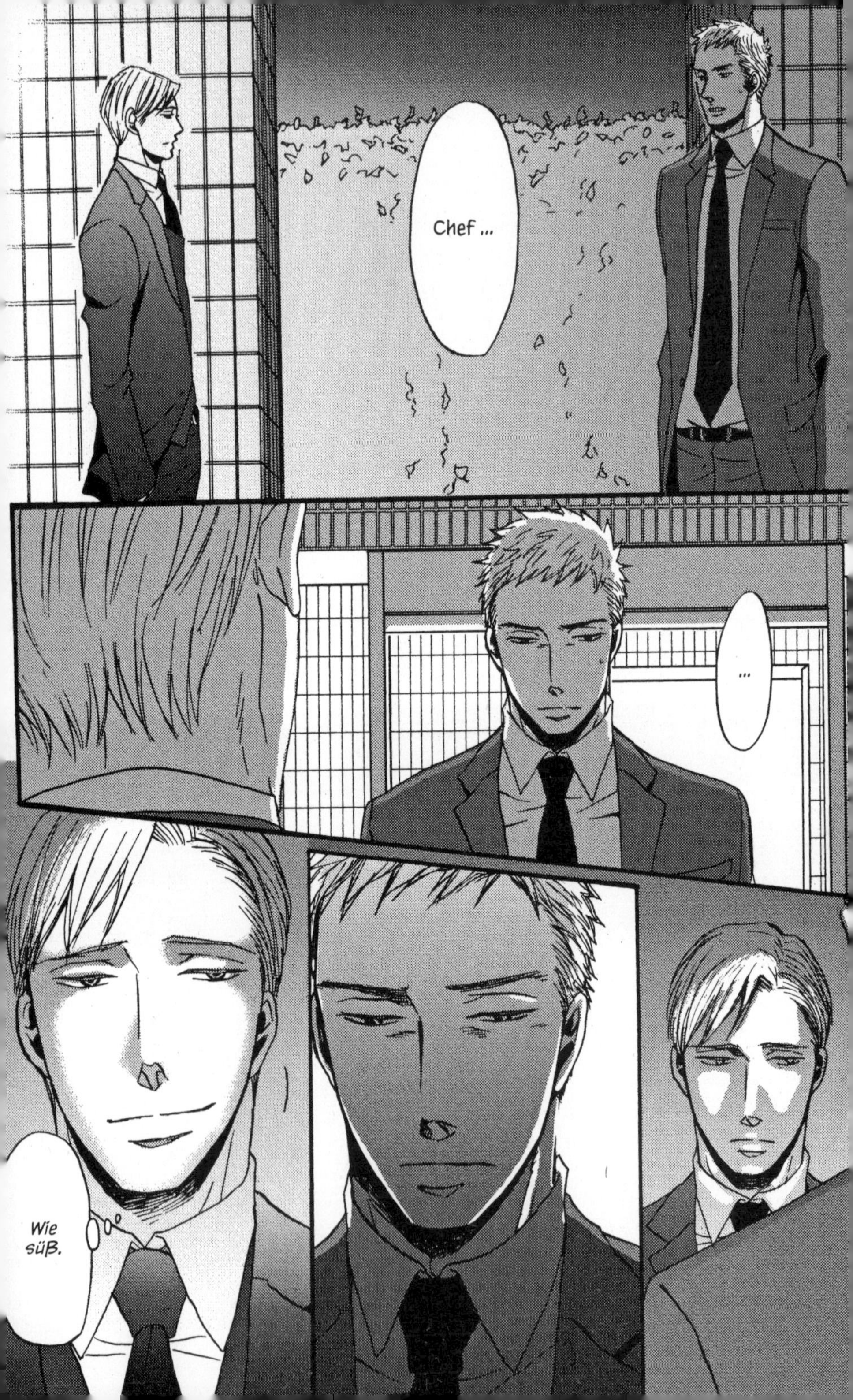
Chef ...
...
Wie süß.

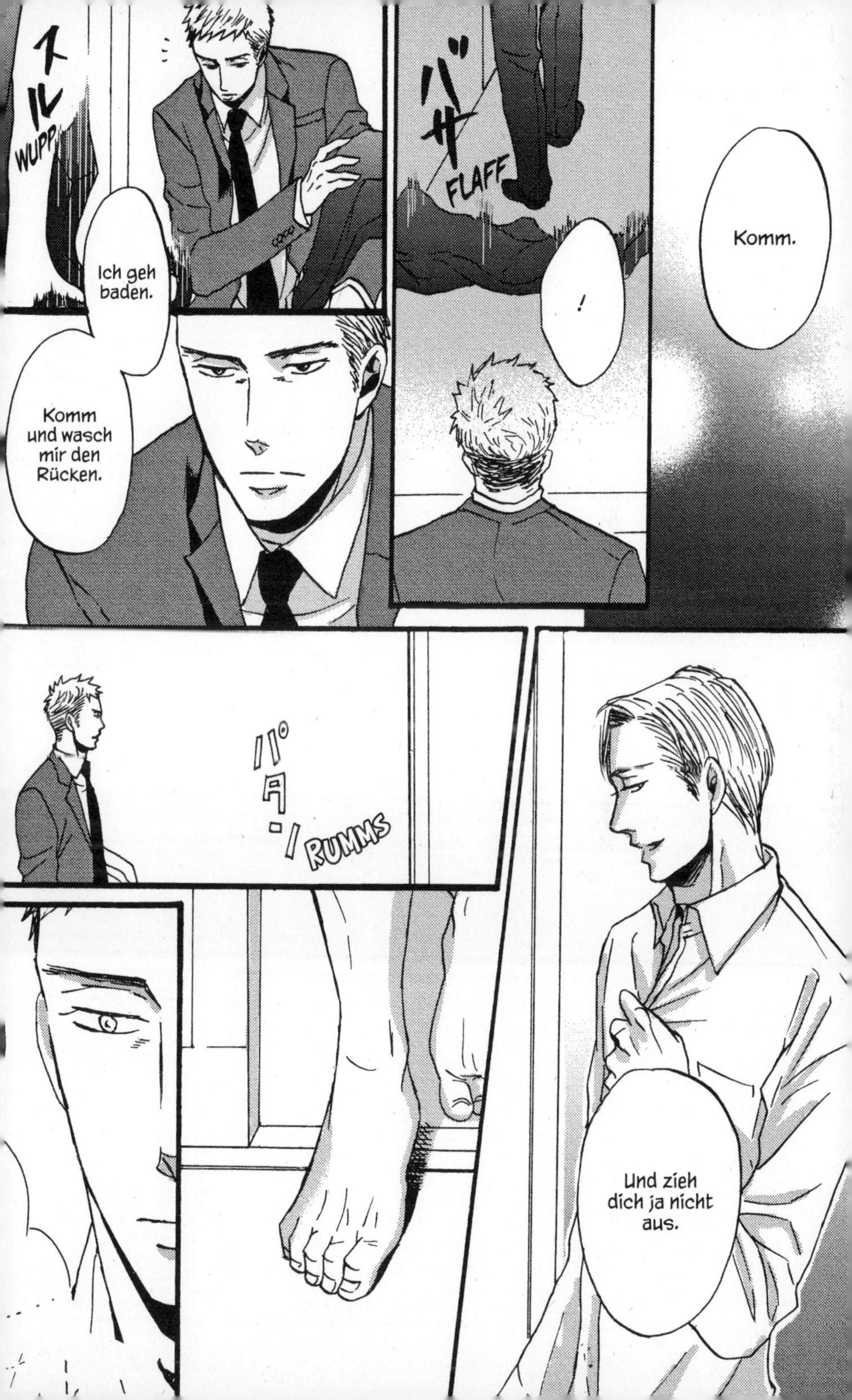

スル
WUPP
Ich geh baden.
Komm und wasch mir den Rücken.
バサ
FLAFF
!
Komm.
パタン
RUMMS
Und zieh dich ja nicht aus.

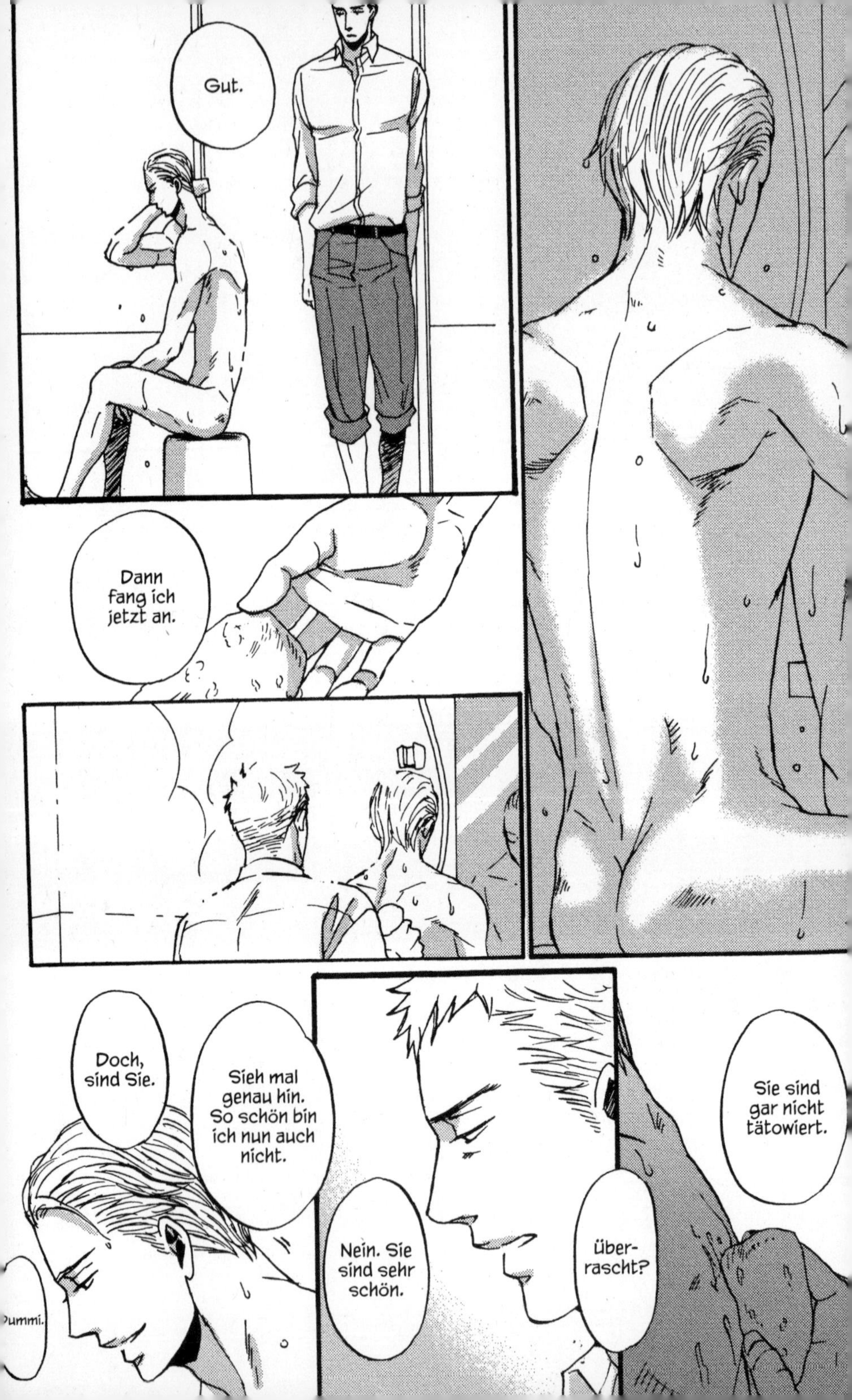
Gut.
Dann fang ich jetzt an.
Sie sind gar nicht tätowiert.
Über-rascht?
Nein. Sie sind sehr schön.
Sieh mal genau hin. So schön bin ich nun auch nicht.
Doch, sind Sie.
ummi.

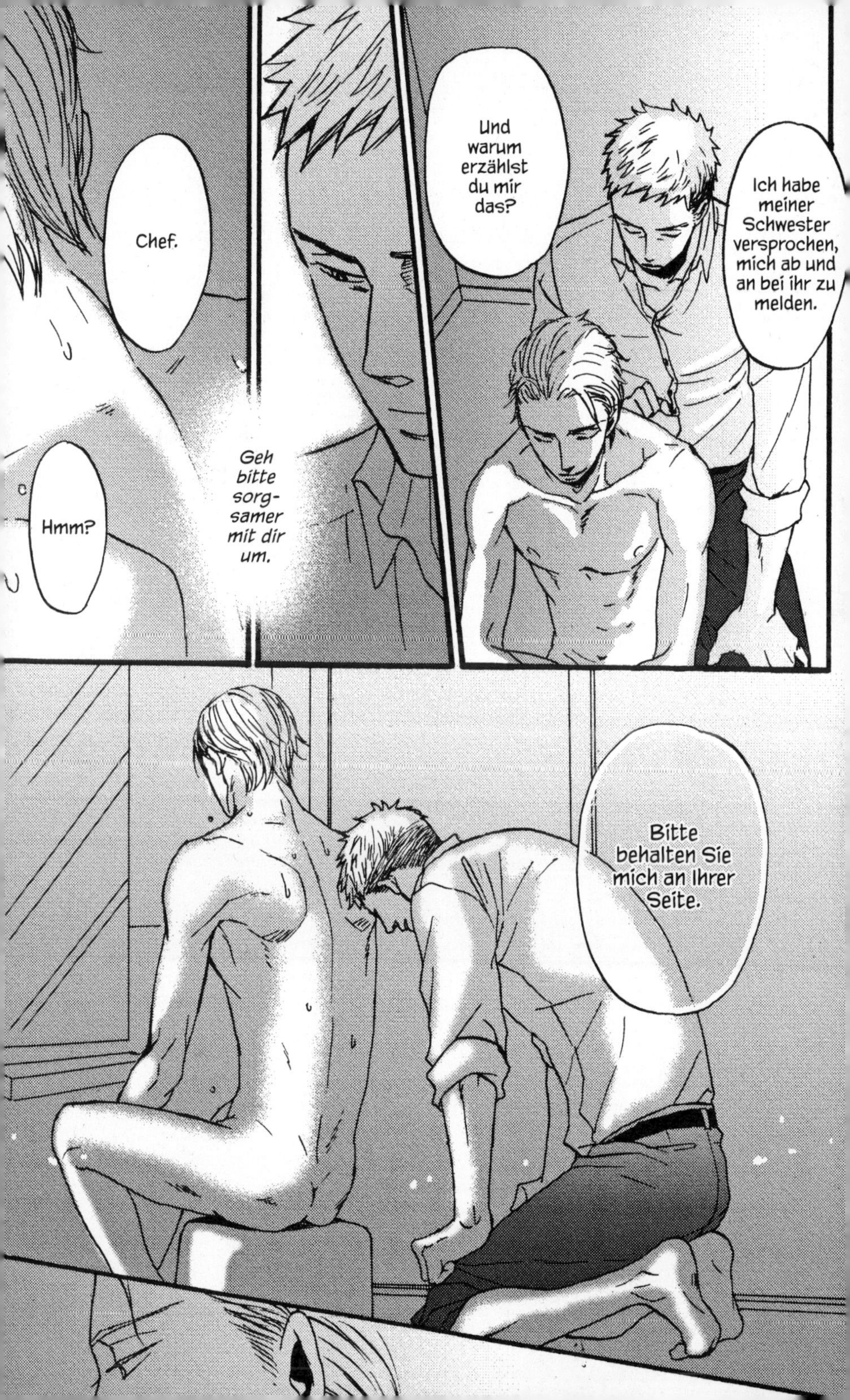

Ich habe meiner Schwester versprochen, mich ab und an bei ihr zu melden.
Und warum erzählst du mir das?
Geh bitte sorgsamer mit dir um.
Chef.
Hmm?
Bitte behalten Sie mich an Ihrer Seite.

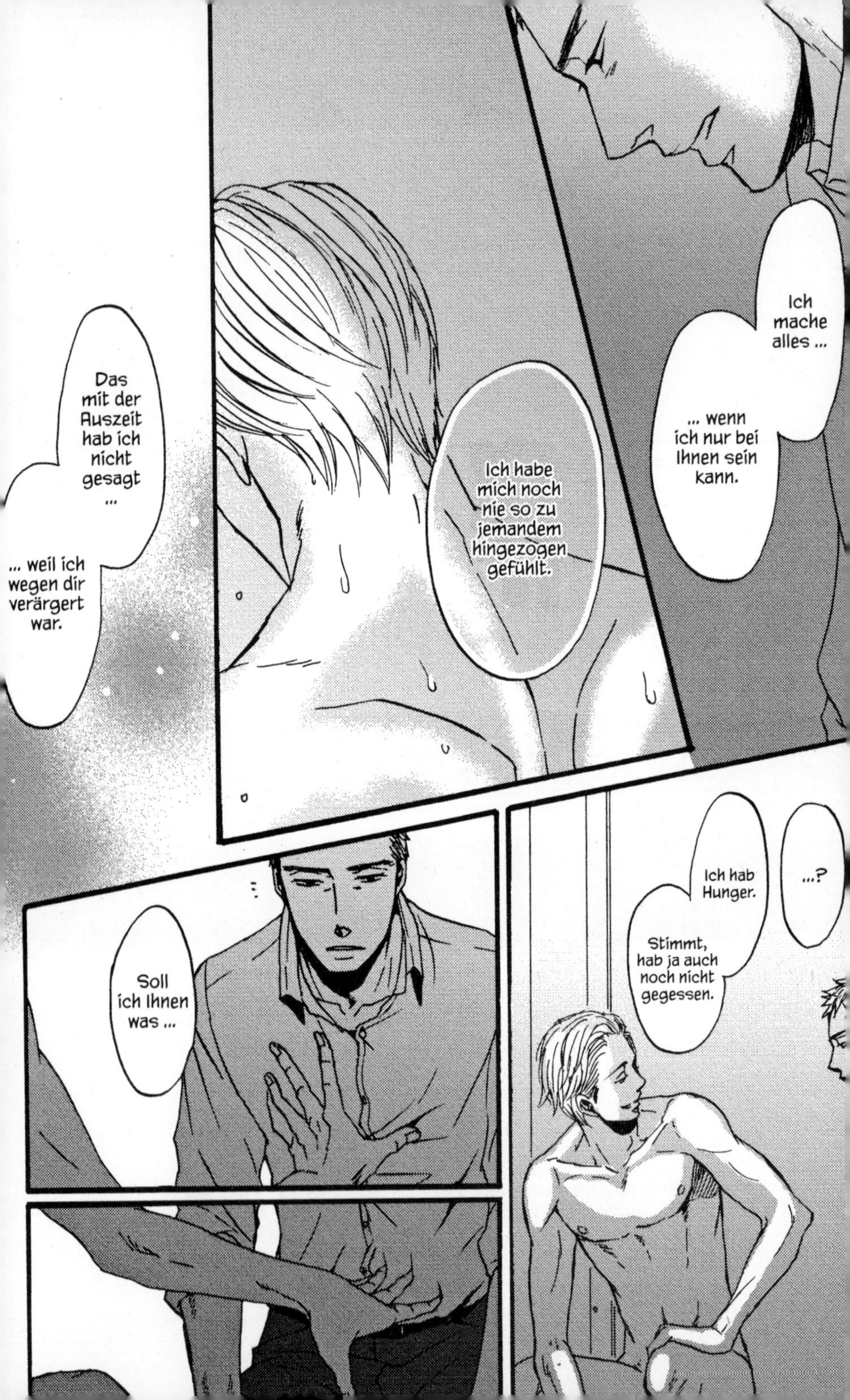
Ich mache alles ...
... wenn ich nur bei Ihnen sein kann.
Ich habe mich noch nie so zu jemandem hingezogen gefühlt.
Das mit der Auszeit hab ich nicht gesagt ...
... weil ich wegen dir verärgert war.
...?
Ich hab Hunger.
Stimmt, hab ja auch noch nicht gegessen.
Soll ich Ihnen was ...

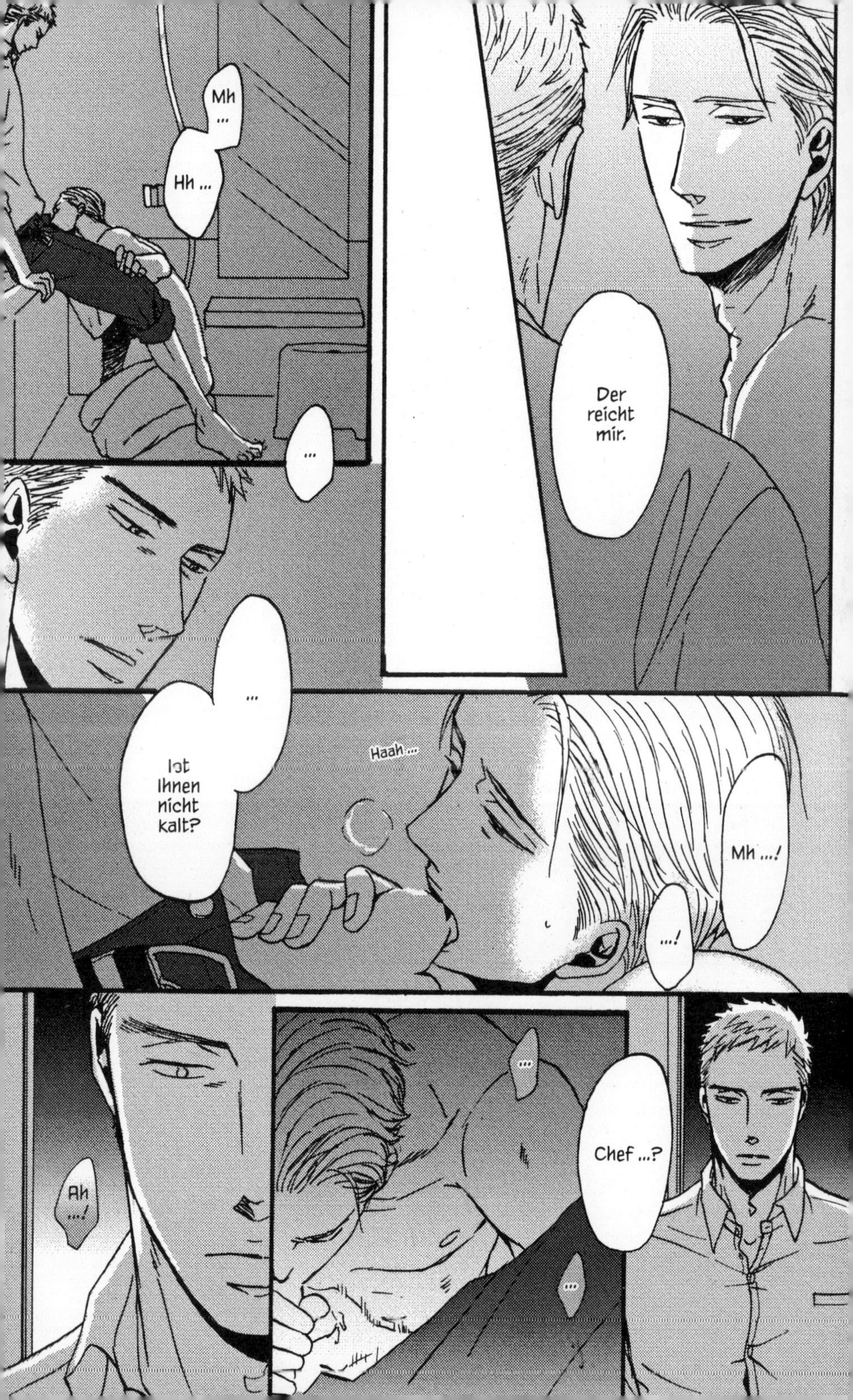
Der reicht mir.
Mh ...
Hh ...
...
...
Ist Ihnen nicht kalt?
Mh ...!
...!
Haah ...
Chef ...?
...
...
Ah ...!

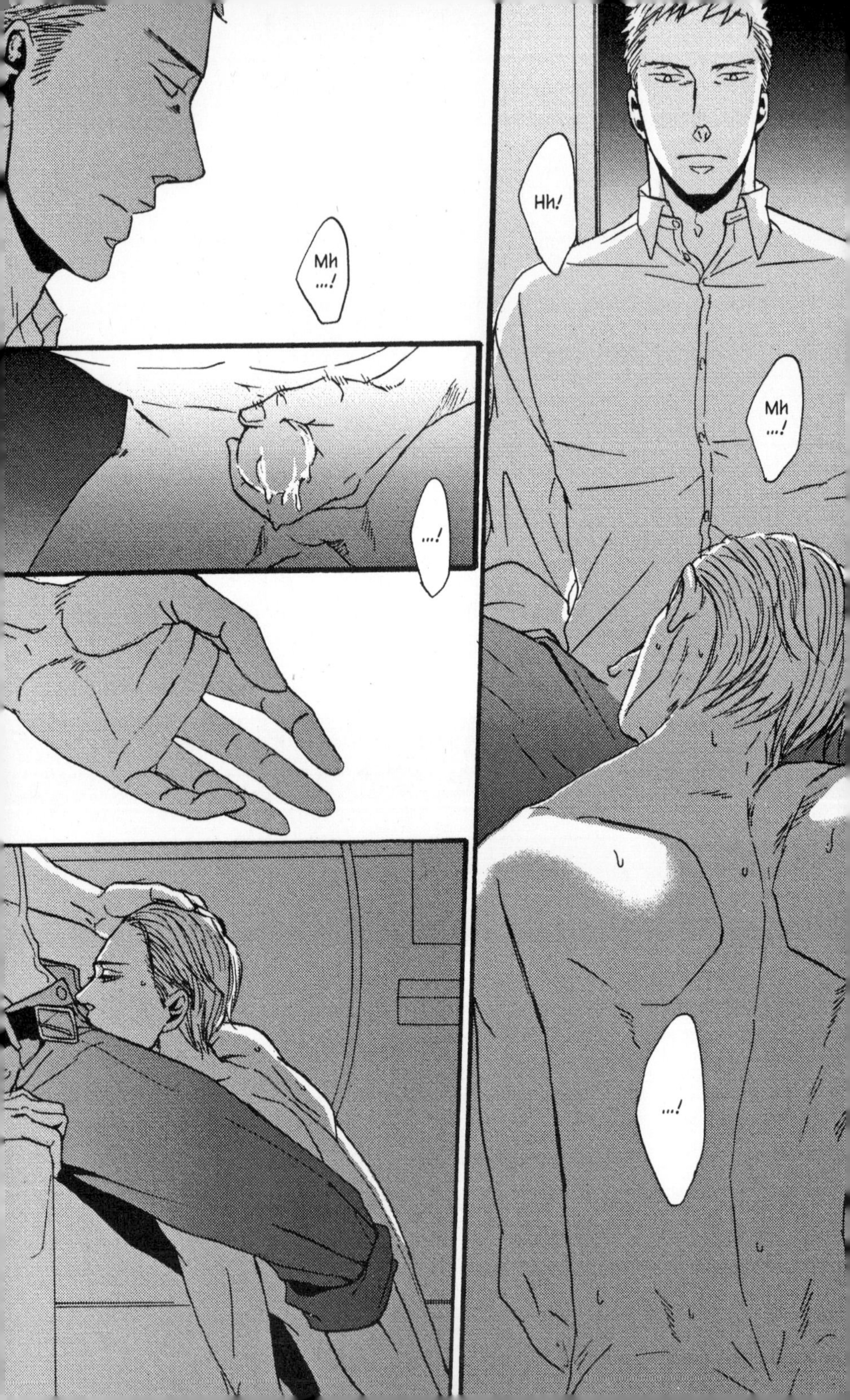
Hh!
Mh ...!
...!
Mh ...!
...!

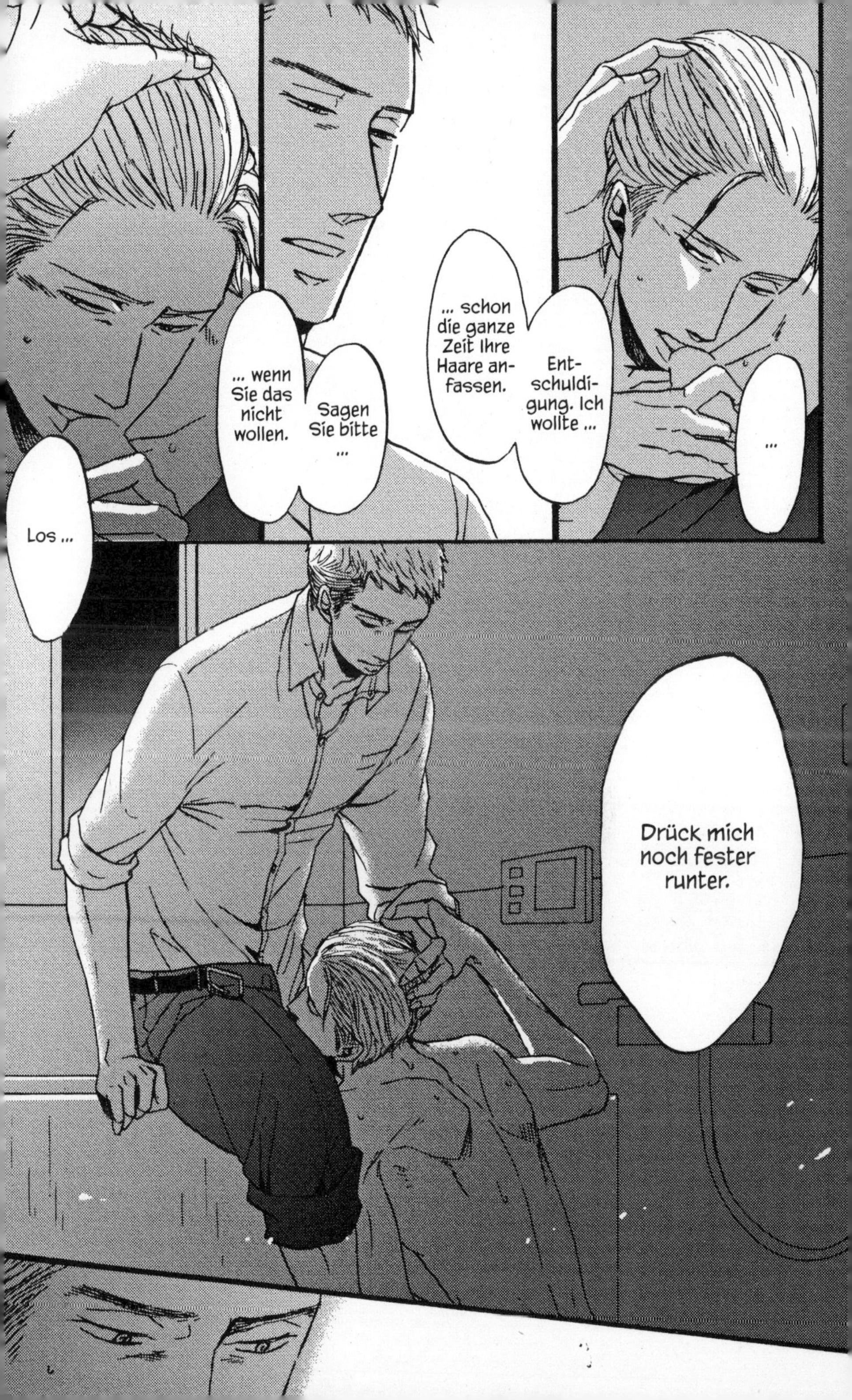
...
Entschuldigung. Ich wollte ...
... schon die ganze Zeit Ihre Haare anfassen.
Sagen Sie bitte ...
... wenn Sie das nicht wollen.
Los ...
Drück mich noch fester runter.

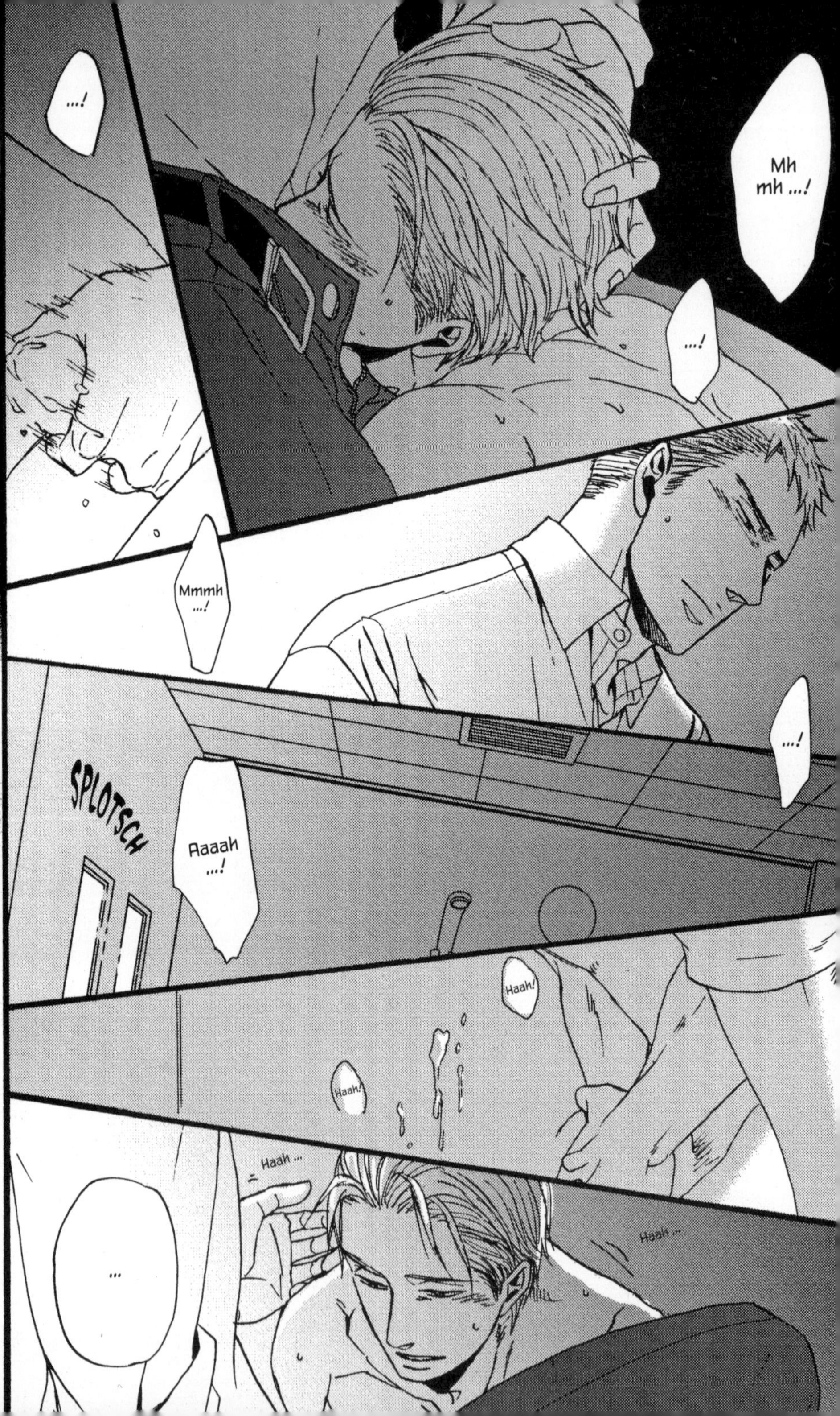
Mh mh ...!
...!
...!
Mmmh ...!
...!
Aaaah ...!
SPLOTSCH
Haah!
Haah!
Haah ...
Haah ...
...

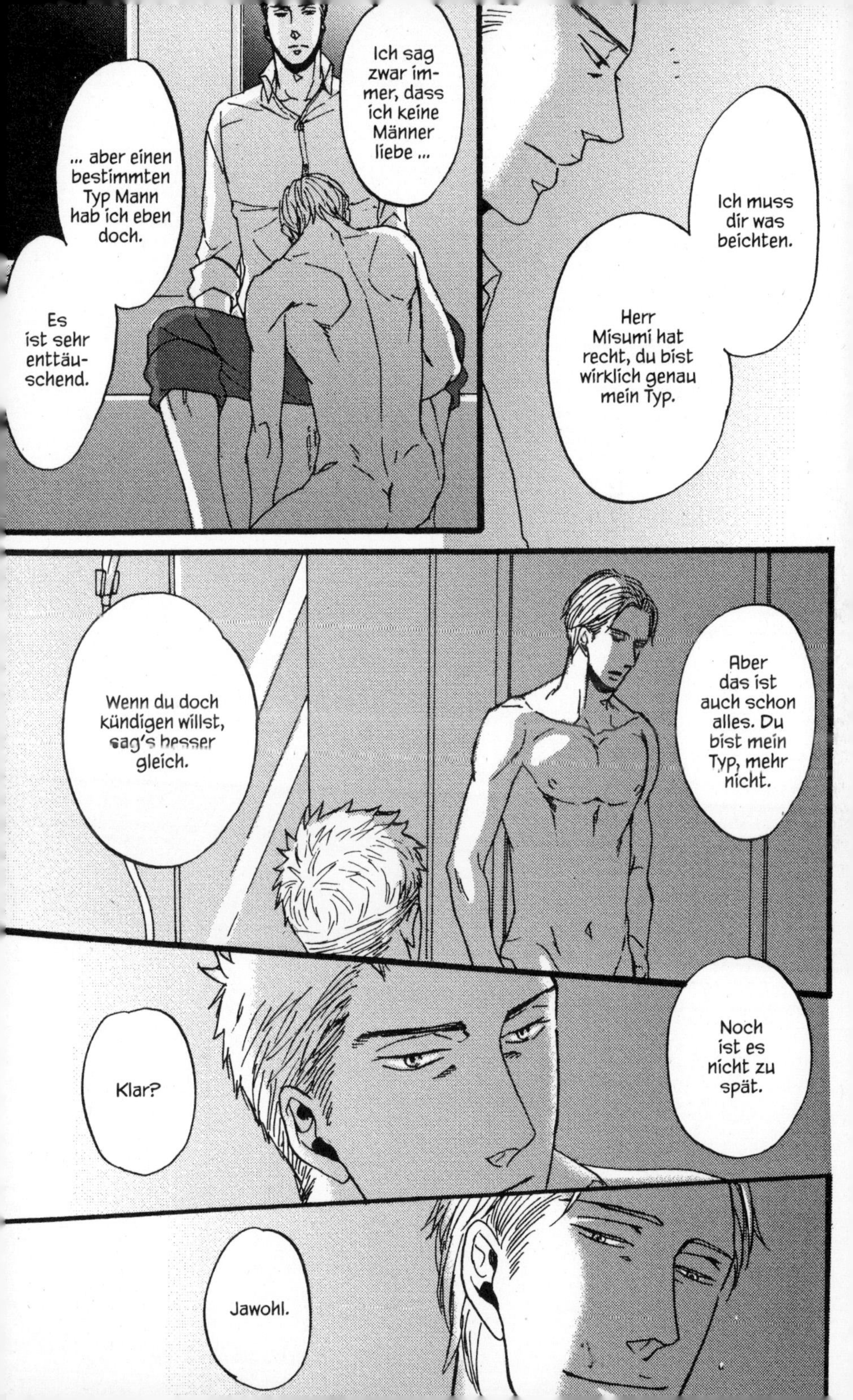
Ich muss dir was beichten.
Herr Misumi hat recht, du bist wirklich genau mein Typ.
Ich sag zwar immer, dass ich keine Männer liebe ...
... aber einen bestimmten Typ Mann hab ich eben doch.
Es ist sehr enttäuschend.
Aber das ist auch schon alles. Du bist mein Typ, mehr nicht.
Wenn du doch kündigen willst, sag's besser gleich.
Noch ist es nicht zu spät.
Klar?
Jawohl.

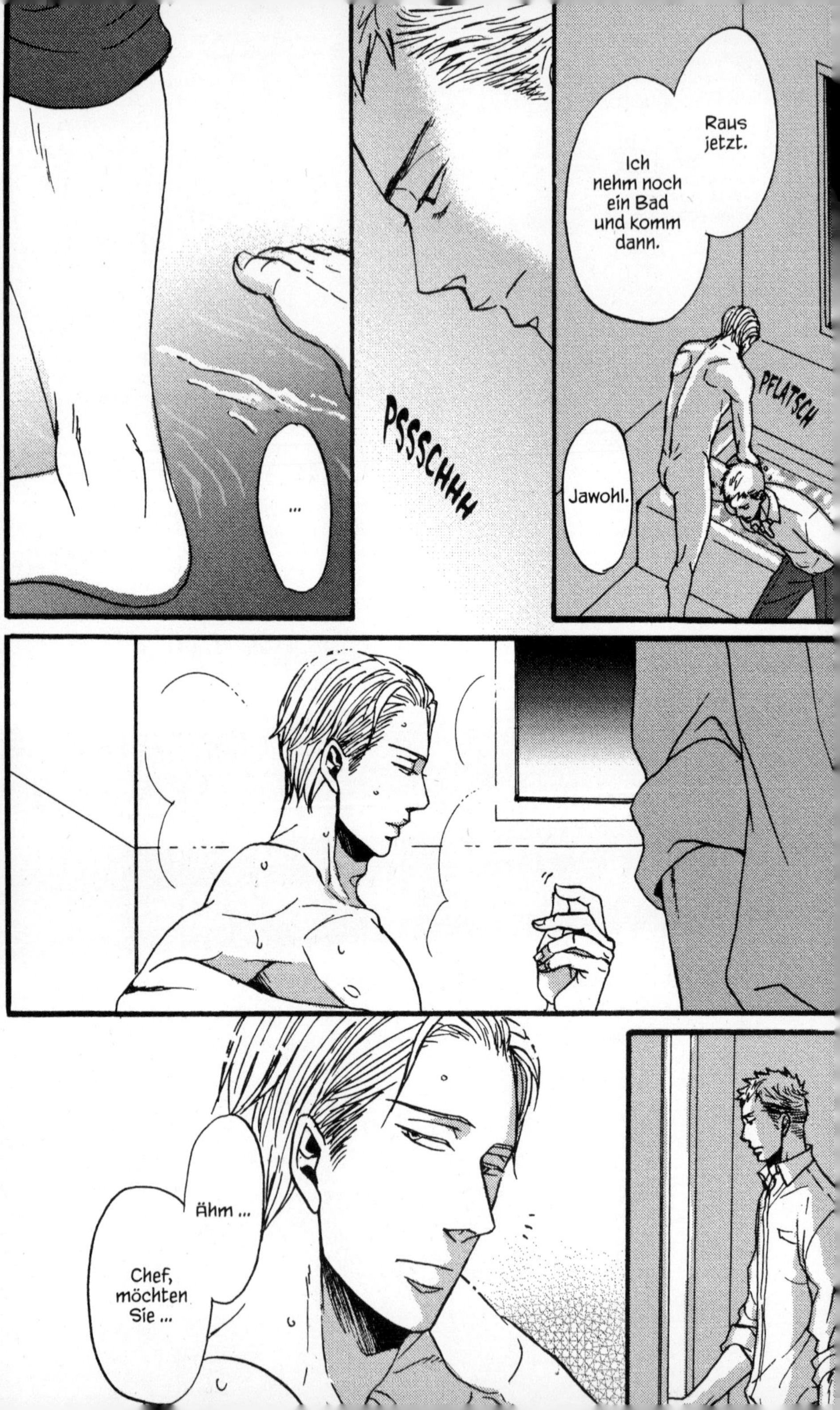
Raus jetzt.
Ich nehm noch ein Bad und komm dann.
PFLATSCH
Jawohl.
PSSSCHHH
…
Ähm …
Chef, möchten Sie …

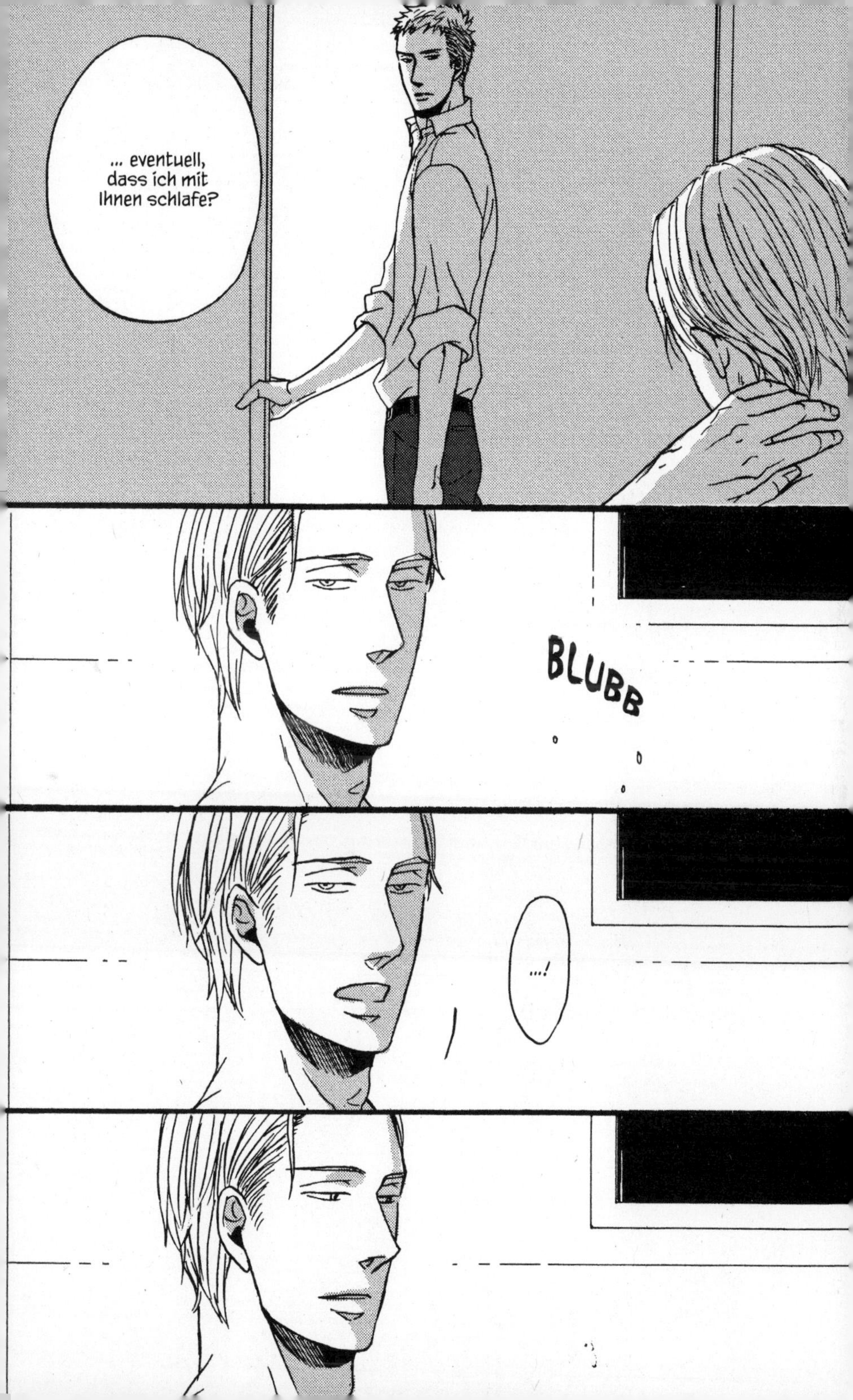
... eventuell, dass ich mit Ihnen schlafe?
BLUBB
...!

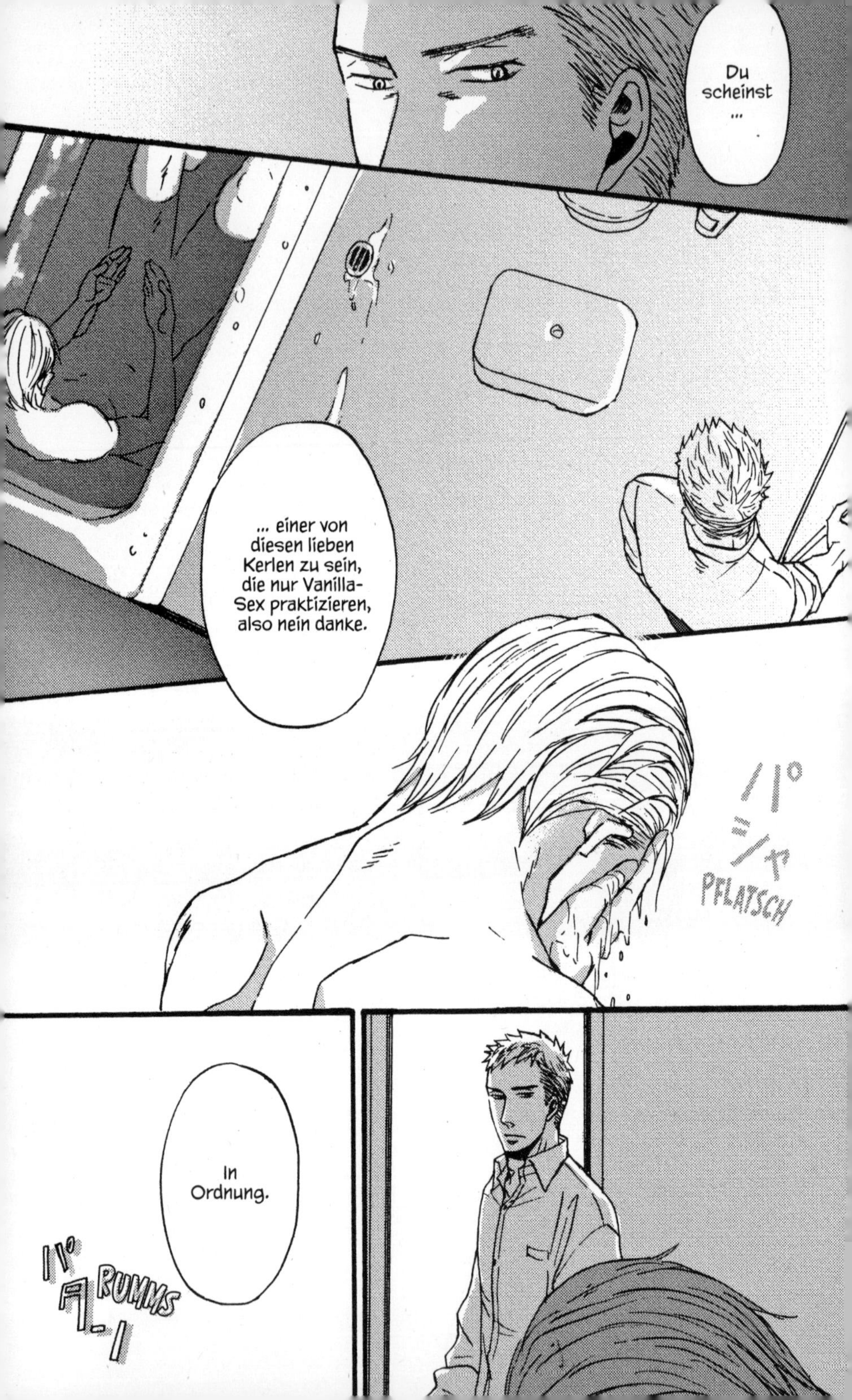
Du scheinst ...
... einer von diesen lieben Kerlen zu sein, die nur Vanilla-Sex praktizieren, also nein danke.
PFLATSCH
In Ordnung.
RUMMS

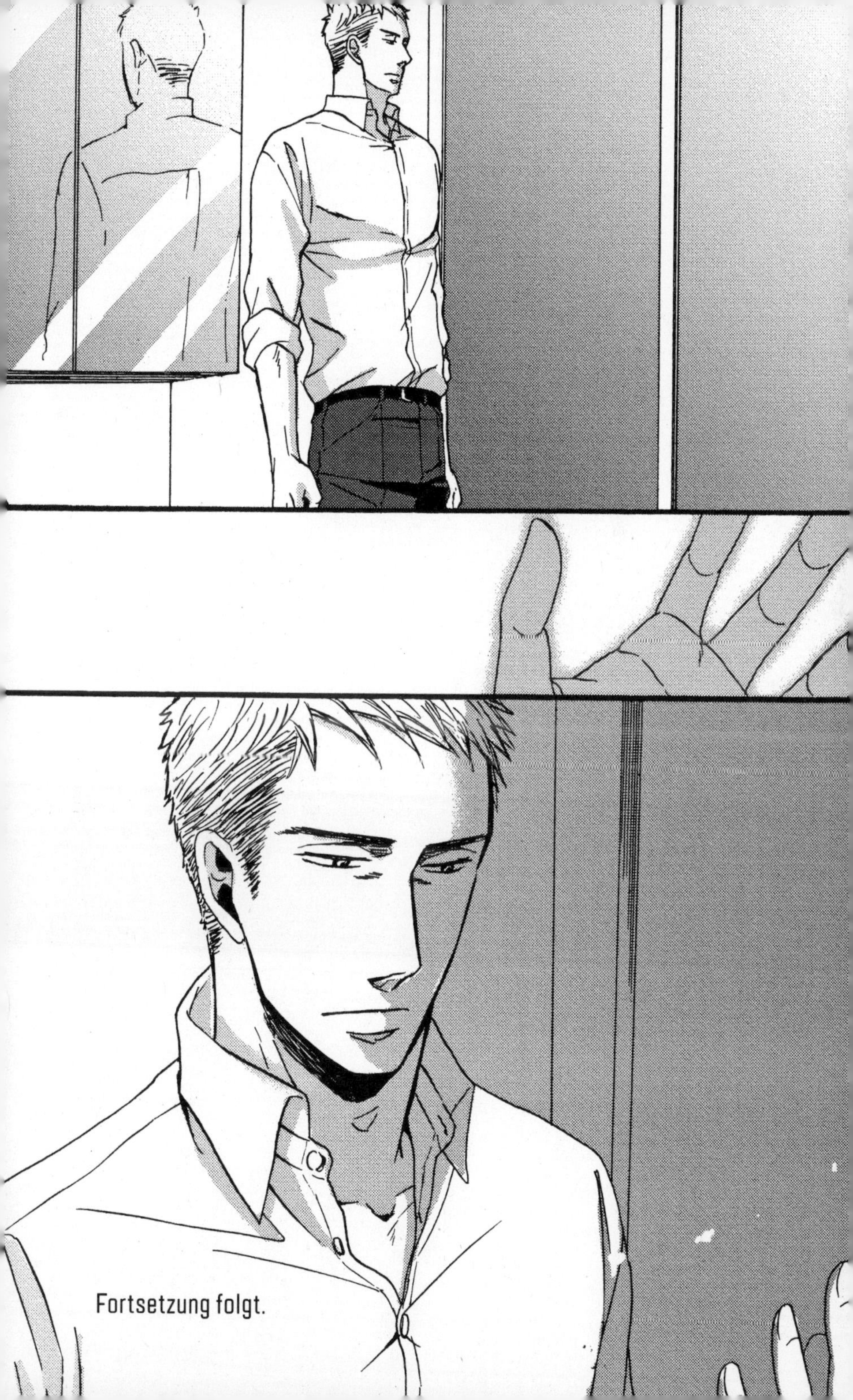
Fortsetzung folgt.

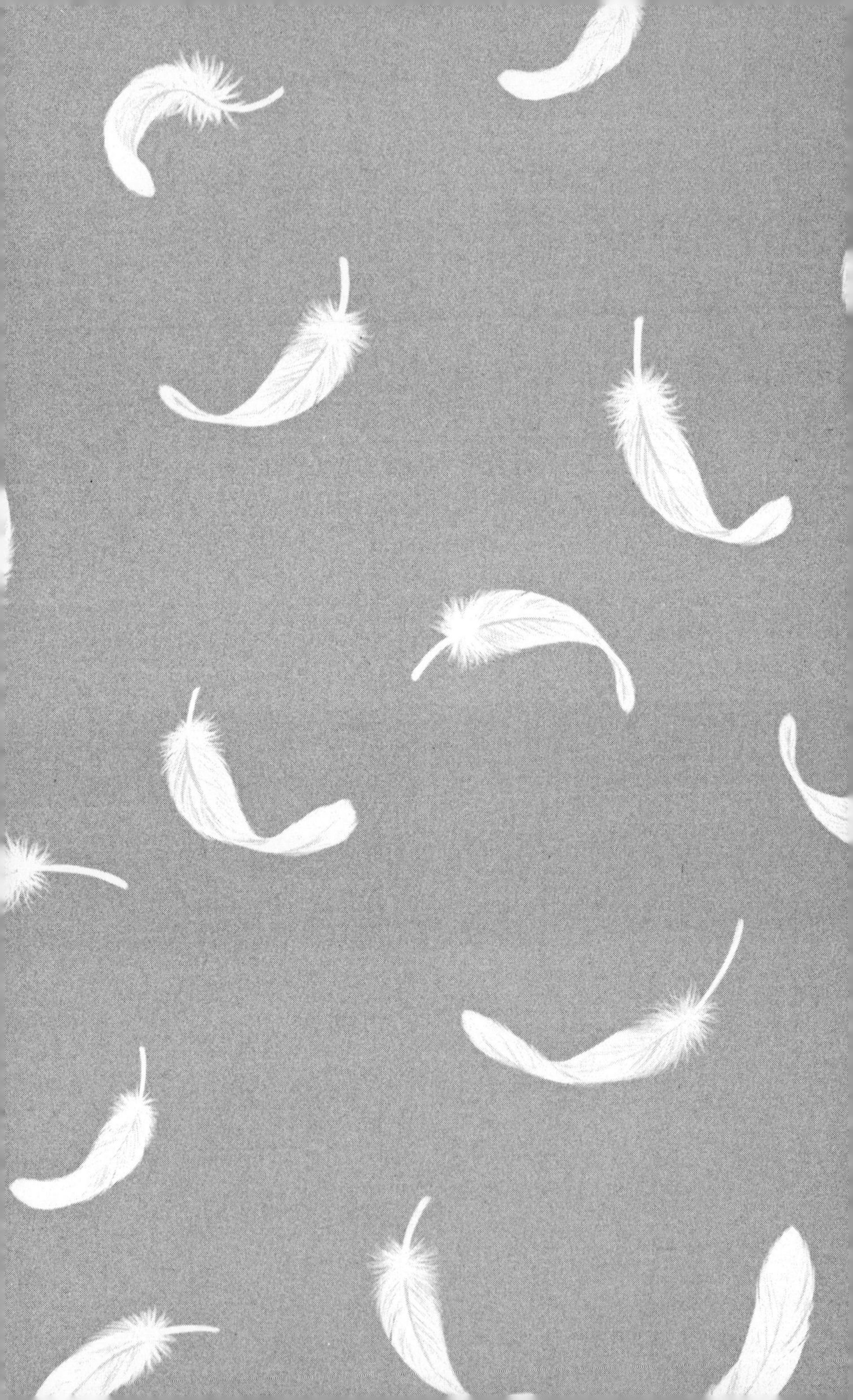

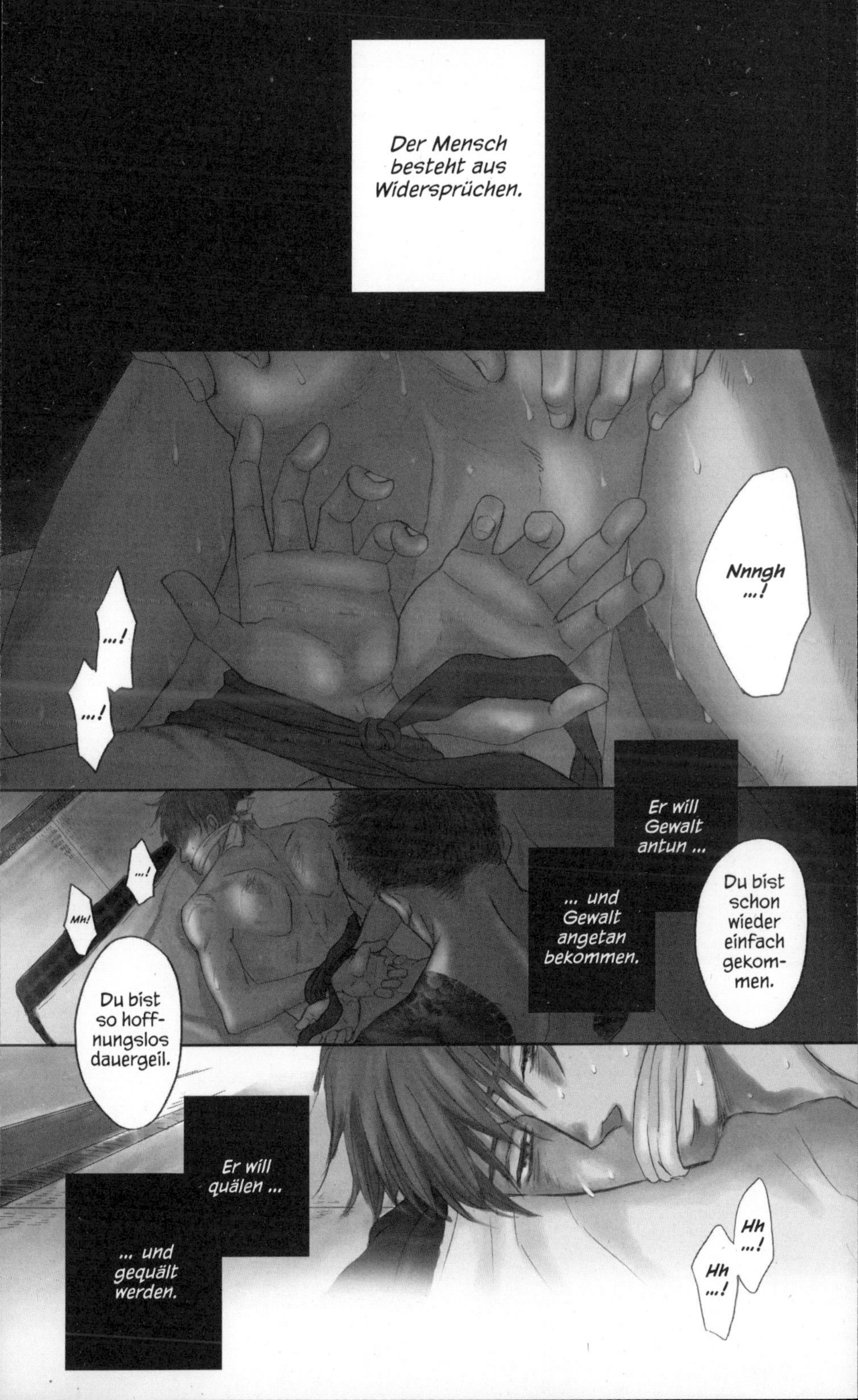
Der Mensch besteht aus Widersprüchen.
Nnngh ...!
...!
...!
Er will Gewalt antun ...
... und Gewalt angetan bekommen.
Du bist schon wieder einfach gekommen.
...!
Mh!
Du bist so hoffnungslos dauergeil.
Er will quälen ...
... und gequält werden.
Hh ...!
Hh ...!

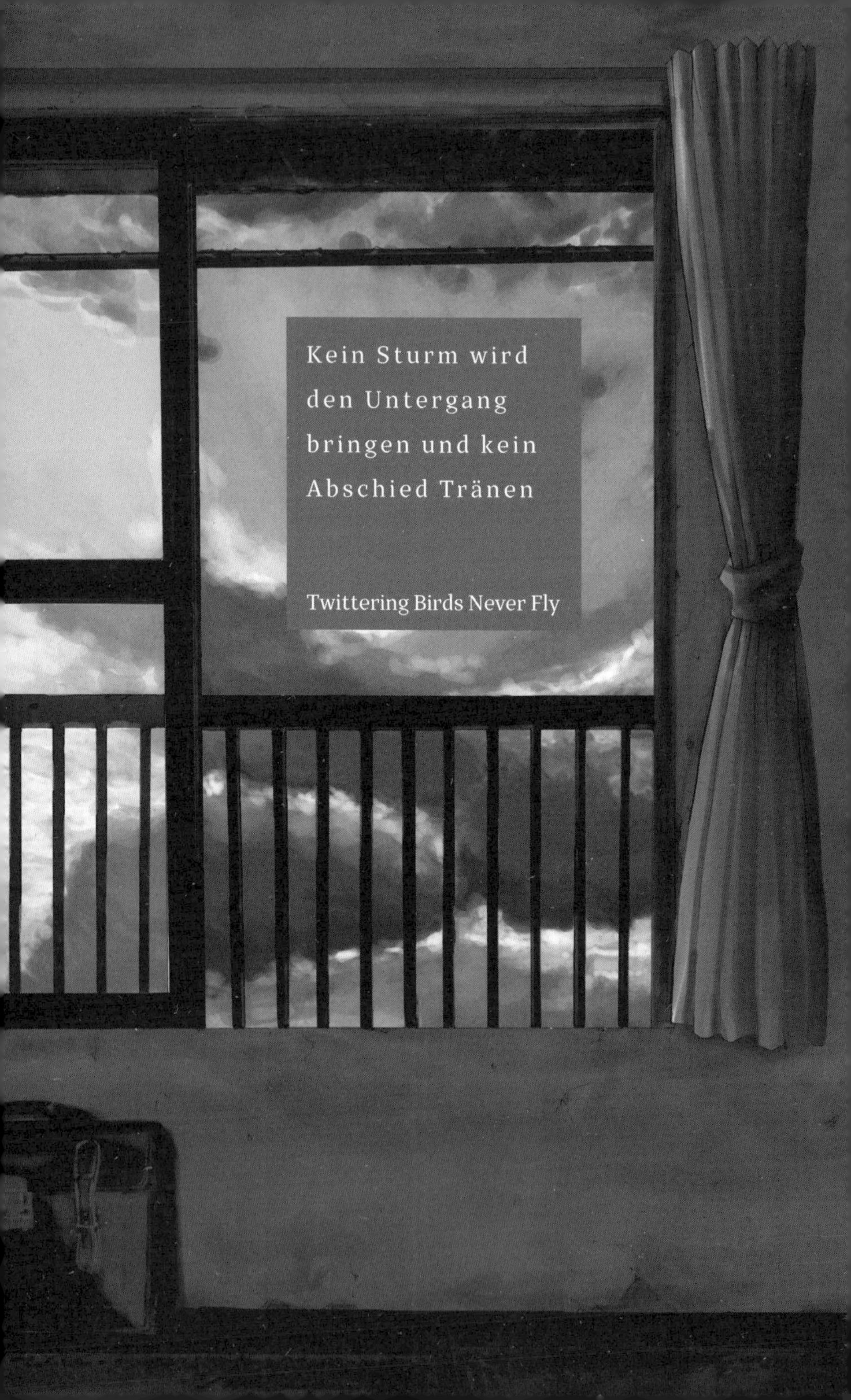
Kein Sturm wird den Untergang bringen und kein Abschied Tränen
Twittering Birds Never Fly

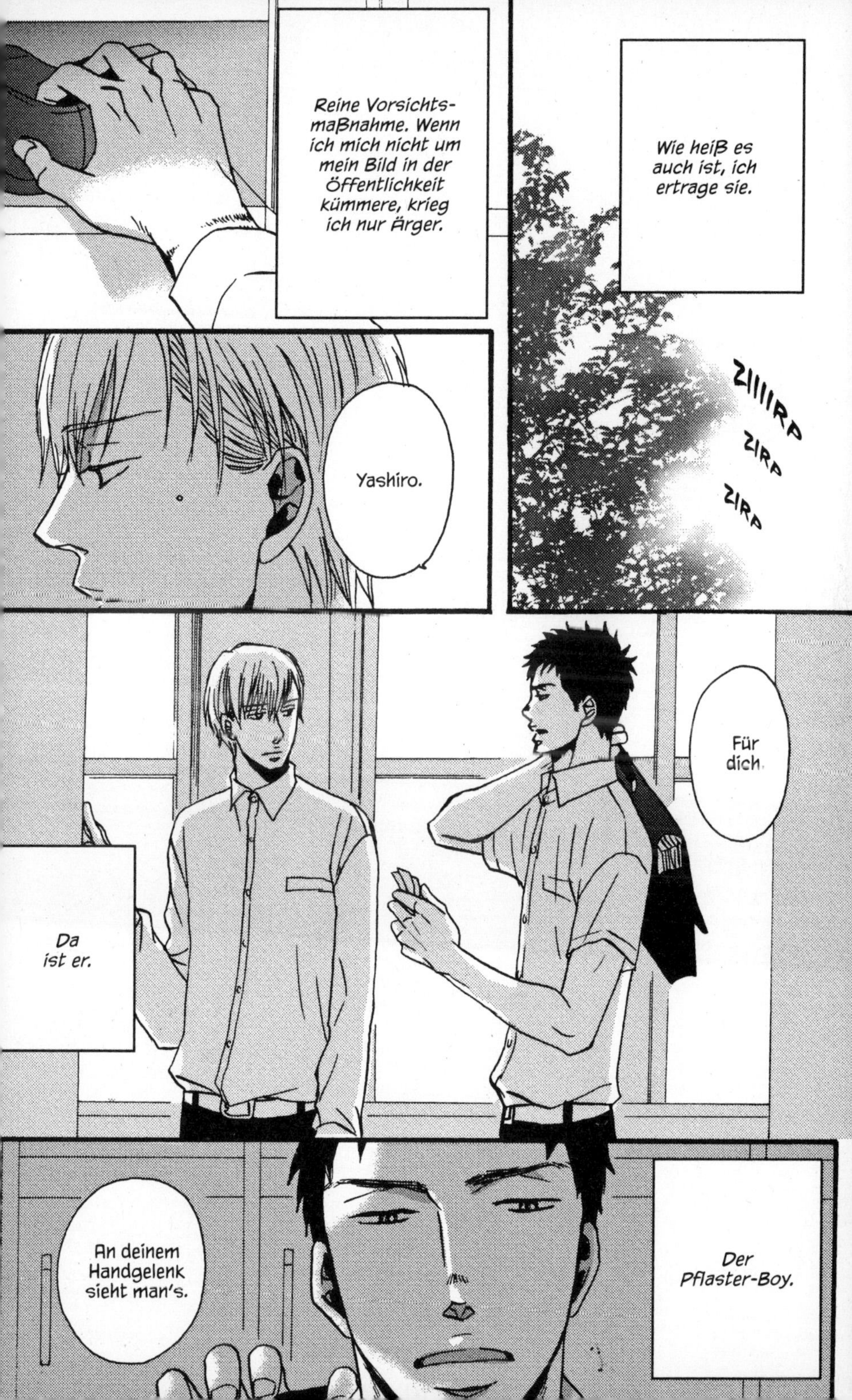

Wie heiß es auch ist, ich ertrage sie.
ZIIIIRP
ZIRP
ZIRP
Reine Vorsichts-maßnahme. Wenn ich mich nicht um mein Bild in der Öffentlichkeit kümmere, krieg ich nur Ärger.
Yashiro.
Für dich.
Da ist er.
Der Pflaster-Boy.
An deinem Handgelenk sieht man's.

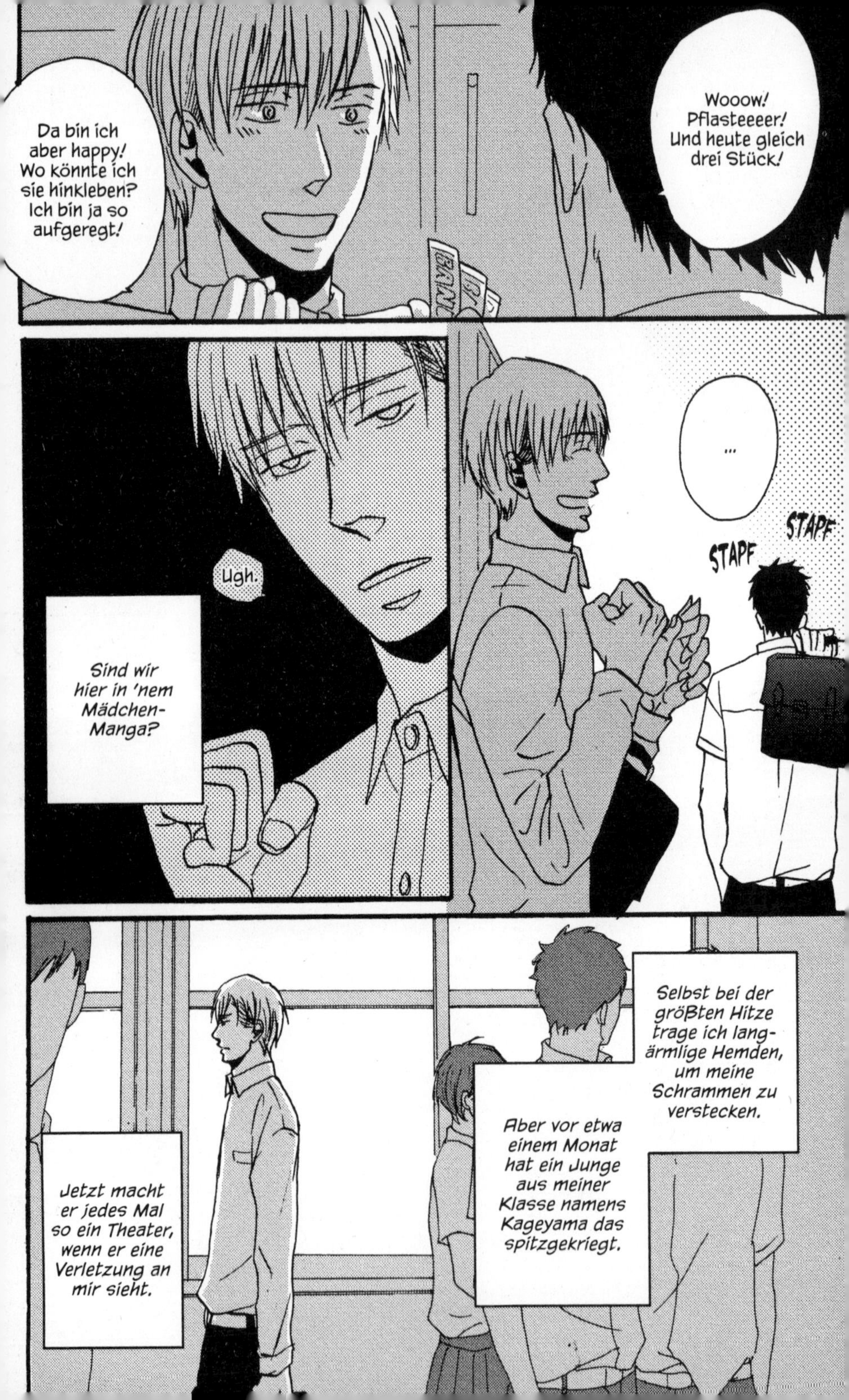
Wooow!
Pflasteeeer!
Und heute gleich
drei Stück!
Da bin ich
aber happy!
Wo könnte ich
sie hinkleben?
Ich bin ja so
aufgeregt!
...
STAPF
STAPF
Ugh.
Sind wir
hier in 'nem
Mädchen-
Manga?
Selbst bei der
größten Hitze
trage ich lang-
ärmlige Hemden,
um meine
Schrammen zu
verstecken.
Aber vor etwa
einem Monat
hat ein Junge
aus meiner
Klasse namens
Kageyama das
spitzgekriegt.
Jetzt macht
er jedes Mal
so ein Theater,
wenn er eine
Verletzung an
mir sieht.

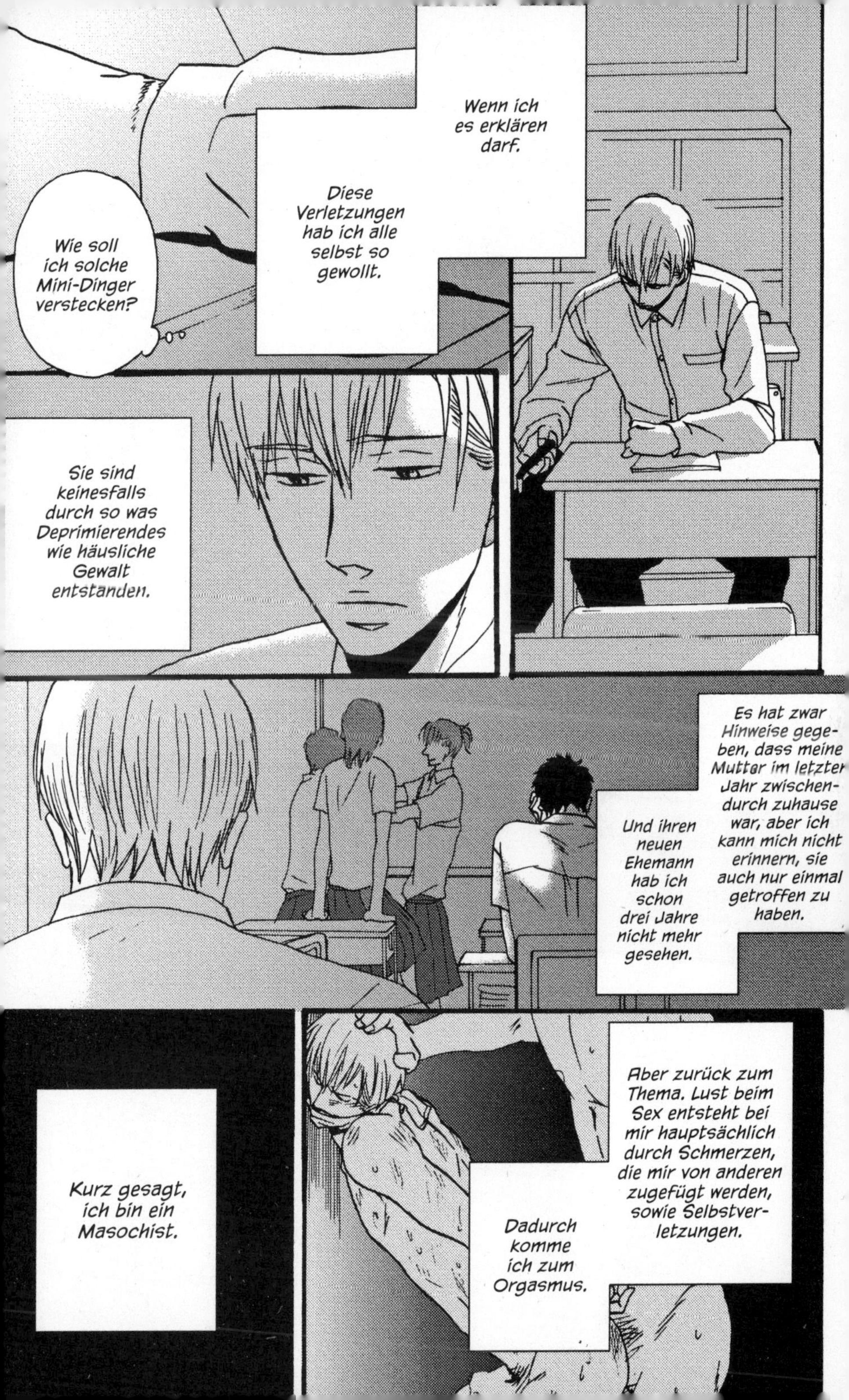
Wenn ich es erklären darf.
Diese Verletzungen hab ich alle selbst so gewollt.
Wie soll ich solche Mini-Dinger verstecken?
Sie sind keinesfalls durch so was Deprimierendes wie häusliche Gewalt entstanden.
Es hat zwar Hinweise gegeben, dass meine Mutter im letzter Jahr zwischendurch zuhause war, aber ich kann mich nicht erinnern, sie auch nur einmal getroffen zu haben.
Und ihren neuen Ehemann hab ich schon drei Jahre nicht mehr gesehen.
Aber zurück zum Thema. Lust beim Sex entsteht bei mir hauptsächlich durch Schmerzen, die mir von anderen zugefügt werden, sowie Selbstverletzungen.
Dadurch komme ich zum Orgasmus.
Kurz gesagt, ich bin ein Masochist.

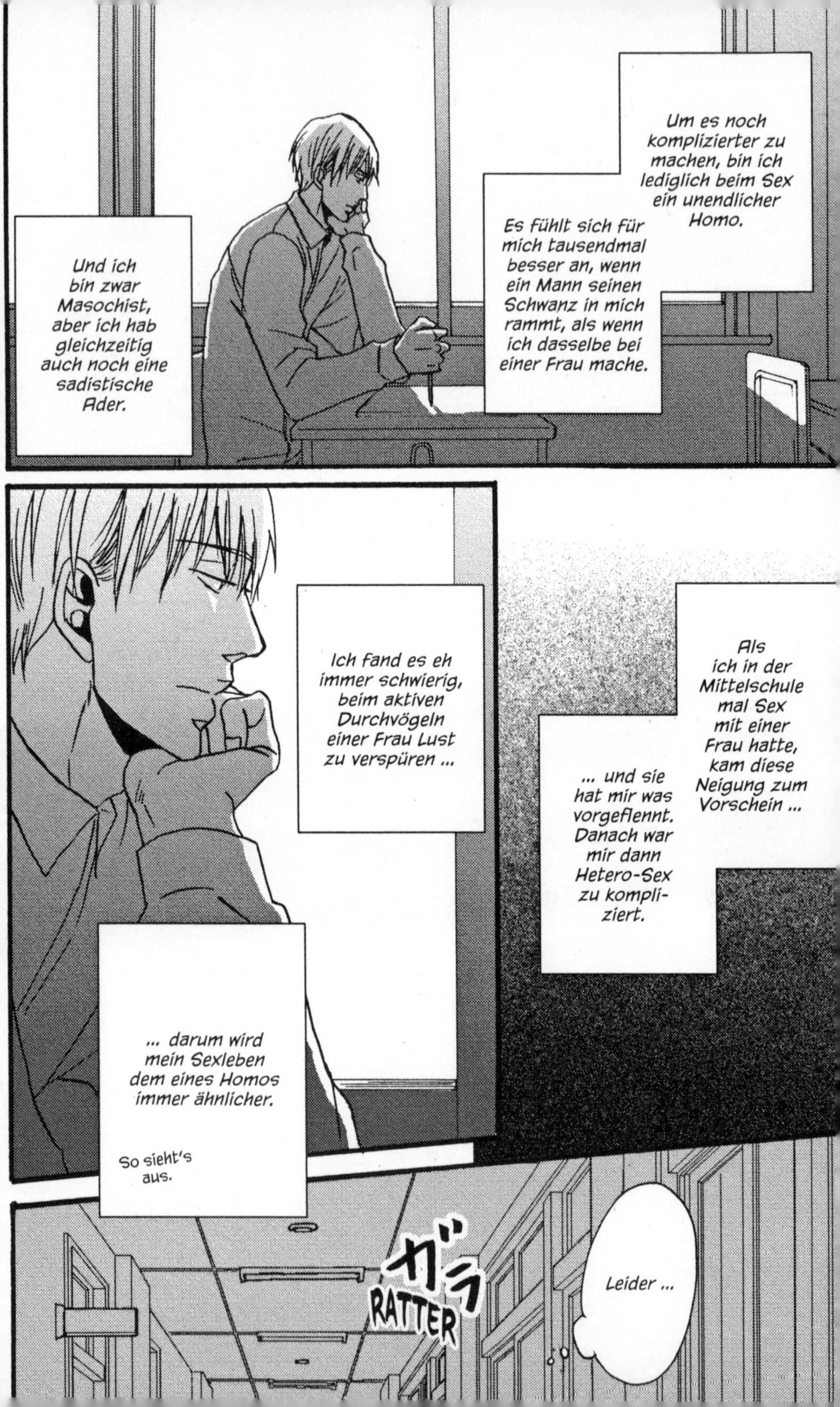
Um es noch komplizierter zu machen, bin ich lediglich beim Sex ein unendlicher Homo.
Es fühlt sich für mich tausendmal besser an, wenn ein Mann seinen Schwanz in mich rammt, als wenn ich dasselbe bei einer Frau mache.
Und ich bin zwar Masochist, aber ich hab gleichzeitig auch noch eine sadistische Ader.
Als ich in der Mittelschule mal Sex mit einer Frau hatte, kam diese Neigung zum Vorschein ...
... und sie hat mir was vorgeflennt. Danach war mir dann Hetero-Sex zu kompliziert.
Ich fand es eh immer schwierig, beim aktiven Durchvögeln einer Frau Lust zu verspüren ...
... darum wird mein Sexleben dem eines Homos immer ähnlicher.
So sieht's aus.
Leider ...
ガラ
RATTER

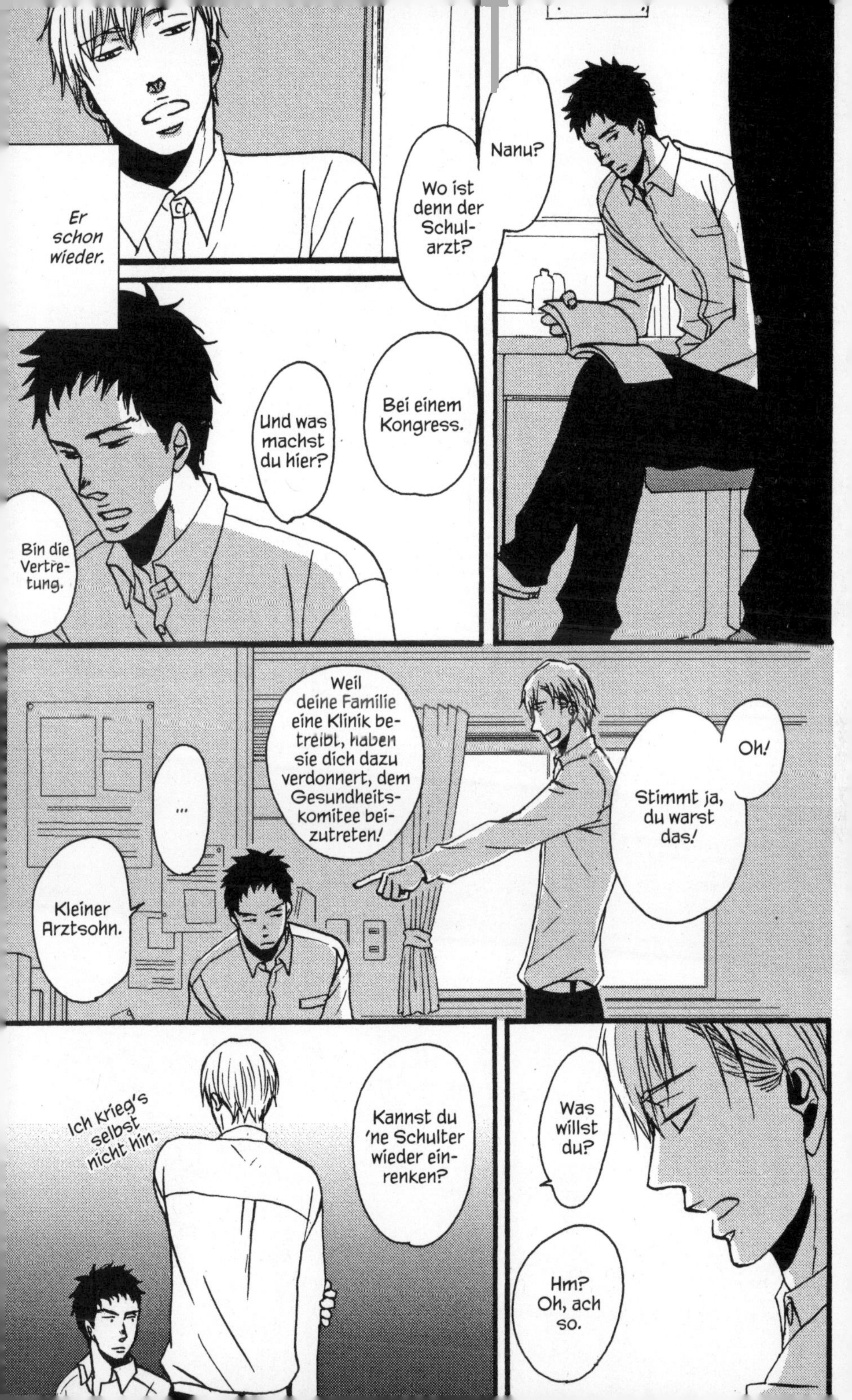

Nanu?
Wo ist denn der Schularzt?
Er schon wieder.
Bei einem Kongress.
Und was machst du hier?
Bin die Vertretung.
Oh!
Stimmt ja, du warst das!
Weil deine Familie eine Klinik betreibt, haben sie dich dazu verdonnert, dem Gesundheitskomitee beizutreten!
...
Kleiner Arztsohn.
Was willst du?
Hm? Oh, ach so.
Kannst du 'ne Schulter wieder einrenken?
Ich krieg's selbst nicht hin.

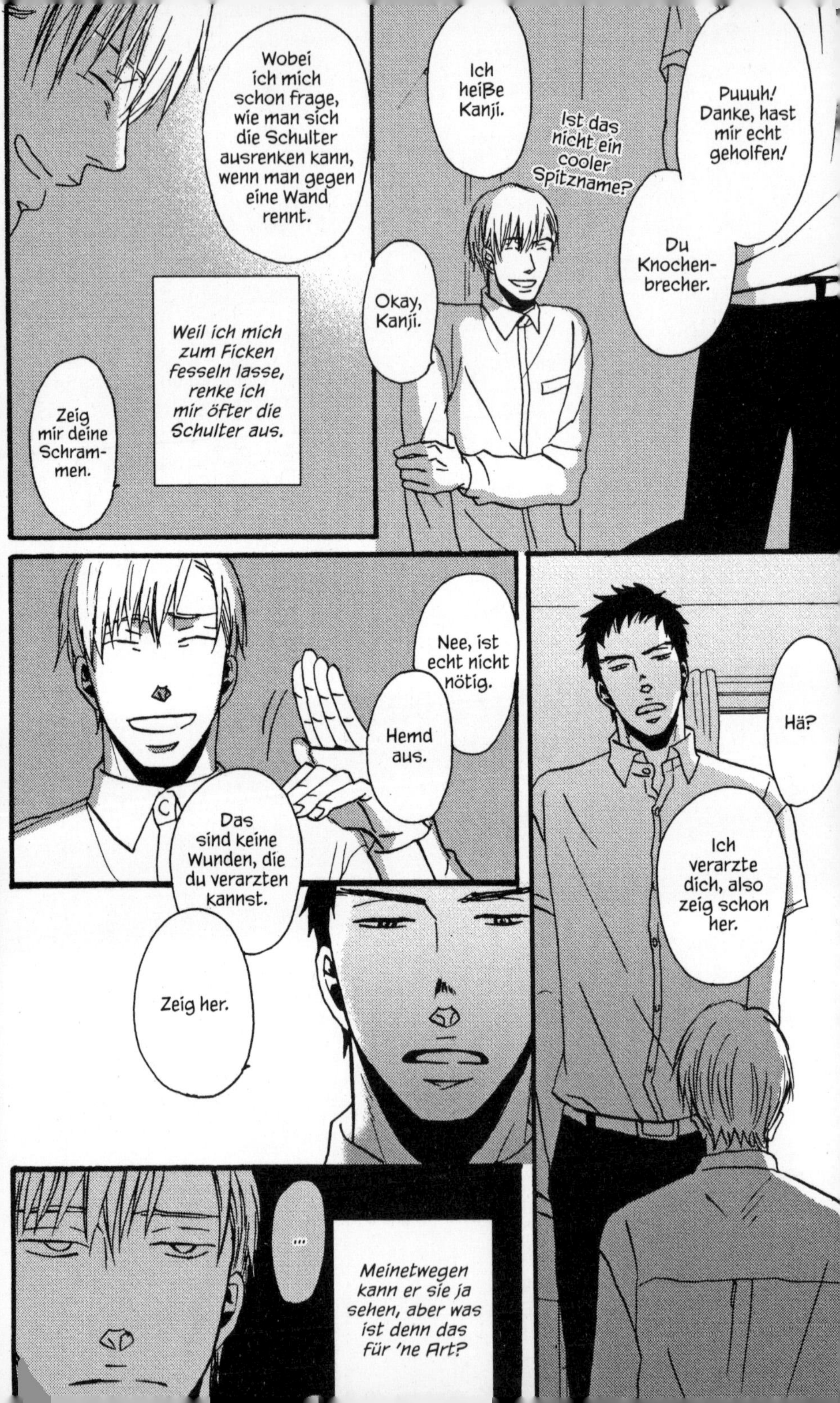
Puuuh! Danke, hast mir echt geholfen!
Du Knochenbrecher.
Ist das nicht ein cooler Spitzname?
Ich heiße Kanji.
Okay, Kanji.
Wobei ich mich schon frage, wie man sich die Schulter ausrenken kann, wenn man gegen eine Wand rennt.
Weil ich mich zum Ficken fesseln lasse, renke ich mir öfter die Schulter aus.
Zeig mir deine Schrammen.
Hä?
Ich verarzte dich, also zeig schon her.
Nee, ist echt nicht nötig.
Hemd aus.
Das sind keine Wunden, die du verarzten kannst.
Zeig her.
...
Meinetwegen kann er sie ja sehen, aber was ist denn das für 'ne Art?

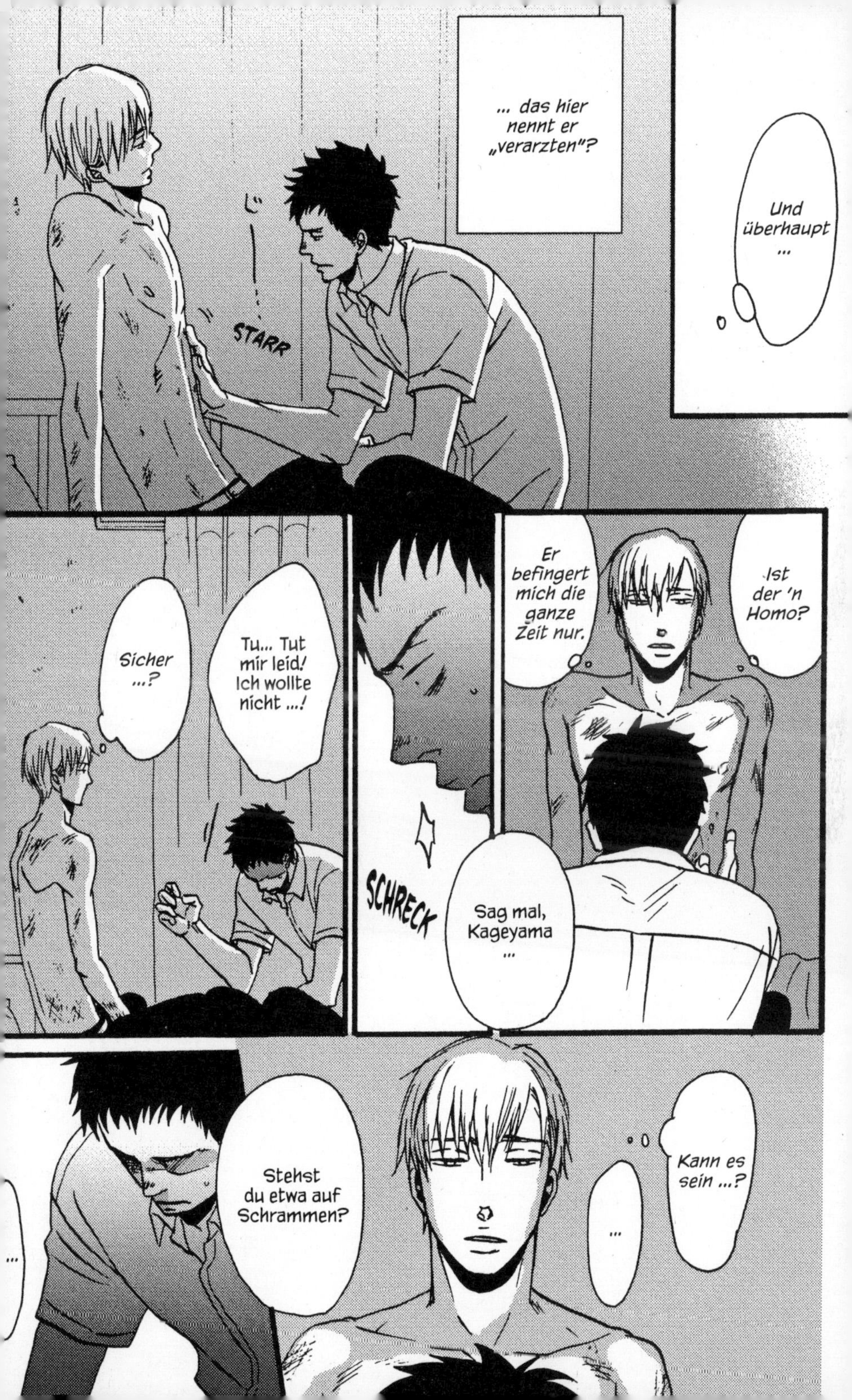
Und überhaupt ...
... das hier nennt er „verarzten"?
じ
STARR
Ist der 'n Homo?
Er befingert mich die ganze Zeit nur.
Sag mal, Kageyama ...
SCHRECK
Tu... Tut mir leid! Ich wollte nicht ...!
Sicher ...?
Kann es sein ...?
...
Stehst du etwa auf Schrammen?
...

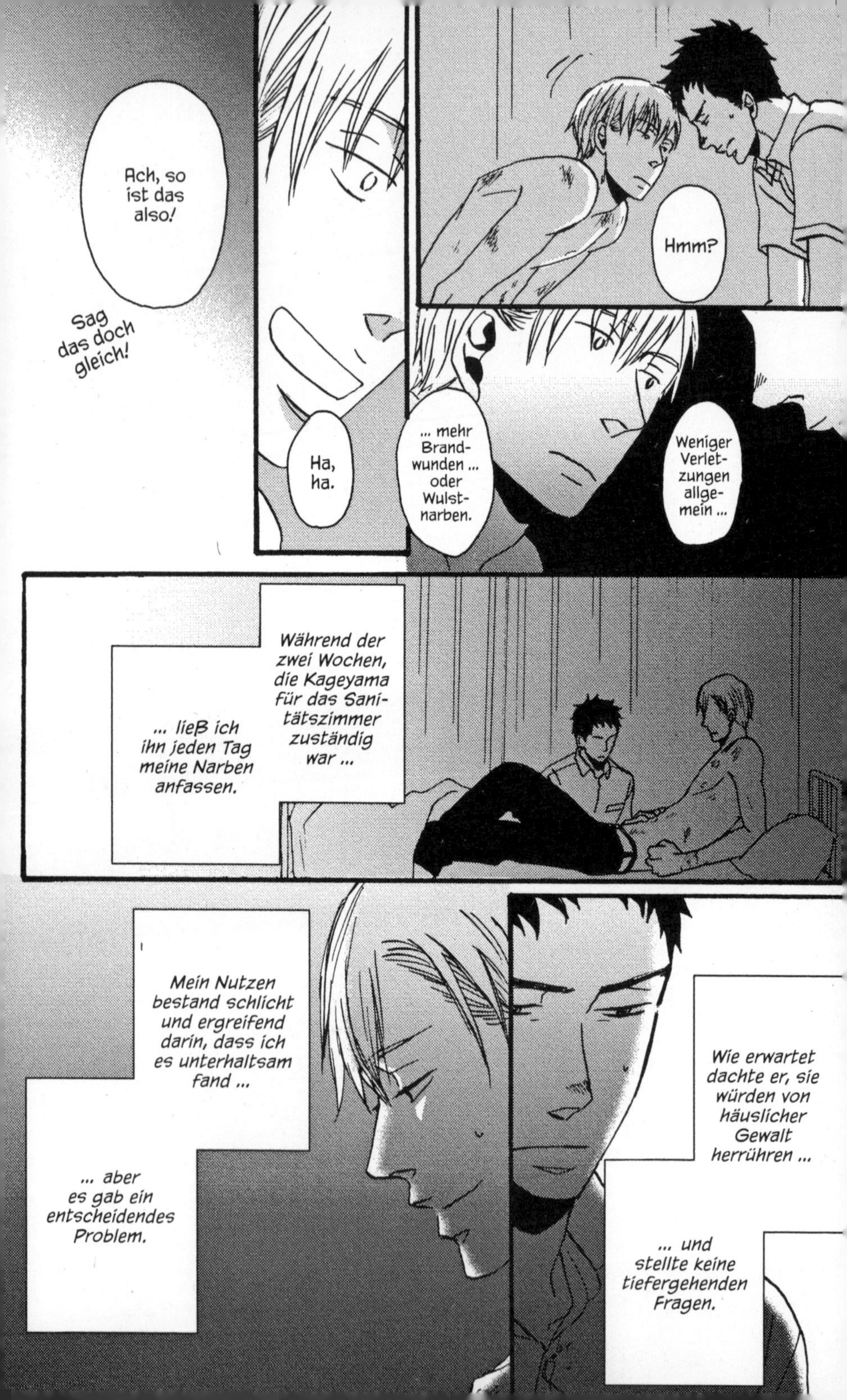
Hmm?
Weniger Verletzungen allgemein ...
... mehr Brandwunden ... oder Wulstnarben.
Ha, ha.
Ach, so ist das also!
Sag das doch gleich!
Während der zwei Wochen, die Kageyama für das Sanitätszimmer zuständig war ...
... ließ ich ihn jeden Tag meine Narben anfassen.
Wie erwartet dachte er, sie würden von häuslicher Gewalt herrühren ...
... und stellte keine tiefergehenden Fragen.
Mein Nutzen bestand schlicht und ergreifend darin, dass ich es unterhaltsam fand ...
... aber es gab ein entscheidendes Problem.

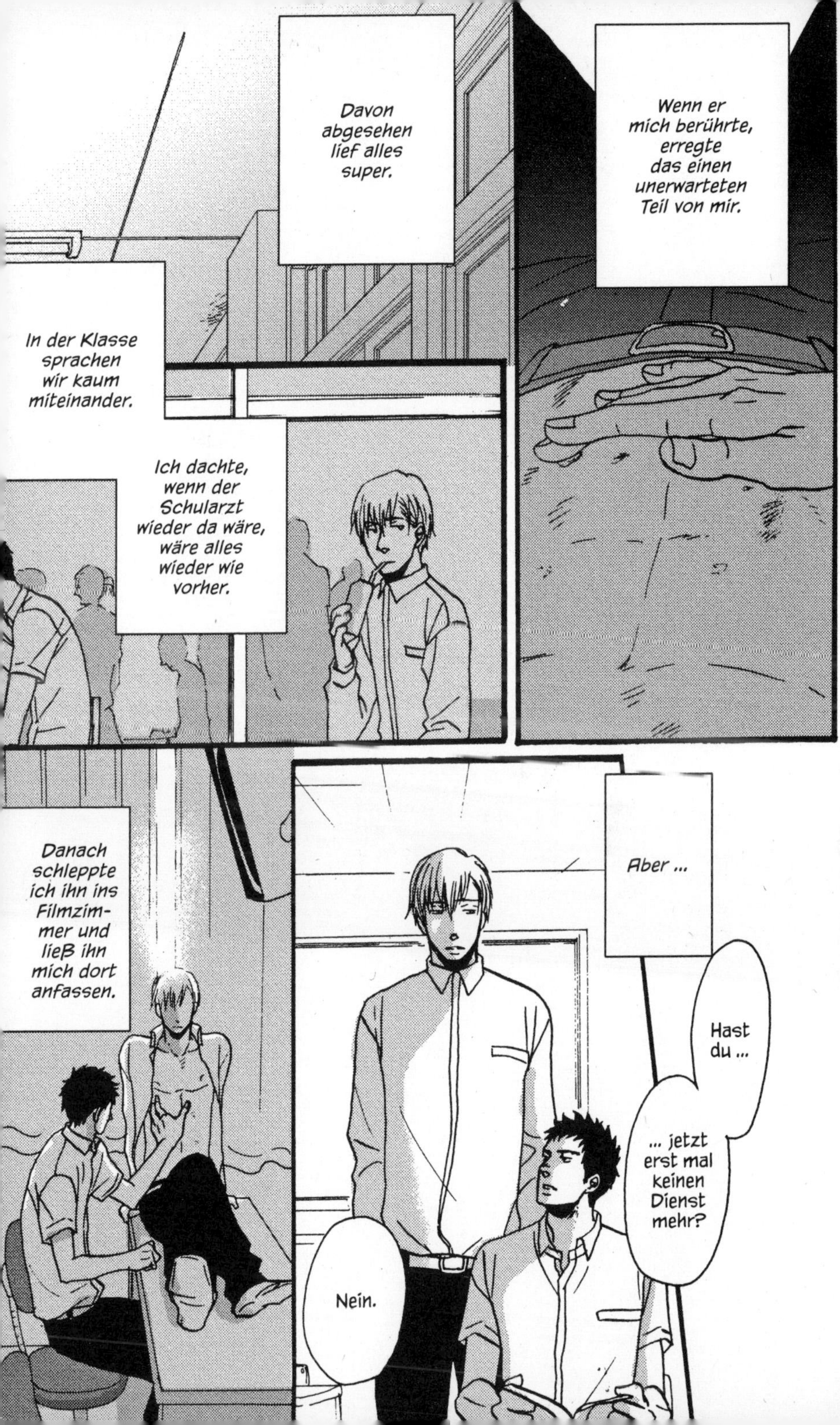
Wenn er mich berührte, erregte das einen unerwarteten Teil von mir.
Davon abgesehen lief alles super.
In der Klasse sprachen wir kaum miteinander.
Ich dachte, wenn der Schularzt wieder da wäre, wäre alles wieder wie vorher.
Danach schleppte ich ihn ins Filmzimmer und ließ ihn mich dort anfassen.
Aber ...
Hast du ...
... jetzt erst mal keinen Dienst mehr?
Nein.

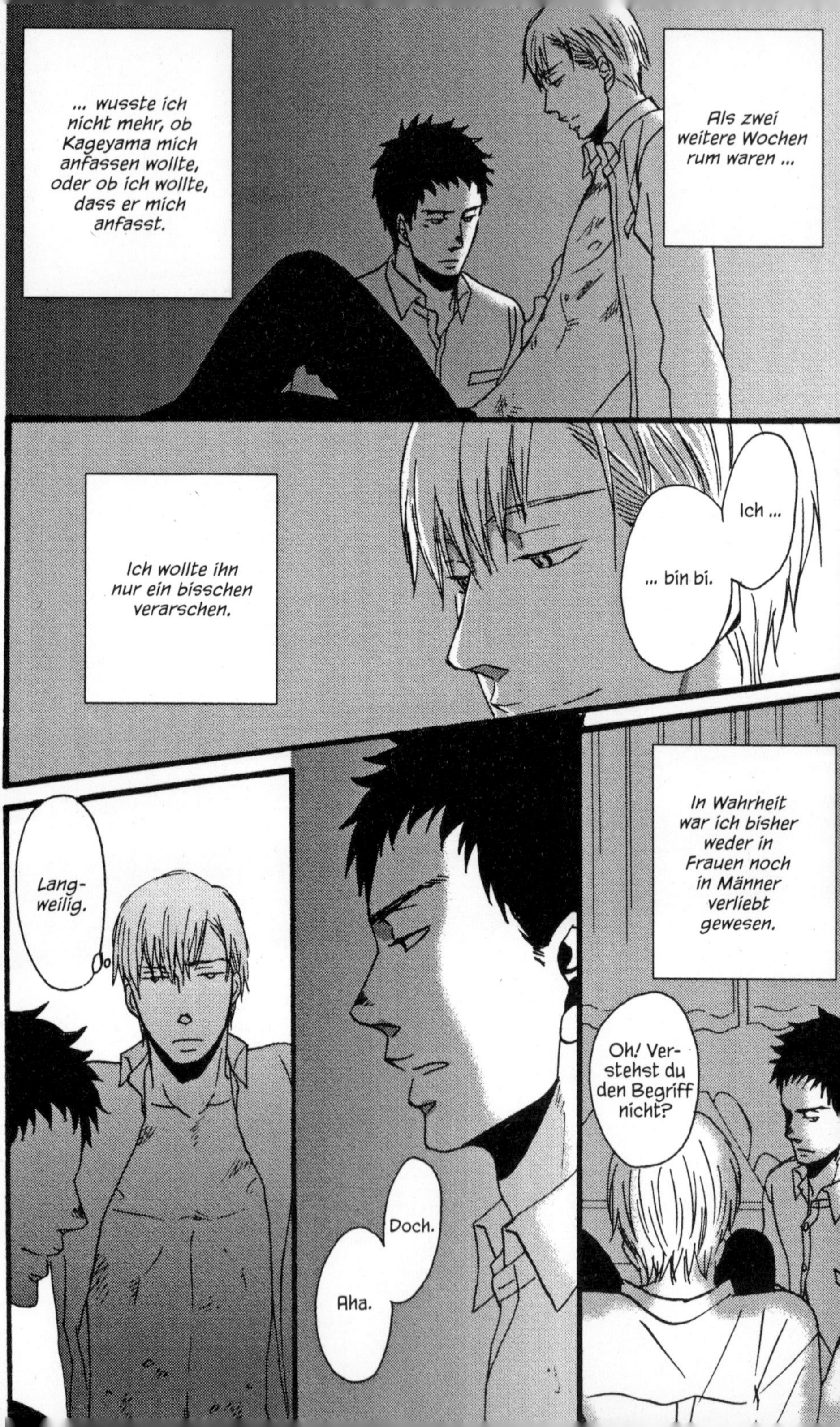
Als zwei weitere Wochen rum waren ...
... wusste ich nicht mehr, ob Kageyama mich anfassen wollte, oder ob ich wollte, dass er mich anfasst.
Ich ...
... bin bi.
Ich wollte ihn nur ein bisschen verarschen.
In Wahrheit war ich bisher weder in Frauen noch in Männer verliebt gewesen.
Oh! Verstehst du den Begriff nicht?
Doch.
Aha.
Lang-weilig.

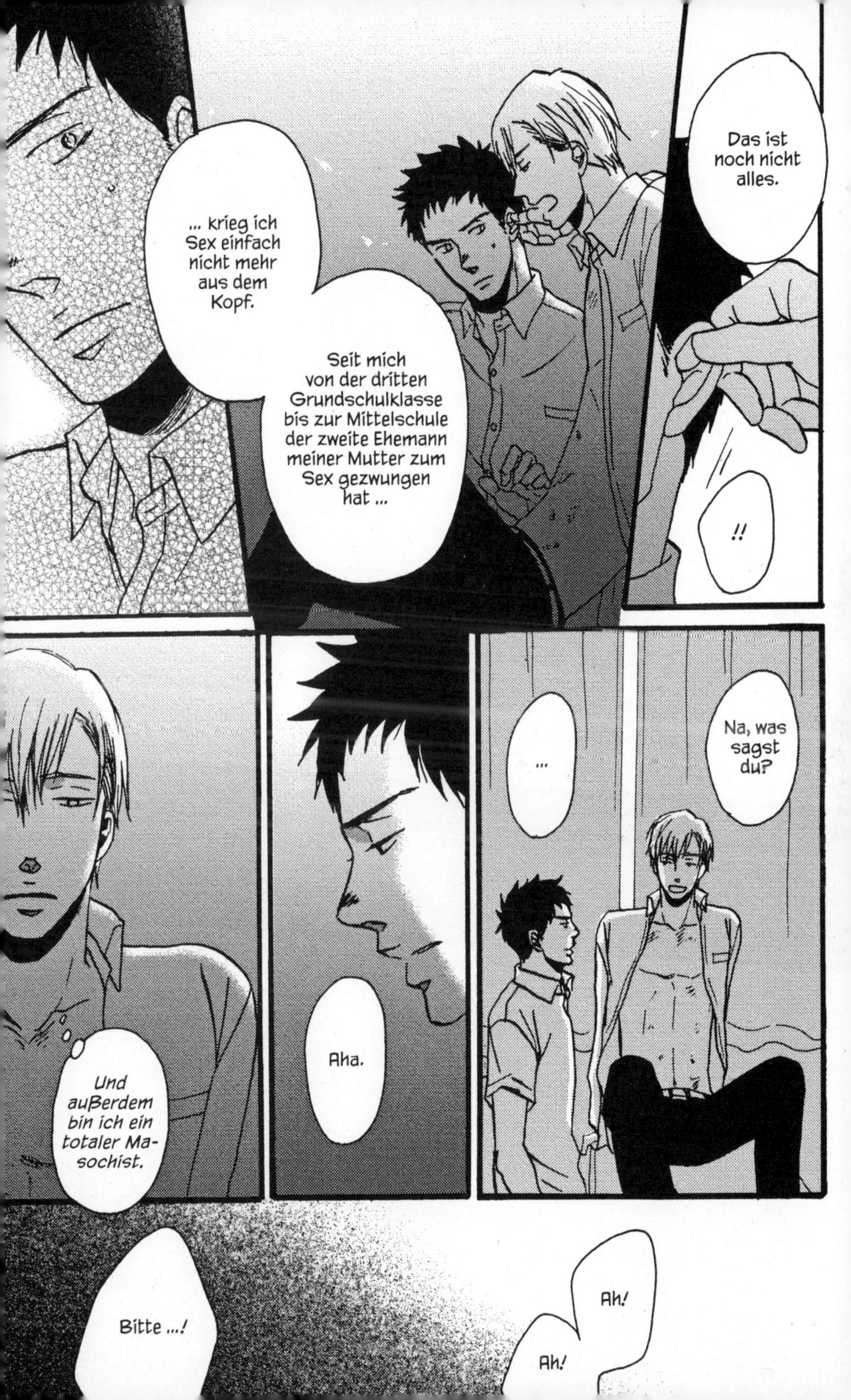
Das ist noch nicht alles.
!!
Seit mich von der dritten Grundschulklasse bis zur Mittelschule der zweite Ehemann meiner Mutter zum Sex gezwungen hat ...
... krieg ich Sex einfach nicht mehr aus dem Kopf.
Na, was sagst du?
...
Aha.
Und außerdem bin ich ein totaler Masochist.
Ah!
Ah!
Bitte ...!

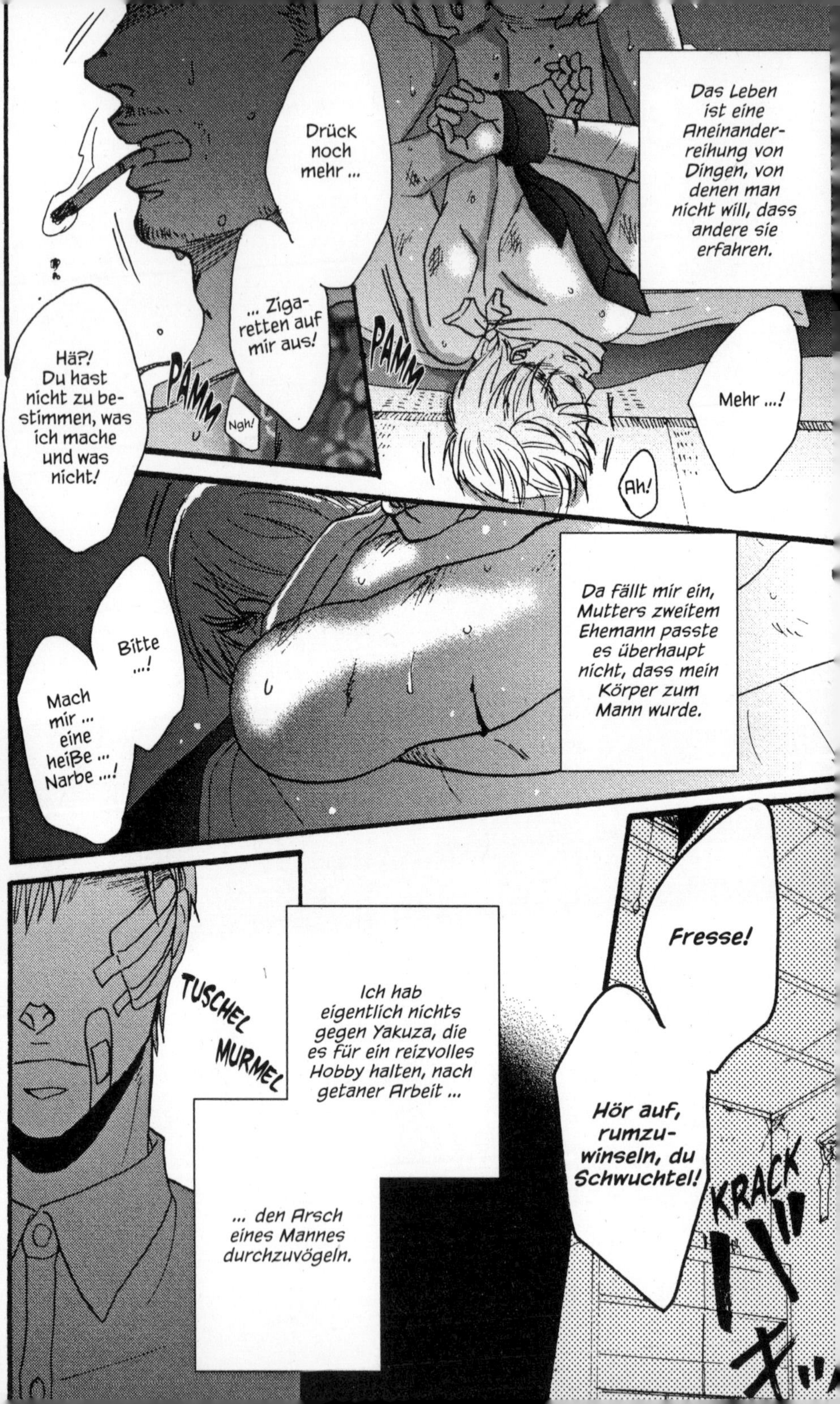
Das Leben ist eine Aneinanderreihung von Dingen, von denen man nicht will, dass andere sie erfahren.
Drück noch mehr ...
... Zigaretten auf mir aus!
Mehr ...!
PAMM
PAMM
Ngh!
Hä?! Du hast nicht zu bestimmen, was ich mache und was nicht!
Ah!
Da fällt mir ein, Mutters zweitem Ehemann passte es überhaupt nicht, dass mein Körper zum Mann wurde.
Bitte ...!
Mach mir ... eine heiße ... Narbe ...!
Fresse!
Hör auf, rumzuwinseln, du Schwuchtel!
KRACK
Ich hab eigentlich nichts gegen Yakuza, die es für ein reizvolles Hobby halten, nach getaner Arbeit ...
... den Arsch eines Mannes durchzuvögeln.
TUSCHEL
MURMEL

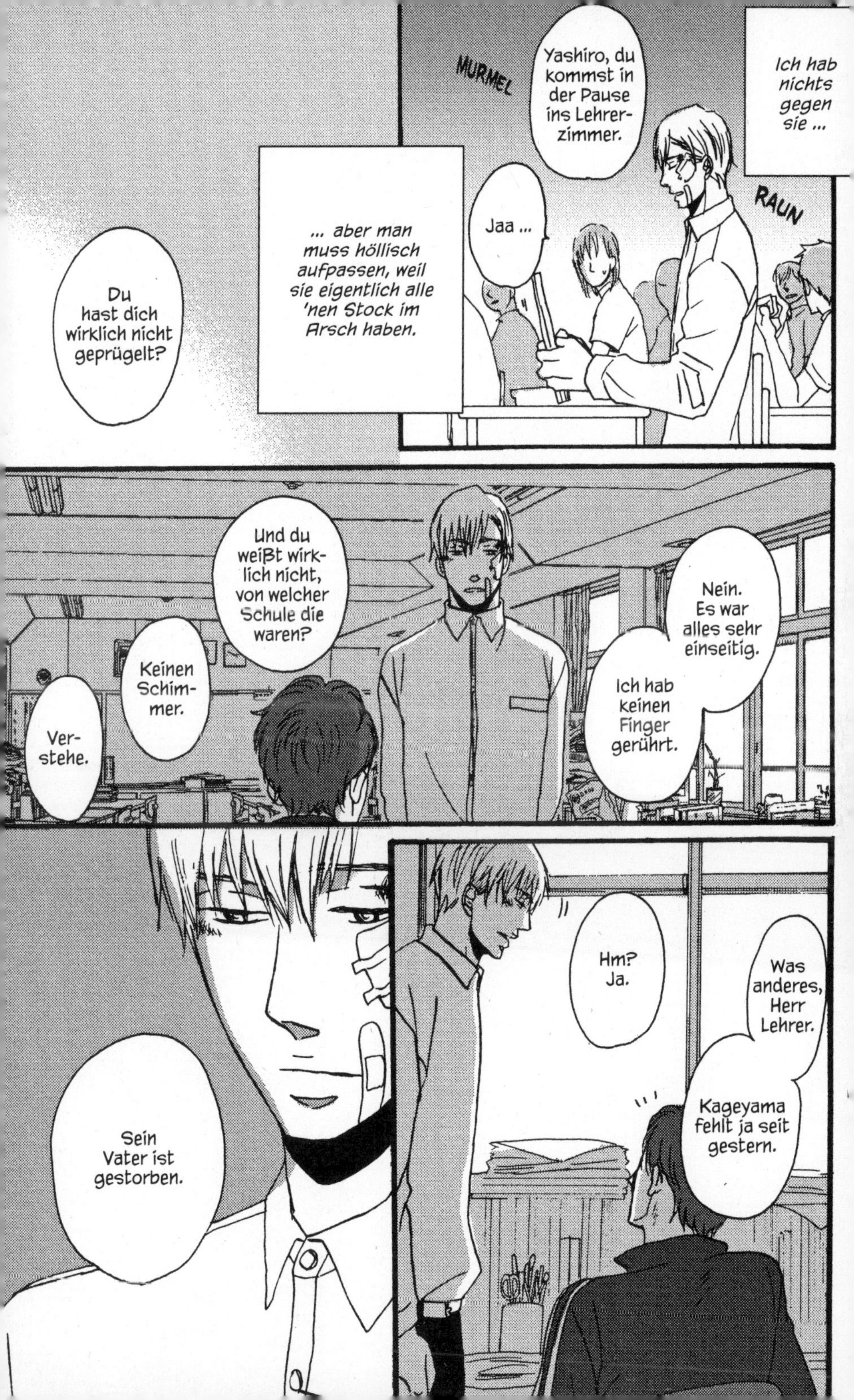

Ich hab nichts gegen sie ...
Yashiro, du kommst in der Pause ins Lehrerzimmer.
MURMEL
RAUN
Jaa ...
... aber man muss höllisch aufpassen, weil sie eigentlich alle 'nen Stock im Arsch haben.
Du hast dich wirklich nicht geprügelt?
Nein. Es war alles sehr einseitig.
Ich hab keinen Finger gerührt.
Und du weißt wirklich nicht, von welcher Schule die waren?
Keinen Schimmer.
Verstehe.
Was anderes, Herr Lehrer.
Kageyama fehlt ja seit gestern.
Hm? Ja.
Sein Vater ist gestorben.

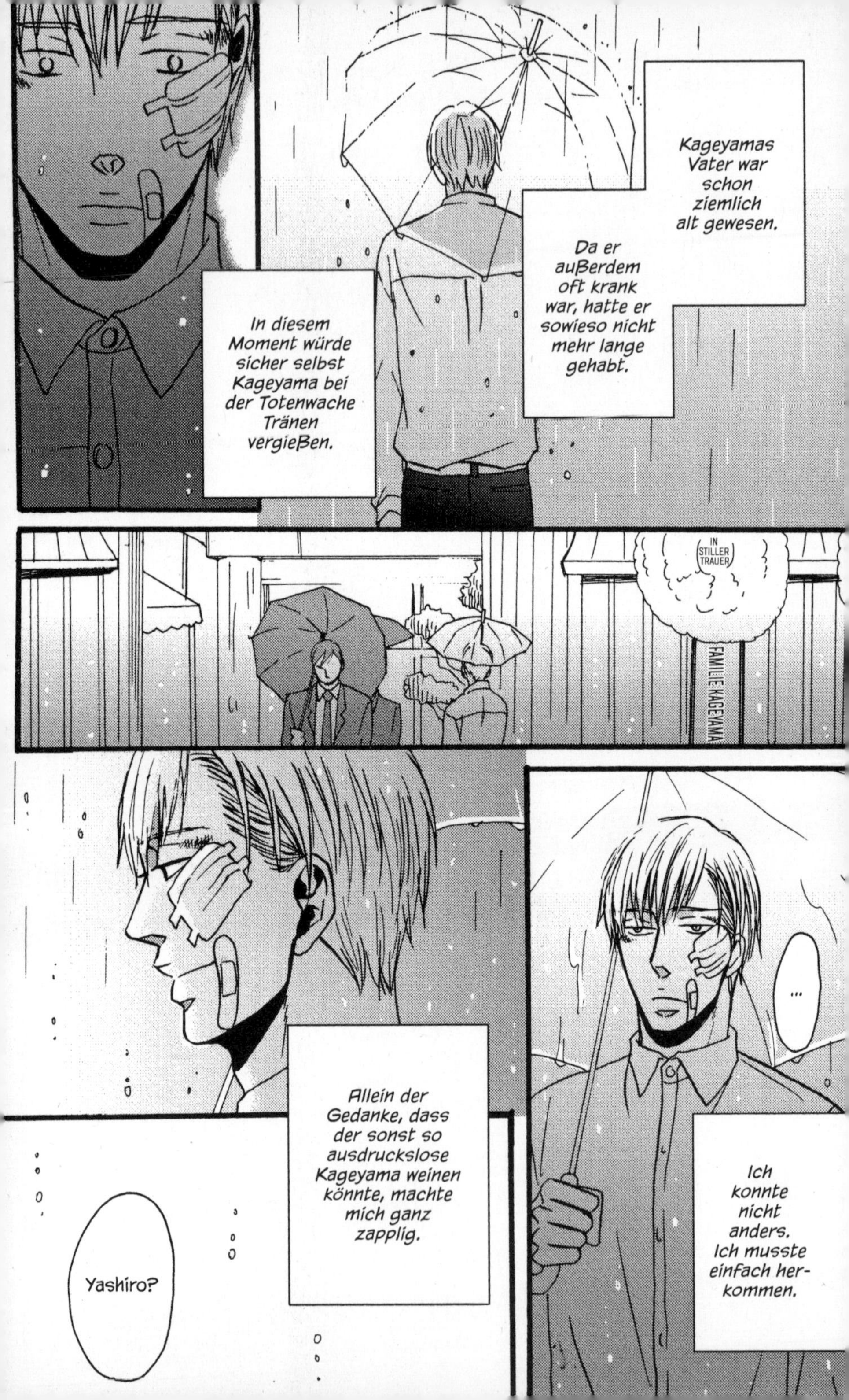
Kageyamas Vater war schon ziemlich alt gewesen.
Da er außerdem oft krank war, hatte er sowieso nicht mehr lange gehabt.
In diesem Moment würde sicher selbst Kageyama bei der Totenwache Tränen vergießen.
IN STILLER TRAUER
FAMILIE KAGEYAMA
…
Ich konnte nicht anders. Ich musste einfach herkommen.
Allein der Gedanke, dass der sonst so ausdruckslose Kageyama weinen könnte, machte mich ganz zapplig.
Yashiro?

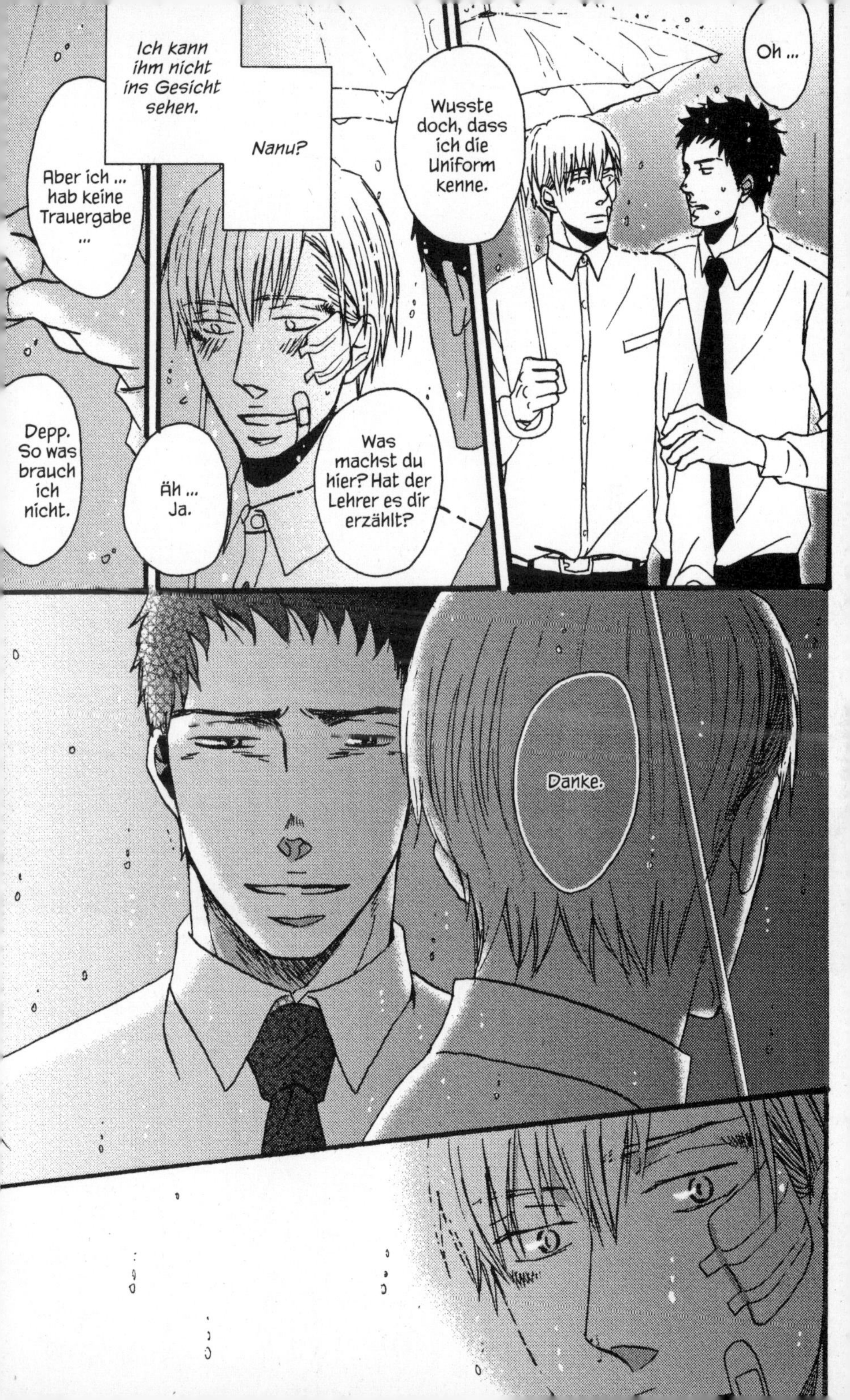
Oh ...
Wusste doch, dass ich die Uniform kenne.
Ich kann ihm nicht ins Gesicht sehen.
Nanu?
Was machst du hier? Hat der Lehrer es dir erzählt?
Äh ... Ja.
Aber ich ... hab keine Trauergabe ...
Depp. So was brauch ich nicht.
Danke.

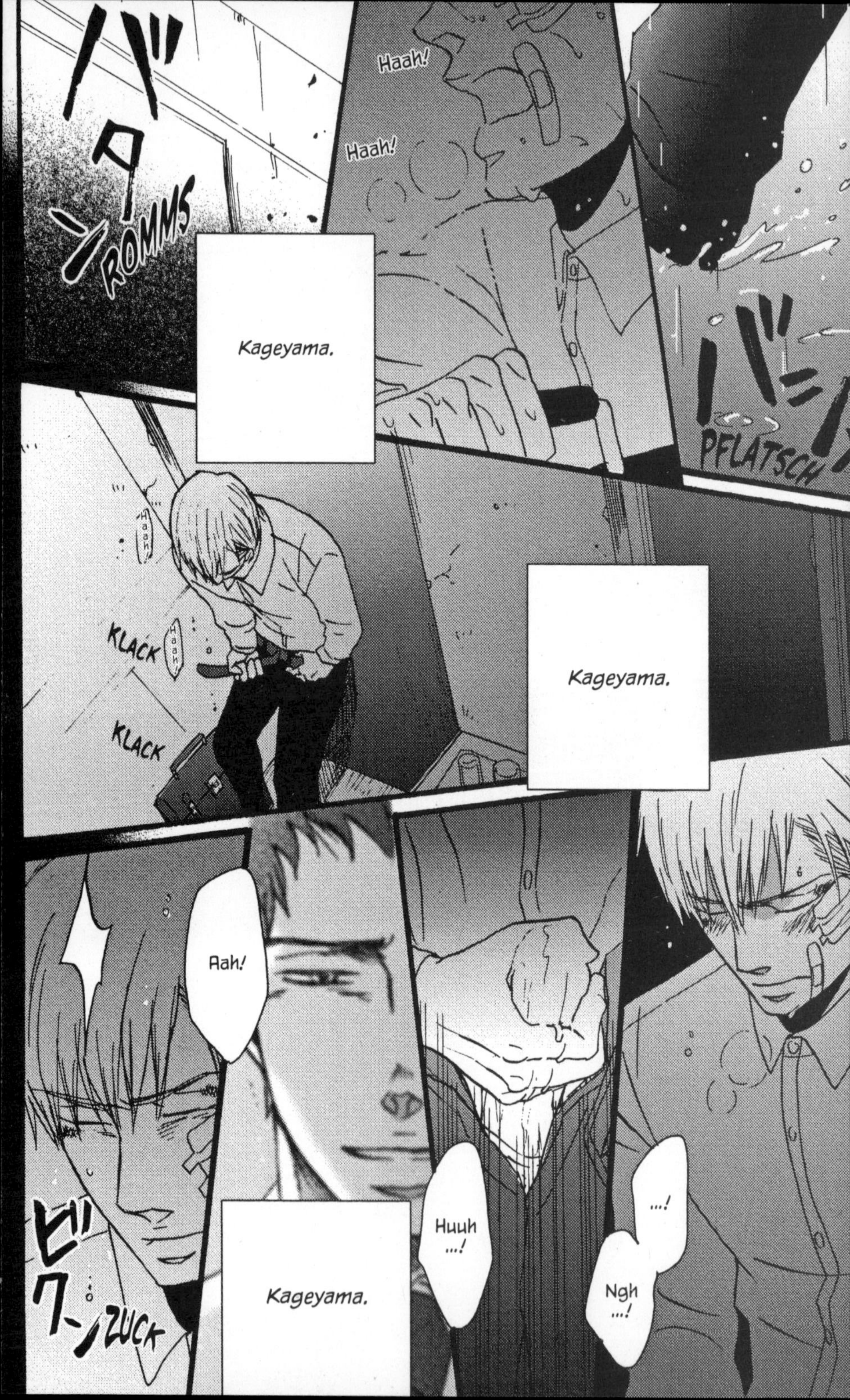
PFLATSCH
Haah!
Haah!
ROMMS
Kageyama.
Kageyama.
Haah
Haah
KLACK
KLACK
...!
Ngh ...!
Huuh ...!
Kageyama.
Aah!
ZUCK

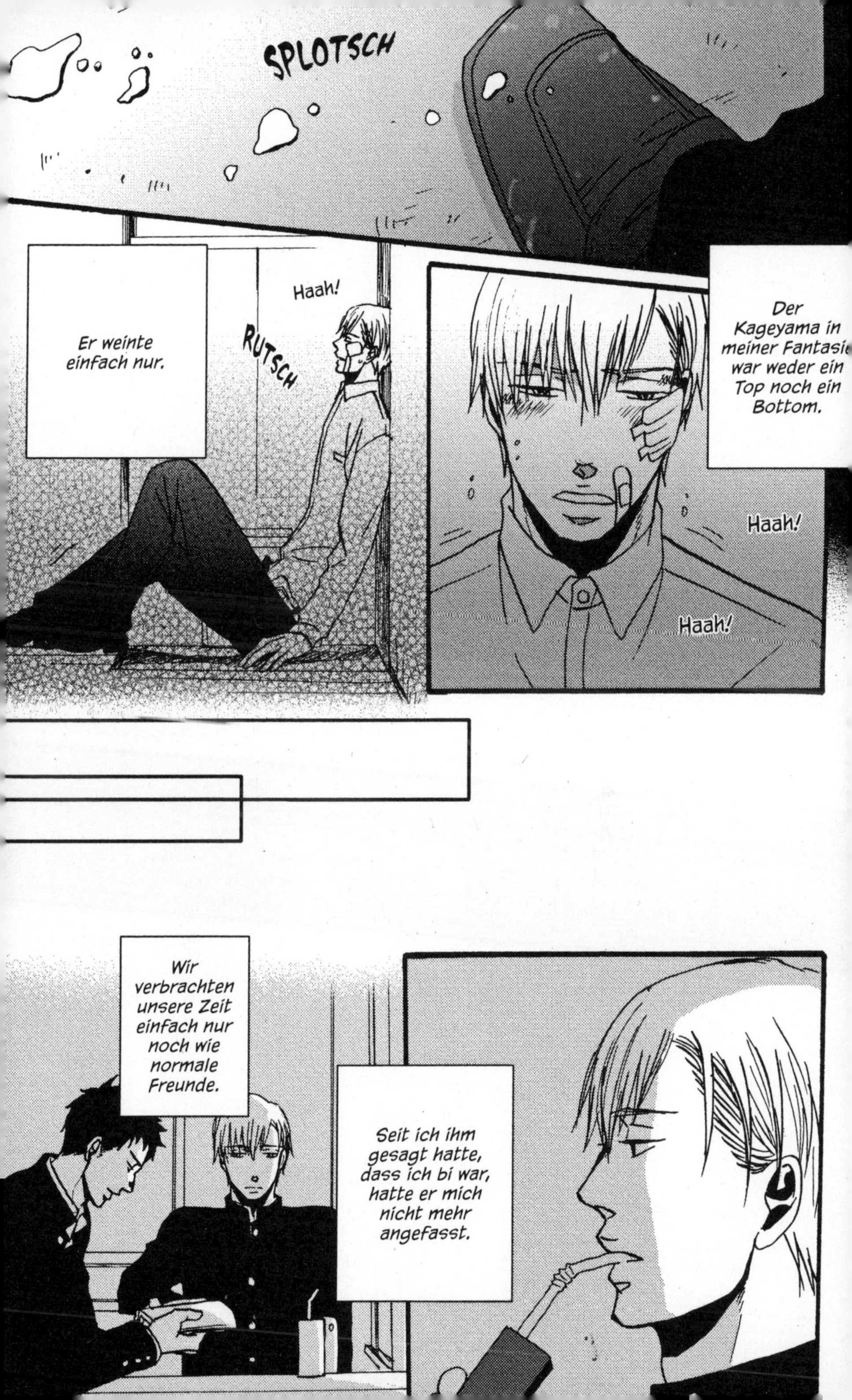

SPLOTSCH
Der Kageyama in meiner Fantasie war weder ein Top noch ein Bottom.
Haah!
Haah!
Haah!
RUTSCH
Er weinte einfach nur.
Wir verbrachten unsere Zeit einfach nur noch wie normale Freunde.
Seit ich ihm gesagt hatte, dass ich bi war, hatte er mich nicht mehr angefasst.

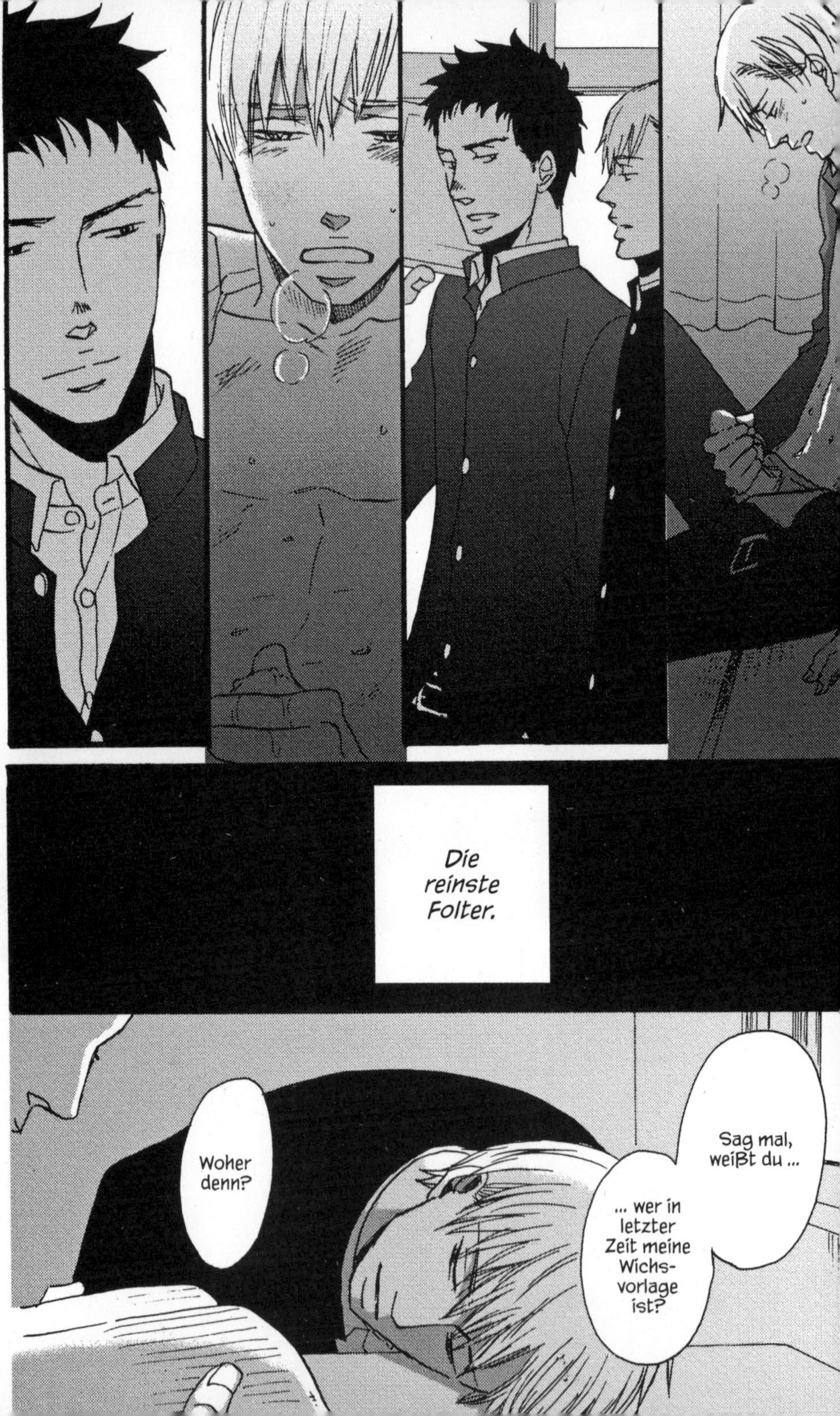
Die reinste Folter.
Sag mal, weißt du ...
... wer in letzter Zeit meine Wichs-vorlage ist?
Woher denn?

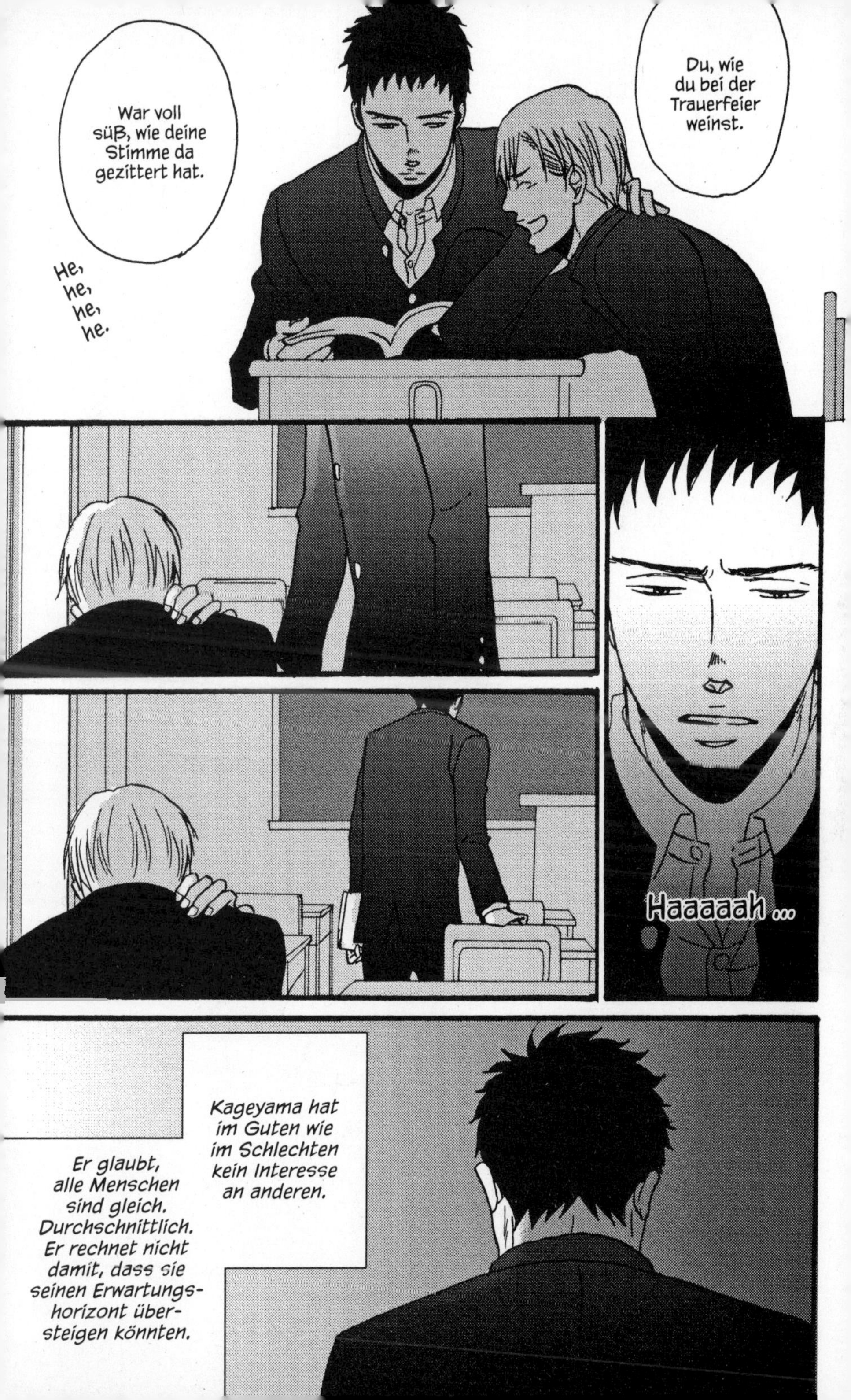
Du, wie du bei der Trauerfeier weinst.
War voll süß, wie deine Stimme da gezittert hat.
He, he, he, he.
Haaaaah ...
Kageyama hat im Guten wie im Schlechten kein Interesse an anderen.
Er glaubt, alle Menschen sind gleich. Durchschnittlich. Er rechnet nicht damit, dass sie seinen Erwartungshorizont übersteigen könnten.

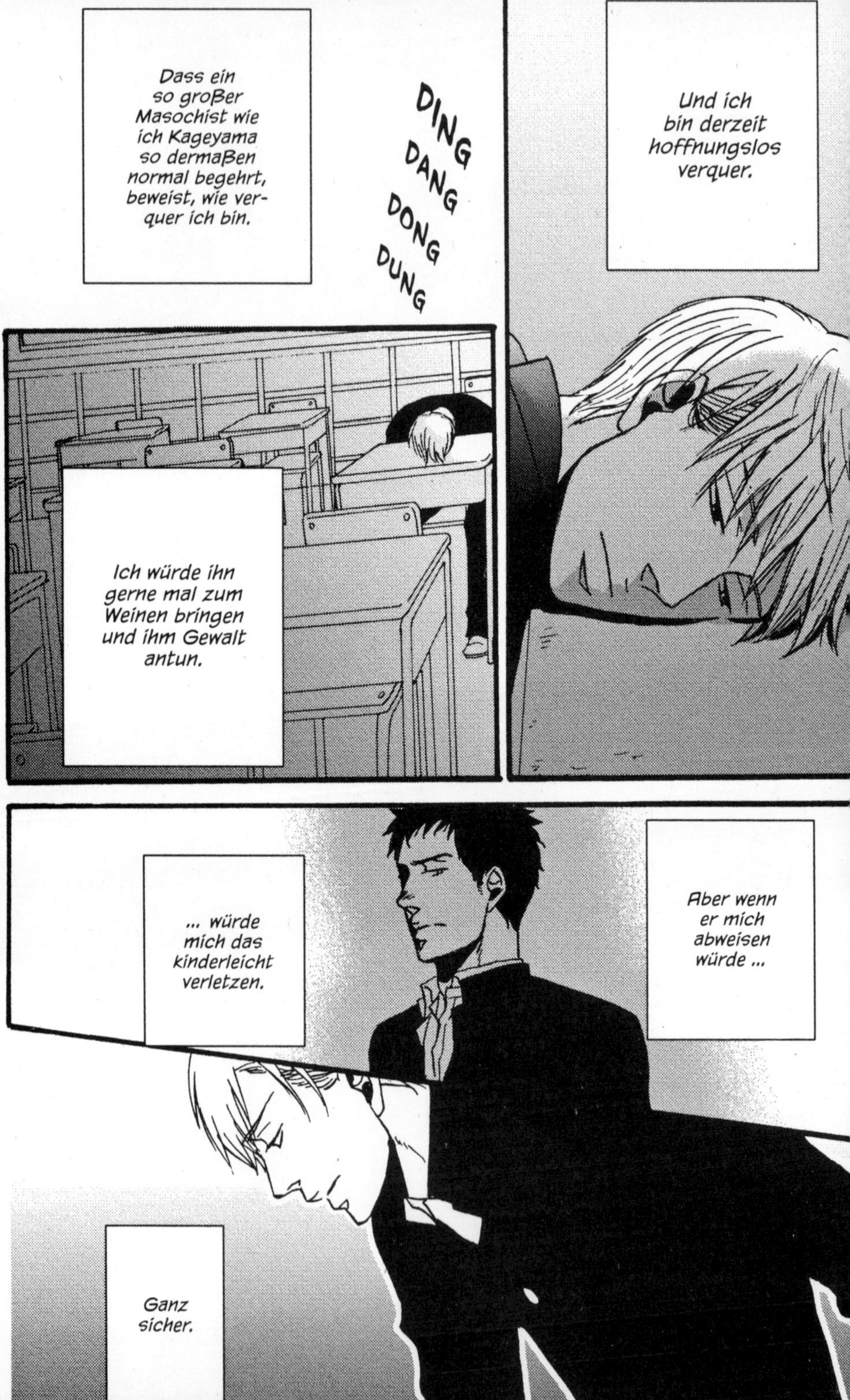
Dass ein so großer Masochist wie ich Kageyama so dermaßen normal begehrt, beweist, wie ver-quer ich bin.
Und ich bin derzeit hoffnungslos verquer.
DING DANG DONG DUNG
Ich würde ihn gerne mal zum Weinen bringen und ihm Gewalt antun.
Aber wenn er mich abweisen würde ...
... würde mich das kinderleicht verletzen.
Ganz sicher.

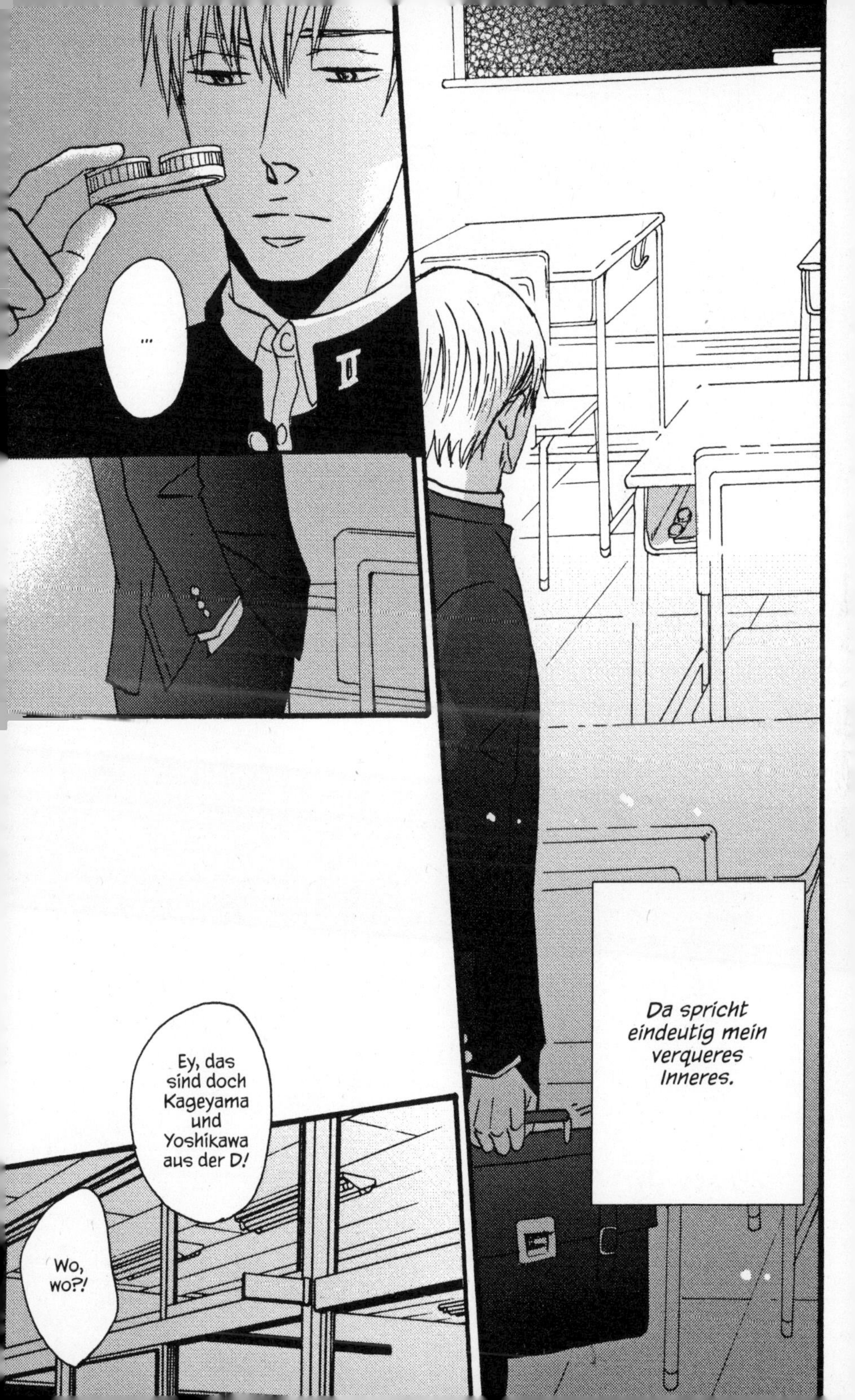
...
Da spricht eindeutig mein verqueres Inneres.
Ey, das sind doch Kageyama und Yoshikawa aus der D!
Wo, wo?!

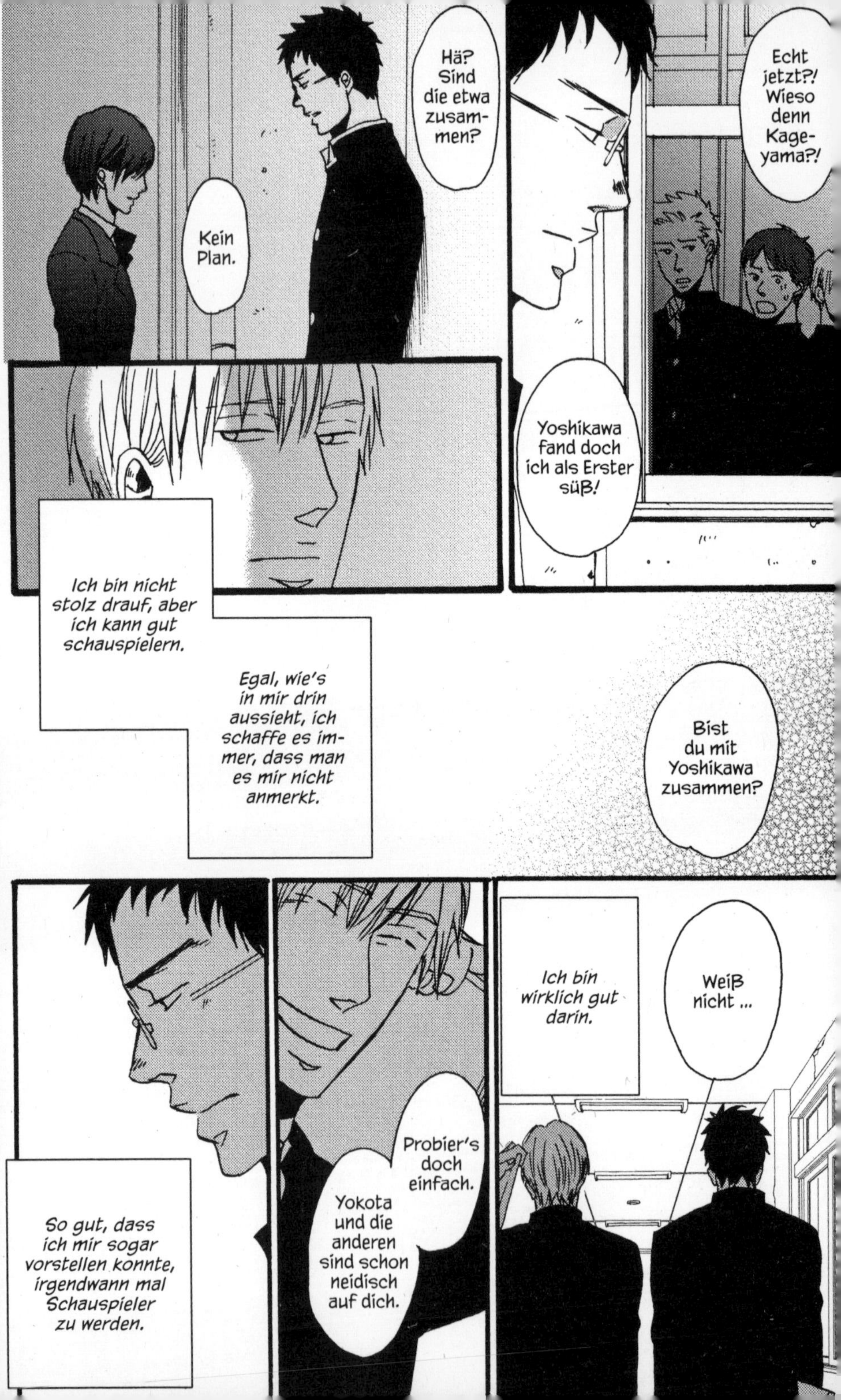
Echt jetzt?! Wieso denn Kageyama?!
Yoshikawa fand doch ich als Erster süß!
Hä? Sind die etwa zusammen?
Kein Plan.
Ich bin nicht stolz drauf, aber ich kann gut schauspielern.
Egal, wie's in mir drin aussieht, ich schaffe es immer, dass man es mir nicht anmerkt.
Bist du mit Yoshikawa zusammen?
Weiß nicht ...
Ich bin wirklich gut darin.
Probier's doch einfach.
Yokota und die anderen sind schon neidisch auf dich.
So gut, dass ich mir sogar vorstellen konnte, irgendwann mal Schauspieler zu werden.

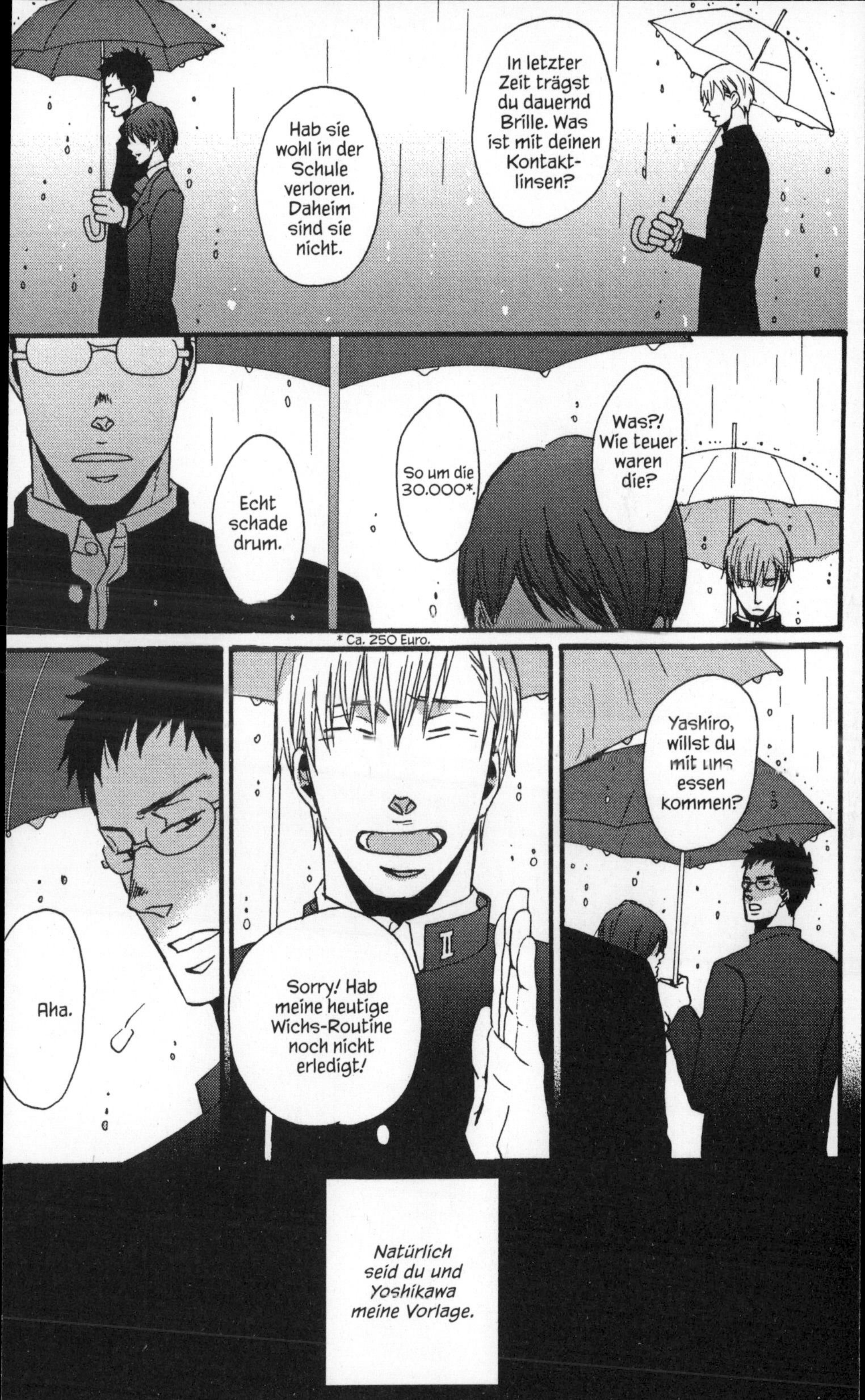
In letzter Zeit trägst du dauernd Brille. Was ist mit deinen Kontakt-linsen?
Hab sie wohl in der Schule verloren. Daheim sind sie nicht.
Was?! Wie teuer waren die?
So um die 30.000*.
Echt schade drum.
* Ca. 250 Euro.
Yashiro, willst du mit uns essen kommen?
Sorry! Hab meine heutige Wichs-Routine noch nicht erledigt!
Aha.
Natürlich seid du und Yoshikawa meine Vorlage.

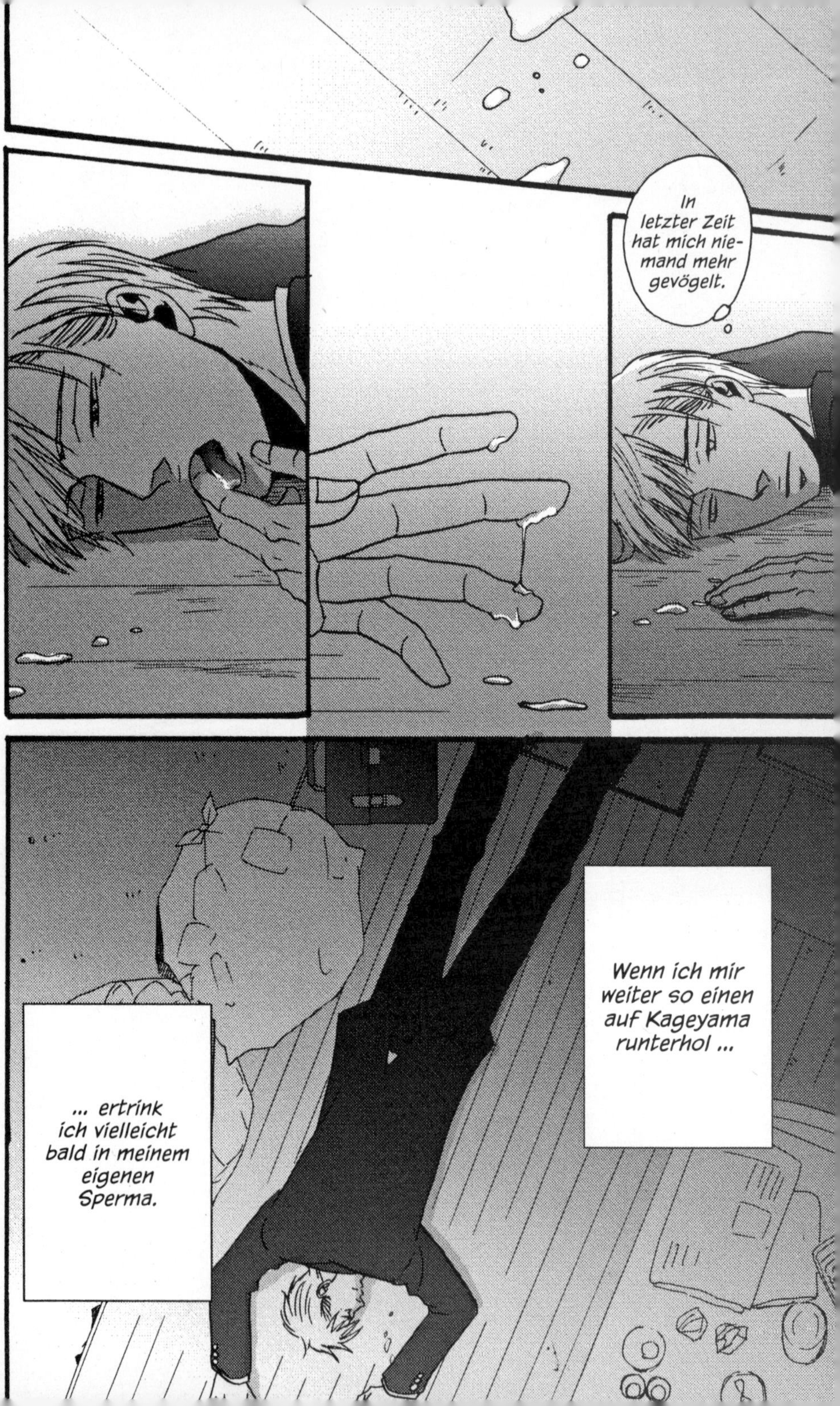
In letzter Zeit hat mich niemand mehr gevögelt.
Wenn ich mir weiter so einen auf Kageyama runterhol ...
... ertrink ich vielleicht bald in meinem eigenen Sperma.

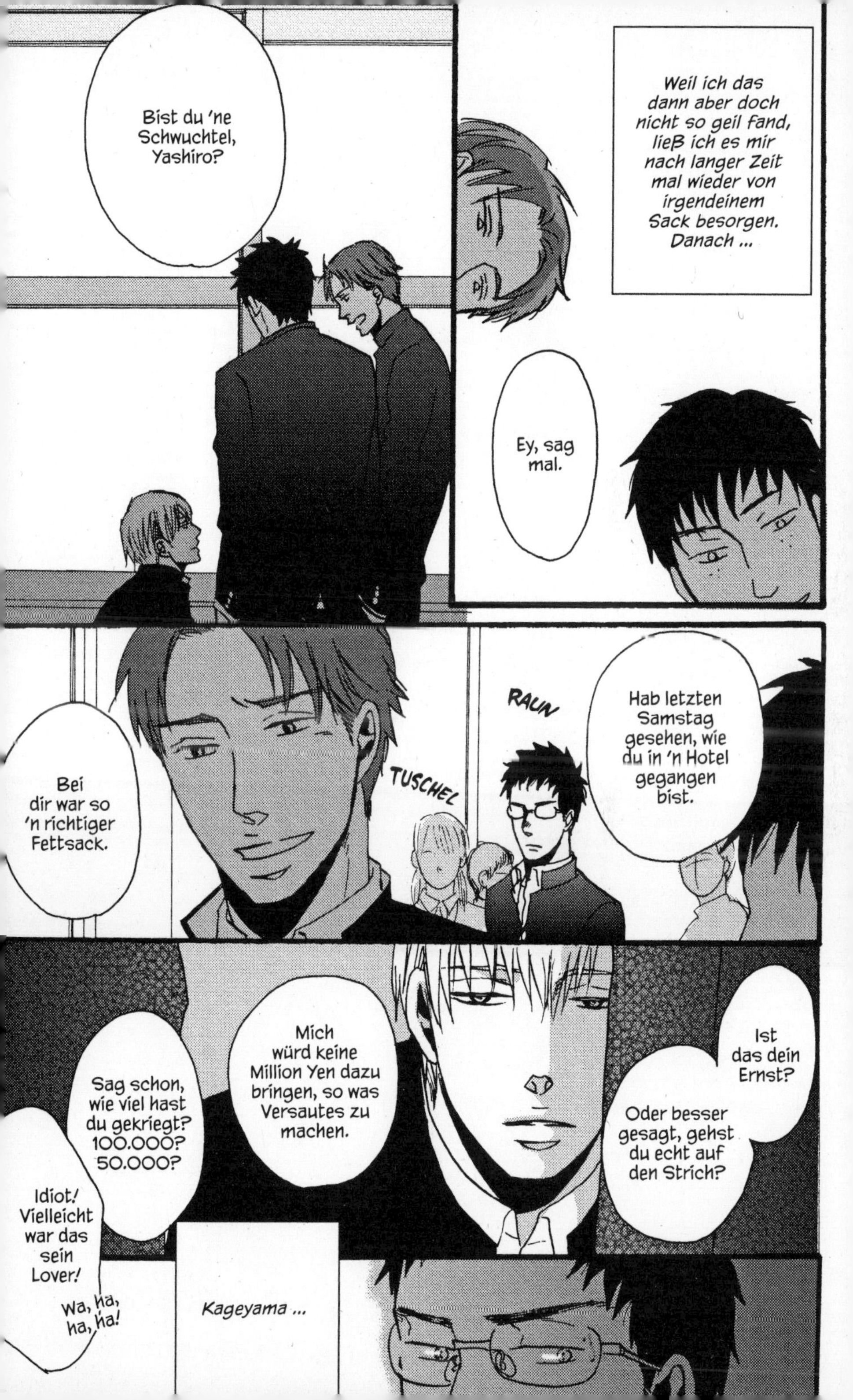
Weil ich das dann aber doch nicht so geil fand, ließ ich es mir nach langer Zeit mal wieder von irgendeinem Sack besorgen. Danach ...
Ey, sag mal.
Bist du 'ne Schwuchtel, Yashiro?
Hab letzten Samstag gesehen, wie du in 'n Hotel gegangen bist.
RAUN
TUSCHEL
Bei dir war so 'n richtiger Fettsack.
Ist das dein Ernst?
Oder besser gesagt, gehst du echt auf den Strich?
Mich würd keine Million Yen dazu bringen, so was Versautes zu machen.
Sag schon, wie viel hast du gekriegt? 100.000? 50.000?
Idiot! Vielleicht war das sein Lover!
Wa, ha, ha, ha!
Kageyama ...

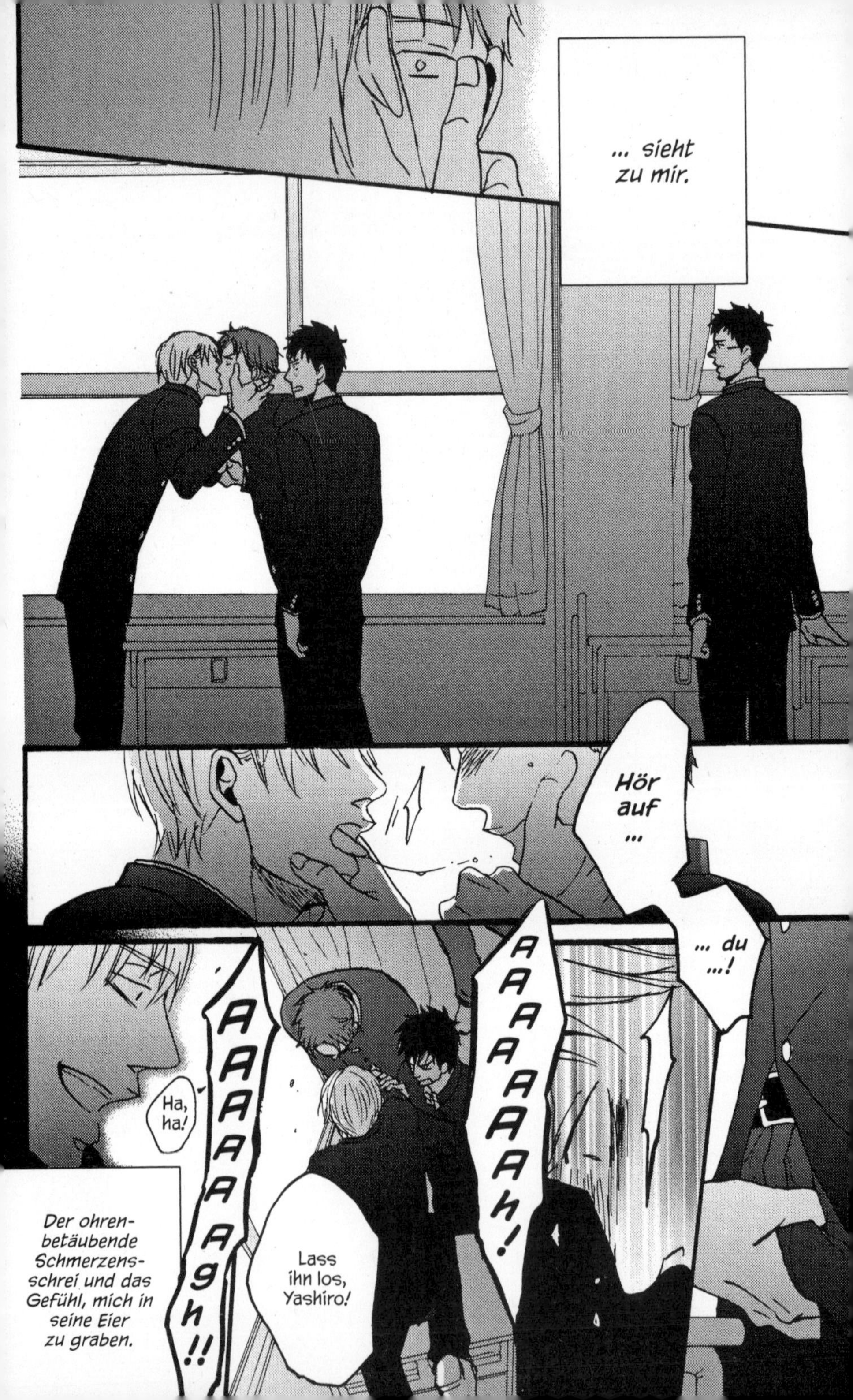
... sieht zu mir.
Hör auf ...
... du ...!
AAAAAAAAAh!
AAAAAAAAAAgh!!
Ha, ha!
Lass ihn los, Yashiro!
Der ohrenbetäubende Schmerzensschrei und das Gefühl, mich in seine Eier zu graben.

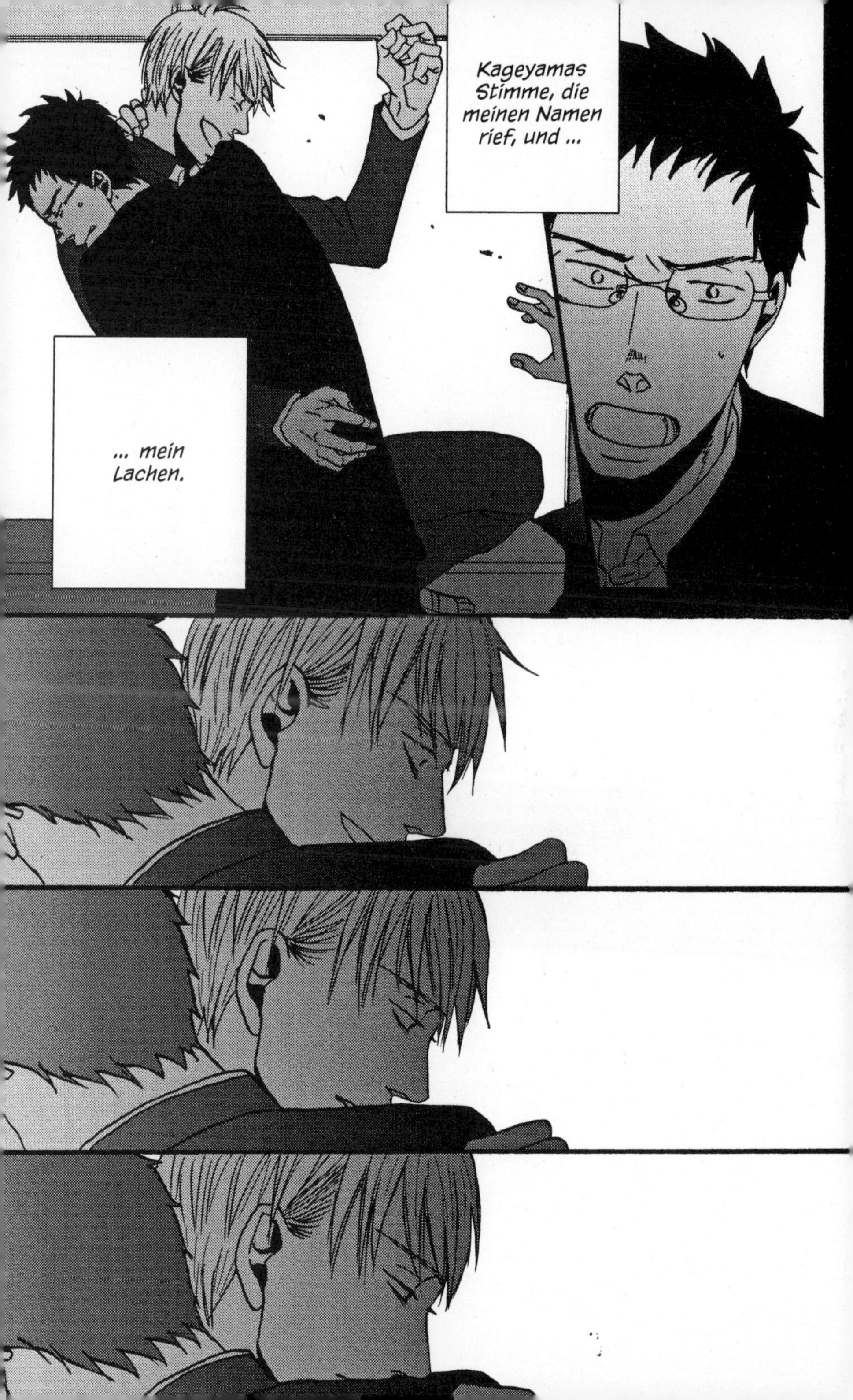
Kageyamas Stimme, die meinen Namen rief, und ...
... mein Lachen.

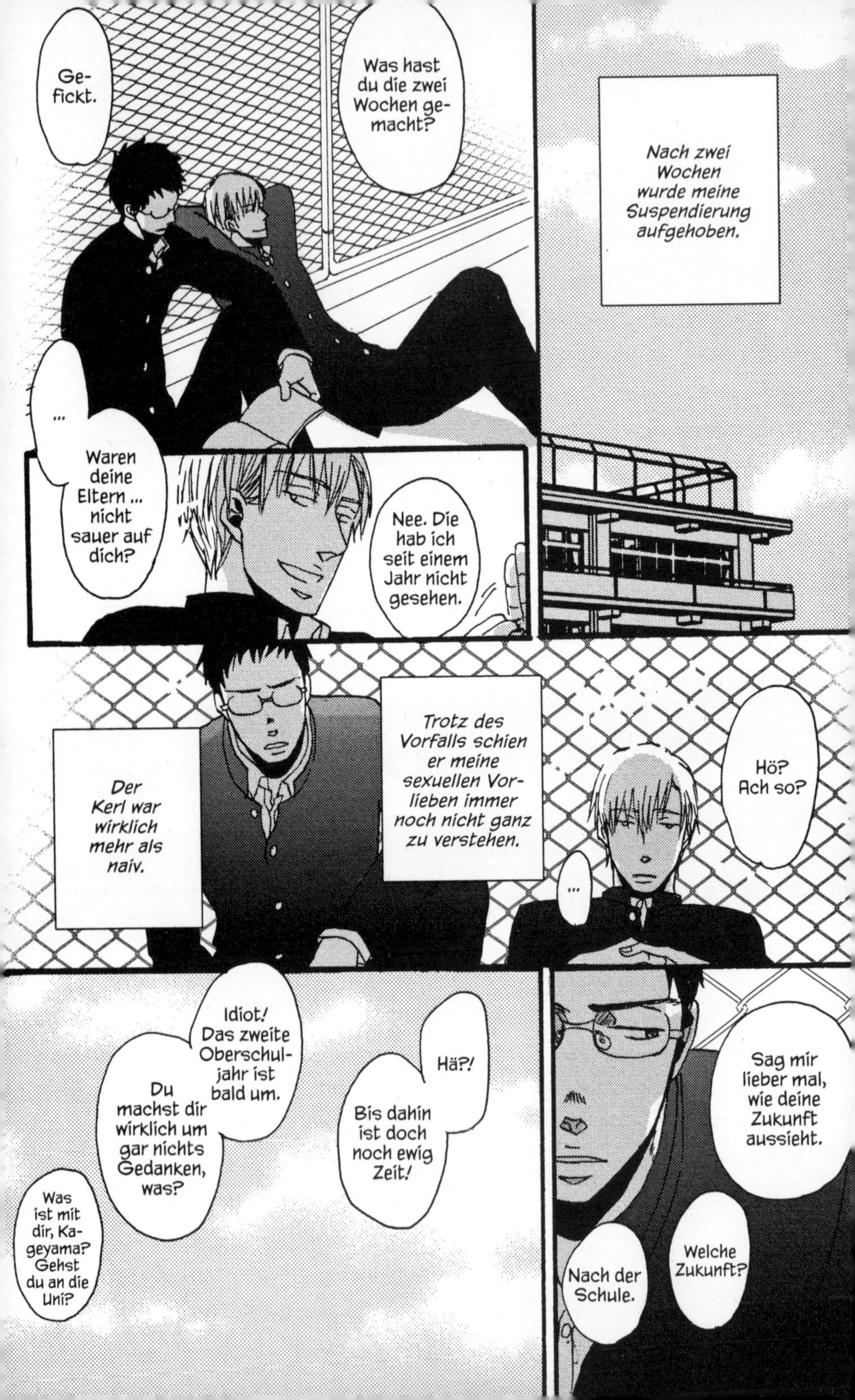

Nach zwei Wochen wurde meine Suspendierung aufgehoben.
Was hast du die zwei Wochen gemacht?
Gefickt.
...
Waren deine Eltern ... nicht sauer auf dich?
Nee. Die hab ich seit einem Jahr nicht gesehen.
Hö? Ach so?
...
Trotz des Vorfalls schien er meine sexuellen Vorlieben immer noch nicht ganz zu verstehen.
Der Kerl war wirklich mehr als naiv.
Sag mir lieber mal, wie deine Zukunft aussieht.
Welche Zukunft?
Nach der Schule.
Hä?!
Bis dahin ist doch noch ewig Zeit!
Idiot! Das zweite Oberschuljahr ist bald um.
Du machst dir wirklich um gar nichts Gedanken, was?
Was ist mit dir, Kageyama? Gehst du an die Uni?

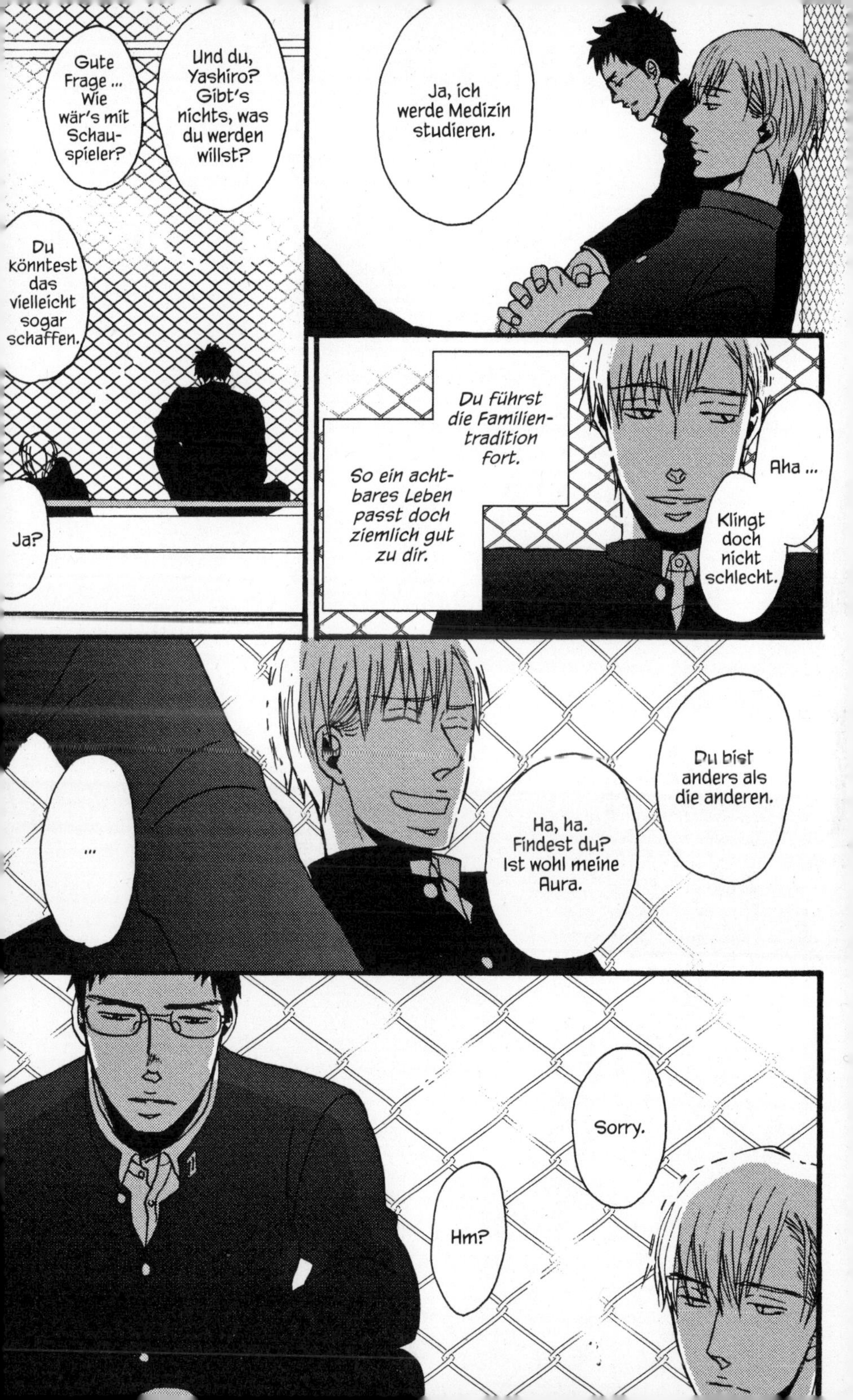

Ja, ich werde Medizin studieren.
Aha ...
Klingt doch nicht schlecht.
Du führst die Familien-tradition fort.
So ein acht-bares Leben passt doch ziemlich gut zu dir.
Und du, Yashiro? Gibt's nichts, was du werden willst?
Gute Frage ... Wie wär's mit Schau-spieler?
Du könntest das vielleicht sogar schaffen.
Ja?
Du bist anders als die anderen.
Ha, ha. Findest du? Ist wohl meine Aura.
...
Sorry.
Hm?

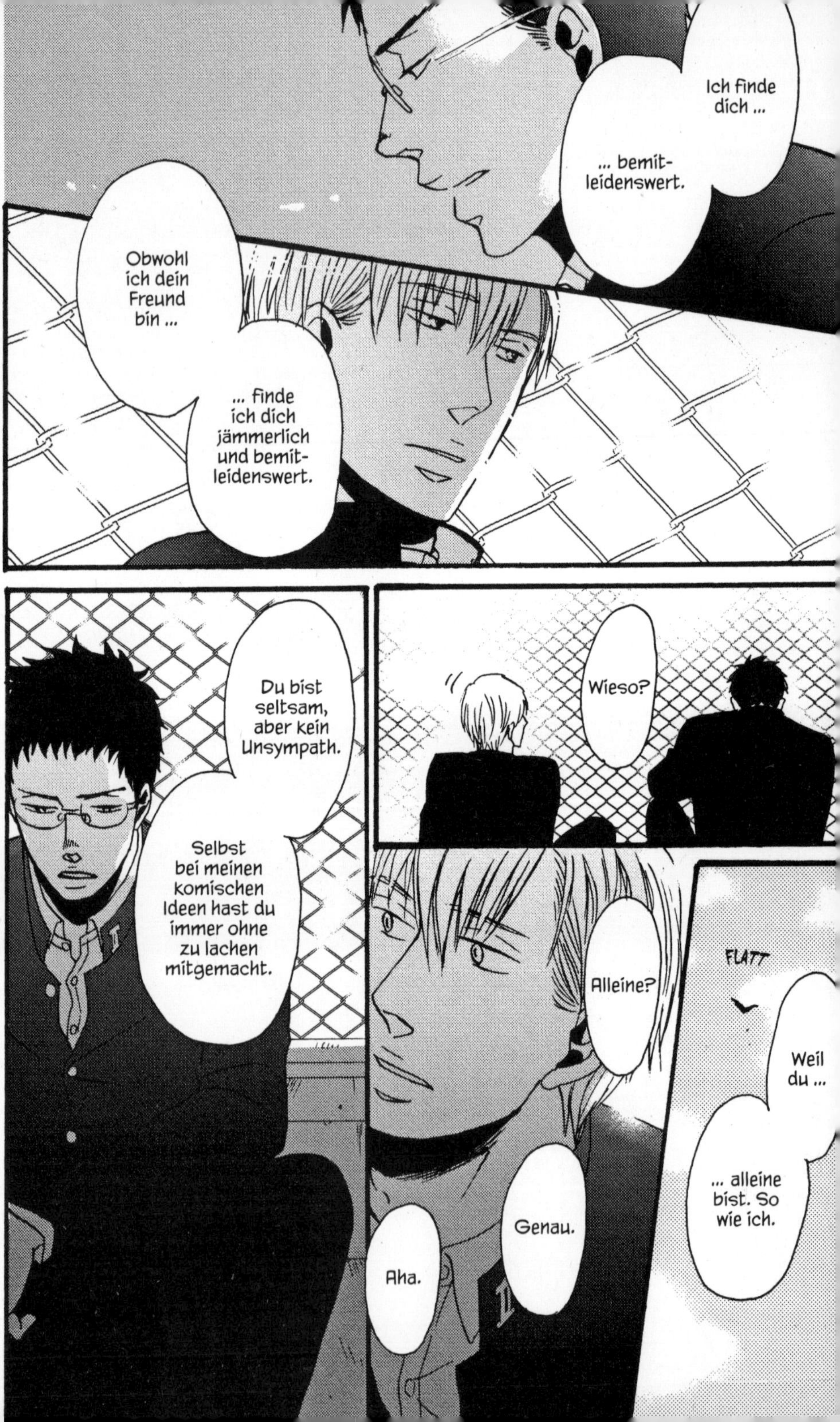
Ich finde dich ...
... bemitleidenswert.
Obwohl ich dein Freund bin ...
... finde ich dich jämmerlich und bemitleidenswert.
Wieso?
FLATT
Weil du ...
... alleine bist. So wie ich.
Alleine?
Genau.
Aha.
Du bist seltsam, aber kein Unsympath.
Selbst bei meinen komischen Ideen hast du immer ohne zu lachen mitgemacht.

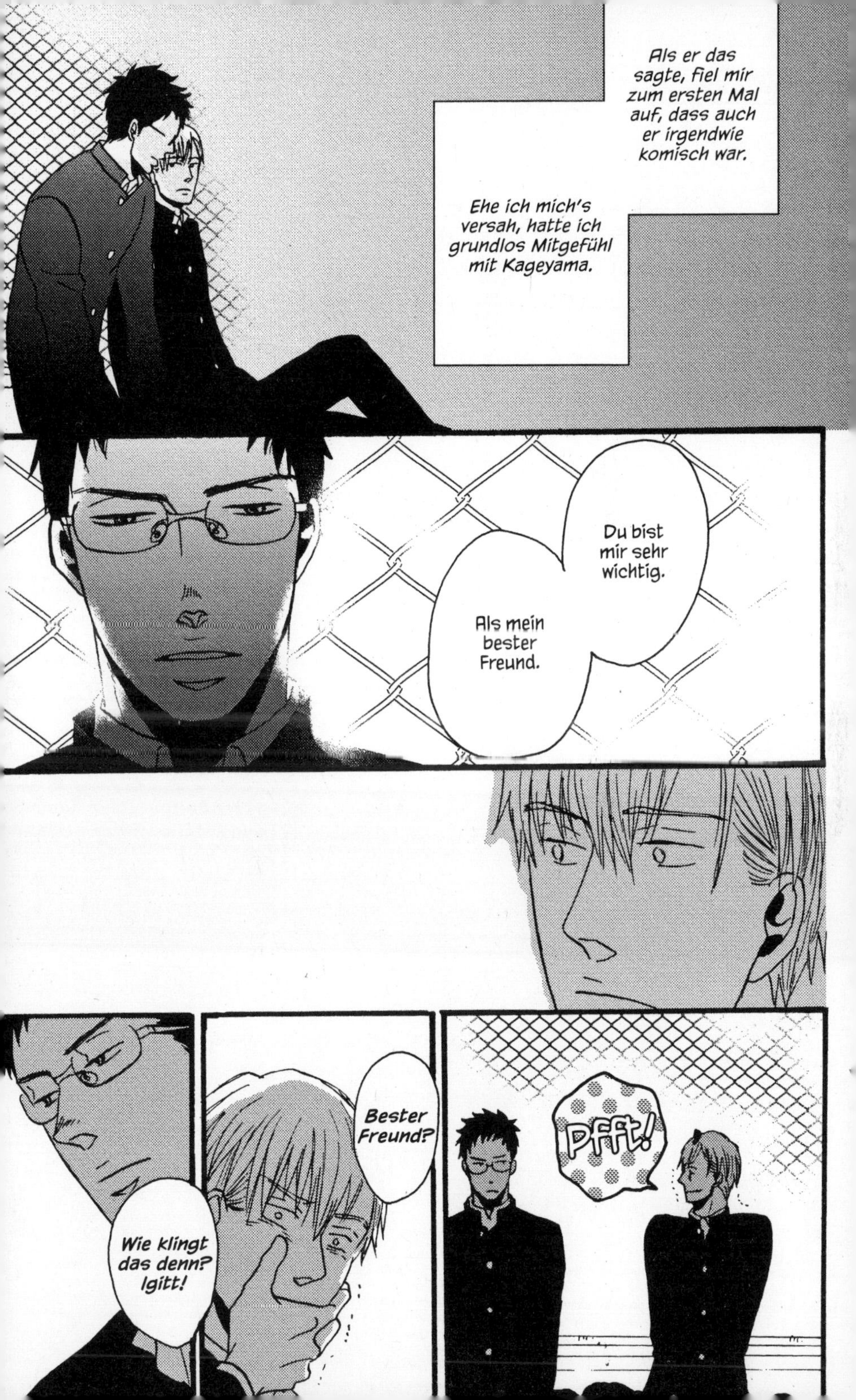
Als er das sagte, fiel mir zum ersten Mal auf, dass auch er irgendwie komisch war.
Ehe ich mich's versah, hatte ich grundlos Mitgefühl mit Kageyama.
Du bist mir sehr wichtig.
Als mein bester Freund.
Pfft!
Bester Freund?
Wie klingt das denn? Igitt!

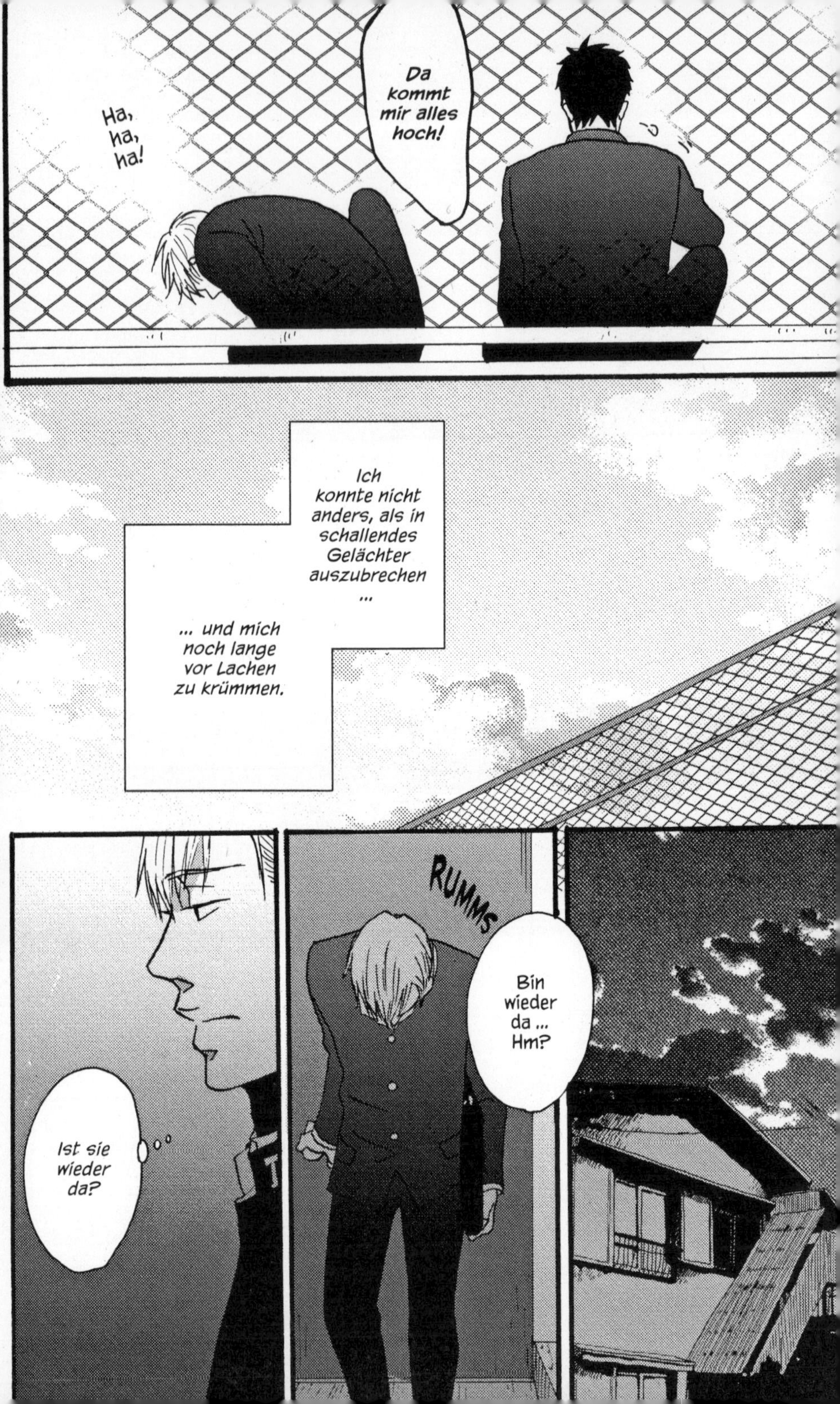
Da kommt mir alles hoch!
Ha, ha, ha!
Ich konnte nicht anders, als in schallendes Gelächter auszubrechen ...
... und mich noch lange vor Lachen zu krümmen.
RUMMS
Bin wieder da ... Hm?
Ist sie wieder da?

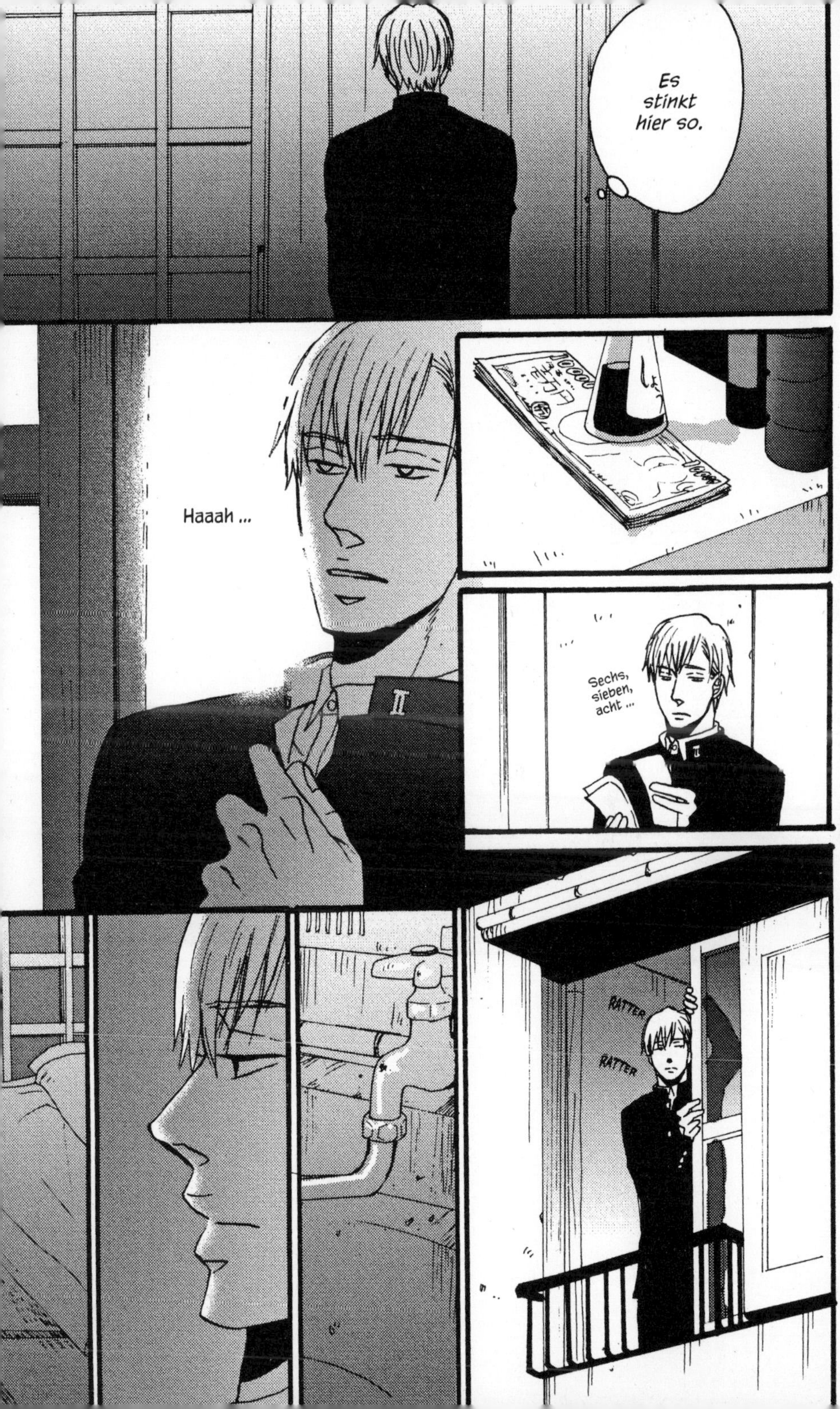
Es stinkt hier so.
Haaah ...
Sechs, sieben, acht ...
RATTER
RATTER

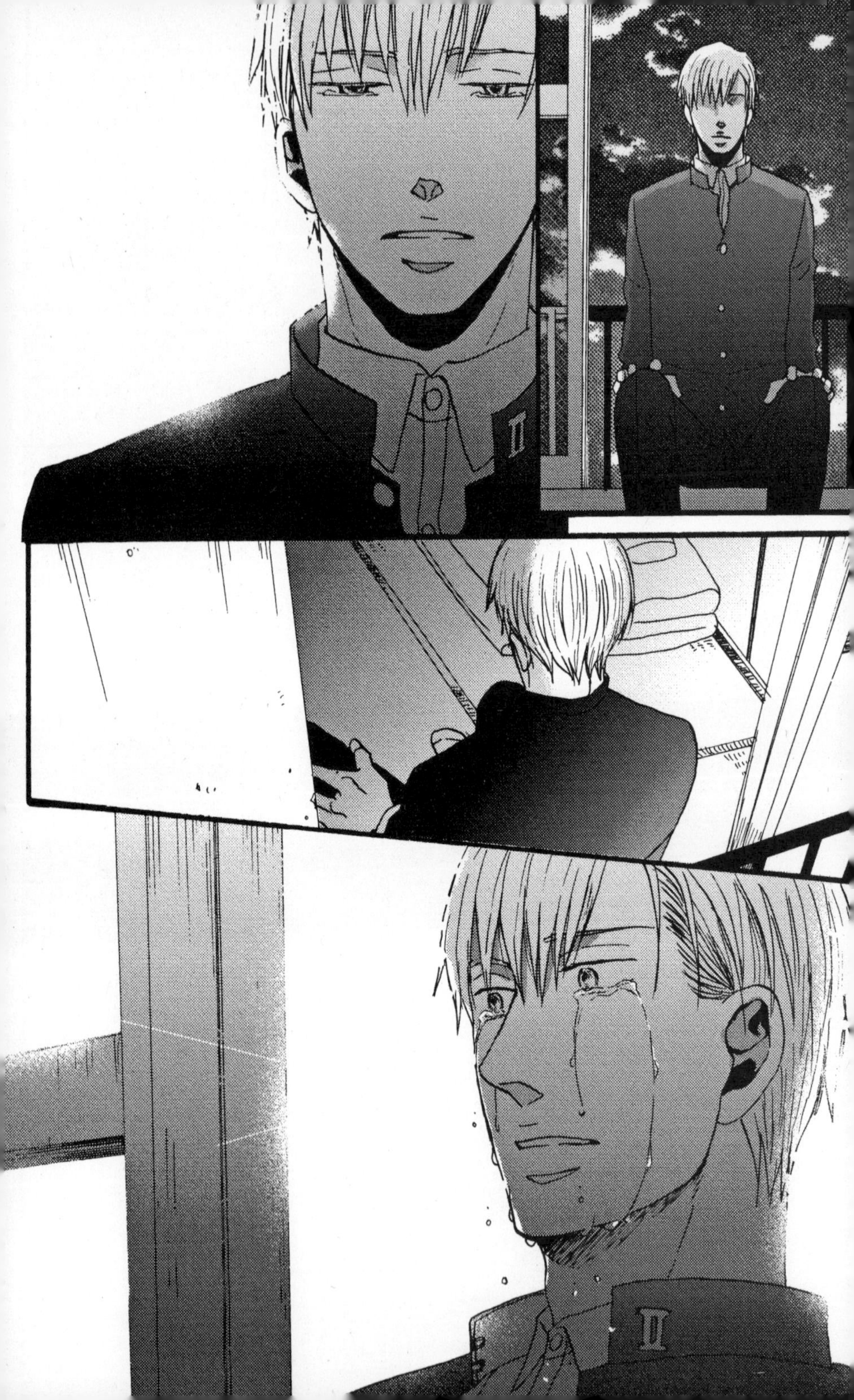

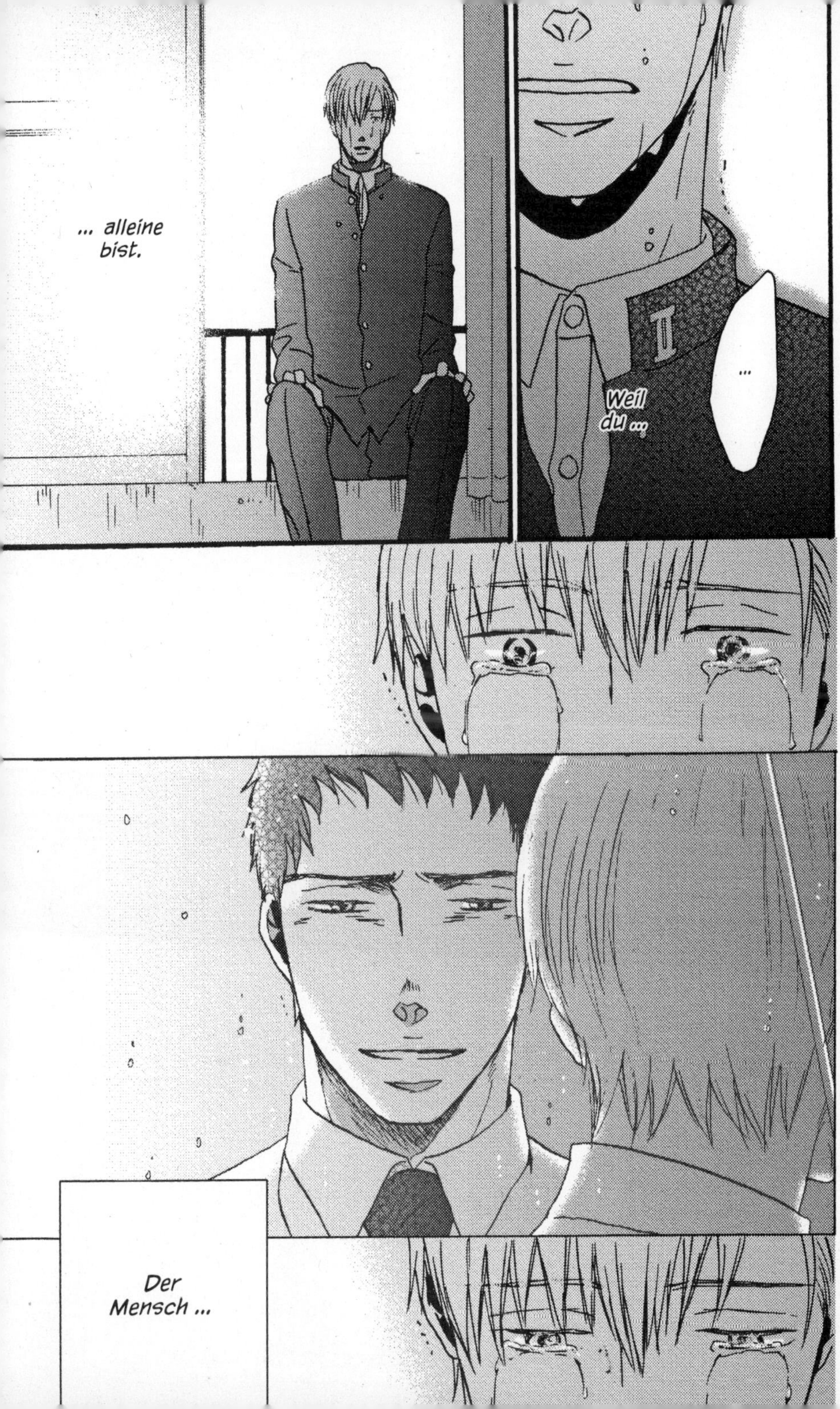
...
Weil du ...
... alleine bist.
Der Mensch ...

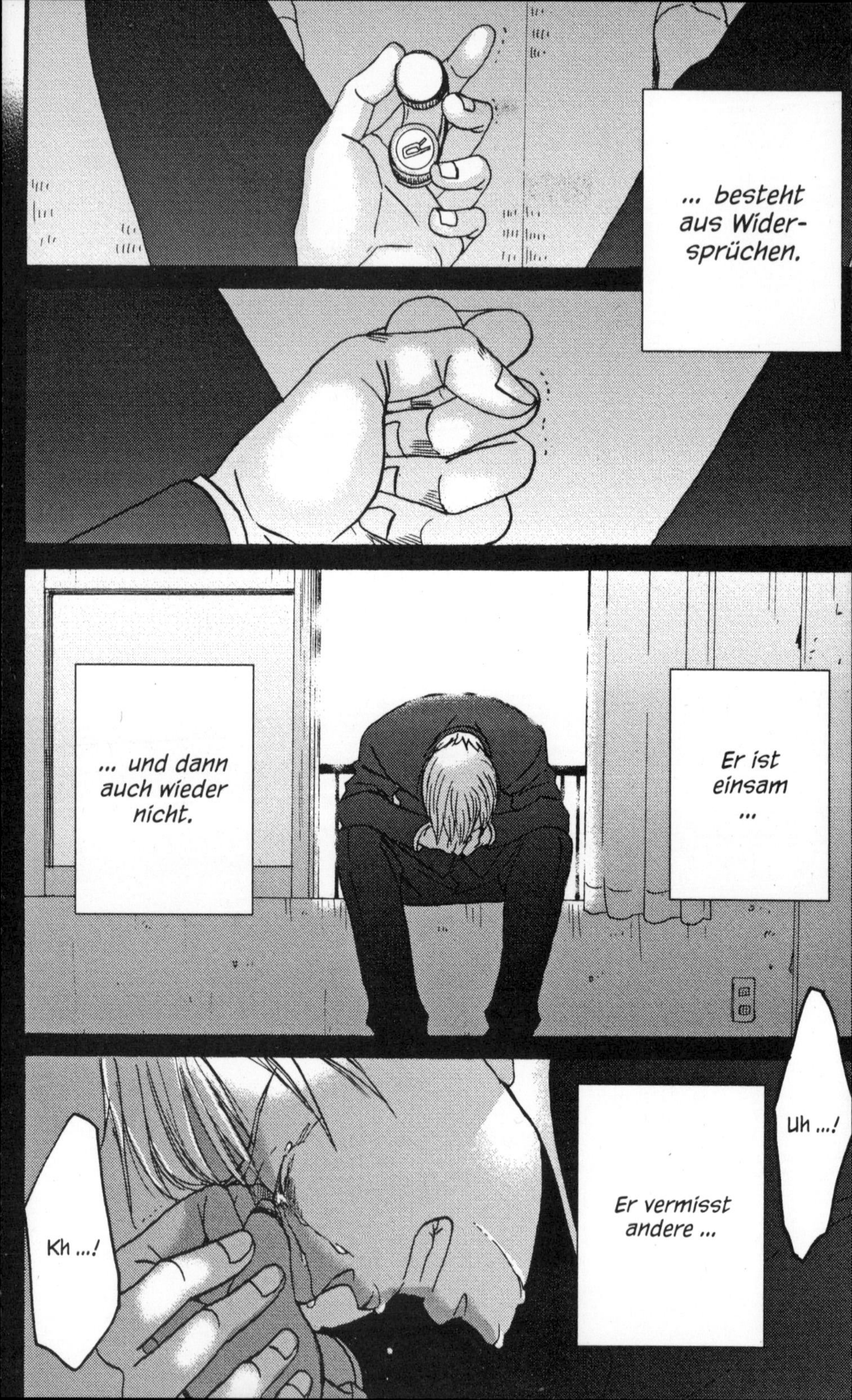
... besteht aus Widersprüchen.
Er ist einsam ...
... und dann auch wieder nicht.
Uh ...!
Er vermisst andere ...
Kh ...!

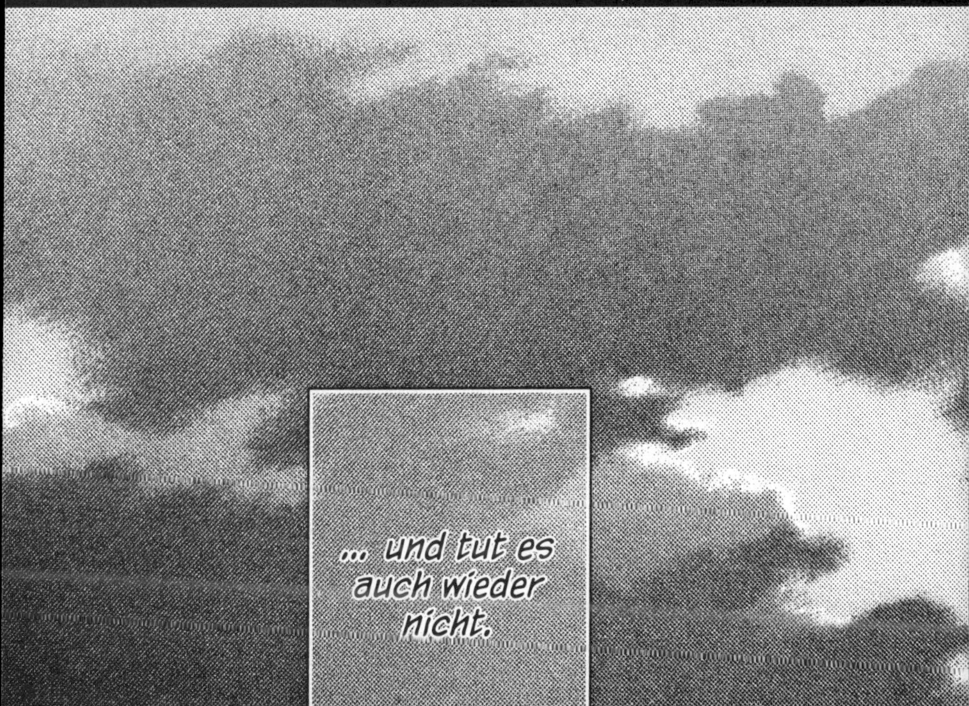
... und tut es auch wieder nicht.

Twittering Birds
Never Fly

KOU YONEDA

STOPP!

STOPP! DIES IST DIE LETZTE SEITE!

TWITTERING BIRDS NEVER FLY ist ein Manga, und einen japanischen Comic liest man von hinten nach vorne. Auch die Lesereihenfolge der Bilder und Sprechblasen auf den Seiten ist anders als gewohnt: von rechts oben nach links unten.

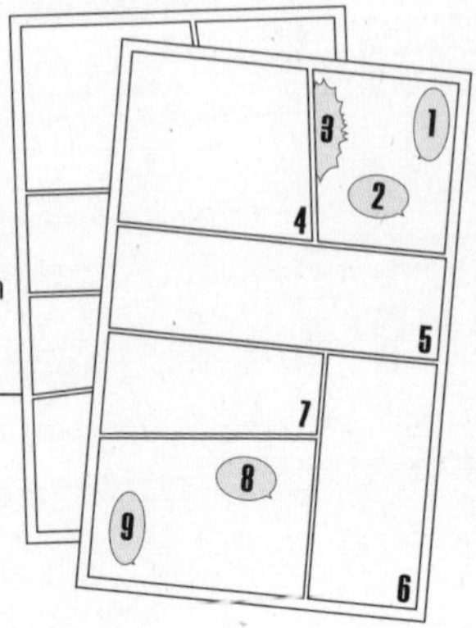

TWITTERING BIRDS NEVER FLY 1

von

Kou Yoneda

3. Auflage, 2022
Deutsche Ausgabe/German Edition

Inh. Andreas Mergenthaler | Verlagsleitung: Luciana Bawidamann

Aus dem Japanischen von Verena Maser

SAEZURUTORI WA HABATAKANAI vol. 1

First published in Japan in 2013 by TAIYOH TOSHO Co., Ltd., Tokyo.
German translation rights arranged with TAIYOH TOSHO Co., Ltd.
through Tuttle-Mori Agency, Inc, Tokyo.

Programmleitung: Michael Schuster & Lea Heidenreich
Redaktion: Alexandra Grimsehl
Lektorat: Martin Gericke
Grafik/Produktionsleitung: Elke Epple
Layout und Lettering: Manga Cult, Datagrafix GSP GmbH, Berlin
Druck: GGP Media GmbH, Poessneck

Print-ISBN: 978-3-96433-315-5

www.manga-cult.de | September 2020